Manfred Flügge

Die vier Leben der Marta Feuchtwanger

Marta Feuchtwanger, um 1985

Manfred Flügge

Die vier Leben
der Marta Feuchtwanger

Biographie

aufbau
AUFBAU VERLAGSGRUPPE

Mit 22 Abbildungen

ISBN 978-3-351-02664-6

Aufbau ist eine Marke der
Aufbau Verlagsgruppe GmbH

1. Auflage 2008
© Aufbau Verlagsgruppe GmbH, Berlin 2008
Einbandgestaltung
Gundula Hißmann und Andreas Heilmann, Hamburg
Druck und Binden
CPI Clausen & Bosse, Leck
Printed in Germany

www.aufbau-verlag.de

Inhalt

ANKÜNFTE

ANHANG

»*Eine Frau sollte keine Angst haben vor dem Fallen.*«

Marta Feuchtwanger (1975)

»*You intrigue me. You have to tell me more about you.*«

Henry Miller zu Marta Feuchtwanger (1941)

»*Als ich hörte, dass der Film* Die unwürdige Greisin *– nach einer Geschichte von Brecht – in Westwood gespielt wurde, bin ich in Nacht und Nebel, bei strömendem Regen und durch einen Erdrutsch ganz allein ins Kino gefahren, um die letzte Vorstellung anzusehen. Da saß ich und fühlte mich sehr verbunden mit der alten Dame.*«

Marta Feuchtwanger an Helene Weigel (1967)

für Mila Ganeva

Vier Leben

Eines Morgens überraschte Marta Feuchtwanger in ihrer kalifornischen Villa einen ungebetenen Gast. Besonnen und freundlich grüßte sie den jungen Mann, reichte ihm Brot und Kaffee und erteilte Ratschläge für ein vernünftiges Leben. Mit Umsicht und Humor meisterte sie eine kritische Situation, wie schon so oft.

Auch der Biograph ist ein Einbrecher. Von der indiskreten Besichtigung eines fremden Lebens kehrt er bereichert und belehrt zurück. Gern teilt er seinen Gewinn, der aber nicht in einem Handstreich zu erringen ist. Das Material zu diesem Buch stammt aus Marta Feuchtwangers Interviews, aus ihren Memoiren und Briefen, aus Dokumenten des Feuchtwanger-Archivs in Los Angeles, aus Gesprächen mit Zeitzeugen, aus vielen Büchern und Aufsätzen über das Leben der Emigranten, aus Lion Feuchtwangers fragmentarisch erhaltenem Tagebuch und aus einer einfühlsamen Lektüre seiner Romane. Nicht immer stimmen die verschiedenen Berichte und Zeugnisse überein, insbesondere für das dramatische Jahr 1940. Nicht alles lässt sich plausibel rekonstruieren. Vieles, was wir aus Lions und ihrem Leben zu wissen glauben, beruht auf Martas späteren und oft glättenden Darstellungen. Das Gedächtnis ist auch nur ein Instrument. Es kennt seine eigenen Gesetze und Widersprüche und seine empfindlichen Zonen.

Sie trägt seinen Namen, und dieser Name trägt sie über die Zeiten. Doch wenn es um »Feuchtwanger« geht, muss sie lachen: »Ich habe meinen eigenen Komparativ geheiratet.« Des Rätsels Lösung? Ein Urgroßvater hieß Feuchtwang, denn dessen Vorfahren stammten aus demselben Ort in Franken wie die Familie von Lion.

Meistens erzählt man *sein* Leben, um auch *ihres* zu

beleuchten. Lions zahllose Liebschaften, seine politischen Einlassungen, sein Status als Autor von Weltruf haben auch ihr Dasein bestimmt und müssen deshalb einbezogen werden, um ihre Situation zu spiegeln. Zudem hat sie sich stark mit seinem Werk identifiziert, nicht zuletzt weil sie großen Anteil an dessen Entstehung hatte. Ihre Biographie ist jedoch mehr als eine andere Perspektive auf sein Leben und Schreiben. Nach dem Auftritt in einem Kurzfilm erhielt Marta Feuchtwanger in Hollywood eine lobende Erwähnung als *supporting actrice*, und es scheint, als sei das ihre Rolle auch für Lion gewesen. Und doch spielte sie eine Hauptrolle, denn erst ihre Geschichte vollendete die seine. Sie hatte ein Leben vor seiner Zeit und eines danach – sie überlebte ihn um fast dreißig Jahre. Die achtundvierzig bewegten Jahre mit ihm wurden durch den Bruch von 1933 in zwei unterschiedliche Perioden geteilt. Aber ob drei Leben oder vier oder sieben, was für die Katzenliebhaberin passender wäre – in treulosen Zeiten verkörperte sie eine Art Beständigkeit.

In den Briefen und Gesprächen aus ihren letzten Jahren spürt man, dass Marta Feuchtwanger verwundert und vergnügt auf den dichten Erzählstoff blickte, zu dem ihr Leben geworden war. Überhaupt musste sie viel lachen, als ein junger Amerikaner, Spross einer Emigrantenfamilie, sie Mitte 1975 in Los Angeles über ihre Erlebnisse und Zeitgenossen ausfragte. Zu jedem Thema suchte sie die passende Pointe, als wäre ihr Leben eine bittere Farce gewesen, ein Übermaß an Schicksal, nun zu Anekdoten destilliert wie Kristallkugeln zur Betrachtung der Vergangenheit. Das Schicksal dieser Frau, die unter so vielen Autoren lebte, aber selbst nicht schrieb, war es, alle Erfahrungen zu berühren, die ihr Jahrhundert bereithielt, die schlimmsten wie die besten. Sie hat alles durchlitten und überwunden, lebte jenseits von Groll und Bitterkeit.

Ihrem Erinnerungsbuch gab Marta Feuchtwanger den Titel »Nur eine Frau«, ein Ausdruck ihres trockenen Humors und ihrer aufrichtigen Bescheidenheit. Kadidja Wede-

kind, die Tochter des Dramatikers und Freundin seit den
Münchner Tagen, kommentierte das Buch im Januar 1984
so: »Noch nie hat jemand das Leben und dann die Emigration so energisch vom Standpunkt des Glücks geschildert –
des Glücklichseins und des Glück-Habens.« Das habe nur
eine Frau von ihrer Weisheit und Souveränität, ihrer Lebens-
freundlichkeit und ihrem himmlischen Humor gekonnt. Es
war aber kein zugefallenes Glück, es war die Arbeit eines
ganzen Lebens.

Immer hat es Lion und Marta Feuchtwanger an schöne Küs-
ten gezogen, als läge dort ihre eigentliche Heimat. Die Um-
triebigen und schließlich Vertriebenen brauchten einen festen
Ort. Und die Herrin von Haus und Garten war Marta. Doch
ihr Heim schien gleichsam mit ihnen zu wandern, von
Deutschland über Südfrankreich nach Kalifornien, wurde immer weiter nach Westen und Süden gerückt und dabei immer
grandioser, als würden nach jedem Verlust Schönheit und
Reichtum zunehmen, bis endlich, nach der größten Gefahr,
der äußerste Westrand erreicht wurde, von dem aus man nach
Osten zurückblickte, dem Sonnenaufgang entgegen. Ihr
Haus, ihr Garten – ein verpflanzbares Paradies.
    Zuletzt wohnte Marta Feuchtwanger in einem pseudo-
spanischen »Schloss« über dem Pazifik, und es schien, als
hätte sie darauf hingearbeitet, in diesem Ambiente zu resi-
dieren und bei ihren Auftritten in der Stadt einen bleiben-
den Eindruck zu hinterlassen. Ihre ersten drei Etappen
konnten als Vorgeschichte des letzten Kapitels erscheinen,
das alles Erfahrene zusammenfasste, ihr Bild für immer
prägte und ihre Lebensgeschichte versöhnlich abschloss.
Nach Lions Tod wurde Marta Feuchtwanger im kulturellen
Leben von Los Angeles eine beinahe mythische Figur, um
die sich viele Anekdoten rankten. Die Erbschaft ihrer Zeit
wirkt fort in der Kulturwerkstatt »Villa Aurora«, wie ihr
letztes Domizil nunmehr heißt.
    Marta Feuchtwangers Geschichte ist, wie jedes bedeut-
same Leben, auch ein Roman ihrer Epoche: eine Münchner

Jüdin, die zur Weltbürgerin wurde, eine unvergleichliche Zeugin eines Jahrhunderts, das ihr viel zugemutet, aber auch viel gegeben hat, eine moderne Frau mit ihrer eigenen Form der Emanzipation, eine einflussreiche Anregerin, eine blendende Erscheinung bis ins hohe Alter, Sportlerin, große Liebende, Emigrantin und Repräsentantin, auch Märtyrerin zuweilen, mit einem schwierigen Kompagnon, an dessen Größe und Irrtümern, Engagement und Freiheitswillen sie teilhatte, und zuletzt und für immer eine zeitlose Symbolgestalt des deutschen Exils.

ANFÄNGE

Leib und Seele

»Ich habe gar nicht an mich geglaubt.«

M. F.

Auf den Kinderbildern blickt sie noch kess und neugierig in die Welt. Über den Augen der Jugendlichen liegt ein leichter Schleier, sanfte Trauer und verhaltener Stolz. Etwas bedrückt sie, sie muss es verbergen und will sich doch in Szene setzen. Traut sie der Welt nicht, oder hat man ihr Selbstvertrauen gebrochen? Zugleich sucht sie, ein großes Tuch über den rundlichen Kopf gelegt, nach einer trotzigen Pose, in der sie sich behaupten kann.

Geboren wurde Marta am 21. Januar 1891 in München als drittes Kind von Leopold und Johanna Löffler, wohlhabenden, wenn auch nicht reichen Geschäftsleuten, die seit 1884 eine Wohnung im Haus Nummer 4 der Windenmachergasse bewohnten, mit Blick auf die Frauenkirche. Ein Großvater der Mutter, ein geborener Feuchtwang, war nach dem frühen Tod seiner Eltern von einer Tante namens Reitlinger adoptiert worden. Er wurde ein erfolgreicher Händler und später Bankier. Seine schönen Töchter lockten junge Offiziere ins Haus, die den Umgang mit Juden sonst eher mieden. Sie tanzten mit den Mädchen und erhielten vom Vater günstige Kredite. Nach dem Krieg von 1870/71 ließ sich keiner mehr von ihnen blicken. Der in Schwierigkeiten geratene Bankier wollte die Offiziere verklagen, doch seine Töchter flehten ihn an, die schmucken Uniformträger in Frieden zu lassen. Er gab nach, grämte sich und ist bald darauf gestorben.

Seine Witwe, geborene Landauer, eine energische und attraktive Person, eröffnete ein Geschäft für Damenbekleidung. Beim Verkauf halfen die drei Töchter Sidonie, Ida und Johanna. Ein junger Kaufmann namens Leopold Löffler, Sohn eines Viehhändlers aus Augsburg, verliebte sich bei der

Hochzeit der ältesten Reitlinger-Tochter in die jüngste, heiratete sie und zog mit ihr nach München. Johanna Löffler war eine geschickte Schneiderin und nähte ihre elegante Garderobe selbst. Sie und ihr Mann verkauften Stoffe auf den Marktplätzen verschiedener Städte und waren zunächst gemeinsam mit dem Pferdewagen unterwegs. Sie übernahmen das Geschäft der Großmutter und nannten die Firma Löffler & Landauer. Daraus wurde bald ein Kaufhaus, das auch Läden in kleinen Gemeinden belieferte.

Das erste Kind der Löfflers, Emilie, starb 1884 im Alter von zwei Monaten. Die zweite Tochter, im August 1885 geboren, war früh an Typhus erkrankt und behielt eine Behinderung zurück. Ida hatte blaue Augen und blondes Haar und war sehr gutmütig. Sie wurde nicht in eine Schule geschickt, sondern erhielt daheim Privatstunden. Dann saß die sechs Jahre jüngere Marta auf dem Fußboden dabei, hörte aufmerksam zu und lernte allerlei.

Leopold Löffler war das ganze Jahr im Zweispänner unterwegs, auch im Winter. Wenn er nach Hause kam, war das ein großes Ereignis. Am Sonntagmorgen durfte Marta zu ihm ins Bett, aber da las er meist die Zeitung. Marta fühlte sich allein, zu Hause gab es keine Zärtlichkeit, selten eine Bestätigung, kaum ein gutes Wort. Es war aber nicht ihre Art, die Dinge einfach hinzunehmen. Notfalls provozierte sie Reaktionen. So beschuldigte sie ihre sanfte Schwester, sie gestoßen zu haben. Doch als die Mutter jene bestrafen wollte, warf sich Marta dazwischen: »Es hat ja nicht sehr weh getan.« Sie wollte nur gelobt werden und hatte dafür diesen Auftritt inszeniert. Die Mutter sagte es ihr auf den Kopf zu. »Aber wie hast du das herausbekommen?«, fragte Marta. Die Mutter: »Der kleine Vogel hat es mir erzählt.« Nach späteren Untaten kniete Marta vor dem Käfig des Kanarienvogels nieder und bat: »Sag das bitte nicht der Mama!«

Im Juni 1896 starb Martas Schwester Ida an Meningitis. Die Mutter war deprimiert, fühlte sich schuldig. Sie magerte stark ab, war so schmal und dünn, dass der Wind sie hochhob, als er um die Frauenkirche pfiff und in ihre weiten

Kleider gefahren war. Marta bog sich vor Lachen, als sie ihre Mutter in die Luft gehen sah.

Die Löfflers wohnten in der zweiten Etage eines vierstöckigen Hauses mit Schlafzimmer, Esszimmer, Salon (auch Malzimmer genannt) und Küche. Als von einer Nachbarwohnung ein Raum hinzukam, erhielt Marta ihr eigenes Zimmer. In der Windenmachergasse standen nur sechs Gebäude, eines davon gehörte der Handelsbank, die später die gegenüberliegenden alten Gebäude aufkaufte und zu einem einzigen Komplex umbauen ließ. Von ihrem Zimmer aus schaute die zehnjährige Marta auf die Baustelle, sah das Haus aus rotem Sandstein allmählich wachsen. Zwei junge Italiener arbeiteten dort als Dekorateure, ein blonder und ein schwarzhaariger. Marta sah zu, wie sie Verzierungen anbrachten, und fragte sich, welchen von beiden sie lieber mochte, konnte sich aber nicht entscheiden und empfand das als tragisch. Es war ihr erster bewusster Ausblick auf die Männerwelt.

Ihre Mutter freundete sich mit einer ehemaligen Hofdame an, die im selben Haus wohnte und ihr zuweilen edles Porzellan schenkte. Die Frauen schwärmten für König Ludwig II., auch wenn dem Märchenkönig längst sein schwachsinniger Bruder Otto nachgefolgt war, an dessen Stelle seit 1886 Prinzregent Luitpold die Amtsgeschäfte führte. Luitpold betrieb eine aktive Förderung der bildenden Kunst, was von den Malern dankbar anerkannt wurde, die er zuweilen in ihren Ateliers besuchte. Nun erst wurde München zur Kunst- und Künstlerstadt, während in Berlin seit 1888 ein eigenwilliger und leicht größenwahnsinniger Kaiser regierte. Bei seinem ersten Besuch an der Isar schrieb Wilhelm II. ins Goldene Buch: »Der Wille des Monarchen ist das höchste Gesetz.« In München galten, besonders in der Kunst, andere Gesetze.

Die Löfflers gehörten zu den Reformjuden, die in Münchens jüdischer Gemeinde die Mehrheit bildeten. Sie hatten eine Haushaltshilfe und ein Kindermädchen, die Mutter aber kochte selbst, denn der Vater legte zumindest daheim Wert auf koschere Küche. Man ging jeden Samstag zur Synagoge, und fast jeden Sonntag gab es ein Familientreffen in einem Restaurant, wo man nicht immer koscher aß. Der Großvater, ein aufgeklärter Mensch und Spinoza-Leser, hatte zu seiner Frau gesagt: »Du musst nicht in den Tempel gehen. Wenn du zu Hause arbeitest, tust du auch etwas für Gott.« Und so hielt es auch noch die nächste Generation. Martas Mutter und deren Schwestern hatten keine Schulbildung bekommen.

Auf der höheren Schule nahm Marta am Religionsunterricht teil. Jeden Sonntagabend bereitete sie sich auf diese Montagsstunden vor, in denen sie etwas Hebräisch und ganze Passagen aus dem Gebetbuch herzusagen lernte, doch ohne Sinn und Zusammenhang. Jüdische Freundinnen hatte sie nur wenige, und in der Schule bekam sie den katholischen Antijudaismus zu spüren. Bei einem Ausflug ins Umland riefen ihr Bauernjungen nach: »Saujüdin, dreckige!« Marta, die sich nicht leicht einschüchtern ließ, rief zurück: »Ihr Sauchristen!« Antwort: »Wollen wir raufen?« Und tatsächlich prügelte sie sich mit ihnen. Die wütende Marta war stärker, als sie von sich selbst glaubte, riss einen Burschen zu Boden, drückte ihr Knie auf seine Brust, was die überraschten Provokateure in die Flucht trieb.

Ein schweres Schicksal, so kam es der jungen Marta vor, hatten die Juden nur anderswo, fern im russischen Osten oder in Frankreich, wo der Armeehauptmann Alfred Dreyfus der Spionage beschuldigt wurde, nur weil er ein Jude war. Ihr Judentum hielten die Löfflers beinahe versteckt, vollzogen die Riten möglichst diskret. Die Mutter genierte sich, wenn der Vater an Pessach laut sang und man die Türen öffnete als Zeichen, dass der Messias willkommen sei. 1903 ereignete sich in der russischen Stadt Kischinjow ein Pogrom. Fünfzig Juden wurden dabei getötet, Hunderte verletzt, viele flohen in den Westen. In der Münchner Synagoge improvisierte der Kantor ein Klagelied, in dem der Name Kischinjow immer wieder vorkam, was bei Marta einen tiefen Eindruck hinterließ. Einige Flüchtlinge gelangten auch nach München. Martas Onkel, ein Bankier, sagte: »Wir wollen diese verdreckten Juden hier nicht haben.« Die zwölfjährige Marta hielt ihm entgegen: »Sie müssen doch schmutzig sein, wenn man sie aus ihrer Heimat vertrieben hat.« Der Onkel erwiderte nichts. Zu Hause aber musste Marta in der Ecke stehen, weil sie Widerworte gegeben hatte. Den Flüchtlingen schenkte man etwas Geld und schickte sie weiter nach Holland. Marta hielt das für ungerecht. Und vor allem: Sie hielt mit ihrer Ansicht nicht hinter dem Berg.

Als sie fünfzehn war, lernte sie auf einem Ball einen selbstbewussten jungen Juden aus dem Osten kennen. Von ihm hörte sie zum ersten Mal, dass sie sich nicht genieren müsse, eine Jüdin zu sein; sie solle vielmehr stolz darauf sein. Wenn sie sich unglücklich fühlte, ging sie in die benachbarte Frauenkirche. Der Innenraum war meist nur schwach beleuchtet. Manchmal übte ein Knabenchor. Sie lauschte dem Gesang und fühlte Trost und Erleichterung. Die gedämpfte Stimmung tat ihr gut. Die Riten und Formen des Gottesdienstes in der Synagoge fand sie streng, der Rabbiner predigte laut und lang, was sie nur einschüchterte.

Ihre Familie besuchte jeden Samstag die Synagoge und achtete die großen Feiertage. Die Hauptsynagoge, die von Reformierten geleitet wurde, lag ganz in der Nähe. Marta und ihre Mutter gingen auch gern zur kleinen Synagoge der orthodoxen Gemeinde, die vor allem von den Familien Fränkel und Feuchtwanger unterstützt wurde. Es gab zwar einen Chor, aber keine Orgel wie bei den Reformierten, und der Rabbi predigte sanftmütiger. Und hier drückte man ihr eine Bibel in die Hand zur eigenständigen Lektüre. Die Atmosphäre war eher wie bei den Katholiken, doch der Raum war dunkel, schlicht und eng. Die Frauen in der Reformsynagoge schwätzten laut, waren eitel, zeigten vor allem ihre neuen Kleider. Bei den Orthodoxen kam Marta eher zur Besinnung, vor allem weil der Betsaal nicht sehr voll war. Später zogen die Löfflers in ein feines Viertel nahe der Isar und der orthodoxen Synagoge. Auf dem Oktoberfest 1904 sah sie ihren ersten Film; eine Art Wochenschau zeigte *Das Ende von Jom Kippur*. Man sah Mitglieder der Jüdischen Gemeinde München die Treppen der Synagoge hinunterkommen, darunter auch die kleine Marta Löffler.

Interesse für das Judentum war also durchaus geweckt, doch die alte Nähe zur katholischen Kirche hinterließ ebenso ihre Spuren. Ein junger Priester, der an ihrer Schule lehrte und ihr sehr gefiel, lud Marta ein, am katholischen Religionsunterricht teilzunehmen, doch sie scheute davor zurück. Geschichten von Jesus, vor allem aus dessen Kindheit, hörte sie gern. Sie ließ sich von einer Lehrerin in Kirchen mitnehmen, am liebsten zu den Weihnachtskrippen, die, wie alles in München, italienisch geprägt und sehr künstlerisch waren.

Ihre Tochter auf eine öffentliche Schule zu schicken kam für die besorgten Eltern nicht in Frage. Marta besuchte eine Privatschule, in der das Französische im Mittelpunkt stand. Aber auch dort steckte sie sich mit jeder erdenklichen Krankheit an – Scharlach, Masern, Lungenentzündung, und es war jedes Mal gefährlich.

Als Marta das erste Mal den Klassenraum betrat, wusste sie nicht, dass jede Schülerin einen festen Platz hatte. Sie lief im Zimmer umher und brachte dem Lehrer eine Blume. Der aber gab ihr eine Ohrfeige, weil sie nicht still auf ihrer Bank sitzen blieb. Die Schule hieß Siebert-Institut, nach ihrer Besitzerin, einer stets eleganten Dame, die alle Schülerinnen einschüchterte. Zu Marta sagte sie: »Schämst du dich nicht, als Angehörige meiner Schule einen Apfel auf offener Straße zu essen!« Zur Strafe gab es Hiebe auf die Innenfläche der Hand. Schlagstöcke waren durchaus üblich im Klassenzimmer.

Doch Marta verschaffte sich mit ihren guten Leistungen allmählich den Respekt und die Zuneigung der Lehrerinnen – bis zu dem Augenblick, in dem ein sehr schönes Mädchen neu in die Klasse kam. Sie stammte aus einer getauften jüdischen Familie, die von Stuttgart nach München gezogen war. Eine zweispännige Kutsche brachte diese kleine Prinzessin jeden Morgen zur Schule. Nun hatten die tief religiösen Lehrerinnen keinen Blick mehr für Marta, die sich zurückgesetzt fühlte und todunglücklich war. Aber sie lernte, wie wichtig es ist, bei Auftritten Effekt zu machen.

Dass sie ihren Körper kräftigen musste, wusste sie von sich aus. Sie machte ihre Gymnastikübungen zunächst an den Zimmertüren daheim. Nach ihrem zwölften Geburtstag trainierte sie zweimal die Woche in einem Sportclub und besuchte eine Tanzschule. Der Doktor hatte den Eltern geraten, Marta nicht den ganzen Tag allein zu Hause hocken zu lassen. Sie selbst sagte später, sie habe sich als Mädchen nicht diskriminiert gefühlt, weil damals in Bayern niemand auf solche Gedanken kam. Sie sei die beste Gymnastin von München, sodann von Bayern, schließlich von ganz Deutschland geworden, erinnerte sie sich. Nun ja, sie gewann 1905 in München einen Wettbewerb, an dem auch Mädchen aus Berlin und anderen deutschen Städten sowie aus Japan teilgenommen hatten. Für ihre Leistungen zeichnete sie der Prinzregent mit einer Brosche aus, auf der die Turnerdevise »Frisch, Fromm, Fröhlich, Frei« zu lesen war. Hinter dem Regenten, dem sie Blumen überreichte, stand ein Adjutant mit Federhelm und zwinkerte ihr zu. Ein Jahr später gewann sie beim jährlichen Abturnen einen Tennisschläger und ein Buch über Adalbert Stifter.

Als Martas Trainerin Lisa Fries, eine erfahrene Alpinistin, einen Sturz im Gebirge schwerverletzt überlebte, konnte Marta für ein Jahr deren Rolle als Vorturnerin übernehmen, was für eine Vierzehnjährige eine große Verantwortung bedeutete. Zu ihren Schützlingen gehörte auch Therese Gift, die Gymnastik zutiefst hasste; als Schauspielerin nannte sie sich später Therese Giehse und wurde Brechts erste Mutter Courage.

Im ersten Jahr von Martas Vereinsmitgliedschaft sollte der Club eine Exkursion machen. Eine Freundin sagte ab, sie könne nicht kommen, sie sei zu einer Feier bei Henny Feuchtwanger eingeladen. Ein Mädchen entgegnete: »Ach, diese Dreckjüdin.« Marta, um eine Rauferei nie verlegen, sprang der Älteren und Größeren an die Gurgel, warf sie zu Boden und rief: »Nimm das sofort zurück!« Die andere gab kleinlaut bei, aber Marta hatte sich im Kampf ihre Kette zerrissen, und alle Perlen kullerten auf den Boden. Gemeinsam sammelten die Mädchen sie auf, denn ihre Angst vor den Eltern war noch größer als ihre Wut. Marta hatte die Ehre von Lions Familie verteidigt, lange bevor sie diese kannte.

Die Aufklärung geschah damals meist durch die Hausmädchen. Die älteren Schülerinnen tuschelten vor Marta über ihre Menstruation, wollten auf ihre Nachfragen aber nicht antworten: »Dafür bist du noch zu klein.« Eine Freundin allerdings setzte sich neben sie auf eine dunkle Hintertreppe und erzählte, was sie über die Geheimnisse der Erwachsenen wusste. Marta verstand es nicht genau und wollte lieber ihrer Mutter glauben, die behauptete: Die Kinder bringt der Storch. Sie musste es ja wissen. Einmal sagte die Mutter zu einer kinderreichen Bäuerin, die einen Korb mit Waldbeeren brachte: »Und nun erwarten Sie ein weiteres Kind?« Marta fragte später: »Wie kannst du das wissen? Ist das Kind im Bauch?« Die Mutter verneinte das, und Marta gab sich zufrieden. Einmal aber hörte sie, wie es im Zimmer des Hausmädchens schrie und stöhnte. Die Mutter sagte: »Da ist ein Soldat zu Besuch.« Und Marta dachte nur: »Na, warum nicht?«

Hatte sie das Zeug zu einer Lolita? Der Cousin ihres Vaters, Abraham Landauer, der einst ihre Mutter hatte heiraten wollen und den sie Onkel nannte, saß mit der zehnjährigen Marta auf dem Rücksitz der Kutsche und hielt sehr warm ihre Hand. Sie fühlte, dass es nicht recht war. In seiner physischen Erscheinung stand jener Abraham später Modell für Lions Romangestalt Jud Süß. Der Onkel beriet Martas Vater in juristischen Fragen, seine Frau hielt einen französischsprachigen Konversationszirkel, zu dem sie die junge Marta einlud. Bei solchen Berichten aus ihrem Leben wird man das Gefühl nicht los, dass einem nur die sprichwörtlichen Eisbergspitzen gezeigt werden.

Freundinnen durften Marta zu Hause nicht besuchen, so groß war die Angst der Eltern vor ansteckenden Krankheiten. Trotz aller Vorsicht erkrankte Marta lebensgefährlich an Scharlach. Da kam aus der Schweiz, wo er als Kinderarzt praktizierte, ein Vetter ihrer Mutter angereist, Siegfried Oberndorfer, später Professor und Leiter des Staatlichen Krankenhauses in München. Er trat nicht zum Christentum über und machte doch Karriere – eine Ausnahme in der damaligen Zeit, die ihm viele Neider bescherte. (Ein anderer Vetter der Mutter, Siegfried Lichtenstädter, hätte Finanzminister von Bayern werden können, wäre er bereit gewesen zu konvertieren, aber das tat er nicht.) Die lebensrettende Behandlung beeindruckte Marta so tief, dass sie nun auch Ärztin werden wollte. In ihrer Klasse war die Tochter eines Dentisten, die später in einer Jungenklasse das Abitur machen und studieren konnte. Sie übernahm dann die Praxis ihres Vaters und wurde Martas Zahnärztin. Gern hätte auch Marta studiert und war neidisch auf einen Vetter, der das durfte. Aber ein Studium hätten die Eltern nie erlaubt, auch weil Marta es dann mit jungen Männern zu tun bekommen hätte.

Anna, eine Schwester Siegfried Oberndorfers, die als Kind Polio gehabt hatte und zwergenhaft klein geblieben war, besuchte Marta hin und wieder. Sie war sehr belesen, und Marta lernte viel von ihr, auch das Kochen. Nicht einmal wenn sie am Herd stand, legte Anna ihre Lektüre aus der Hand. Lag Marta krank im Bett, kam sie und erzählte Geschichten aus der griechischen Mythologie. In Annas Gegenwart trank Marta sogar Milch, die sie sonst verabscheute.

Zu Hause gab es nur wenige Bücher. Dem Vater gefiel es gar nicht, dass Marta so viel las. »Wenn ein Mädchen zu viel weiß, findet es keinen Mann«, sagte er und schraubte die Glühbirne aus ihrer Lampe, aber sie las mit der Taschenlampe unter der Bettdecke weiter. Zur verbotenen Lektüre gehörte neben Schiller auch Goethes *Faust*, in dem bekanntlich eine Unverheiratete geschwängert wird. Eben das geschah Marta später, nutzlose Vorsicht … Die Eltern hatten im Theater eine Loge abonniert, und Marta begleitete sie regelmäßig. Sie sah klassische Stücke, hörte alte und neue Opern. Sie erlebte die Münchner Premieren von *Salome*, *Elektra* und *Rosenkavalier*. Museen besuchte sie nie, die berühmtesten Bilder kannte sie nur von schlichten Reproduktionen. Hingegen war es ein großes Erlebnis, als sie bei einem Maskenball den Maler Franz von Stuck kennenlernte. Erfolgreiche Künstler zu bewundern war eine Schwäche von ihr.

Auf der Straße Fremde anzusprechen galt damals als ungehörig, Marta tat es trotzdem, als sie schon ein »Fräulein« war. Sie sah in Schwabing, wie die Studenten ihre Bilder auf dem Bürgersteig zum Verkauf anboten, und suchte das Gespräch mit ihnen, ließ sich sogar auf Spaziergänge mitnehmen, wusste aber Distanz zu wahren. Sie hielt wenig von allzu schön aussehenden Jungen. Fürs Tanzen und Flirten waren sie in Ordnung, aber tiefere Gefühle fand man nicht bei ihnen. Ihr kamen die jungen Männer meist ziemlich dumm vor, immerhin konnte sie von ihnen dies und jenes lernen.

Fotos aus der Zeit vor 1910 zeigen Marta in eleganten Kleidern und mit großen Hüten, ganz im Stil der Belle Époque. Ein modischer Auftritt kann das Selbstbewusstsein durchaus stärken. Sich selbst schätzte Marta als gutaussehend ein, doch ihrem eigenen Schönheitsideal entsprach sie nicht. Sie fand, sie habe einen Eidechsenkopf und ihr Mund sei zu groß. Sie mochte schwarzes Haar nicht sonderlich, doch ihre Haare schimmerten in bläulichem Schwarz. Ihr Kopf war rundlich, fast oval, die hohe Stirn wurde durch das meist nach hinten gelegte Haar noch betont. Sie hatte stark gerundete Wangen und breite Lippen sowie eine leicht vorspringende Mundpartie. Ihr offener Blick zeigte einen Hauch von Strenge, gemildert durch eine Prise Spott. Auf jeden Fall wusste sie, wie man Eindruck macht, auch wenn sie angeblich nicht verstand, warum sie auf viele Männer so anziehend wirkte. Dass sie Erfolg bei den Männern hatte, verschaffte ihr einen schlechten Ruf. Im Theater wurde sie immer abgepasst. Ihren ersten Kuss erhielt sie mit neunzehn. Man schickte ihr Blumen,

Geschenke und Süßigkeiten, das gefiel sogar den Eltern. Als sie schon verheiratet war, schrieb ihr ein ehemaliges Hausmädchen: »Liebes Fräulein Marta, gehen Sie immer noch jeden Abend mit einem anderen Jungen aus?«

Als Marta noch ein Kind war, kämpfte sie auf der Straße mit Jungen, laut schimpfend und fluchend. Da kam ein Mann vorbei, sehr klein, mit weißem wolkigem Haar, blieb stehen und sagte streng: »Ein Mädchen sollte nicht so laut schreien!« Dann ging er weiter, und Marta spielte wie zuvor, aber seinen Kopf und seinen Blick vergaß sie nie. Jahre später sah sie eine Zeichnung auf dem Titelblatt der Zeitschrift *Die Jugend*: Sie zeigte jenen Mann von damals – und es war Ibsen. Es hieß, er besuche oft ein Café in der Maximilianstraße, nahe dem Königlichen Theater. Sie ging hin, sah ihn am Fenster sitzen und schreiben. Das war der Dichter der *Nora*, und er wollte nicht, dass Mädchen auf der Straße Lärm machten!

So hat Marta das Erlebnis einem Interviewer erzählt, der ihr widersprach mit Daten aus dem Leben des Dramatikers, die nicht zu ihrer Erinnerung passten. Da wurde sie nachdenklich, Ibsen war es dann doch nicht. Der Fremde hatte ihm nur ähnlich gesehen. Aber vielleicht hatte sie schon damals die Vision: Einst würde ein großer Literat kommen, sie ansehen, mit ihr reden, ihren Wert erkennen. Sein Schicksal ergreift nur, wer es von ferne ahnt.

Morgenroth

»Die Reinheit ihres eirunden Gesichts, die niedrige,
schimmernde Stirn, die langen Augen, der üppig vorspringende Mund ...«

L. F., *Der jüdische Krieg*

»Mein Leben begann mit dem Tag, an dem ich Lion das
erste Mal traf.« Da Marta Feuchtwanger dies wiederholt gesagt und geschrieben hat, sollte man es nicht leicht abtun.
Nur auf dem Umweg über diese Abhängigkeit wurde sie
frei, ohne ihre Herkunft verleugnen zu müssen. Nur diese
Bindung ermöglichte ihr ein eigenständiges Leben. Doch
auch Lions Leben nahm eine andere Richtung nach dieser
schicksalhaften Begegnung.

In ihren Memoiren schildert Marta Feuchtwanger die An-
fänge ihrer Affäre mit Lion besonders romantisch. Erinnerung ist eine Form der Kreativität. Sie folgt oft dem Wunsch,
noch einmal den Anfang zu erleben, der alles Kommende bestimmte, die eine Szene, die entscheidenden Worte. Aber da
gibt es Lions Tagebuch, das die Beckmesserei des Biographen
herausfordert.

Der Mann, den Marta Löffler kennenlernte, war zunächst
ein Gerücht, ein bunter Hund aus der Zeitung, ein Skandal-
macher. Er hatte noch nichts geleistet, aber sein Ruf war bereits ramponiert. Sohn reicher Leute, mit seiner Familie ver-
kracht, ein überall verschuldeter Spieler, ein Tausendsassa,
ein Mann, der viele Frauen liebte. Hatte so jemand eine Zukunft, bot er eine? Der Fünfundzwanzigjährige lebte von
kleinen Artikeln und der Hoffnung auf künftige Schreib-
Taten.

Im Jahr 1909 berichteten die *Münchner Neuesten Nachrichten*, mit einer Auflage von über 100 000 damals die
größte Tageszeitung in Bayern, von einem Eklat im Fa-

sching. Lion Feuchtwanger hatte mit einigen Freunden den Verein *Phoebus* gegründet, unter dem diskreten Patronat des Ministers von Crailsheim. Man lud Autoren zu Lesungen ein, Alfred Kerr etwa, der für die Errichtung eines Heinrich-Heine-Denkmals in Hamburg warb. Man las aus eigenen Werken, widmete sich dem Theater und feierte Feste. Ein Unternehmer namens Huber suchte Lion auf und schlug vor, einen großen Ball zu organisieren. Aber kaum hatte das Fest begonnen, rissen die Arbeiter der Dekorationsfirma die Girlanden herunter, weil sie nicht bezahlt worden waren. Der Skandal war da, die namhaften Gäste garantierten ein stadtweites Echo.

Lion war auf einen Schwindler hereingefallen, aber das stellte sich erst Monate später heraus, nach einer quälend langen Untersuchung und einem Prozess. Die Presse machte den Vereinsvorsitzenden Lion Feuchtwanger verantwortlich, das »Margarinebarönchen«, wie ihn der aus Berlin zugereiste Sozialdemokrat Kurt Eisner in der *Münchner Post* unter Anspielung auf die Margarinefabrik des Vaters nannte. Eisner meinte, dieser reiche Schlingel solle gefälligst seine Arbeiter bezahlen. Schließlich wurde Huber angeklagt und erhielt trotz seines dreisten Auftretens vor Gericht eine Gefängnisstrafe. Später kam er zu Lion und bedrohte ihn mit einem Revolver, doch der schob ihn nur verächtlich beiseite. Lions Ruf aber war beschädigt, der Vater musste für die entstandenen Kosten aufkommen.

Marta hatte bei einer Freundin Lions Schwester Franziska kennengelernt. Sie trieben gemeinsam Sport und luden sich gegenseitig nach Hause ein. Von ihren Brüdern mochte Franziska vor allem Ludwig, genannt Ludschi. Wenn man etwas wissen wolle, müsse man zu Ludschi gehen, nie zu Lion, der sei aufbrausend und hochfahrend, antworte auf Fragen nur: »Das verstehst du eh' nit.« Ludschi hingegen, ein kluger, ernster Mann, beantwortete geduldig jede Frage.

Mädchenbesuch gab es öfter bei den Feuchtwangers, und manche wird gehofft haben, einen der fünf Feuchtwanger-Buben heiraten zu können. Anfang des Jahres 1910 traf

Lion, der nicht mehr bei den Eltern wohnte, seine Schwester Franziska auf der Straße. Diese sagte: »Ich gebe ein Fest mit Musik und Tanz, ich habe dazu eine Freundin eingeladen, Marta Löffler, vielleicht möchtest du sie kennenlernen?« Lion antwortete nur: »Ach, diese Backfische, die sind doch langweilig.« Die Mutter aber bat ihn, an jenem Abend zu kommen, um den Familienzusammenhalt zu bewahren. Sie also spielte Schicksal.

Marta war neugierig auf den schwierigen Jungen, aber der ließ sich zunächst nicht blicken. Ein anderer junger Mann stellte sich ihr vor, eine bleiche, schlaksige Gestalt, verlegen und gutmütig. »Mein Name ist Adolf Hartmann-Trepka, ich bin Erster Geiger beim Hofopernorchester. Leider bin ich ein schlechter Tänzer, aber darf ich Sie zu einem Glas Punsch einladen?« Er durfte. Der Geiger brauchte moralische Unterstützung. »Gehen wir doch an den Tisch dort drüben, da sitzt mein Freund Lion.« Marta schaute auf den schmächtigen, fahrigen Brillenträger. Seine gewölbte Stirn war sehr hoch, kleine Hügel neben seinen Mundwinkeln verliehen ihm ein spöttisches Aussehen. Sie wurde vorgestellt und hatte dabei Herzklopfen. Aber der Bursche sagte nur zu seinem Kameraden: »Jetzt ist ja dein Wunsch erfüllt.« War es nur eine Wette unter Männern? Der Geiger hatte schon eine Weile für Marta geschwärmt, einen Sonntag lang war er heimlich der Familie Löffler im Park nachgegangen.

»Er hat einen guten Geschmack, wie man sieht«, knurrte Lion. Nur nicht schmeicheln schien seine Devise zu sein, lieber raunzen als säuseln. Dann sagte er ungalant: »Ich kenne Sie und mag Sie nicht. Ich sah Sie bei einer Ausstellung und beim Promenadenkonzert. Und ich mag kein schwarzes Haar, sondern nur blondes.« Marta entgegnete schnippisch: »Tut mir leid, aber ich behalte meine Haarfarbe.«

Lion: »Finden Sie es hier nicht langweilig? Diese Mädchen machen zu viel Lärm.«

Marta: »Finde ich nicht.«

Lion: »Wir sollten anderswohin gehen.« Er hatte längst die Regie übernommen, Hartmann-Trepka ließ ihn gewähren. »Gehen wir in eine Weinstube. Dort kann man ja sehen, ob dieses Fräulein Löffler hält, was ihr Äußeres verspricht.«

Marta war neunzehn Jahre alt. Sie war noch nie ohne die Eltern in einem Restaurant gewesen. Und mit Männern hatte sie sich ohnehin nur tagsüber verabredet. Darauf Lion: »Oh, Sie sind bürgerlich!« Es war eine Herausforderung und eine Probe, das hatte Marta längst begriffen. So gingen sie in ein Lokal, und Lion bestellte Wein für alle drei. Marta sagte kein Wort, ließ die beiden anderen reden, denen ihr souveränes Schweigen gefiel.

Es blieb nicht beim Reden. Der Geiger begann, ihre Hände zu küssen. Nun musste sie sich etwas einfallen lassen. »Herr Feuchtwanger, warum beschützen Sie mich nicht vor Ihrem Freund?« Dann lief sie davon. Lion bezahlte in Eile. Die Freunde rannten ihr nach, aber vergebens, die gut trainierte Marta war auch im Ballkleid schneller als sie. Allein kam sie zu Hause an, neugierig auf den weiteren Gang der Dinge.

Lion fand ihren Geburtstag heraus und schickte Parmaveilchen aus Italien, die Ende Januar selten und teuer waren. Bald schickte er ihr auch eine Karte aus Italien. Das fiel zu Hause auf. Bei den Löfflers hieß es nur: Feuchtwanger – der hat doch so einen schlechten Ruf.

Während Lion, vermutlich mit einer Freundin, in Italien war, kurte Marta mit ihren Eltern in einem fränkischen Badeort. Dort gab es eine kleine Liebelei mit einem jungen Mann, der sich aber als seelisch labil erwies, so dass Marta vor ihm beschützt werden musste. Der Vorfall erschreckte sie nachhaltig. Kaum war sie zurück in München, als Lion sie anrief. Er lud sie zu einem Ausflug ins Isartal ein. Es war ein hoher jüdischer Feiertag, erinnerte sich Marta vage. Aber sie wanderten ins Grüne, statt zu fasten und zu beten. Der Glaube aneinander wurde ihre neue Religion. Am Abend folgte sie Lion auf sein spartanisches Zimmer. »Dort begann unsere Ehe«, erzählte sie viele Jahrzehnte später. In Lions Tagebuch nimmt sich die Sache etwas anders aus.

Lion war nicht Martas erste Affäre. Als sie sich schon einige Wochen kannten, gestand sie ihm mit »freundlicher Offenheit«, wie er Ende Oktober 1910 notierte, den Namen und die Adresse eines verflossenen Liebhabers namens Karl Lang, der inzwischen in Paris lebte. Der erste war aber auch Lang nicht. Im August 1911 erzählte sie Lion »mit sehr amüsanter, geschmackvoller und überlegener Amoralität von ihrem ersten Verhältnis mit Sternheim«. Carl Sternheim, der erfolgreiche Dramatiker, war ein großer Frauenheld und vermutlich Martas erste Liebe. Lion notierte es ohne jeden Anflug von Eifersucht.

Diese Episoden aus ihrer Jugend erwähnte Marta später nie. In einem Brief an Kadidja Wedekind vom 14. März 1980 heißt es: »Ich erinnere mich, dass Wedekind in einer geschlossenen Gesellschaft *Schloss Wetterstein* vorlas. Das war noch, bevor ich Lion kannte. Er war da als Kritiker; auch Sternheim, den ich kannte, sah ich zufällig mit einem Abendcape und Chapeau-Claque in die Vier-Jahreszeiten-Bar gehen, wo die Vorlesung stattfand. Während dieser Vorlesung war ein Erdbeben – fabelhafter Regieeinfall. Der Schlüsselbund am Büffet in meiner Eltern Haus hat lange hin und her geschwankt.« Sternheim besuchte 1909 Faschingsbälle in München; dabei mag ihn Marta kennengelernt haben.

Zu der Zeit, als sie Lion näher kam, den sie zuvor bei der erwähnten Lesung von Frank Wedekind zumindest wahrgenommen hatte, war dieser in mehrere Affären verstrickt. Wir wissen es, weil er über sein Sexualleben sehr genau Buch führte. Am 19. Januar 1910 taucht Marta erstmals in seinem Tagebuch auf: »Abends lang vorbereitete größere Gesellschaft bei uns in der Galeriestraße. Mit Hartmann-Trepka und einem Fräulein Löffler, einer nicht eben gescheiten, aber recht temperamentvollen jungen Jüdin. Sie hernach ins Café geschleppt und schließlich tüchtig abgeküsst.« Da Lion ihm Marta wegnahm, nahm Hartmann-Trepka den Freund beim Kartenspiel aus. Das war eine Art unausgesprochener Pakt. Schon am nächsten Tag schrieb Lion ein

Chanson, in dem er Marie, für die er gerade schwärmte, und seine neue Bekanntschaft zu einer Person verdichtete. Ein lyrisches Meisterstück war es nicht.

Fräulein Marta Marie lag kühl und keusch
Im weißen jungfräulichen Bettchen.
Unterm Fenster sang ein verliebter Poet
Ein zirpendes Menuettchen. […]
O kleine Marta Marie!
Dein Haar ist schwärzer als schwärzeste Nacht
Und weißer Dein Hals als von Schwanen.
Dein Busen wie seiden Wellengekos.
Den Rest kann ich leider nur ahnen. […]
Lass Deine Gliedlein nicht ungegrüßt
Der zitternden Sehnsucht entschwinden! […]
Wer ungeküsst und ungekost
Solche Schönheit lässt welken, verderben,
Verdiente besser, so jung er ist,
In aller Blüte zu sterben.
O kleine Marta Marie!

Lion bot das Gedicht der Zeitschrift *Jugend* an, aber weder dieses noch ein anderes Blatt hat es jemals abgedruckt (anders als Marta behauptete). Bei Marie, einer prüden Katholikin, deren Eltern den Umgang mit einem Juden missbilligten, hatte er übrigens kein Glück, sosehr er sich auch bemühte.

In diesen Wochen erreichte der Phoebus-Skandal seinen Höhepunkt, die Münchner Zeitungen waren voller Schmähungen, es ging um Betrug und Meineid, und zugleich ächzte Lion unter wachsenden Spielschulden; Hartmann-Trepka nahm ihn gnadenlos aus. Außerdem zerschlugen sich alle Hoffnungen auf eine Universitätskarriere. Er wirkte nicht wie jemand, der einer Frau eine Zukunft bieten konnte. Fräulein Löffler schien der schlechte Ruf ihres neuen Freundes nicht abzuschrecken. Sie ging mit ihm Ende Januar zum Maskenfest der Concordia. Ein paar Tage später stürzte Lion auf glattem Boden, brach sich den Unterarm und verpasste deshalb das Faschingswochenende, an dem sich Marta gewiss auch ohne ihn amüsierte.

Im Februar 1910 schrieb Lion die Novelle *Die große Passion des Klavierspielers Morgenroth*, in der er aus seiner Rivalität mit Hartmann-Trepka (alias Morgenroth) eine Schnurre machte. Marta Löffler heißt hier Marianne Gabler, Lion erscheint als der smarte Rechtsanwalt Ludwig Munk, der der jungen Frau den Hof macht, aber zu feige ist, sie vor einer Horde Zudringlicher zu schützen. Hingegen erweist sich der Klavierspieler Morgenroth, der sie schon lange angeschmachtet hat, als ihr Ritter und Retter. Er sorgt für die Musik bei einem Ball der Gablers, doch als der Musiker zur Belohnung mit der Tochter des Hauses ausgehen darf, verspielt er durch Ungeschick alle Chancen, und sie entschwindet in der Ferne, reist nach Italien, womöglich mit dem Feigling Munk?

Der junge Lion, meinte Marta, hatte nur zwei Freunde, den Sänger Monheimer und den Geiger Hartmann-Trepka, der ihn beim Kartenspielen unablässig betrog. Doch trotz allen Zwistes und heimlicher Rivalität blieben sie Freunde. Marta erinnerte sich auch, dass Hartmann-Trepka ein guter Schwimmer und Taucher, aber ein schlechter Skifahrer war, doch machte sie ausgiebige Bergwanderungen mit ihm. Er war nicht sehr groß, erschien aber sehr kräftig mit seinen breiten Schultern. Auf seine Weise war er schön, wusste sie noch – er muss sie also durchaus beeindruckt haben.

Martas Umgang mit Lion beschränkte sich zunächst auf Telefonate, gelegentliche Spaziergänge und kleine Ausflüge. In seiner Novelle, die er am 19. Februar beendete, war die Phantasie der Realität weit voraus. Seine Spielschulden nahmen in diesen Tagen beängstigende Ausmaße an. Er gewann nur selten, aber das Kartenspielen war eine Sucht, und er wusste es selbst: »Wieder gespielt und verloren. Unerträglich. Wenn mich auch meine chronische finanzielle Misere einigermaßen entschuldigt, so habe ich mir doch das Wort gegeben, nicht mehr zu hasardieren. Ebenso werde ich das ewige Onanieren aufgeben und mehr arbeiten«, heißt es am 30. März 1910. Das Ich ist analytisch klarsichtig, aber das Über-Ich ist arg ohnmächtig. Wenn sich Lion Besserung vornahm, hielten die guten Vorsätze oft nur Stunden. Spiel- und Sexsucht waren unbezwingbar, aber willensschwach kann man ihn trotzdem nicht nennen, zumindest was das Schreiben angeht. Literarische Erfolge blieben aber vorerst aus: Auch die selbstironische Erzählung über den Klavier- spieler Morgenroth wurde von den *Münchner Neuesten Nachrichten* abgelehnt.

Inzwischen hatte Lion ein Zimmer in der Gewürzmittel- straße gemietet, nicht weit vom Elternhaus entfernt. Am 31. März teilte ihm das Landgericht mit, das Verfahren in Sachen Phoebus-Skandal sei eingestellt – Ende eines Alp- traums. Am 25. Mai notierte er: »Mit Marta Löffler spazie- ren gewesen. 2 ¼ Stunden lang. Sie war sehr liebenswürdig, ohne dass es jedoch zu einer ernsthaften Annäherung ge- kommen wäre.« Alle paar Tage leistete er sich eine Hure, zuweilen übernachtete eine Emmy G. bei ihm, eine Art mütterliche Geliebte. Am 24. Juni verlobte sich Hartmann- Trepka, Marta und Lion waren bei der kleinen Feier anwe- send. Als Paar traten sie noch nicht auf, ihr Verhältnis blieb einige Monate geheim, und Lion ärgerte sich über »dreckige Anspielungen« seines Vetters.

Am 4. August notierte Lion: »Mein ganzes Hab und Gut, alle meine Bücher usw. verspielt. Nun aber den festen Ent- schluss gefasst, keine Karte mehr zu berühren.« Von den dreißig Mark, die er ein paar Tage später erhielt, wurden zwanzig gleich wieder verspielt. Dabei hatte er sich doch hoch und heilig geschworen, und wenn tausend Teufel ihn verlockten, keine Karte mehr anzurühren und auch nicht mehr zu onanieren. Geld ausgeben wolle er nur noch, wenn er mit den beiden Damen ausgehe, die ihn beschäftigten, Marta und Marie. »Meine Vorsätze natürlich nicht gehal- ten«, hieß es bald.

Spielschulden gehörten zum damaligen Studentenleben – man spielte Poker, Ecarté und Baccarat – ebenso wie die

Liebesabenteuer der jungen Herren, die von den Familien stillschweigend geduldet wurden. Zufrieden war Lion nicht mit diesem Leben, dem jede Orientierung zu fehlen schien. Die Verwirrung steigerte sich, als im August 1910 seine Schwester Franziska heiratete. Am 19. August notierte er: »Ernsthaft den Gedanken gefasst, mit einem sehr reichen, hässlichen Mädel mich zu vermählen; ihn aber wieder fallengelassen.« Körperliche Hässlichkeit hat ihn oft beschäftigt, auch in seinem späteren Werk.

Eine Heirat aus Geldnot, die Triebe würde er anderswo befriedigen – es war bittere Selbstironie. Dennoch sprach er mit Marie und mit Hartmann-Trepka und auch mit seiner Mutter über diese Absicht. Eine Lebenswende kündigte sich an, aus innerer wie äußerer Notwendigkeit. Zugleich wollte er Ernst machen mit dem Schreiben und seinen ersten Roman veröffentlichen, doch musste er sich an den Druckkosten beteiligen. Immerhin: »Papa will mir 400 Mark für den Roman geben, Hartmann 100, Hahn 250.« Die beiden letzteren wollten das Geld aber nur leihen, nicht schenken. Wenig später ließ er sich beim Baccarat ausnehmen: »Falschspielern in die Hände gefallen, die, als ich gewinne, mich nicht nur um den Gewinn, sondern auch um einen Teil meines Geldes prellen.« Es war die Komödie eines lächerlichen Mannes. Doch Marta schien das alles nicht zu beirren, falls sie es wusste. Am 1. Oktober notierte Lion: »Mit Marta Löffler nach Grünewald gefahren; geküsst und gekost. Sie war halb ohnmächtig vor Erregung und sehr willfährig.« Das hinderte ihn nicht, noch am selben Abend mit Marie ins Theater zu gehen. Doch die Beziehung zu Marta machte rasch Fortschritte: »Mit Marta, die mir ein sehr liebes Kärtchen schreibt, unerwarteter Weise sehr viel zusammen. Sie folgt mir sogleich auf mein Zimmer und ist sehr willig«, heißt es am 8. Oktober. In den nächsten Wochen wurde die Verbindung enger. Zuweilen geschah es, dass Marie die Treffen störte. Am 3. Dezember stellte Lion fest: Marta öfter da, »die ich wegen ihres offenen, herzlichen, lieben Wesens von Tag zu Tag mehr lieb gewinne; die

Sorge, ich möchte von ihr ein Kind bekommen, bedrückt mich kaum.«

Anfang Januar 1911 trübte ein Zwischenfall die junge Romanze. Lion ging mit Marta zum Faschingsball, sie hatte sich ein prachtvolles orientalisches Kostüm geschneidert. Er fand sie hinreißend, kümmerte sich aber nicht genug um sie. Folge: »Marta ging mir mit Bonsels durch; ich war verstimmt, benahm mich aber wohl sehr geschickt.« Der Rheinländer Waldemar Bonsels hatte 1904 in München einen kleinen Verlag gegründet, in dem er vor allem die Werke seiner Freunde, aber auch Schriftsteller wie Heinrich Mann edierte. Nach 1912 erlebte er seinen nachhaltigsten Bucherfolg mit der *Biene Maja*. Lion Feuchtwanger hatte ihm seinen ersten Roman anvertraut, *Der tönerne Gott*, der schließlich 1910 erschien, unter finanzieller Beteiligung des Autors, was zu Spannungen und Konflikten führte. Aber was geschah auf jenem Maskenball mit der Biene Marta?

Zunächst einmal hatte Marta sich im Thema geirrt. Angekündigt war ein Dienstbotenball, sie aber hatte das Kostüm einer ägyptischen Sklavin gewählt. Sie trug ein enges Kleid in Grün und Violett, dazu ein goldenes Haarband, Sandalen ohne Socken. Ihr Auftritt machte Furore, aber man ließ sie nicht ein, denn sie war ja nicht als Dienstbotin gekommen. Lion trat hinzu und wollte die Situation klären. Aber da tauchte Waldemar Bonsels auf, gerade als Lion von einer ihm bekannten Aktrice gerufen wurde, die ihn dem Schauspieler Alexander Moissi vorstellen wollte. Lion, der sich als künftiger Theaterautor sah, ließ sich diese Chance nicht entgehen.

Bonsels lud Marta unterdessen in ein Restaurant neben dem Ballsaal ein. Er spendierte Kaviar und Champagner. Er kaufte Blumen und machte ihr Avancen. Ihre Zurückhaltung langweilte ihn bald, und er brachte sie zurück, allerdings über einen dunklen Gang, in dem viele Pärchen schmusten. Auch das konnte Marta nicht beeindrucken; sie suchte Lion, der inzwischen abgetaucht war. Bonsels Freunde taten alles, damit sie sich nicht so schnell fanden. Schließlich entdeckte

Marta ihn, er brachte sie nach Hause, blieb ganz kühl, sagte kein Wort, fragte nichts. Bonsels aber hatte die Angewohnheit, ein Kleidungsstück seiner neuesten Eroberung zu präsentieren, und nun zeigte er ein grünes Hemd, das angeblich Marta gehörte. Lion erfuhr davon, es kam zu einer Aussprache, und seitdem, resümierte Marta die Angelegenheit später, herrschte völlige Offenheit zwischen ihnen. Noch Jahrzehnte später kam sie auf diesen Vorfall zu sprechen und leugnete jedes Abenteuer. Aber sie gab nie eine Affäre zu, dementierte insbesondere jene ausdrücklich, die am wahrscheinlichsten waren und von denen andere zu wissen glaubten. Auf Nachfrage sagte sie höchstens: »Nun ja, wir haben beide nicht immer das Rechte getan.« Und lachte.

Zwei Wochen später passierte Lion ein ähnliches Missgeschick, diesmal schnappte ihm sein Vetter Willy Bodenheimer bei einem Ball im Deutschen Theater Marta weg. Und Lion konnte sich bewusst werden, wie viel ihm an ihr lag. Und hatte doch immer wieder mal eine »teure Dirne« oder eine Nacht mit Emmy. Ende März 1911 unternahmen Lion und Marta wieder einen Ausflug ins Isartal. »Marta sehr lieb«, heißt es danach, und es mag jener Ausflug gewesen sein, der ihr besonders im Gedächtnis blieb, auch wenn es kein Feiertag war.

Marta begleitete Lion zu Treffen mit anderen Autoren in das »Fränkische Weinhaus zur Torggelstube«, wie der Künstlertreff neben dem Hofbräuhaus seit 1898 hieß. Dort traf man Frank Wedekind oder Heinrich Mann, aber auch Erich Mühsam und andere Schwabinger Gestalten. Wedekind starb schon 1918 an den Folgen einer Operation. Noch am Vorabend war er bei Feuchtwangers zum Tee gewesen und hatte gesagt, seine Frau solle, wenn sie von der Kur kommt, einen gesunden Mann vorfinden. Besser als ihn lernte Marta seine Witwe Tilly und die beiden Töchter kennen, die er seltsam Anna Pamela und Fanny Kadidja genannt hatte, damit sie einen Namen als Hausfrau und einen als Künstlerin zur Auswahl hätten, je nach ihrer Laufbahn. Mit dem Tod von Wedekind und Franziska zu Reventlow endete

1918 eine ganze Epoche der Münchner Kunst- und Künst-
lergeschichte.

1911 lud Lion Marta nach Salzburg in die Oper ein. Gespielt
wurde Jacques Offenbachs Operette *Die schöne Helena* in
einer Inszenierung von Max Reinhardt. Marta trug einen
großen Straußenfederhut, eine sogenannte Pleureuse. Dazu
hatte sie sich ein schwarzes Kleid genäht, ging als Einzige
mit Schleppe und fiel dadurch sehr auf. Lion strahlte im
Glanz seiner Begleiterin, aber Marta glaubte im Rückblick,
dass sie beide damals eher lächerlich gewirkt hätten. Man
hielt sie für eine ausländische Schauspielerin, und sie war
doch nur die Tochter eines Tuchhändlers aus München. Damals aber genoss sie ihren ersten großen Auftritt, erschien
als exotische Schönheit. Fremde Eleganz schien sie von Natur aus zu verkörpern, ihr Leben lang, überall, und sie
wehrte sich nicht dagegen, sondern sie spielte damit. Was
aber war das Geheimnis ihrer Wirkung? Vielleicht dass sie
so klug zu schweigen verstand (denn sie sprach ein breites
Münchnerisch)? Oder dass sie einfach ein liebendes und
kennerisches Verhältnis zu Stoffen, Farben, Kleidern und
von ihrer Mutter das Schneidern gelernt hatte? Noch in Los
Angeles konnte sie anschaulich von jenem Abend erzählen,
wobei sich vielleicht Erinnerungen aus Salzburg und aus
München vermischten. Auf der Bühne gab es eine Parodie
auf die Reden Kaiser Wilhelms II. Es tanzte eine schlanke
Helena, die nichts als ein goldenes Hemd trug. Die ganze
menschenvolle Bühne belebte sich zuletzt, alles marschierte
im Takt, selbst die monumentale Venusstatue, von der man
nur die Beine sah. So hatte es der Zauberer auf der Bühne
gewollt. Lion schrieb eine Besprechung der Aufführung und
lernte wenig später Max Reinhardt persönlich kennen. Dass
sie einmal Schicksalsgefährten, ja beinahe Nachbarn im Exil
sein sollten, fern aller Operettenseligkeit, schien völlig un-
denkbar.

Ein Jahr später, im Sommer 1912, kamen alle Kunstgrö-
ßen nach München, man fuhr an den Starnberger See und

aß dort Felchen. München schien der Mittelpunkt der Welt zu sein, einer Welt, in der mehr Wert auf ein anständiges Äußeres als auf ein anständiges Inneres gelegt wurde. Politik spielte keine Rolle, Außenpolitik schon gar nicht. Man hörte, dass es anderswo die »Roten« gab. Als linken Politiker kannte Marta vor 1914 nur Erich Mühsam, und der war ein harmloser Anarchist und Gemütsmensch. Wild sah er aus, und so schrieb er auch, doch im persönlichen Umgang war er recht mild. Sein Freund Walter Köhler, der ebenfalls Marta anschmachtete, prophezeite Mühsam, er würde noch am Galgen enden. Köhler endete als Gauleiter.

Die Zeit vor 1914 war eine gemächliche Periode in München. Niemand stellte die Welt in Frage, in der man lebte. Private und öffentliche Beschränkungen wurden erduldet, Politik spielte keine Rolle. Die Münchner Juden fühlten sich als Bayern, auch sie liebten Brezeln, Bier und Radi, aber im Allgemeinen betranken sie sich nicht. Die Preußen wurden gehasst, über den Kaiser in Berlin lachte man, fürchtete insgeheim aber, es möge bös mit ihm enden. Auf den Straßen der Stadt sah man oft alkoholisierte Männer, schnell gab es deftige Prügeleien, die Messer saßen locker. Dergleichen berührte die gesellschaftlichen Verhältnisse nicht. Nur in einigen Feuerköpfen der Schwabinger Boheme schwelten künftige Brände.

Lions Zimmer in der Gewürzmühlenstraße war eine schlichte Dachkammer. Im Erdgeschoss befand sich ein kleines Restaurant. Wenn man das Haus betrat, roch es nach Bier und Urin. Stieg man die steile Treppe hoch, wurde es etwas freundlicher und sauberer. Das Zimmer hatte nur ein Fenster und kein fließendes Wasser. Der Nachbar, ein erklärter Antisemit, war vertraglich gezwungen, den anderen Mietern auf der Etage Zugang zum Wasserhahn in seiner Wohnung zu gewähren. Das Zimmer selbst war hell und sonnig. Man sah weit über die Dächer der Stadt.

Bei ihren ersten Besuchen fand Marta die sturmfreie Bude sehr romantisch, sie bewunderte Lions Mut, so unabhängig zu leben. Doch bald mietete er ein anderes Zimmer in der Burgstraße. Das neue Haus hatte am Eingang gotische Bögen. Das Zimmer lag im ersten Stock, war aber nur vom dunklen Hintereingang her zu erreichen. Schräg gegenüber hatte einst Mozart gelebt und *Idomeneo* komponiert. Unter dem Fenster stand in großen Lettern der Firmenname Wollenweber. Ein Betrunkener grüßte herauf zu Lion, verbeugte sich und rief: »Guten Abend, Herr Wollenweber!« Das war gewissermaßen sein erstes Pseudonym. Dass Lion einmal ein großer Büchersammler werden sollte, war noch nicht ersichtlich. Heinrich Mann pflegte zu sagen, Feuchtwangers ganze Bibliothek bestehe aus einem Reclamheftchen. Um etwas Geld zu verdienen, versuchte sich Lion als Nachhilfelehrer, aber er war zu ungeduldig, hasste die Arbeit, die er als Zeitverlust empfand. Lieber schrieb er Theaterkritiken oder Erzählungen.

Im Oktober 1911 reifte eine Idee heran: eine gemeinsame Italienreise. Marta hatte schon gepackt und einen Zettel für ihre Eltern geschrieben (»Ausflug mit dem Sportverein«), denn eine solche Reise hätten sie nie erlaubt. Aber Lion verdarb alles: Er musste gestehen, dass er das Reisegeld verspielt hatte, statt seine Schulden durch Spielgewinne abzutragen, wie er naiv gehofft hatte. Man sah ihm leicht an, ob er ein gutes oder schlechtes Blatt hatte. Er konnte sich nicht verstellen, und wenn ihm etwas peinlich war, traten Schweißperlen auf seine Oberlippe. War das Verhältnis zwischen Marta und Lion in einer Sackgasse angekommen? So konnte es scheinen. Doch dann überstürzten sich die Ereignisse. Auch in einem langen Leben hat es das Schicksal manchmal eilig.

Feuchtwangers

>»Dr. Geyer entstammte einer jüdischen Familie,
die die Riten und Gebete hoch in Ehren hielt, und er
hatte ein gutes Gedächtnis.«
>
> L. F., *Erfolg*

Kann man, frei nach Tolstoi, sagen, dass die Feuchtwangers auf ihre ganz spezielle Weise unglücklich waren? Oder liegt es allein an Lions späteren Berichten, dass Marta den Eindruck hatte, er habe sich aus einer lieblosen Umgebung befreien müssen? Die Feuchtwangers – inzwischen ein exemplarischer Forschungsgegenstand – waren zumindest bis 1914 eine eher glückliche Familie mit innerer Stabilität und gesellschaftlichem Erfolg, ihrer bayerischen Heimat seit Jahrhunderten verbunden. Ihr Alltag war von einer jüdisch-orthodoxen Lebenspraxis geprägt, die Marta von zu Hause nicht kannte. Allerdings kam Lion auch in anderen Verhältnissen zur Welt als seine jüdischen Generationsgenossen in Berlin oder in Frankfurt.

München, die »glücklichste Stadtschöpfung Deutschlands«, war lange Zeit eine sehr katholische und das hieß religiös intolerante Stadt gewesen. Nachdem mit Napoleons Hilfe das Königreich Bayern geschaffen worden war, heirateten die ersten beiden Monarchen Prinzessinnen aus protestantischen Dynastien. Gleichwohl gab es im öffentlichen Raum zunächst keinen Platz für andere Religionen. Der Bau der ersten Synagoge wurde 1826 von König Max gefördert, eine protestantische Kirche errichtete man erst fünf Jahre später.
1813, ein Jahr, nachdem im französisch besetzten Deutschland die Judenemanzipation verkündet worden war, erließ man in München eine Regelung, welche die Zahl der ansässigen jüdischen Familien begrenzte und den weiteren Zuzug

von frei werdenden Matrikeln oder Ausnahmegenehmigungen abhängig machte. Erst um 1840 kamen jüdische Familien in größerer Zahl aus dem Fränkischen oder dem Badischen in die Stadt, aber auch sie hatten noch mit Einschränkungen zu rechnen. Nach der Reichsgründung 1871 erhielten auch die bayerischen Juden das volle Bürgerrecht.

Man blickte herrlichen Zeiten entgegen. Das Deutsche Reich war geeint, sein Aufstieg war fühlbar und sichtbar, die Lebensbedingungen vereinheitlichten und verbesserten sich. Das bedeutete Chancen für alle bisher Benachteiligten. Zu ihnen gehörten die Juden in Bayern. Sie hatten formal endlich dieselben Rechte wie alle Juden im Deutschen Reich – erlebten aber ähnliche oder gar noch stärkere Beschränkungen. Immerhin konnten sie nun am wirtschaftlichen und gesellschaftlichen Leben teilnehmen. Die Frage war nur, inwieweit sie den jüdischen Gesetzen und Riten in der modernen Welt treu blieben, in der sich auch die Familienstrukturen veränderten.

Das Königshaus der Wittelsbacher galt als liberal, die Landesregierung hingegen als reaktionär. Die eigentliche politische und kulturelle Macht lag bei der katholischen Kirche, die auch die Presse beherrschte. Offener Antisemitismus wurde nicht so drastisch wie etwa in Berlin vertreten, aber es gab durchaus einige giftige Publikationsorgane wie den *Münchner Beobachter* (seit 1887), aus dem nach 1918 der *Völkische Beobachter* hervorging, oder das demagogische Wochenblatt *Grobian*, das von 1904 bis 1912 erschien.

Erst nach der Spaltung der Münchner Gemeinde im Jahr 1871 unterschied man Liberale (oder Reformjuden) und Orthodoxe (oder Traditionalisten), die sich selbst als schlicht gesetzestreu empfanden und Gottesdienstreformen wie die Einführung einer Orgel oder eines Chors ablehnten. In München waren sie deutlich in der Minderheit, in ganz Deutschland betrug ihre Anzahl etwa zwanzig Prozent aller Juden. Sie richteten eigene Betsäle ein, so 1874 in der Kanalstraße 23. Ein Austritt oder eine Abspaltung war, anders als in Preußen, nicht erlaubt. Man durfte nur einen

Religionsverein »zur Förderung der jüdischen Wissenschaft« gründen, genannt Ohel Jakob (Zelt Jakobs). Zu den Trägern dieser Richtung gehörten in München neben den Feuchtwangers und Fränkels noch andere Familien, die wie diese aus Fürth stammten. Als die Einheitsgemeinde 1880 eine große Synagoge baute, verlangten die Orthodoxen ebenfalls ein würdiges Gebäude. 1889 wurde in der Kanalstraße 29 eine eigene Synagoge eingeweiht, was hohe finanzielle Aufwendungen erforderte. Die Adresse der »Kanalsynagoge« änderte sich später durch Straßenumbenennung in Herzog-Rudolf-Straße 3.

Da sich ihnen vor allem Universität und Armee verschlossen, mussten viele jüdische Studenten aus der um 1880 geborenen Generation auf freie Berufe ausweichen. Als Anwalt, Arzt, Händler oder Bankier genossen sie größere Freiheiten und hatten es leichter, die Sabbatruhe einzuhalten. Politisch waren die Münchner Juden reichstreu, aber die bayerischen Belange zählten mehr. Man hatte Hochachtung vor den Wittelsbachern und nahm an deren offiziellen Feiern teil. In der Schule lernten die jüdischen Kinder wie alle anderen: »Bayern ist mein Heimatland, weil ich hier geboren und erzogen wurde.« In der Gründerzeitkrise nach 1873 kam auch in München eine aggressive Judenfeindschaft auf. Dennoch schien die Zukunft verheißungsvoll. Nach 1896 begann eine Zeit wachsenden Wohlstands, die bis 1914 andauerte.

Das Leben der Feuchtwangers war geprägt von den bayerischen Besonderheiten und einem streng religiös bestimmten Alltag. Ihr gesellschaftlicher Aufstieg, ihre säkulare Bildung und kulturellen Interessen erfolgten nicht auf Kosten ihrer jüdischen Tradition. Sie waren erfolgreiche Wirtschaftsbürger, gehörten zum gehobenen Mittelstand, jedoch nicht zur jüdischen Aristokratie der Rothschilds, Warburgs und Mosses.

Die fernen Wurzeln der Familie lagen in dem kleinen mittelfränkischen Ort Feuchtwangen an der Sulzach, der zur

Zeit der Karolinger um ein Kloster herum entstanden war und dessen Name auf Fichten verweist, die an einer grünen Lichtung stehen. Im Jahr 1555, nach dem Sieg der Reformation, wurden die seit dem Spätmittelalter ansässigen Juden vertrieben. Drei Brüder zogen mit ihren Familien fort, zwei von ihnen wurden unterwegs vom Mob erschlagen, der dritte erreichte die freie Reichsstadt Fürth, wo es seit 1528 eine jüdische Gemeinde gab. In Nürnberg wurden Juden nicht eingelassen. Bis zu 400 jüdische Familien lebten in Fürth, sie hatten ihre Vertretung im Stadtrat, durften einen Friedhof anlegen, Schulen und Synagogen bauen. Der aus Feuchtwangen Zugewanderte kam in einem Schulgebäude unter, und seine Familie nannte sich deshalb Schulhof, so erzählt es eine mündliche Überlieferung innerhalb der Familie. Der älteste in Fürther Papieren beglaubigte Vorfahr hieß Jaakow Arieh ben Mosche Schulhof, nannte sich aber, als Ende des 18. Jahrhunderts die Entwicklung der Verwaltung die Einführung fester Familiennamen erforderte, Jakob Löw Feuchtwanger. Die ursprüngliche Herkunft war also nicht vergessen. Er starb im Februar 1809. Zu der Zeit gab es in Feuchtwangen wieder eine jüdische Gemeinde, auch Zweige der Feuchtwangers haben dort gelebt. Der hebräische Name Jaakow Arieh wurde jeweils dem ältesten Sohn bei der Bar Mitzwa verliehen. (Auch Lion erhielt ihn.)

Im katholischen Frankreich hatte es der Revolution bedurft, damit Protestanten und Juden die vollen Bürgerrechte erhielten. Diese Entwicklung war aus der Gesellschaft selbst gekommen, und die große Umwälzung gab ihr ein besonderes Gewicht. In Deutschland wurde die »Judenemanzipation« (wie andere Rechtsfortschritte) zur Zeit der napoleonischen Besatzung als Reform von oben vollzogen, was bestimmte »nationale Kräfte«, insbesondere die studentischen Burschenschaften, zu ihrer dauerhaften Ablehnung und Bekämpfung animierte.

Der Aufstieg der jüdischen Familien im 19. Jahrhundert kann als »Einwanderung« in die Gesellschaft angesehen werden, der sie ohnehin angehörten, und wie alle Einwanderer waren sie besonders strebsam. Das als heimlichen Beherrschungswillen auszulegen, wie es die Antisemiten taten, zeugt von Dummheit und Bösartigkeit. Dass der Erfolg einiger auch Nutzen für die Allgemeinheit hat, war diesem Denken nicht zugänglich. In jeder Phase zwischen 1812 und 1933 bedeutete dies für die Juden in Deutschland, sich über Vorurteile, Behinderungen und Anfeindungen hinwegsetzen zu müssen und hinzunehmen, dass die formal zugestandenen Rechte ihnen in der Praxis oft verwehrt blieben. Das verhinderte nicht Erfolgsgeschichten auf vielen Gebieten, prägte aber das individuelle Verhalten, bedingte auch ein größeres gesellschaftliches Bewusstsein – oder eine Überkompensation durch besondere Leistungen und großen Patriotismus. Andererseits gab es auch Beispiele von Abkehr und von Auflehnung gegen Religion, Familie, Tradition, dazu tragische Fälle von schamhafter Selbstverleugnung, Selbsthass oder schlicht Gleichgültigkeit.

Die Erfolgsgeschichten verliefen nur selten geradlinig. Verfallsgeschichten à la Buddenbrooks kamen auch in jüdischen Familien vor, wobei sich der »Verfall« im Übergang von ökonomischen zu intellektuellen Tätigkeiten zeigte. Aus »Getreidejuden« wurden »Geistesjuden«, wie im Falle des Düsseldorfer Galeristen Alfred Flechtheim oder des Berliner Schriftstellers Franz Hessel. Diese Entwicklung zeitigte die große Anzahl jüdischer Autoren, Künstler, Intellektueller, Journalisten und Wissenschaftler. Sie wurde 1933 jäh und brutal unterbrochen, ohne dass der Zyklus von Integration, Aufstieg, Abstieg, Verwandlung sich hätte entfalten können. Aber schon vor 1900 besann man sich auf ältere jüdische Traditionen – und schließlich entstand der Zionismus mit der Idee eines eigenen Judenstaates.

So kann man auch die Biographie von Lion Feuchtwanger deuten. Ganz wie die Brüder Mann setzte er nicht die Laufbahn seiner Vorfahren fort, sondern suchte sich ein eigenes Betätigungsfeld im Geistig-Künstlerischen, um dessen Form er in kritischen Zeiten ringen musste. Die Geschichten, die er später schrieb, kann man als Geschichten einer ersehnten Integration lesen, als Geschichten von Aufstieg und Verfall und angedeuteter Umkehr.

Der Fürther Silberwarenhändler Seligmann Feuchtwanger und seine Frau Fanny hatten achtzehn Kinder, von denen drei starben, was für die Zeit um 1800 eine geringe Zahl bedeutete. Vier Söhne, Jakob, Elkan, Moritz und David, zogen nach 1840 in das aufstrebende München. Eine Jüdische Gemeinde gab es dort erst seit 1813; die erste Synagoge wurde 1826 in der Theatinerstraße eingeweiht, in Anwesenheit des Königspaares und führender Hofbeamter. 1818 lebten in der Stadt keine 500 Juden, 1840 waren 1 423 registriert. Erst nach 1880 wurde die Zahl von 4 000 überschritten. Der jüdische Bevölkerungsanteil blieb stets unter zwei Prozent. Innerjüdische Reformbestrebungen bewirkten nach 1840 eine Spaltung der Religionspraxis, aber die bayerischen Gesetze erzwangen das Fortbestehen einer Einheitsgemeinde.

Um 1840 erhielt Jakob Löw Feuchtwanger als Mitarbeiter einer Wechselstube die Erlaubnis zur ständigen Niederlassung in der Stadt, aber erst 1855 wurde er Bürger mit allen Rechten. 1858 gründetet er die J. L. Feuchtwanger-Bank, die bis 1938 Bestand hatte. Sein Bruder, der Tuchhändler Elkan Feuchtwanger, erhielt im Jahr 1852 das Bürgerrecht, nachdem er für eine frei werdende Matrikel bezahlt hatte; etwas später kamen seine Brüder Moritz und David nach.

Enge Familienbande, arrangierte Heiraten, hygienische Lebensweise und damit verbunden eine vergleichsweise niedrige Kindersterblichkeit, gelebte Religion in strenger Observanz, gesellschaftlicher Aufstieg und ökonomischer Erfolg bestimmten die nächsten Jahrzehnte. Von Generation zu Generation wurden die Familien kleiner, bei steigendem Bildungsgrad. Die Heiratspolitik diente zugleich wirtschaftlichen Interessen, Scheidungen gab es nie. Den Frauen wurde eine bescheidene Bildung zugestanden, sie lebten ganz in der Familie und wurden meist jung verheiratet, während die Männer in der Regel mit dreißig Jahren heirateten, nachdem sie ihre Ausbildung in guter Kaufmannstradition auswärts absolviert hatten. Mädchen lernten Anstand, Gesang und Klavier, Französisch oder Englisch.

Elkan Feuchtwanger, der Chemie studiert hatte und mehr Erfinder als Geschäftsmann war, gründete gemeinsam mit seinem Bruder David um 1880 eine Margarinefabrik. 1888 wurde im Stadtteil Haidhausen ein Industrieareal zur großen Produktionsstätte ausgebaut. Kunstbutter, eine Idee aus Frankreich, stellte man bereits in Holland und im Rheinland her. Das rein pflanzliche Produkt war auch unter dem Gesichtspunkt der jüdischen Speisegesetze interessant, weil neutral und mit allen Zutaten kombinierbar. Die Feuchtwanger-Werke, die zudem Seife und Speiseöl lieferten, gehörten bald zu den führenden Produzenten in Deutschland.

Elkans Sohn und Erbe Sigmund Feuchtwanger, der einige Jahre als Leiter der väterlichen Firmenniederlassung in Ägypten verbracht hatte, heiratete 1883 Johanna Bodenheimer, die Tochter eines Kaffeehändlers aus Darmstadt. Das Paar bezog eine Wohnung in der Hildegardstraße, in der am 7. Juli 1884 das erste Kind zur Welt kam, Lion. Nach einem Brand zog die Familie ins östlich der Altstadt gelegene Lehel, in das Haus Nummer 2 am Sankt-Anna-Platz. Eine anschauliche Schilderung des Lebens und insbesondere der religiösen Erziehung daheim verdanken wir den Erinnerungen von Martin Feuchtwanger, Lions 1886 geborenem Bruder. Die Familie lebte in einer geräumigen, aber schlichten Wohnung, keineswegs in einer Villa, mit der man hätte prunken können. Das Judentum wurde selbstbewusst gelebt und nie in Frage gestellt. Sigmund sprach Münchnerisch, sagte »Halt die Goschn!« und »Was hammer denn heit zum Essen?«. Man besuchte Biergärten, in die man koscheres Essen mitbringen konnte, stieg auf die Berge, machte Ausflüge ins schöne Umland. Die Herstellung des modernen Produkts Margarine zeigte ja, wie offen man für den Fortschritt war. Von der christlichen Umwelt grenzte man sich nur zu Weihnachten auf ironische Weise ab, indem man Karten spielte, um sich der festlichen Stimmung zu entziehen. Aber das geschah in den eigenen vier Wänden. Lion war mit großer Leidenschaft dabei.

Der Vater lud die ärmeren Kinder aus der Nachtbarschaft zum Mittagstisch ein, die dafür seinen Kindern die Schulranzen zum Unterricht trugen, denn das war am Sabbat verboten. Außerdem verkaufte er jeden Freitagabend seine Fabrik symbolisch für eine Mark an seinen christlichen Geschäftsführer, von dem er sie jeden Montagmorgen wieder erwarb; so konnte am Sabbat die Produktion weitergehen. Sigmund Feuchtwanger besaß eine gewisse Aufgeschlossenheit für den Zionismus. Er hängte ein Bild von Theodor Herzl an die Wand und hatte sich ein Säckchen Erde aus Jerusalem besorgt, auf dem einmal sein Haupt ruhen sollte. Die Münchner Gemeinde aber sträubte sich gegen den ersten Zionistenkongress, der dann in Basel stattfand und von einigen Feuchtwangers unterstützt wurde.

Lions Vater las gern, besaß wertvolle Bücher und ging einmal die Woche ins Theater. In dieser bürgerlichen Kultiviertheit mag man ihn mit dem Lübecker Senator Thomas Heinrich Mann vergleichen, dessen Söhne die Literatur der väterlichen Firma vorzogen. Von früh an spielte das Theater bei den Feuchtwangers eine große Rolle. Die Eltern hatten ein Abonnement, und alle Kinder begeisterten sich für das Schauspiel. Man las die Zeitung, verfolgte die Nachrichten über die bekannten Darsteller; nachts im Bett erzählte man einander leise von den Erlebnissen im Theater. Mit zwölf durfte Lion die *Zauberflöte* sehen, berichtete den Geschwistern davon und sang ihnen einzelne Partien vor.

Martin Feuchtwanger meinte, der Vater habe sich wenig für die Fabrik interessiert, auch nicht viel von Ökonomie verstanden; er hing an seiner kostbaren Briefmarken- und Büchersammlung und nannte Frühdrucke althebräischer Werke, aber auch Pergamentmanuskripte sein Eigen; er besaß Ausgaben aller Klassiker, von Shakespeare bis Goethe, kannte auch Zeitgenossen wie Geibel und Hauptmann. Als Lion noch ein Kind war, lag ein dickes Buch über die Geschichte des Flavius Josephus auf dem Wohnzimmertisch, es wurde eine seiner ersten Lektüren. Mit fünfzehn las er dann schon Spinoza.

Gern erzählte Sigmund seinen Kindern Geschichten aus der Bibel. Oder er kommentierte die drei Gemälde, die er besaß – ein Landschaftsgemälde von Franz von Defregger, einen Ölschinken mit der »Opferung Isaaks«, eine Lithographie, die Lessing, Lavater und Moses Mendelssohn beim Schachspiel zeigte. Sein eigener Vater aber, Elkan, erzählte aus der Familiengeschichte. Dann ließen sich seine vier Enkel auf Schemeln vor ihm nieder und hörten dem Großvater zu. Das Leben der Juden sei immer besser geworden, sagte der alte Mann. Ganz früher hätten sie es sehr schlecht gehabt, da mussten sie in Gettos wohnen, getrennt von den andern. Er selbst habe noch viele Demütigungen erdulden müssen, aber schon nicht mehr so schlimm wie der Urgroßvater, als der mit einem Sack Waren auf dem Rücken übers Land zog. Juden wurden geprügelt und bespuckt und durften sich nicht wehren, denn sie hatten keine Rechte. Doch das sei vorbei, Unterdrückung und Verfolgung gäbe es nur noch in Russland und Rumänien. Und er sprach von erfolgreichen Mitgliedern der Familie wie dem Onkel Hermann, der es zu Ansehen und Reichtum gebracht habe, wobei das Ansehen wichtiger sei als der Reichtum. Und warum habe er es geschafft? Weil er Vater und Mutter geehrt habe, das bleibe das Wichtigste. »Ja, Kinder, es wurde von Jahr zu Jahr besser, von Jahrzehnt zu Jahrzehnt, und ihr Kinder könnt ja keine Ahnung davon haben, wie schlimm und traurig es früher für die Juden war. Heute sind wir genau wie alle anderen und wollen hoffen, dass nie wieder schlimme Zeiten für die Juden kommen.« So erinnerte sich Martin Feuchtwanger. Elkan starb 1903.

Neun Kinder bevölkerten die elterliche Wohnung, fünf Buben (Lion, Ludwig, Martin, Fritz, Berthold) und vier Mädchen (Franziska, Bella, Henny, Martha, auch Medi genannt). Im Haus wohnten Beamte, Offiziere und Kaufleute. Alle Kinder spielten gemeinsam und friedlich, aber unüberhörbar auf dem Hof zwischen Müllkübeln und Teppichstangen. Von ihrer Wohnung aus beobachteten die Feuchtwanger-Kinder aufmerksam das Geschehen rings um die Sankt-Anna-Kirche. Von der Mutter wird behauptet, sie habe ein dominantes Wesen gehabt, sei distanziert, streng und dauernd unzufrieden gewesen, habe großen Ehrgeiz auf ihre Kinder projiziert. Die Aufsicht über neun Kinder und zwei Hausmädchen war gewiss eine aufreibende Arbeit. Letztere kamen aus frommen christlichen Familien vom Lande, kannten sich in jüdischen Bräuchen gut aus, deren Einhaltung sie bei den Kleinen überwachten. Im Sommer zogen Mutter, Kinder und Hausmädchen für acht Wochen aufs Land, wohnten bei Bauern, wo sich Stadt- und Landkinder miteinander vergnügten und sich gegenseitig beeinflussten. Auf zwei Pferdewagen wurde koscherer Hausrat nach Kochel oder Starnberg transportiert. Der Vater kümmerte sich indessen um die Fabrik in München, kam aber öfter auf Besuch.

Waren die Ferien vorbei, erschien einmal in der Woche Herr Wetzlar, der eine Feuchtwanger geheiratet hatte, um den Kindern Elemente jüdischen Wissens und auch ein paar Wörter Hebräisch beizubringen. Er war Kantor und Vorbeter in der Kanalsynagoge, aber als Lehrer langweilte er seine Schüler und war leicht vom Unterricht abzulenken. Die Volksschulzeit verbrachten alle nahebei auf der Sankt-Anna-Schule im Lehel. In der Einheitsvolksschule gab es keine Klassenunterschiede und auch keine religiöse Diskriminierung. Die Buben wurden später auf das elitäre Wilhelmsgymnasium geschickt, das im selben Viertel lag und das auch die Hofpagen besuchten. Hier war schon eine gewisse Distanz spürbar, offener Antisemitismus herrschte hingegen an der Universität, insbesondere bei den Korpsstudenten.

Lions Schultag begann früh. Er stand jeden Morgen um fünf Uhr auf und ging zu Gebet und Hebräisch-Lektion. Das Gymnasium begann um acht Uhr. Sein Interesse galt vor allem der Literatur und der Geschichte. Er war sehr gut in Stenographie, beherrschte die Sprachen Latein, Griechisch und Hebräisch, konnte sie ineinander übersetzen. Von den neuen Sprachen lernte er Französisch und Italienisch, aber kein Englisch. Zu Hause störten ihn oft seine laut spielenden Geschwister beim Lernen, die auch kräftiger waren als er, nur Ludwig verteidigte ihn. Nach dem Abitur studierte Lion in München und in Berlin Neuere Literaturgeschichte. 1907 promovierte er in seiner Heimatstadt bei Franz Muncker über Heinrich Heines Erzählfragment *Der Rabbi von Bacherach*. Bis er darin Anregungen für sein eigenes Schreiben fand, sollten noch einige Jahre vergehen. Eine Habilitation wurde erwogen, auch von den Eltern gewünscht und unterstützt. Doch für eine Universitätslaufbahn hätte Lion sich taufen lassen müssen, eine Konversion als opportunistische Konzession kam für ihn aber nicht in Frage. Allerdings schreckte ihn auch die Aussicht, vor Studenten Vorlesungen halten zu müssen.

Nach anfänglicher Rivalität fand Lion einen Modus für den Umgang mit seinem Bruder Ludwig, der größer und stattlicher war und auch schneller Erfolg hatte. Dieser hatte in München und Berlin Jura studiert und wurde 1914 als Anwalt zugelassen. Er übernahm jedoch nur ein einziges Mandat: die Vertretung des Philosophen Max Scheler, eines Verwandten der Familie. Der Privatdozent hatte eine Affäre mit einer Studentin angefangen und sollte aus der Universität entfernt werden. Seinen wirklichen Beruf fand Ludwig Feuchtwanger 1914 als Geschäftsführer und Programmleiter des Münchner Verlags Duncker & Humblot, in dem er so bedeutende Autoren wie Max Weber, Werner Sombart, Max Scheler, Georg Simmel und Carl Schmitt betreute. Nach 1933 zwangen ihn die Nationalsozialisten zur Aufgabe seiner Stellung.

Die Leitung der väterlichen Margarinefabrik wollten weder Lion noch Ludwig oder Martin übernehmen, die sich alle für geistige Berufe entschieden; so übernahm der drittälteste Bruder Fritz diese Rolle, als der Vater im Jahr 1916 starb. Fritz führte die Firma bis 1938.

Lions Tagebücher zeigen keinen radikalen Bruch mit dem

Elternhaus, wie es Marta später auffasste. Und er kam immer wieder zum Essen nach Hause, auch wenn es wohl zuweilen heftige Auseinandersetzungen gab (»Krach mit Papa. Bin sehr verdrossen«, 27. 7. 1906; »Abends Krach mit den Eltern. Mama ist von unangenehmster Gehässigkeit«, 16. 11. 1906). Man liest auch hochmütige Anmerkungen zum »ordinären, aufgeblasenen Kleinbürgertum«, das ihm von Tag zu Tag mehr auf die Nerven falle. Sein Schuldenstand betrug zu diesem Zeitpunkt 2 160 Mark, also entlockte er dem Vater Geld, das er bei nächster Gelegenheit sogleich verspielte.

An seinem 25. Geburtstag notierte er: »Geschenk und Brief von den Eltern, Geschwister seltsam kühl.« So wie er lebte, hatte er gute Gründe, den Kontakt zu wahren: »Muss mit Papa über Geld reden«, heißt es am 14. Juli 1909. Mit seinem Bruder Ludwig diskutierte er zuweilen über aufkommende Glaubenszweifel. An hohen Feiertagen gingen sie weiterhin zur Synagoge, wenn auch nur dem Vater zuliebe, der ihre allmähliche Abwendung von der Religion betrübt hinnahm.

Ein großer Druck lastete auf Lion, und er lernte mit großer Disziplin. Doch besaß er eine vitale Energie von erheblicher Sprengkraft, die ihr Experimentierfeld erst noch finden musste. Fleiß, Lerneifer und Freiheitsstreben mussten in eine kreative Synthese gebracht werden, sollte dieses Leben nicht scheitern, denn sein immenses Selbstbewusstsein schlug leicht in abgrundtiefe Unsicherheit um. Man könnte glauben, dass sich gewaltige, überpersönliche Kräfte in seiner Subjektivität austobten. Er war strebendes und eigenwilliges Subjekt und zugleich Resonanzboden für Veränderungen in der Gesellschaft, ganz der Gegenwart hingegeben, aber mit Sinn für Tradition. Seine stärksten Antriebe waren die Sexualität und der literarische Ehrgeiz. Lange Zeit fehlte nur ein deutliches Lebensziel.

»Mit Max [Scheler] philosophiert. Meine Weltanschauung: Sicher ist, dass der lebendige Mensch mehr Intensität des Gefühls besitzt als die übrige Materie. Zweck des menschlichen Lebens ist es, diese Intensität nach Kräften zu verstärken. Mein Ziel also sehe ich darin, ein möglichst intensives Leben zu führen – Intensität des Lebens ist nicht zu verwechseln mit Genuss. Der negative Pol dieser Intensität ist der Tod, der positive die Liebe.« In der Liebe müsse sich der eine zugunsten des anderen völlig aufgeben, so dass jeder zwei Leben führe. Intensität wird das Leitwort seines Liebeslebens, wenn auch etwas einseitig verstanden. Für Marta hingegen wird es so sein: Liebe bedeutet, zwei Leben zu leben.

Der Zug nach dem Süden

»War das keine Aufgabe, Mariannen hoch und frei zu machen?«

L. F., *Der tönerne Gott*

Das Reisegeld verspielte Lion mehr als einmal, das Leben aber ließ nicht mit sich spielen. Anfang 1912 wurde Marta schwanger. Als Lion davon erfuhr, sagte er sofort: Wir heiraten – als hätte er nur auf diesen Wink des Schicksals gewartet.

Eigentlich wollte ich nicht heiraten, denn das sahen wir als etwas Bürgerliches an damals, bekannte Marta am Ende ihres Lebens. Einige sehr reiche Männer hätten sich um sie bemüht, aber sie waren nicht nach ihrem Geschmack, sie sei eher für die Schüchternen gewesen. Lion habe nur heiraten wollen, weil sie schwanger war. Sie habe nicht mit dem Antrag gerechnet, sei aber glücklich gewesen.

Doch wie sollte ihr Leben aussehen? Lion hatte keine Stellung und keine Perspektive. Die sicherste Einnahmequelle waren seine Theaterkritiken, vor allem jene für die in Berlin erscheinende *Schaubühne*. Sein Roman *Der tönerne Gott* verfehlte jede Wirkung. Ein von ihm bearbeitetes Schauspiel wurde aufgeführt. Viel brachte das nicht ein. Wenigstens konnten einige Schulden beglichen und der Italienplan wieder ins Auge gefasst werden – unter den neuen Umständen.

Martas Mutter war von den Hochzeitsplänen durchaus geschmeichelt. Sie hatte Lion als kleinen Buben einmal gesehen und gehört, wie stolz seine Mutter auf ihn war. Für ihre Tochter wollte sie eine Mitgift bieten, doch Lion lehnte ab. Dann informierte er seine Eltern, die nur mit verächtlichem Schweigen reagierten. Martas Vater suchte Lions Vater auf und bekam zu hören: »Mein Sohn ist ein Lump, und wenn Ihre Tochter ihn heiratet, ist sie auch nicht besser.« Das war eine Art väterlicher Segen. In einem Brief zitiert Marta den ominösen Satz, der im Josephus-Roman ein vielfaches Echo fand, etwas anders: »Ich würde dem Lion, dem Lump, meine Tochter auf keinen Fall geben.« (28. 11. 1969) Die Feuchtwangers spotteten über Marta und nannten sie »die Wasserleiche«. Als Marta ihrem Sportlehrer mitteilte, warum sie nicht mehr zum Training kommen könne, sagte dieser: »Ich hätte nie gedacht, Fräulein Löffler, dass Sie einen so schlechten Gymnasiasten heiraten würden.«

In München fand eine offizielle Verlobungsfeier statt. Marta erhielt von ihren vielen Verehrern Blumen und Bücher. Man sah deutlich, dass sie schwanger war, aber das schien niemanden zu schockieren. Ihre Eltern schenkten ihr ein Silberbesteck, das sie nach dem Krieg verkaufte. Als Lions Vater sagte: »Lass dir bei meinem Schneider einen guten Anzug für die Hochzeit machen«, verstand der Sohn die Aufforderung als Geschenk.

Eine religiöse Zeremonie gab es nicht. Die standesamtliche Trauung fand am 28. Mai 1912 fern von München statt, im alten Rathaus von Überlingen am Bodensee. Sie war 21, er 28 Jahre alt. Zu einer kleinen Feier setzte man zum Inselhotel über, einem ehemaligen Kloster, dessen große Räume schon Kaiser Wilhelm imponiert hatten. Marta erschien in einem schwarzen Schleppkleid mit breitrandigem Hut und Pleureuse. Gekommen waren beide Elternpaare sowie Lions Freund Monheimer, der auch Trauzeuge war, die Feier aber als unwürdig empfand.

Und nun, wohin? Wie sollte es weitergehen? Hatten sie Pläne? Von Wohnungssuche schien keine Rede zu sein und von Schonung für Marta auch nicht. Die Schwangerschaft verlief nicht gut, sie litt unter häufigem Unwohlsein. Sie reisten dennoch zum Bergwandern in die Schweiz. Auf einer Tour hätte sie beinahe eine Fehlgeburt erlitten. Schließlich erreichten sie Lausanne, wo sich Marta ins Krankenhaus begab. Am 11. September 1912 brachte sie eine Tochter zur Welt, Elisabeth Marianne genannt, bekam aber gleich nach

der Geburt hohes Fieber, wohl weil sie sich bei einer Krankenschwester angesteckt hatte.

Der behandelnde Arzt musste, wie in der Schweiz üblich,
zum routinemäßigen Militärdienst einrücken und wurde
durch einen sehr alten Kollegen vertreten. Dieser verschrieb
eiskalte Bäder, um das Fieber zu senken. Marta bekam davon
rheumatische Beschwerden. Sie wollte trotzdem ihr Kind
selbst stillen, niemand sagte ihr, dass dies gefährlich sei angesichts ihres Fiebers. Als sie die Schwestern sagen hörte: »Die
lebt nicht mehr lange«, war sie zunächst wie gelähmt, aber
dann entschlossen, ihnen diesen Gefallen nicht zu tun. Die
Eltern reisten an – zu meiner Beerdigung, erzählte Marta später lachend. Plötzlich war der junge Arzt wieder da. Marta erlebte es wie eine Halluzination. Er holte bei Lion die Erlaubnis ein, ihr neue Medikamente zu verschreiben. Das Essen im
Hospital bekam Marta schlecht. Sie bat ihre Mutter, ihr eine
Gemüsesuppe zu kochen wie einst, wenn sie krank war. Als
sie nach einigen Tagen entlassen wurde, hatte sie noch immer
leichtes Fieber. Ihre Mutter besorgte ein Schweizer Kindermädchen, eine robuste Person mit dem hübschen Namen
Hortense Schneuvoli. Zur Erholung ging es an die Reviera.

Jahrzehnte später konnte sich Marta nicht mehr daran erinnern, wie viele Tage ihr Kind gelebt hatte, wann und wo es
gestorben war. Sich nicht erinnern kann heißen über etwas
nicht reden wollen, das wehtut. Sie sagte aber auch: »Ich
hatte immer das Vorgefühl gehabt, ich würde sterben, wenn
ich ein Kind zur Welt brächte.« Die Unterlagen der Gemeinde Pietra Ligure nennen den 17. November 1912 als
Todesdatum, das Alter des Kindes ist mit zwei Monaten und
fünf Tagen angegeben. Auf dem Friedhof des kleinen Dorfs
an der italienischen Riviera, auf halbem Weg zwischen
Genua und Menton, wurde Marianne begraben, als Fremde
in fremder Erde, wie der von Lion erdichtete Grabspruch
besagt: »Aliena in terra – sub terra aliena.« Verwunderlich
ist, dass Lion zwei Jahre zuvor in seinem Roman *Der
tönerne Gott* ein ähnliches Kinderbegräbnis in der Fremde
geschildert hatte.

Zurück nach München wollten sie nicht, so blieben sie vorerst in Pietra Ligure. Man würde weiter improvisieren. Die Aussichten waren bescheiden. Sie lebten in einem Häuschen ohne Strom, zum Beleuchten gab es nur Kerzen, zum Kochen und Heizen nur eine offene Feuerstelle. Die Betten waren meist feucht. Waschwasser holten sie aus einem Ziehbrunnen im Garten, Trinkwasser vom Markt. Lion hatte etwas Geld, weil er seine Dissertation über Heinrich Heine an die *Frankfurter Zeitung* für einen Vorabdruck verkauft hatte.

Marta erlebte erstmals das Meer. Sie gingen nachts bei Sturm und Gewitter hinaus an den Strand. Es war Winter, die Wellen tobten. Marta lernte das Fürchten. Bei jedem nichtigen Anlass empfand sie plötzlich kindische Angst, im Garten, im Keller, wenn Schaben durch die Küche krabbelten. Allmählich lernte sie jedoch, diese Beklemmung zu überwinden. Am Tag las ihr Lion etwas vor, die *Buddenbrooks* oder Romane von Heinrich Mann. Er schrieb das Stück *Die Fleischtöpfe Ägyptens* und dachte dabei vielleicht an die elterliche Wohnung in München. Er muss das Gefühl einer gewagten Abkehr gehabt haben.

Was nach diesem Drama folgte, ist mit dem Begriff Reise nur unzureichend beschrieben. Es war eine Odyssee zu zweit, mit ungewissem Ausgang, doch der große Krieg lag dieses Mal am Ende und nicht am Anfang. Zunächst aber, an ihrem Unglücksort Pietra Ligure, entdeckten sie ein gemeinsames Ideal, ein Haus mit Garten über dem Meer, Glück und Leichtigkeit jenseits der Tränen, und dazu die Lust, die Welt zu erkunden, fremde Sitten, verzauberte Orte, große Landschaften, um so auch einander und sich selbst besser kennenzulernen, eine existentielle Art, Erzählstoff zu sammeln.

Zunächst war alles ein großes Spiel. Das Ziel hieß plötzlich Monaco, doch blieben sie noch ein paar Tage in Menton, gleich hinter der französischen Grenze. Dass die Côte d'Azur einmal ein wesentlicher Ort für sie werden sollte, ahnten sie nicht. Menton überraschte sie als beinahe tropischer Ort mit exotischen Gärten in einer geschützten Bucht unterhalb hoch gelegener Küstendörfer. In der Oper des kleinen Fürstentums Monaco wurde Richard Wagners *Parsifal* in einer einmaligen Aufführung gespielt, ohne die Erlaubnis Bayreuths. In dem Bau von Charles Garnier, dem Architekten der Pariser Oper, teilten sich Oper und Casino das Foyer. Lion bekam Freiplätze, weil er einen Presseausweis der *Frankfurter Zeitung* besaß. Bis in den Opernsaal hinein hörte man die Rufe der Croupiers: »Rien ne va plus.« Die Darstellerin der Kundry, Felia Litvinne, war so dick, dass sie sich kaum von dem Bett erheben konnte, auf das man sie gelegt hatte, aber ihre Stimme war hinreißend. Die Gralsritter hatten aufgemalte Schnurrbärte. Es gab eine Pause von anderthalb Stunden, damit das Publikum speisen konnte oder spielen.

An einem anderen Abend erlebten Lion und Marta den russischen Opernstar Schaljapin in Verdis *Rigoletto*. Inzwischen war allerdings in der *Frankfurter Zeitung* Lions Kritik des *Parsifal* erschienen. Darin mokierte er sich über das »Bühnenweihefestspiel im Dunstkreis des Roulettes«, über das Gerangel der Gäste um die Plätze, welches das Vorspiel übertönt habe, über die beleibte Sängerin, die das Publikum zum Lachen gebracht habe, das einfallslose Dekor, die Atmosphäre von Komik und Langeweile, in der allein der Parsifal-Darsteller Rousselière ansehnlich gewirkt habe. Dem Autor des Verrisses verweigerte Operndirektor Ginsberg weitere Freikarten.

Wenn sie ins Casino gingen, spielten sie an verschiedenen Tischen. Marta wartete lange, beobachtete interessiert die Methoden der anderen, gewann ein wenig, setzte aber nie hohe Summen ein. Lion ging immer aufs Ganze, verlor aber zumeist. Nach ein paar Tagen reisten die beiden Sorglosen weiter nach Nizza, wo es zu Beginn des Jahres 1913 ausnahmsweise schneite, und nahmen Quartier in einem kleinen Hotel. Hin und wieder stieg Lion in den Zug nach Monaco. Sie versetzten alles, was sie hatten, ihre Uhren und sogar ihre

Eheringe, die sie nie zurückerhielten. Lion telegrafierte an Monheimer, der Freund möge bei wem auch immer Geld leihen und schicken. In den nächsten Monaten sollte sich das Manöver mehr als einmal wiederholen. Monheimer überwies etwas Geld und behielt einen Teil der Summe stets für sich. Dieses Jonglieren mit den Schulden, meinte Marta später, war immer nur Spaß, die Lage war niemals wirklich verzweifelt. Noch konnten sie das Leben leichtnehmen.

Doch gerade für Marta war es nicht nur leicht. Während Lion im Hotelzimmer blieb und an Artikeln oder literarischen Versuchen arbeitete, fuhr sie allein nach Monaco. Sie wolle einen Arzt konsultieren, denn sie fühle sich schwanger, sagte sie zu Lion. Die Ärzte in der Schweiz hatten von einer weiteren Schwangerschaft abgeraten. Zunächst ging Marta in die Spielbank. Aus fünf Francs wurden fünfzig. Damit bezahlte sie die Abtreibung, den Arzt konsultierte sie erst gar nicht. In einer Apotheke hatte man ihr die Adresse einer Hebamme genannt, die in einem finsteren, schmutzigen Hinterhaus wohnte. Der Eingriff war schmerzvoll und nicht sehr hygienisch. Zurück im Hotel, bekam Marta eine allergische Reaktion. Sie konnte jetzt weder zum Arzt noch ins Krankenhaus. Geld hatte sie keins mehr. Ihr Körper brannte wie Feuer, ihre Haut wurde tiefrot. Lion holte aus einer Apotheke Schlaftabletten, die ihre Schmerzen allmählich linderten, aber Marta musste drei schlimme Tage durchstehen.

Da sie sich keine Fahrkarten leisten konnten, kehrten sie in einer mehrtägigen Wanderung in ihr altes Quartier nach Pietra Ligure zurück. Unterwegs ernährten sie sich von Früchten und Beeren. An der Riviera zogen sie mit dem Sohn des Hausvermieters auf die Jagd. Die Familien daheim wussten nicht, wo sie steckten. Zu Weihnachten hatte Marta ihren Eltern ein Säckchen mit Haselnüssen geschickt. Endlich traf etwas Geld aus München ein. Beim Dorfschneider ließ sich Marta ein praktisches Sommerkleid nähen. Dann kauften sie Fahrkarten nach Florenz, schickten das Gepäck voraus und wanderten einen Teil der Strecke. Ihre große Tour begann. In Florenz absolvierten sie die Museen und

Paläste und logierten in kleinen Pensionen, die oft von Engländern geführt wurden. In Italien hießen zu jener Zeit alle Ausländer »inglesi«. Weiter ging es über Pisa und Perugia nach Siena. »Und dann kam Rom.« Gleich am Bahnhof entfuhr es Marta: »Do is ja scho epps Oids!« Mit diesem Satz – »Da ist ja schon was Altes!« – zog Lion sie noch in späteren Jahren gern auf.

Auch in Rom fanden sie billige Unterkunft in einer Schlafstätte an der Piazza Navona. Immer wieder pilgerten sie zum Forum Romanum, studierten den Triumphbogen von Kaiser Titus, auf dem die Unterwerfung der Juden durch die Römer dargestellt ist. Sie kamen zum Petersplatz, wo eine große Menge für den todkranken Papst betete. Plötzlich öffnete sich das Fenster, und der Heilige Vater erschien in seinem weißen Gewand und segnete die Menschen. Es war schon dunkel, der Platz war nur mit Kerzen erleuchtet, wie ein einziger Lichterbogen. Vom Petersdom sah man nur das Kreuz auf der Kuppel, als würde es am Himmel schweben. Die Menge schrie: »Miràcolo!«

Bei einem Ausflug in die Albaner Berger kamen sie an einen großen Zaun. Lion hatte das Warnschild übersehen: Strom! Lebensgefahr! Marta zog ihn rasch beiseite. Er erschrak und sagte: »Was hättest du gemacht, wenn ich ihn berührt hätte und tot umgefallen wäre?« – »Ich hätte ihn auch berührt.« Das war wie ein Eid für uns, sagte sie im Rückblick, Lion hat mich später oft daran erinnert. Retten musste sie ihn noch einige Male.

Auf ihrer nächsten Reisestation erlebten sie den ersten wirklich kritischen Moment. Sie sahen Neapel und wären beinahe gestorben.

Sie nahmen ein billiges Quartier in einem schmutzigen Viertel. Die Verständigung mit den Leuten aus dem einfachen Volk war schwierig. Immerhin lernten sie die italienische Küche kennen, unbekannte Gemüse wie Fenchel, schlichten Landwein, trockenen Ziegenkäse und Muschelgerichte. In den Straßen bestaunten die Frauen Martas Sommerkleid, betasteten neugierig den Stoff, der an der

Hüfte leicht gerafft war. Im Haar trug sie einen schmalen Goldreif und sah aus wie Salome. War das ihr Traum? Eine lebende Mythenfigur zu sein, als stamme sie aus einer anderen Epoche? Dazu brauchte sie diese Berührung mit der Ferne, mit der Vergangenheit, mit dem Zeitlosen.

Nachdem Lions Honorar für einen Artikel eingetroffen war, mieteten sie sich am Hafen in einer Pension ein, die von einer Schweizerin geführt wurde. In einem Hafenrestaurant aßen sie eine Fischsuppe mit Muscheln. Bald darauf wurden sie krank. Sie waren nicht immun gegen den malerischen Schmutz. Die Pensionswirtin ließ einen Arzt kommen, der ebenfalls aus der Schweiz stammte. Er erklärte ihnen, dass sie an Typhus litten und dass sie, dem Gesetz nach, nicht in einem Privathaus bleiben dürften. In einem Hospital seien angesichts zweifelhafter hygienischer Zustände ihre Überlebenschancen aber nur gering. Er werde ihre Erkrankung nicht melden, wie er es eigentlich müsse. Sie sollten auf ihrem Zimmer bleiben, und Marta, der es nicht ganz so schlecht ging, solle ihren Mann pflegen. Lion bekam hohes Fieber, litt an Magenkrämpfen und Schlaflosigkeit, konnte sich nur beruhigen, wenn sie ihm etwas vorlas.

Als er die Krise überstanden hatte, hieß es, noch ein paar Tage auf dem Zimmer bleiben. Um die Zeit zu überbrücken, erzählten sie sich Erlebnisse aus ihrer Kindheit. Vor allem quälende und demütigende Situationen stiegen bei ihm auf, als müsse er Alpträume loswerden. Hier, in den neapolitanischen Fiebernächten, muss Marta den Eindruck gewonnen haben, dass Lion ein unglücklicher Junge in einer lieblosen Familie gewesen war.

Lion erzählte ihr von Rektor Arnold, einem strengen Herrn mit zerfurchtem Gesicht und gewaltiger Höckernase, der wie ein zweiter Professor Unrat kontrolliert hatte, dass seine Schüler nicht nach 21 Uhr noch auf der Straße herumlungerten. Aber man habe sich trotzdem heimlich in Kneipen und Hinterhöfen getroffen, Bier getrunken, Zigaretten getauscht und gegen Bezahlen die Brüste der Kellnerin betastet. Wie viel unschuldiger waren die Erzählungen von Marta. Sie hatte höchstens einmal heimlich geraucht. Als sie in Anwesenheit eines Schulrats das Nibelungenlied zusammenfassen sollte, tat sie es mit so viel Überschwang, dass man sie kaum bremsen konnte. Wahrscheinlich durfte sie viel zu selten ihre intellektuellen Fähigkeiten zeigen.

Und Lion erzählte von seiner Familie. Der Vater sei immer freundlich zu den Kindern gewesen, aber die strenge Mutter habe sehr dominiert. Wenn sie die Lippen aufeinanderpresste, wussten alle, dass sie zornig war. So lenkte sie die Familie mit ihrem Schweigen. Der Vater habe sie respektiert, eine Liebesheirat sei es aber nicht gewesen. Die Mutter sah gut aus, fand er, sehr weiblich, und konnte vorzüglich repräsentieren. Zur Verhärtung habe wohl beigetragen, dass man sie glauben ließ, ihr Mann habe ein Verhältnis mit ihrer Schwester. Lion selbst sei körperlich nicht so kräftig gewesen und habe zu wenig Schlaf bekommen. Bei Familienausflügen während der Sommerferien sei er immer hinterdrein gelaufen. Einmal sei er im Sumpf stecken geblieben, habe um Hilfe schreien müssen, aber die anderen hätten nur gelacht und die Gefahr erst spät begriffen. Endlich hätten sie geholfen und ihn herausgezogen, aber seine Schuhe seien stecken geblieben. Vor allem hätten die Geschwister ihn wieder einmal auslachen können.

Die Erzählungen dienten Lion eher dazu, einen Abstand zu den Eltern zu schaffen, sich abzunabeln, es blieb ja genug an Einflüssen übrig. Marta deutete seine Erinnerungen als Kritik, auch an der religiösen Erziehung. Lion fand Arrangements wie den Samstagsverkauf der Firma heuchlerisch. Die Jüngeren (wie Martin) verstanden die Bräuche nicht mehr, sie seien ihnen auch nicht erklärt worden. Es war nur Treue, Tradition, Zugehörigkeit. All das wurde brüchig und fragwürdig in der neuen Zeit.

Lion hatte seine Probleme mit dem Befolgen der strengen Lebensregeln gehabt, die in seiner Familie galten. So hatte er am Sabbat keine Bücher tragen dürfen. Nicht einmal ein Schlüsselbund in der Hosentasche war erlaubt. Die anderen Kinder hatten bemerkt, wie ihm das Hausmädchen den

Ranzen trug. Das genierte ihn gegenüber den andern Kindern, die immer einen Anlass suchten, ihn zu hänseln. Für Raufereien war er (anders als Marta) zu schwach gewesen. Ihm war nichts anderes übriggeblieben, als geistig zu brillieren. Noch später prahlte er gern mit seinen Erfolgen. Genau beziffert konnte er seine Erfolge angeben, wie ein Sportler die Daten seiner Höchstleistungen. Kindische Eitelkeit, gewiss, aber immer noch die Selbstbehauptung des kleinen Judenbuben, der in ablehnender Umwelt aufwuchs.

Lions Vater war stolz auf seinen Ältesten gewesen, doch nach dessen Studium hatte die wortlose Missbilligung seiner Lebensweise begonnen. Er hatte nur geseufzt: »Ach, der Lion!« Er selbst hatte pflichtbewusst die Fabrik vom eigenen Vater übernommen, auch wenn er vielleicht lieber studiert hätte, aber daran habe er gar nicht zu denken gewagt. Streit gab es vor allem bei den Mahlzeiten. Daher all die Magenkrankheiten bei ihnen, glaubte Marta. Auch sie hatte besondere Schulerinnerungen. Da sie am Sabbat in der Klasse nicht schreiben durfte, taten es die anderen Mädchen für sie. Eine Mathematiklehrerin legte ihre Klassenarbeiten stets auf den Samstag. Die Lösungen der Aufgaben flüsterte Marta der Lehrerin ins Ohr. Einmal habe sie sich besonders angestrengt und zügig alle Fragen beantwortet, was die Lehrerin eher verärgert habe.

Lion respektierte die Bräuche, aber den Glauben hatte er schon früh verloren. Marta hatte sich eine undogmatische Gläubigkeit bewahrt. Ihre Generation stellte andere Ansprüche an das eigene Leben, suchte individuelle Wege, hatte ein Verlangen nach Zärtlichkeit, Nähe, emotionaler Zuwendung, sexueller Erfüllung. Dass erst die Disziplin und Strebsamkeit der Eltern die Voraussetzungen für ihr Leben geschaffen hatten, spielte da keine Rolle. Für die Eltern hatte noch gegolten, die vorgefundenen Beschränkungen klug hinzunehmen und das Beste daraus zu machen. Lion überschritt den Horizont seiner Familie und behielt doch so vieles von seiner Herkunft. Er hatte den Auszug von den Fleischtöpfen Münchens gewählt. Als Autor musste er seine Position erst noch erkämpfen, und das hieß, Erfolg und Anerkennung draußen in der Gesellschaft zu suchen, von deren Wohlwollen er nicht ausgehen konnte. Einen ähnlichen Aufbruch sollten seine Romangestalten versuchen und dabei Schiffbruch erleiden.

In Neapel drängte sich noch einmal ihre Münchner Vorgeschichte auf, als Moment eines Genesungs- und Ablösungsprozesses. Nach zwei Wochen waren Marta und Lion wieder bei Kräften, und das Abenteuer im Süden konnte weitergehen. Der Schweizer Doktor riet ihnen zur Kur auf Ischia. Es wurden paradiesische Tage. Sie wohnten in der schlichten Pension Casa Michele inmitten von Weinbergen, wo das Essen gesund und gut war: Fisch und Hummer, vom Wirt selbst gefangen. Sie genossen die berühmten Moorbäder der Insel. Das Wetter war heiß, das Wasser sehr warm. Lion bekam einen fürchterlichen Sonnenbrand. Marta bewahrte ein Stück seiner Haut in einem Umschlag auf. Von Holländern lernten sie, wie man vor dem Schlafengehen Flöhe fängt: sich ausziehen und nackt ins Zimmer stellen, neben sich eine mit Wasser gefüllte Schüssel, springende Insekten fangen und ertränken. Noch eine andere Plage sollte sich auf dieser Reise wiederholen: Männer umschwärmten Marta am Strand, riefen ihr nach »la bella nera«.

In München hatte Lion ihr ein paar Reitstunden geschenkt, was ihr beim Ritt zum Gipfel des Vesuvs zugute kam. In Pompeji wollte sie nicht die obszön bemalten Wände antiker Bordelle sehen. Mit Lion allein hätte sie es getan, aber nicht mit einem fremden Führer. Lion kannte das alles schon aus Büchern. Er kannte auch, aus eigener Anschauung, die modernen Hetären und deren Welt. In Amalfi nahm Marta das erste Meerbad ihres Lebens. Die nächsten sechzig Jahre wurde dies eines ihrer Hauptvergnügen. Als sie nach Lions weggewehter Brille tauchte, wäre sie beinahe ertrunken.

Nachdem sie etwas Geld aus einer Erbschaft erhalten hatten, leisteten sie sich einen Abstecher nach Capri. Sie besichtigten die blaue Grotte, die nur bei Ebbe mit dem Boot erreichbar war. Das gleißende Farbenspiel wirkte wie elektrisches Licht. Wenn man eine Lira gab, tauchten kleine Jungen ins Wasser, in dem ihre Körper wie reines Silber schimmerten. Denselben Effekt gab es, wenn man die Hand ins Wasser steckte, und das war umsonst. Auf der Insel wohnte ein deutscher Konsul, der Lions Theaterkritiken aus der *Schaubühne* kannte. Sein Haus, die Casa Weber, lag hoch über dem Meer. Italienische Aristokraten besuchten ihn, darunter ein alter Graf, der es verstand, nur mit Gesten zu reden. Ein schmaler Pfad führte zur Villa des Industriellen Krupp, die auf einer Felsspitze lag. Ganz in der Nähe der Villa hörten Lion und Marta aus einem offenen Fenster eine Schreibmaschine klappern. Das war Maxim Gorki, aber Lion wagte nicht, bei ihm vorzusprechen. In dessen Nähe zu sein bedeutete ihm genug. Später einmal würde man von ihnen solche Geschichten erzählen.

Eine frühere Freundin von Lion kam zu Besuch. Marta hatte Cognac-Kirschen besorgt, doch die andere aß keine davon, weil sie fürchtete, Marta wolle sie vergiften. So verkannte sie die natürliche Generosität einer Frau, die sich gern dämonisch kostümierte, aber keineswegs die Seele einer Borgia oder Farnese hatte. Lion fuhr mit der Freundin ein paar Tage nach Rom, wo er auf der deutschen Botschaft seinen Militärpass verlängern wollte. Marta blieb in Neapel zurück und ließ sich von zwei Verehrern in ein Restaurant einladen. Am Abend erschien dann nur einer, der ihr die nächtliche Stadt zeigte, Viertel, in die sie allein nie gekommen wäre. Dann war das Geld wieder aufgebraucht. Es standen noch einige Honorare für Lions Artikel aus. Manche Sendung an die Redaktionen war auf dem Postweg verlorengegangen. Aber das konnte sie nicht daran hindern, weiter nach Süden vorzudringen. Denn ihre Reise hatte eigentlich kein Ziel. »Wir wollten das absolut Unbekannte sehen«, sagte Marta im Rückblick.

Südlich von Neapel kam ihnen das Land wild und unberührt vor, aber sie wanderten los, sangen im Regen, flüchteten sich in eine Kneipe. Dort trockneten sie ihre Siebensachen, dann ging es weiter, mit Blasen an den Füßen, durch menschenleere Gegenden. Zu essen hatten sie meist wenig, oft nur Tomaten oder Eier. An den Abenden schrieb Lion an dem Historiendrama *Julia Farnese*.

Hinter Salerno stiegen sie in die Berge. Als es dämmerte, begann es zu schneien, in der Ferne hörte man Wölfe heulen. Als einzigen Menschen trafen sie einen Hirten mit seiner Herde. Sie wussten nicht weiter, versuchten, nach dem Weg zu fragen. Lion erinnerte sich an den Anfang der *Göttlichen Komödie* (sie hatten sich verirrt – »smarrita« –, auch wenn sie noch lange nicht in der »Mitte des Lebens« waren), und, o Wunder, der Hirte verstand sie. Bis zur anderen Seite des Gebirges seien es zwei Tage Fußmarsch, bedeutete er ihnen, sie könnten aber in seiner kleinen Berghütte übernachten. Dort seien sie vor den Wölfen sicher. Zu essen hatten sie nur eine Dose Sardinen, und ihm waren ein paar Nüsse in seinem Hut geblieben. Sie teilten ihre Köstlichkeiten. Am nächsten Morgen wanderten Lion und Marta ausgeruht weiter, folgten einer Herde kleiner schwarzer Schweine, pflückten am Wegesrand Walnüsse und Beeren. Endlich erreichten sie ein Dorf, bekamen eine Unterkunft, konnten sich waschen. Als sie eine kleine Mahlzeit einnahmen, trat ein Mann auf sie zu, warf einige Goldmünzen auf den Tisch und sagte zu Lion: »Ich will Ihre Frau kaufen.« – »Tut mir leid, sie ist nicht zu kaufen.« Mit finsterer Miene entfernte sich der andere. Draußen riefen Leute nach den Fremden, sie sollten sich auf dem Balkon zeigen. Man hielt sie für reisende Zirkusleute und wollte wissen, wann sie mit dem Spektakel anfingen. Sie zeigten sich, sagten ein paar Worte, und die Leute verstanden, die Vorstellung sei am nächsten Tag, aber sie brachen schon in aller Frühe auf. Wer weiß, wie lange man im Ort noch auf die Akrobaten gewartet hat.

Da sich der Weg zur Adria als zu weit erwies, kehrten sie zur westlichen Küste zurück. Über Weinberge wandern, unter Reben schlafen und nie mehr an Heimkehr denken, sich etwas schenken lassen unterwegs, Orangen, Kastanien, Feigen … Marta schmückte ihr Haar mit dunklen Trauben. Ein zeitloses, sorgloses Leben. Aber nicht ohne Gefahren. Einmal lockte sie ein Mann in sein Haus, bot ihnen Quartier an, wollte dann aber das Bett mit Marta teilen. Er sah etwas wild und betrunken aus, hatte ein Messer im Gürtel stecken, so liefen sie rasch davon. Da er betrunken war, konnte er sie nicht einholen. Dann tauchte wieder der Mann mit den Goldmünzen auf, er war ihnen im Auto hinterhergefahren. Er verfolgte sie lange, setzte sich manchmal in dieselben Osterias wie sie.

In einem kleinen Ort erhielten sie auf der Post kein Geld, weil man Lions deutsche Papiere nicht lesen konnte. Es war der Militärpass. (Reisepässe brauchte man damals nicht in Europa.) Ein älterer und ein junger Mann, Onkel und Neffe, boten sich als Zeugen an, dass alles stimme, was im Ausweis stehe. Allerdings mussten sie erst aufs Rathaus gehen, um es bestätigen zu lassen. Das deutsche Reichswappen im Militärpass wurde schließlich erkannt. Dem Adler sei dank erhielten sie ihr Geld ausbezahlt. Zudem stellte man ihnen für die nächsten Male ein italienisches Papier aus. Identität, gültige Ausweise, daran hatten sie kaum gedacht. Aber wie oft sollten solche Dokumente noch eine Rolle in ihrem Leben spielen! Ihre Zeugen luden sie zum Essen ein. Der ältere sagte zu Marta: »Kommen Sie zu mir auf mein Schloss, was kann Ihnen dieser junge Mann schon bieten?« Sie müssen ein ungewöhnliches Paar abgegeben haben. Zuweilen wurden die Leute argwöhnisch, in manchen Orten holte man die Polizei, drohte mit Verhaftung.

Unter allerlei Abenteuern erreichten sie Weihnachten 1913 die Küste gegenüber dem rauchenden Ätna. Die Meerenge von Messina galt als Vorbild der gefährlichen Passage in Homers *Odyssee*, in der die Schiffe zerschellen – »in den bedrohlichen Strudeln zwischen den Meeresungeheuern Skylla und Charybdis«. Das einzige Albergo an der Küste hatte noch Risse vom letzten Erdbeben, durch die man in die anderen Zimmer sehen konnte, aber auch eine Etage tiefer auf die Gäste in der Stube, die laut über die Fremden aus

Germania sprachen. In dieser Nacht heulte ein furchtbarer Sturm, die Wellen schlugen hoch gegen die Scheiben. Einige Spritzer drangen bis ins Zimmer. Es gab nur Kerzenlicht, aus dem Hahn tropfte kaum Wasser. Das waren schaurige, schlaflose Stunden. Das Jaulen der Skylla klang wie das Heulen alles vergangenen und künftigen Weltunglücks.

Und dann die traumhaften Tage auf Sizilien! Bilder, die ans Unwirkliche grenzten. Die schönen alten Paläste in Messina, die vier Jahre zuvor in einem Erdbeben zerborsten und nicht wieder aufgebaut worden waren; vor einer verlassenen Kirche graste eine Ziege, im nunmehr offenen Altarraum kniete ein einsamer Priester. Der Himmel war blau, die Ruinen blinkten weiß. Austern aß man fast umsonst, aber ein Logis fand sich nur selten. Wäsche wusch man in Bächen. Marta hatte sich Männerstiefel besorgt, um die Blasen an den Füßen loszuwerden. Zu Fuß erreichten sie Catania, dann Syrakus, schließlich Ragusa, wo die Kinder, johlend und auf Töpfe schlagend, hinter ihnen herliefen. Dann erschien wieder ein Mann mit Goldstücken und wollte »die Frau« kaufen. Aber Lion gab sie nicht her. Der Kaufwillige belauerte sie noch lange. Halb Italien schien scharf auf Marta zu sein. Und sie haben nicht einmal gefragt, was sie denn wert gewesen wäre.

Friedlicher war es bei den Hirten. Sie übernachteten in einem Taubenschlag (es war Winter), in dem es weder ruhig noch sauber war und bezahlten mit einer ganz kleinen Münze. Damals waren sie arm, ihnen gehörte nur, was sie erwanderten und erlebten. Aber Erlebnisse und Gedanken ließen sich zu Artikeln machen und verkaufen.

Lion vertrat sich den Fuß und konnte nicht weiter. Marta ging voraus bis zur Apotheke im nächsten Dorf, wurde von jungen Burschen an eine Hauswand gedrückt, schrie laut um Hilfe, rief in bayrischem Dialekt nach Lion, der zu weit weg war, um etwas mitzubekommen. Die fremden Laute vertrieben die Angreifer. Lion, der nie davon erfuhr, konnte vorerst nicht weitergehen. So blieben sie mehrere Tage unbehelligt in dem Ort.

Anfang 1914 wanderten sie noch einmal nach Syrakus zu den antiken Festspielen. In den Ruinen des griechischen Theaters wurde *Agamemnon* von Aischylos aufgeführt, der Himmel, das Meer, die Felsen bildeten den natürlichen Dekor. Sie wohnten schon den Proben bei. Die Stimmen der Schauspieler wurden vom Echo der Felswände übertönt. Da gab Lion dem Regisseur und Übersetzer Ettore Romagnoli den Rat: Machen Sie es wie Max Reinhardt, der im Hintergrund einer offenen Bühne viele Menschen platziert. Aus der nahen Kaserne holte man rasch Soldaten herbei. Bei der Aufführung hatten sie nichts anderes zu tun, als in ihren bunten Uniformen dazustehen, das Echo wurde so tatsächlich geschluckt.

Lion, der den altgriechischen Text genau kannte, schrieb zwei Artikel für die *Schaubühne*. Er schrieb über diese alte Tragödie und ahnte nicht, welchen neuen Tragödien sie sich näherten. Die Übersetzung sei süßlich, bürgerlich weich, die Aufführung nichts als eine monströse Dilettantenvorstellung. Herr Romagnoli sei ein schlechter Regisseur, verstehe nichts von Personenführung und Bewegung der Massen. Dass die Aufführung dennoch auf die unvoreingenommenen Zuschauer wirkte, musste sogar der ungnädige Kritiker zugeben. Sie hatten den Geist des Ortes gespürt, die Harmonie dieses gigantischen Theaters, hatten die zeitlose Frische der antiken Tragödie und die Möglichkeit eines Theaters der Massen begriffen. Und man ahnt Lions Lust, hier Festspielleiter zu werden und in der ältesten, stolzesten und mächtigsten Szene Europas ein Bayreuth des klassischen Dramas zu schaffen. Dergleichen mitzuerleben war auch für Marta erhebend. Kein Gymnasium, keine Universität hätten ihr ein so intensives Bildungserlebnis verschaffen können.

Ein ganz anderes Abenteuer bot der Ätna. Sie mieteten einen Führer, der auf einem Maultier voranritt. Nachdem sie schon ein ganzes Stück zurückgelegt hatten, begann der Berg zu beben, und Geröll stürzte herab. Der Führer gab seinem Maultier die Sporen und ritt davon, ließ sie allein zurück. Es war keine vulkanische Eruption, sondern ein Erdbeben. Mit Mühe fanden sie einen Abstieg und gerieten dabei in ein zerstörtes Dorf. Die Häuser aus schwarzweißem Bimsstein waren zersprungen, der Friedhof war aufgebrochen, die Knochen der Toten lagen verstreut. An dem Tag starben mehrere Frauen und Kinder in den Häusern, die Männer hatten draußen auf den Feldern gearbeitet.

Da sie inzwischen italienische Papiere besaßen, konnten sie auf sizilianischen Postämtern problemlos Geld abheben, so auch in der Stadt Melilli, die es schon in griechischer Zeit gab. Die Kathedrale war von weitem zu sehen, die Frauen wuschen und schrubbten deren Stufen und brachten dann ihre Tiere herbei, die vom Priester gesegnet wurden, ein Brauch noch aus heidnischen Zeiten. Als sie wieder einmal auf einem Postamt Geld abhoben, bemerkte sie ein vornehmer Herr und lud sie auf sein Gut ein. Er duldete keine Ablehnung und entschädigte sogar die Witwe, bei der sie schon Quartier bezogen hatten. Sein Domizil war ein Schloss aus der Spanierzeit. Es lag an einem Hang, zeigte nach außen schroffe Mauern, offenbarte aber behagliche Innenräume. Baron Li Destri war ein reicher Landbesitzer, er produzierte den Wein Monte Corvo. Vierzig Jahre später entdeckte Marta einige Flaschen dieser Sorte in einem Laden in Los Angeles. In den nächsten Tagen stand ihnen ein Faktotum zur Seite, Polizist, Koch, Träger und Fremdenführer in einem. Die Bauern aus den Dörfern ringsum brachten Eier, Hühner, Artischocken und anderes Gemüse in Körben herbei, Verhältnisse wie im Feudalismus. Sie erlebten allerdings auch einen Generalstreik und die Konfrontation von Landarbeitern und Polizei.

Lion brauchte einen Schlafanzug. In München hatte er einen Pyjama geschenkt bekommen, damals noch etwas Neues, aber nun war das gute Stück abgenutzt. Zum Stoffkauf nahm sie der Graf in seinem neuen Mercedes nach Palermo mit und führte sie durch die Stadt. Marta fand violetten Stoff und nähte daraus einen passenden Pyjama. Für ein paar Tage lud sie der Graf in seinen Stadtpalast ein. Bei Tisch redete man vom Mord an zwei Carabinieri und einem

Milchmann wenige Tage zuvor, aber als Marta die Wörter Mafia und Schutzgeld fallenließ, schwieg der Baron mit finsterer Miene.

Gewissenhaft und gründlich, ganz dem Baedeker vertrauend, erkundeten Marta und Lion die Insel. Besonders beeindruckte sie der schlichte dorische Tempel von Segesta, inmitten von großer Ödnis und Verlassenheit. Anderswo sahen sie Menschen, die in Höhlen wohnten, in einer ihnen unbekannten Armut. Bald blühten die Mandelbäume und schwebten wie rosa Wolken über der Landschaft. Am westlichen Zipfel der Insel schwammen sie weit ins Meer hinaus, unterhalb von griechischen Tempeln. Als sie in Trapani einen größeren Geldbetrag abheben konnten, leisteten sie sich ein Zimmer in einem komfortablen Hotel. Bei klarem Wetter ahnte man die Küste von Afrika – ihre Sehnsucht hatte ein neues Ziel, noch weiter im Süden, noch exotischer.

Natürlich war Goethes *Italienische Reise* ihr Vorbild für diese Tour gewesen, aber sie war mehr als eine nacherlebende Bildungsreise, sie wurde zu einer Existenzform, einer Art Exil ohne Not. Wie Alexander der Große auf seinem Feldzug konnten sie nicht mehr Halt machen. Als Marta Jahrzehnte später gefragt wurde, ob sie auch immer die Wahrheit berichte (nachdem sie über Erfindungen in Goethes Buch gesprochen hatte), antwortete sie: »Ich tue mein Bestes – aber unsere Reise, das konnte man wirklich nicht erfinden.«

Im Juli 1914 hatten sie genügend Geld für die Überfahrt. Für ihre Erlebnisse in Nordafrika gibt es keine anderen Quellen als Martas Interview aus dem Jahr 1975 und ihre kurz danach entstandenen Memoiren. In beiden Versionen erzählt sie Unterschiedliches und zuweilen Zweifelhaftes, auch wenn es stets so geschildert ist, dass man es gerne glauben möchte.

In Tunis war es so heiß, dass Marta mit ihren Absätzen im Asphalt steckenblieb. Sie nahmen ein Zimmer in einem Hotel, das von einem Malteser Wirt geführt wurde, aßen leicht und billig in italienischen Restaurants. Im deutschen Konsulat gab ihnen der Konsul persönlich Tipps für die Erkundung der Stadt. Er riet ihnen dringend von Meerbädern ab, das mache hier niemand, vor allem keine Frau. Unter Reisenden war das jüdische Viertel am beliebtesten, denn es war das sauberste. In der Stadt trugen die Juden, unter ihnen viele Goldschmiede, arabische Kleidung, sie sprachen Arabisch, und ihre Frauen gingen unverschleiert aus. Das Zusammenleben mit den Moslems schien unproblematisch zu sein. Lion und Marta besichtigten Karthago, das sie enttäuschend fanden. Weil sie sich dort ganz allein wähnten, entschlossen sie sich zu einem Bad im Meer. Als sie aus dem Wasser stiegen, näherte sich ein Kameltreiber und sang sehr laut, damit sie nicht überrascht würden und sich schnell anziehen könnten.

In den Dörfern holten die Frauen das Wasser, Männer trugen prinzipiell nichts. Lion und Marta lernten einige freundliche Araber kennen, die im Konsulat arbeiteten, meist als Übersetzer. Deutsche waren in Tunesien durchaus beliebt. Franzosen hingegen wurden als Kolonialherren gehasst. Offiziell war das Land keine Kolonie, es gab einen Scheich mit einer begrenzten Macht, es gab französische Konsuln, aber die Abhängigkeit des Landes blieb Realität. Lion empfand Achtung für die Araber, lernte sogar ein wenig ihre Sprache. Ihn faszinierte die alte Hochkultur mit ihren bedeutenden Wissenschaftlern, Ärzten, Philosophen und Dichtern, wenn sich die Gegenwart auch bescheidener ausnahm. Ein arabischer Übersetzer aus der deutschen Botschaft, ein dreißigjähriger Mann mit strengem Spitzbart, betreute sie auf ihren Erkundungsgängen. Seine Frau war Französin, aber seltsamerweise besaßen beide die deutsche Staatsangehörigkeit. Als er den Kaiser lobte, nahmen es die Feuchtwangers als Zeichen der Höflichkeit auf. Erst später erfuhr Marta, dass der Mann eine bekannte arabische Persönlichkeit war und die Deutschen ausspionierte.

Er lud die Reisenden zu einer arabischen Hochzeit ein. Braut und Bräutigam hatten sich nie zuvor gesehen. Vor der

71

Zeremonie versammelten sich die Frauen in einem eigenen Haus. Marta durfte bei Lion im Männerhaus bleiben. Man saß auf Kissen und aß (es schmeckte ihr nicht, es war zu süß oder zu scharf). Bauchtänzerinnen traten auf, und da ihre Oberkörper nackt waren, spielten nur blinde Musiker. Die schwüle Stimmung steigerte sich zur Orgie, doch Lion und Marta verließen das Fest vorzeitig und erfuhren nicht, was später geschah. (Seltsamerweise gibt es eine ähnliche Szene in Lions Roman *Der tönerne Gott* von 1910. Vielleicht konnte Marta zuletzt Werk und Leben nicht mehr unterscheiden.) Die Frauen fuhren in geschlossenen Karossen durch die Stadt und stießen schrille Schreie aus, die Marta erschreckten.

Dann wurden sie in den Sommerpalast eines Scheichs eingeladen, der ihnen die Illusion von Tausendundeiner Nacht bot, auch wenn die Einrichtung aus deutschen Kaufhäusern stammte. Ein älterer Franzose war dort zu Gast, der in Hammamet eine Pension führte und als Honorarkonsul fungierte. Dorthin wollten Lion und Marta zu Fuß gehen wie die Kinder Israels durch die Wüste, sie wollten den Sand unter den Füßen spüren, aber der war viel zu heiß. So zogen sie schnell wieder die Schuhe an. Nach der Ankunft logierten sie als zahlende Gäste in der französischen Pension und genossen das gute Essen. Sie lernten eine Verwandte ihres Wirtes kennen, die Frau des größten Zeitungsverlegers im Land. Die füllige Dame sah aus wie ein Papagei. Jede erdenkliche Farbe fand sich an ihren Kleidern, und ihr grellrotes Haar wirkte sonderbar vor dem gelben Sand. Sie war stets guter Laune, sang den ganzen Tag, war freundlich und hilfsbereit. Vor allem gab sie Marta wertvolle kosmetische Tipps und empfahl ihr für das Wüstenklima die Hautcreme Simon. Sie las eifrig die Zeitung ihres Mannes, *La Dépêche Tunisienne*, und war begeistert, als in Paris Madame Caillaux freigesprochen wurde: Diese hatte einen Redakteur des *Figaro* erschossen, der ihren Mann, einen Minister, diffamiert hatte. Der Pariser Revolverschuss schien das wichtigste Ereignis jenes Sommers 1914 zu sein.

In diese Zeit fiel der Fastenmonat Ramadan. Man aß nur nachts. Sobald die Trommel ertönte, wurde gesungen und getanzt. Tagsüber war es langweilig, man ging zur Terrasse der Pension und bewunderte Marta. Ein junger schöner Mann, der Sohn des Bürgermeisters, hockte sich auf die Kissen und schmachtete sie an. (Vor Hunger, erzählte sie später lachend.) Immerhin versuchte hier niemand, sie Lion abzukaufen.

So hätte es bleiben können. Aber kaum war der Ramadan vorbei, suchte sie der kleine Konsul auf und erklärte verlegen: »Madame, Monsieur, ich muss Sie leider verhaften.« – »Was ist denn los?« – »Zwischen Frankreich und Deutschland ist Krieg ausgebrochen. Ich habe Weisung, Sie sofort festzunehmen.« Es hätte ein böser Scherz sein können. Sie fielen aus allen Träumen. Nicht einmal vom Attentat in Sarajevo hatten sie gehört. Die Zeitungen kamen immer so spät, und sie hatten gar keine Lust hineinzuschauen. Als Konsul und ihr Gastgeber nehme er sie nur in persönliche Schutzhaft, sagte der Franzose. »Es genügt, wenn Sie mir Ihr Ehrenwort geben. Sie werden nach Tunis zurückkehren, dort weiß man, dass Sie hier sind. Man wird Sie zu Kriegsgefangenen machen.« Wahrscheinlich war es die einzige Art, wie er ihnen helfen konnte. Seine Pension löste er auf, alle Gäste machten sich schnell davon. Vom Gast zum Feind in wenigen Stunden, bedingt durch ferne Ereignisse. Festgesetzt durch Frankreich, das faszinierende Land, dem nie ganz zu trauen ist. Ein absurdes Drama. Aber das Absurde, »die Universalanarchie, der Welt-Kuddelmuddel«, wie Heinrich Heine es nannte, kann sehr gefährlich werden, das wird die Lektion ihres Lebens sein. Und so stiegen sie in den kleinen Zug nach Tunis. Er war voller Sträflinge, die man nun zu Soldaten machte und die sich auf den Krieg freuten. Sie riefen laut: »Man sollte allen Deutschen die Kehlen durchschneiden!« Marta und Lion verhielten sich unauffällig, sprachen, wenn überhaupt, nur Französisch miteinander.

In Tunis herrschte das blanke Chaos, niemand war gekommen, um sie in Empfang zu nehmen. Sie verbrachten eine Nacht im maltesischen Hotel. Am nächsten Morgen klopften Soldaten an die Tür. Marta öffnete im Nachthemd, Lion trug den violetten Pyjama aus Palermo. Sehr höflich und förmlich wurde Lion verhaftet, genau wie die anderen Männer aus der großen deutschen Kolonie, die Frauen blieben in Freiheit. Den Kriegsgefangenen nahm man alles Geld ab. Lion hatte Goldmünzen eingetauscht, denn sie wollten weiter nach Ägypten. Als er fort war, ging Marta zum Hotelbesitzer und sagte, sie könne das Zimmer nicht bezahlen, ob es vielleicht eine Dachkammer gebe? »Nein, nein«, sagte der Wirt, »Sie sind mein Gast. Behalten Sie das Zimmer.« Marta hatte sich bei ihm beliebt gemacht, als sie einen zerbrochenen Waschkrug ersetzte. Sie ging zum Konsulat, aber der deutsche Konsul war schon geflohen. Der Schweizer Konsul, der die Vertretung der deutschen Interessen übernommen hatte, war völlig überfordert, zu viele Deutsche belagerten ihn und erflehten Unterstützung. Einen Weltkrieg später erlebte Marta ähnliche Szenen unter den Flüchtlingen in Marseille.

Am nächsten Tag gab es in Tunis kein Brot – fast alle Bäcker waren Deutsche, und alle deutschen Männer waren gefangen. Marta entwickelte in dieser kritischen Lage ungeahnte Fähigkeiten. Sie hatte etwas Geld in den Saum ihres Sommerkleides eingenäht – für Notfälle. Von diesem Geld kaufte sie zwei Tickets nach Italien für das nächste Schiff, die Città di Messina. Dann machte sie sich auf die Suche nach Lion. Lion eingesperrt durch Franzosen und Marta herumirrend, um ihn zu befreien – das sollte es noch einmal geben.

Dass Frauen allein durch die Straßen gingen, war ungewöhnlich in Tunis, zumal so junge, gutaussehende. Marta hüllte sich in einen weiten Schal und einen abgetragenen Staubmantel. Sie fragte sich zum Hauptquartier durch, das sich hinter einer requirierten Moschee befand. Zwei martialische Fremdenlegionäre mit nacktem Oberkörper (nach der anderen Version war es ein Schwarzer aus La Martinique) führten sie zu einem Offizier. In ihren Memoiren spricht Marta von einem harmlosen Brief, den sie an Lion schrieb, in der Annahme, er würde von den Franzosen abgefangen. Lieber stellen wir uns ihren Dialog auf der französischen Kommandantur so vor, wie sie ihn in ihrer *Oral History* schildert: – Was wollen Sie? – Ich möchte den General sprechen. – Ich bin der General, kommen Sie herein. – Mein Mann ist gefangen. Das ist ein Missverständnis. Wir sind Pazifisten. Außerdem schreibt er für Zeitungen. Und ich habe immer gehört, dass Korrespondenten in Kriegen ausgetauscht werden. (Das war ihr spontan in den Sinn gekommen. Zum Beweis zeigte sie Lions Artikel über *Parsifal* in Monte Carlo.) Außerdem lieben wir Frankreich, sagte sie. Wir haben dort länger gelebt (na, das nun doch nicht, noch nicht), es gefiel uns dort sehr. – Alles schön und gut, sagte der General, was kann ich für Sie tun? – Nun, Sie sind doch eine kultivierte Nation. Mein Mann hat nicht mal eine Zahnbürste mitnehmen können. – Das ist allerdings sehr ernst. Hören Sie, gehen Sie in Ihr Hotel, ich will zusehen, dass Ihr Mann eine Zahnbürste bekommt. Marta hörte vage Versprechungen. Franzosenversprechen, eine freundliche Geste, die eine Situation entspannen soll, die aber nichts bedeutet und auf die man sich später nie berufen darf, das wäre unhöflich. Sie ging zurück ins Hotel. Da klopfte es an die Tür. Es war Lion: »Ich komme meine Zahnbürste holen.«

»Ich lasse dich nicht zurückgehen, wir fahren sofort zum italienischen Schiff, ich habe schon die Fahrkarten.«

»Aber ich habe mein Ehrenwort gegeben, dass ich zurückkomme.«

»Das Ehrenwort gilt unter diesen Umständen nicht.«

Lion ließ sich überzeugen, und so nahmen sie ein Taxi zum Hafen. Dort sahen sie angekettete junge Männer – es waren deutsche Studenten, die eine Orientreise von Tunis nach Ägypten unternehmen wollten. Man hatte sie vom Schiff gelockt unter dem Vorwand, sie müssten ihre Pässe abstempeln lassen.

Marta und Lion redeten wenig, gaben sich nicht als Deutsche zu erkennen. Lions Militärpass hatte Marta in einem

Korb mit schmutziger Wäsche verborgen. Nach deutschem Gesetz musste er ihn bei sich führen, sonst hätte man seine Reise als Desertion auslegen können. Sie wurden oberflächlich kontrolliert, man fand kein Geld in ihren Sachen. Plötzlich tauchte ein großer schwarzer Mann mit schmalem Lippenbart auf und sagte in amtlichem Ton: »Der Herr und die Dame dürfen passieren.« Tatsächlich wurden sie durchgelassen. Marta sah darin die Hand des Generals. (Und was hatte sie mit ihm abgesprochen?) Die Franzosen wussten natürlich nicht, dass Lion Reservist war.

Sie liefen aufs Schiff, ließen das Gepäck zurück, aus Furcht, dass man es sich anders überlege. Dem Kapitän, einem großen Mann mit Bart und in feierlicher Uniform, gaben sie sich als Deutsche zu erkennen, erwähnten auch ihr zurückgelassenes Gepäck. Aber da kamen schon französische Soldaten, um die Deutschen vom Schiff zu holen. Ein Steward, der es bemerkte, nahm Lion rasch beiseite und versteckte ihn im Innern des Schiffes unter Kohlensäcken. Dann kam der Steward zurück, stieß Marta brüsk in eine Großkabine der dritten Klasse voller Italienerinnen, die laut durcheinander redeten. Marta legte die schäbige Tarnkleidung ab und saß da als Frau unter Frauen.

Die französischen Soldaten stürmten an Bord, stießen den Kapitän, der sich ihnen in den Weg stellte, einfach beiseite, rissen die Tür zur Kabine auf und brüllten: »Sind hier Deutsche?« – »Nein, alles Italienerinnen.« Die Frauen schimpften, die Franzosen zogen sich gleich zurück. Inzwischen hatte ein Soldat auf dem Quai Martas Wäschekorb mit dem Bajonett durchlöchert, ohne etwas Verdächtiges zu bemerken. Dann warf jemand den Korb aufs Schiff, die Militärpapiere waren gerettet, die Kleidung zerfetzt.

Endlich gingen die Soldaten von Bord, das Schiff legte ab. Als es internationale Gewässer erreichte, konnte Lion aus seinem Versteck hervorkriechen. (Bis in den Schiffsbauch waren die Soldaten hinabgestiegen, aber sie hatten ihn nicht gefunden, der Steward hatte gute Arbeit geleistet.) Er erzählte von dem Barackenlager, nicht jenem, in dem Marta nach ihm gesucht hatte. Es lag weit außerhalb der Stadt. Die vielen deutschen Gefangenen mussten im Freien übernachten. Jedes Mal, wenn ein neuer Häftling hinzukam, sagten alle: Guten Morgen. Die Bäcker hatte man bald wieder entlassen, in Tunis brauchte man Brot. Zwei Tage blieb Lion gefangen, es war eng, aber erträglich, und Misshandlungen kamen nicht vor. Die meisten Internierten waren jung und rissen Witze. In der Zeitung las man später, die inhaftierten Studenten hätte man für Zwangsarbeiten in der Wüste eingesetzt, alle seien dabei umgekommen. Aber konnte man den Zeitungen trauen? Eines immerhin hatte gestimmt: Pazifisten waren Lion und Marta allemal.

Der Zauber der Reise war dahin. Der Kriegsausbruch hatte sie aus heiterem Himmel getroffen. Sie hatten außerhalb der Zeit gelebt, in alten Ruinen, an mythischen Stätten, zwischen mehr oder weniger gastfreundlichen Fremden. Es bedurfte einer dramatischen Wende, um sie aufzuschrecken und auf den Heimweg zu bringen. Die Konflikte, die Politik, der törichte Krieg – das bestimmte nun ihr Leben. Und nie mehr würden sie davon loskommen. Sie hatten ihre Wanderjahre genossen, eine Basis für ein ganzes Leben gefunden. Sie waren bereit für das Schlimme und das Erstaunliche, das ihnen bevorstand und sie zu exemplarischen Gestalten werden ließ.

Die Rückreise war schon eine Kriegsunternehmung, aber die Probleme ähnelten denen der Hinreise. In Palermo hatten sie kein Geld und gingen zum deutschen Konsulat. Im Safe lag nicht die kleinste Münze mehr. Alle Banken waren geschlossen. Der Konsul bestätigte im Militärpass, dass sich Lion Feuchtwanger ordnungsgemäß gemeldet habe. Als Soldat durfte er mit seiner Frau auf Staatskosten nach Hause fahren. Ihr letztes tunesisches Geld tauschten sie bei Schwarzhändlern um und teilten ihr Essen mit den bettelnden Frauen und Kindern draußen.

Aus Rom waren alle Fremden abgereist. Lion und Marta streiften durch die verlassenen Museen, an den Statuen hingen Spinnweben. Lange standen sie vor der Figur des sterbenden Galliers, ein marmorner Zeh lag abgebrochen auf dem Boden. Lion war versucht, ihn mitzunehmen (als kleine Revanche für die französische Behandlung in Tunis), aber er beherrschte sich doch (schließlich war es eine römische Skulptur). Auf der deutschen Botschaft schrieb man ihnen ein Ticket für die Weiterfahrt aus. Italien war ja noch ein Verbündeter der Deutschen. Die Rückfahrt war mühselig, in vollen, unbequemen Zügen. Hinter der österreichischen Grenze wechselten sie in einen Militärzug, mit dem sie, vom Roten Kreuz versorgt, endlich München erreichten. An einen langen Krieg dachten sie nicht, gewiss würde Deutschland rasch siegen. Daheim holte sie die jüngste Vergangenheit ein: Feuchtwanger senior hatte den Hochzeitsanzug seines Sohnes keineswegs bezahlt, und so erhielt Lion als Erstes die Rechnung des Schneiders.

ÜBERGÄNGE

Wie man im Krieg München erobert

»Immer deutlicher wurde ihm, dass es für ihn nur
einen Weg gab: die Literatur.«

L. F., *Der jüdische Krieg*

Eine so große Gemeinsamkeit wie in den beiden Wanderjahren hat es im Leben von Marta und Lion Feuchtwanger vielleicht nie wieder gegeben. Elf Jahre sollten sie noch in München verbringen nach ihrer Heimkehr, doch der Fasching des Lebens war vorbei. Ihre Rolle als Ehefrau eines allmählich erfolgreichen Autors musste Marta unter den Bedingungen von Krieg und Krise finden. Sie sagte später von sich selbst, sie habe die vier Kriegsjahre in einer Art Angststarre zugebracht, Lion hingegen habe alles stoisch hingenommen.

Nach ihrer Rückkehr bezogen sie ein Zimmer in einer Pension in der Prielmayerstraße und suchten erst am nächsten Tag Martas Eltern auf. Diese kamen gerade von einem Spaziergang zurück und waren sprachlos vor Schreck und Freude. Lions Familie, die sie erst zwei Tage später aufsuchten, war weniger glücklich, weil er so viel Zeit vertrödelt hatte, ohne etwas zu verdienen oder sich eine Position zu verschaffen. Seine Flucht aus Tunis war in der Zeitung erwähnt worden. Er galt bereits als kleiner Held, und man gönnte ihm ein paar Wochen Schonung. Von Ablehnung des Krieges war nichts zu spüren. 1914 war Lion unpolitisch wie das ganze deutsche Volk und auch die meisten Intellektuellen, unter denen nur wenige so dezidierte Kriegsgegner waren wie Heinrich Mann, Karl Kraus oder Arthur Schnitzler. Die meisten entwickelten sich erst zu Pazifisten, als sich die Kampfhandlungen grausam in die Länge zogen; nicht wenige haben nach 1918 ihre ursprüngliche Bejahung zu vertuschen gesucht. Die radikale Politisierung kam erst durch den Krieg und vor allem durch die revolutionären Monate nach der Niederlage auf.

In der gereizten Stimmung der ersten Kriegswochen konnte allerlei geschehen. Als Lion und Marta an den weißen Stetson-Filzhüten, die sie in der Schweiz gekauft hatten, die Bänder erneuern lassen wollten, wurde die Verkäuferin bei dem Anblick des Etiketts »Genève« hysterisch: »Das ist die französische Schweiz!« Sie lief zur Tür und schrie hinaus: »Spione! Verhaftet das welsche Gelump!« Leute liefen zusammen, ein Schupo kam herbei und ließ sich Lions Militärpass zeigen. Zum Glück hatte er von dessen Flucht in der Zeitung gelesen und verkündete dies der bedrohlich angeschwollenen Menge. Nun ließ man Lion hochleben und begleitete das Paar jubelnd nach Hause, der einzige Triumphzug in ihrem Leben. Zwischen Groteske und Blutrausch lag ein schmaler Grat.

Sie gingen nun oft ins Theater, denn die Bühnen setzten ihren Betrieb fort. Marta führte ihre schönen Kleider vor, darunter ein Seidencape, innen königsblau und außen schwarz, und Lion schrieb mehr Kritiken denn je, zugleich erneuerte und vertiefte er seine Kontakte zum Theatermilieu in München und Berlin. Er beendete sein in Italien begonnenes Drama *Julia Farnese* über die Geliebte des Borgia-Papstes Alexander VI. zu Beginn des 16. Jahrhunderts, ein unpolitisches und allzu kunsteifriges Stück, wie er später selbst befand.

Nach einem Monat war es vorbei mit der Zivilistenexistenz. Mitte Oktober 1914 musste Lion einrücken – beim Infanterieregiment König. Man gab ihm eine verschlissene Uniform, deren Messingknöpfe täglich gewienert werden mussten, dazu schwarze Stiefel und Schuhwichse. Zunächst hieß es nur Exerzieren, und er durfte noch zu Hause nächtigen. Erschöpft kam er abends heim, schaffte es kaum, sich seines verdreckten Schuhwerks zu entledigen. Marta putzte Knöpfe und Stiefel, das war ihr Kriegsdienst. Und dann passierte ein Malheur: Lion hatte versäumt, auf der Straße einen Offizier zu grüßen – nicht aus Respektlosigkeit, sondern wegen seiner Kurzsichtigkeit. Dennoch wurde das Privileg des Daheimschlafens gestrichen. Nun lernte Lion, ein hartes Lager und den Kasernenton zu ertragen, auch die üblichen Schikanen, wobei er als »Herr Doktor« besonders gedemütigt wurde. Doch er klagte nie. Er litt unter der extremen Kälte des ersten Kriegswinters und vor allem unter dem Essen (dünner Zichorienkaffee und fettes Schweinefleisch). So erkrankte er, bekam Magenbluten, durfte mit ärztlichem Attest bald wieder jeden Abend mit der Tram nach Hause fahren. Auf einem der ausgedehnten Übungsmärsche – mit schwerem Gepäck durch die Stadt – erblickte ihn Erich Mühsam, der davon gleich in der Torggelstube berichtete. Der hatte gut lachen, er war als schwachsinnig vom Kriegsdienst freigestellt.

Und dann wurde Marta plötzlich mitgeteilt, Lion liege in einem Lazarett. Wieder einmal machte sie sich auf, ihn zu suchen. Sie fand ihn im Altfrauenkrankenhaus von Nymphenburg. Er hatte es nicht nur mit dem Magen zu tun, sondern auch noch eine Blasenentzündung bekommen. Unterdessen fielen schon Kameraden aus dem Regiment König an der Westfront. Marta pflegte Lion zu Hause, auf eigene Kosten.

Lion beantragte, auf Grund seines Magenleidens nicht mehr dienen zu müssen. Sein Cousin Dr. August Feuchtwanger, der ihn oft behandelt hatte, weigerte sich, dieses Attest auszustellen, weil er fürchtete, man würde behaupten, ein Jude helfe dem andern. Da suchte Lion einen anderen Heeresarzt auf und bekam zu hören: »Es wäre schlimm, wenn das deutsche Heer auf Leute wie Sie angewiesen wäre.« Lion wurde zum Dienst in der Garnison abkommandiert, galt fortan als Reservesoldat und wurde alle paar Monate zur Musterung vorgeladen. Fronttauglich wurde der junge Autor nicht mehr, dafür sollte er Theateraufführungen für Soldaten organisieren, die auf Urlaub waren oder im Lazarett lagen.

Seine Brüder aber mussten ins Feld. Martin kämpfte an der Westfront und geriet im Oktober 1915 in französische Gefangenschaft. Die Franzosen ließen ihre Gefangenen schrecklich hungern. Auch Ludwig rückte als Reservist ein. Berthold, der jüngste Bruder, wurde bei der Infanterie eine Art Kriegsheld und verdiente sich mit Bravourtaten das Eiserne Kreuz Erster Klasse. Fritz war als Leiter der Margarinefabrik unabkömmlich, deren Produkte gerade in Kriegszeiten begehrt waren. Ein Cousin, Markus Feuchtwanger, wurde schwer verwundet und starb vor den Augen seiner Eltern im Lazarett.

Der Krieg ging weiter, Tod draußen, Not drinnen, die Kriegsatmosphäre wurde zur Normalität. In den Straßen von München sah man bald viele Verwundete und Verstümmelte. In Lions Tagebuch taucht der Krieg selten auf, fast könnte man ihn vergessen. Dass er oder Marta sich mit der Gesellschaft des Kaiserreichs, mit den sozialen Verhältnissen, mit Fragen von Republik und Demokratie oder auch nur mit dem möglichen Ausgang des Krieges befasst haben (wie etwa Heinrich Mann), kann man nicht behaupten. Und auch aus späteren Stellungnahmen spricht eine gewisse Naivität und eine im Grunde unpolitische Haltung. Es war Martas Sache, in den kargen Kriegsjahren den Alltag und die Versorgung zu organisieren. Vor allem fühlte sie sich für Lions leibliches Wohl verantwortlich. Angesichts seines empfindlichen Magens verordnete sie ihm vegetarische Kost und Gymnastik. Das blieb ihre Aufgabe bis an sein Lebensende: Sie war seine Ernährungsberaterin und Fitnesstrainerin. So gab sie dem Leben dieses Kopfmenschen eine physische Dimension, die es ohne sie nicht gehabt hätte. Seiner Arbeits- und seiner Leidensfähigkeit hat es bestimmt genützt.

Gegen Kriegsende musste Lion wegen eines Leistenbruchs operiert werden. Als Kranker hatte er Anspruch auf besondere Lebensmittelmarken. Im Juni 1916 erlebte Marta auf dem Marienplatz die erste Demonstration gegen den Krieg. Es war kein lauter Protest, man sah keine Plakate, eine hungrige, müde, stumme Masse wälzte sich durch die Straßen, viele Frauen, einige Soldaten, Politiker wie Kurt Eisner. Marta folgte dem Protestzug eine Weile und ging dann nach Hause. Als sie nach Lebensmitteln anstehen musste, hörte sie in der

Warteschlange eine Witwe klagen: »Unser Ludwigl hätte nie einen Krieg angefangen.« Andere sagten: »Die Preußen hasse ich mehr als die Welschen.« Um zartes Fleisch für Lion aufzutreiben, ging sie einen Handel mit einer Metzgerei ein: Freikarten fürs Theater gegen Fleischstücke. Nachdem man die Metzgerin aber in Gorkis *Nachtasyl* geschickt hatte, drohte diese: »Wann S'mich wieder in so ein trauriges Stück reinschicken, gibt's nachher kein Filet nicht. Arm sind wir selber. Ich will was sehen, wo Grafen vorkommen.«

Am 27. Februar 1915 bezogen Lion und Marta eine Wohnung in der Prinzregentenstraße. Sie wurde von Marta innerhalb von zwei Tagen vollständig ausstaffiert. Die Räume waren von ungewohnter Behaglichkeit und Eleganz, und sie bekamen große Lust, all ihre Bekannten einzuladen, »um zu protzen«. So begann die legendäre Gastfreundschaft der Feuchtwangers, ihr erster Salon. Sie müssen ein turbulentes Leben geführt haben, denn schon am 28. März kam die schriftliche Kündigung wegen Lärmbelästigung. Lion ärgerte sich gewaltig, doch Marta suchte gleich anderswo und wurde in der Thierschstraße fündig. Die Wohnung hatte zuvor einem Schauspieler gehört und konnte Mitte April bezogen werden. Lion fand sie zu klein, zu hoch, in schlechter Lage, aber Marta gelang es wieder, sie bequem einzurichten. Allerdings sollten sie auch hier Ärger mit den Vermietern bekommen wegen des Lärms.

Ihre materielle Lage verbesserte sich langsam. Monatlich hatten sie nun 500 Mark zur Verfügung, dazu einen Reservefonds von fast 400 Mark und keine Schulden mehr. Lion verdiente gut mit Artikeln und Theaterarbeiten, seien es Textbearbeitungen oder eigene Regieleistungen. »Auch meine Aussichten auf schriftstellerischen Erfolg sind nicht schlecht«, stellte er fest. Er bekam Kontakt zu verschiedenen Theatern im ganzen Reich und zum Münchner Verlag Georg Müller, der bis 1920 mehrere seiner Stücke herausbrachte: *Warren Hastings, Jud Süß, Vasantasena, Julia Farnese, Die Kriegsgefangenen, Thomas Wendt.*

Der Kontakt zu seiner Familie war nicht abgerissen, doch fühlte sich Lion nicht willkommen. Er glaubte, man trüge ihm immer noch den Phoebus-Skandal nach, was wohl nicht stimmte. Vielleicht brauchte er einfach das Gefühl, nicht ganz dazuzugehören. So vermerkte er am 16. Juni 1916 pikiert, dass sich seine Schwester Henny verlobt habe, und zwar mit einem »zionistisch-pietistisch-nationalistisch-ethisch-salbungsvollen Kaufmann aus dem Osten«. Kurz vor seinem Tod im Januar 1916 hatte sein Vater zu ihm gesagt: »Ich habe gelesen, Max Reinhardt will dein *Vasantasena* spielen. Wie kann er so ein langweiliges Stück aufführen?« Das war so der Ton bei den Feuchtwangers. Man muss es wohl als leicht depressive Ironie werten und berechtigte Warnung vor Übermut. Immerhin hatte der Vater verstanden, dass sein Ältester kein ganz hoffnungsloser Fall war. Zu diesem Zeitpunkt besaß Lion schon ein bescheidenes Vermögen. Seine Spielleidenschaft unterdrückte er, die Zeiten waren nicht danach. Seine Schreibpläne überschlugen sich. Ein Stück sollte *Die entzauberte Boheme* heißen – aber die war nie ein Ideal gewesen, weder für Lion noch für Marta. Die Schwabinger Künstlerwelt bestand ohnehin fast nur aus Zugereisten.

Noch vor Kriegsende bezogen Marta und Lion in der Schwabinger Georgenstraße 24 eine Wohnung im dritten Stock, nahe dem Triumphbogen. Sie behielten dieses Domizil bis 1925. Von der Küche aus konnte man in die Gärten des Palastes von Prinz Leopold schauen. Da Kohle im Krieg rationiert war und nur ein Raum pro Wohnung geheizt werden durfte, setzte sich Lion zum Schreiben tagsüber in die nahe liegende Staatsbibliothek in der Maximilianstraße. Bis weit in die zwanziger Jahre hinein blieb das sein Arbeitsplatz, dort entstanden seine ersten beiden historischen Romane.

Am 21. April 1915 notierte er, Marta sei unzufrieden, »weil sie sich zuviel in ihrer Würde« vergäben, sie sei »verstimmt über unsere schwach fundierte gesellschaftliche Position«. Marta hatte also sozialen Ehrgeiz entwickelt. Dass sie die Rolle der Gastgeberin ausgezeichnet zu spielen verstand, hielt Lion ausdrücklich und nicht ohne Stolz fest. Sie hatte aber noch eine andere Rolle: In dem einzigen geheizten Zimmer tippte Marta, was Lion in der Bibliothek und manchmal auch des Nachts zu Hause geschrieben hatte. Lion lernte selbst tippen, aber das Schreibgeräusch machte ihn nervös. Später gab er seine Manuskripte an das Schreibbüro Graphia. Sobald er es sich leisten konnte, nahm er eine Sekretärin und gewöhnte sich an, seine Texte zu diktieren; die ersten Arbeiten schrieb er aber noch von Hand. Vorbereitet wurde alles in seiner eigenen Variante der Gabelsberger Stenographie, in der er ein Könner war. Auch Marta konnte sie lesen, sie besaß ein Entschlüsselungsbuch aus dem Jahr 1900.

Alles, was er schrieb, las er ihr vor. Das wurde seine neue Arbeitsweise. Sie war von Anfang an in sein Schreiben eingebunden. Zunächst wagte Marta nicht, abweichende Meinungen zu äußern, war durch sein Wissen eingeschüchtert. Lion schien sie nicht ernst zu nehmen, fand sie musisch begabt, aber ungebildet. Sie war beglückt, dass er sie zu Premieren mitnahm und mit Künstlern zusammenbrachte. Sie bewunderte seinen Stil und fürchtete seinen Spott. Selbständiges, sicheres Urteilen, aus ungetrübtem Selbstwertgefühl heraus, das musste sie erst lernen. Und er musste lernen, sie ernst zu nehmen, einzusehen, dass ihre Urteile von Belang waren. Manchmal grollte er, nannte sie seine schärfste Kritikerin, sagte auf seine raue Art: »Dir les' i' nix mehr vor.« Und dann besann er sich, verbesserte den Text und gab zu: »Du hattest recht.« So blieb es bis zu seinem Lebensende, seine Tagebücher bezeugen es. Von dieser Rolle nahm ihre Umwelt jedoch nichts wahr, in den Augen der anderen war sie nur seine Frau, wenn auch eine, die auffiel.

Zu den neuen Formen der Geselligkeit gehörte es, dass man Freunde und Bekannte einlud und Lion aus seinen neuen Texten vorlas. Nach einer Lesung des Dramas *Julia Farnese* notierte er am 4. August 1915, Marta habe sich über seinen Erfolg fast noch mehr gefreut als er selbst. Anfang Juli hatte er aus seiner Bühnenfassung der indischen Erzählung *Vasantasena* vorgelesen und vermerkt, wie schön Marta alles dafür arrangiert hatte. Sie war zuständig für das gesellschaftliche Erscheinungsbild dieses Autors, der zwar ehrgeizig war, aber so gar kein Talent zur Repräsentation hatte. Lions Scheu in der Öffentlichkeit erklärt Martas Rolle. Sie war nicht nur Geliebte, Hausfrau und Begleiterin, sie wertete die gesellschaftliche Selbstdarstellung dieses Großschriftstellers auf, bekleidete aus ihrem Verständnis dieser Rolle heraus eine repräsentative Funktion. Sie gab ihm Sex und Klasse, er ihr einen gesellschaftlichen Status, um eine bekannte Formel abzuwandeln.

Lion ging seinen literarischen Weg, zunächst auf dem Theater, und zwar in Form von Bearbeitungen. So schrieb er 1915 eine Nachdichtung der *Perser* von Aischylos, die in Ausschnitten in Maximilian Hardens Zeitschrift *Die Zukunft* und in Jacobsohns *Schaubühne* abgedruckt wurde. Das brachte seinen Namen in die kritische Öffentlichkeit und war vor allem eine politische Tat, denn das klassische Stück bemüht sich um Verständnis für die »Feinde«. Schon 1915 hatte Lion ein Antikriegsgedicht in der *Weltbühne* veröffentlicht, das *Lied der Gefallenen*. Er suchte in Zeiten der strikten Zensur nach indirekten Formen der Kritik.

Schwabing war für die Münchner Avantgarde immer die Vorstufe für Montparnasse gewesen, aber Lion war frei von dieser französischen Versuchung, sein Weg hatte ihn, viel klassischer, zunächst nach Italien geführt. Nun entdeckte er, mitten im Krieg, die englische Literatur und englische Stoffe für sich. Das war auch ein entscheidender Schritt in seine persönliche Zukunft, denn der englischsprachige Raum sollte wesentlich für seine Karriere als Autor werden. Er las englische Texte, beschäftigte sich mit englischer Geschichte, etwa mit der Kolonisierung Indiens. Sein Stück über den Gouverneur Warren Hastings wurde zunächst von der Zensur verboten, weil es zu englandfreundlich war. Erst nach langem Bemühen konnte die Uraufführung am 23. Dezember 1916 durchgesetzt werden. Lion hatte einen Fürsprecher im Zensurbeirat der Münchner Polizeibehörde (der seit 1908 bestand), den älteren Kollegen Michael Georg

Conrad, eine angesehene Persönlichkeit im damaligen München.

Warren Hastings wurde ein Erfolg, die *Münchner Neuesten Nachrichten* besprachen es wohlwollend, das Publikum aber reagierte gespalten; zu stark widerstand das Stück der offiziellen Propaganda. Prinz Ludwig Ferdinand sprach Lion hinter der Bühne an und lobte ihn, auch er half gegenüber der Zensur. Dieser Wittelsbacher war Musiker und Arzt. Marta verglich ihn mit Robin Hood. Die Reichen, die von ihm behandelt werden wollten, erhielten hohe Rechnungen, die Armen behandelte er umsonst. Außerdem spielte er zweite Geige im Hoforchester, in dem Hartmann-Trepka die erste Geige spielte. Einmal sagte er mitten im Spiel: »Ich muss fort zu einem Patienten, sagen Sie dem Dirigenten Mottl nichts.« Der Prinz kam bald wieder und spielte weiter, als sei nichts gewesen.

Auch Lions Stück *Julia Farnese* fand den Weg auf die Bühne, doch schon bald gefiel es ihm nicht mehr, kam ihm zu unpolitisch vor und zu kunstvoll. In historischen Stoffen Gegenwartsprobleme abzubilden, musste er noch lernen. Einen wirklichen Erfolg und einen nachhaltigen Einstieg in die literarische Szene fand er mit der Bearbeitung eines indischen Stoffes: *Vasantasena*, die Geschichte vom Gott und der Bajadere. Der Regisseur Otto Falckenberg schlug Marta für die Hauptrolle in *Vasantasena* vor, wollte mit ihr in ganz Deutschland gastieren, Werner Krauss wollte sie als Partnerin in einer Komödie haben. Diese Art von Auftritten suchte sie nicht. »Ich hatte nie eine Berufung gespürt, zur Bühne zu gehen. Meine Berufung war L. F.«, gestand sie Kadidja Wedekind in einem Brief vom 14. März 1980.

Lion ging fast jeden Tag ins Theater, und Marta begleitete ihn meist; nach der Vorstellung traf man sich hinter der Bühne oder zog in ein Café. Ihr Bekanntenkreis erweiterte sich um interessante Persönlichkeiten, von Max Reinhardt und Alfred Polgar über Wilhelm Herzog und Walther Rathenau bis zu Joachim Ringelnatz und Hermann Sinsheimer, dem Dramaturgen des Deutschen Theaters, der sich vehement für Lions Stücke einsetzte.

Den stärksten Eindruck hinterließ Bruno Frank, ein »wie es scheint, amüsanter, gescheiter und gewandter Mensch«, notierte Lion am 3. März 1915. Der aus einer jüdischen Familie in Stuttgart stammende Bankierssohn tat als Meldereiter bei den Ulanen in Flandern Dienst. Er war befreundet mit einem Prinzen von Württemberg und mag Lion bei der Stoffwahl für *Jud Süß* beeinflusst haben. Wenn Frank auf Fronturlaub nach München kam und in seiner schmucken graugelben Uniform die Torggelstube betrat, fing der Raum an zu leuchten. Marta fand ihn sehr männlich und »schön wie einen Gott« – so musste Lord Byron ausgesehen haben. Frank war stattlich, breitschultrig, hatte buschige Augenbrauen, einen großen, stets lächelnden Mund. Er sprach Spanisch, Italienisch, Französisch, schrieb beeindruckende Gedichte (und später zwei interessante Romane und einige Drehbücher). Vom Kriegsdienst wurde er bald wegen asthmatischer Beschwerden befreit.

Marta verglich Lion und Bruno Frank, größer konnte der Unterschied zwischen zwei Männern nicht sein. Und doch bahnte sich zwischen beiden eine intensive Beziehung an, die bis in die Jahre des kalifornischen Exils hinein andauerte und stürmische Phasen zu überstehen hatte, bei denen es meist um die jeweiligen Frauen ging, seltener um Geld. Marta hat eine Affäre mit Bruno Frank stets abgestritten, andere Personen aus ihrem Umfeld glaubten aber davon zu wissen. Bruno Frank, einer der wenigen Duzfreunde von Lion, war auch ein großer Spieler. Wenn er Geld brauchte (aber meistens gewann er welches), kam er zu Lion, den er fast immer vergeblich anpumpte. Einmal lieh dieser ihm doch eine erhebliche Summe, weil er gerade einen Vorschuss erhalten hatte. Frank zahlte sie nie zurück, gab Lion dafür aber einen alten Anzug, der viel zu groß, jedoch aus wertvollem Stoff geschneidert war. So lohnte sich das Umarbeiten, auch wenn er Lion nicht stand.

In dieser Zeit knüpfte Lion Kontakt zu Heinrich Mann,

der schon 1914 ein entschlossener Kriegsgegner gewesen war und dem Kaiserreich früh den Untergang prophezeit hatte. Marta hat in späteren Darstellungen die Freundschaft zwischen Lion und dem Lübecker etwas übertrieben. Lion hatte dessen Werk stets bewundert und zum Vorbild genommen, menschlich kam er mit Heinrich Mann nicht so gut zurecht, und eine gewisse Reserve sollte im Laufe der Jahre bleiben. Nach einem Besuch bei Heinrich Mann heißt es am 18. April 1915 im Tagebuch: »Die Frau etwas besser, als ich erwartet.« Über die recht füllige und etwas unbeholfene Mimi (eigentlich: Maria Kanová), die vergebens auf eine Theaterkarriere gehofft, aber immerhin einen Theaterautor und Romancier geheiratet hatte, machte man sich in Münchens Künstlerkreisen oft lustig. Marta hatte den Eindruck, der bescheiden lebende Heinrich Mann habe eine »reiche Prager Jüdin« geheiratet, aber reich war Mimi nun gerade nicht. Allerdings verstand sie es in den Kriegsjahren besser als andere, Vorräte zu organisieren, das mag Marta getäuscht haben.

Gegen Ende des Krieges wurde die Versorgungslage immer schwieriger. Marta strengte sich bei ihren Einkaufstouren so sehr an, dass sie blass und abgemagert war, sogar eine Tuberkulose-Erkrankung befürchten musste. Sonntags fuhr sie wie viele andere Frauen bei jedem Wetter mit ihrem Rucksack aufs Land, um Lebensmittel zu hamstern. Für alles gab es Lebensmittelkarten, vor allem für Fleisch. Oft musste man sich mit dem Nötigsten auf dem Schwarzmarkt versorgen. Tagsüber wurde das Gas abgestellt. So stand Marta nachts auf und backte ein spezielles Brot, denn Lion vertrug das frei verkäufliche Brot nicht. Die Zeit war ihm auf den Magen geschlagen. Gelegentlich erhielt Marta aus Fritzens Margarinefabrik eine Flasche Speiseöl, musste sich dazu aber nach Haidhausen bemühen.

Mit Martas Dauerbrot im Rucksack, fuhren sie zuweilen bis in den Böhmerwald. Auf der tschechischen Seite bekam man überall Eier. »Ich aß dort die besten Omelette meines

Lebens«, erinnerte sich Marta, »mit viel Eierschnee, ganz leicht, außen knusprig, innen weich. Auch Himbeermarmelade fand man, die gut zu unserem mitgebrachten Brot schmeckte.«

München verblasst

»Die schöne, träge, selbstgefällige Stadt vertrug keine
Kritik; sie wollte verhätschelt, umschmeichelt sein
wie eine Diva.«

L. F., *Der tönerne Gott*

Es war keine Friedenszeit, was nach dem November 1918
anbrach, es waren unruhige Jahre, ja es sollten nie mehr wirklich friedliche Zeiten für sie kommen, nur eine nervöse Existenz am Rande großer Krisen. Für Marta und Lion bedeuteten die Jahre bis 1925 die allmähliche Distanzierung von
München. In ebendieser Zeit fand Lion nach langem Umweg
seinen Platz als Autor und Marta ihre spezifische Lebensform neben und mit ihm. Zwei Personen wurden für beide
bedeutsam: Brecht und Hitler. Beide sorgten auf ganz unterschiedliche Weise dafür, dass die Ur-Münchner Marta und
Lion Feuchtwanger ihre Heimatstadt in Richtung Berlin verließen.

Die Kunststadt München mit ihrer Mischung aus Repräsentation und Avantgarde hatte ihr Leben bisher geprägt,
aber doch in anderer Weise als das der zugereisten Künstler.
In München war die Kunst eine Lebensform, sie war Frei-
raum und ewiges Fest, diente der Entfaltung der Sinne und
der Lockerung der Sitten, zielte auf die Totalität des Lebens,
allerdings auf einer bodenständigen Basis, nicht so intellektuell, politisch und nüchtern wie in Berlin, nicht so morbid
und abgründig wie in Wien. In München herrschte eine süße
Anarchie, ein tolerantes Nebeneinander der Formen, Stile
und Ansprüche, Boheme und Avantgarde waren nur ein Teil
davon. Es herrschte aber auch ein Gemisch widersprüchlicher
Ideen von gesellschaftlicher Veränderung, in dem sich Archa-
isches und Künftiges vermischten, das sich erst nach der Explosion von 1918 in seine gefährlichen Bestandteile zerlegte.

München war mit deutlichem Abstand hinter Berlin und Hamburg und knapp vor Leipzig und Dresden die drittgrößte deutsche Stadt (640 000 Einwohner vor 1914), noch vorindustriell geprägt, mit wenig Industriearchitektur und 90 Prozent kleinen und mittleren Betrieben (darunter 27 Brauereien), stark auf das Umland und die Natur bezogen. Besucher aus dem Ausland nahmen Frieden, Ruhe, Idylle wahr, manche sprachen vom Dornröschenreich oder von der Märchenstadt. »Die Kunst blüht, die Kunst ist an der Herrschaft, die Kunst steckt ihr rosenumwundenes Szepter über die Stadt hin und lächelt«, heißt es bei Thomas Mann. Die Politisierung brach erst 1918 herein, und sie endete fatal, vielleicht gerade weil die Menschen hier politisch naiv waren – einschließlich jener, die Revolution machen wollten.

Im Kunstleben der Stadt gab es die Malerfürsten wie Lenbach, Makart, Stuck, die in Villen im Renaissancestil residierten, und daneben die Schwabinger Boheme samt ihren »Malweibern«. Beim Theater hatte Berlin den Vorrang und auf dem Gebiet des Verlagswesens Leipzig; seit etwa 1890 waren die naturalistische Aufführungspraxis und Gerhart Hauptmann das Maß aller Dinge, und als dann Max Reinhardt seinen Zauber entfaltete, wurde Berlin erst recht die Theaterhauptstadt. Was Literatur und bildende Kunst anbelangt, brauchte sich München jedoch nicht zu verstecken, das seit 1897 auch im Theaterwesen aufholte, ebenso im Kabarett und – mit seinen wichtigen Zeitschriften *Die Gesellschaft, Jugend, Simplicissimus* – auch in der satirisch-kritischen Publizistik; in der Musik war die Oper das beherrschende Genre, durch den Kult um Richard Wagner und die großen Premieren von Richard Strauss. In der Malerei stellte München einen Vorposten der Moderne dar, danach kam nur noch Paris. An der Achse Schwabing – Montparnasse, die so viele Karrieren prägte, von Stefan George über O. A. H. Schmitz bis zu Franz Hessel, hatte Lion Feuchtwanger keinen Anteil, er war stärker nach Italien ausgerichtet und darin noch ganz der Goethe-Tradition verpflichtet. Das Theater war schon mit den Weimarer Klassikern, aber erst recht durch den Naturalismus zur eigentlichen Nationalpoesie geworden, zum führenden literarischen Genre. Spätestens während seines Berliner Studiums hatte sich Lion Feuchtwanger für das Theater entschieden. In München dann gehörte er weder zur künstlerischen Avantgarde noch zur konservativen Repräsentationskunst. Er gehörte einer neuen Generation an, die sich ab 1910 bemerkbar machte und deren Zeit erst nach dem Krieg kam, vor allem im Berlin der Weimarer Republik. Diese Generation war positiver, sachlicher, ohne Interesse am Pathologischen (wie Thomas Mann erstaunt feststellte), sie betrieb keinen Kult der Dekadenz mehr, ihre Leitbilder waren Heinrich Mann und Frank Wedekind, und sie wurde durch Krieg und Nachkrieg politisiert.

Lions erster Roman von 1910 liegt noch ganz im Bereich unpolitischen Ästhetizismus, doch enthält *Der tönerne Gott* schon alle Motive seines Werkes, alle Themen seines Lebens, und er nahm sogar Martas Rolle vorweg. Eine sonderbar prophetische Dimension hat Lions Werk, immer wieder nimmt es Ereignisse und Orte vorweg, die für seinen Autor erst viel später bedeutsam werden sollten. Wenn Lion und Marta von der Kunst- und Lebensatmosphäre Münchens vor 1914, auch von der theoretisch überhöhten »erotischen Revolution« nur bedingt beeinflusst waren, so betraf sie sehr wohl die allmähliche Veränderung des politischen Klimas in ihrer Heimatstadt, die sie immer mehr zu Fremden machte.

Man ahnt, wie sich Lion sein Leben in der Theaterwelt vorstellte, die er für seine eigentliche Sphäre hielt, als Autor und als Regisseur. Dafür hätte er sogar das Leben in München aufgegeben. Er bewarb sich um eine Dramaturgenstelle in Karlsruhe. Auch nach Berlin streckte er seine Fühler aus. Aber Berlin konnte warten. Wirkliche Erfolge hatte er noch nicht, vor allem blieben die Einnahmen bescheiden, die Kritik war nicht immer wohlwollend, manche Artikel waren durchaus von antisemitischen Ressentiments erfüllt.

Der erste jüdische Stoff, der ihn beschäftigte, war die Geschichte des Joseph Süß Oppenheimer, des württembergischen Hofjuden aus dem 18. Jahrhundert, die unter dem Namen »Jud Süß« schon verschiedentlich literarisiert worden war, etwa von Wilhelm Hauff. Auch hier versuchte es Lion zunächst mit einem Theaterstück. Darin führt der mächtige Finanzberater des Königs selbst seinen Untergang herbei. Der Wendepunkt in seinem Leben ist der Tod der Tochter, ein Motiv, das Lions Werk durchzieht und einen deutlich autobiographischen Bezug hat zum Tod der eigenen Tochter Marianne im Jahr 1912. Beim Publikum und der Kritik kam das Stück gut an, Lion selbst fand es zu oberflächlich, es habe nicht den Kern der Geschichte berührt. Marta riet ihm, den Stoff in Romanform zu behandeln. Es dauerte noch drei Jahre, bis sich Lion dazu durchrang. Eine Zwischenstufe war der szenische Roman *Thomas Wendt* von 1920, der Brecht zu seiner Idee des epischen Theaters inspirierte, wie Marta meinte.

Als im Frühjahr 1917 ein Teilfrieden mit Russland abgeschlossen wurde, jubelte auch die Künstlerschar in München. Das Zarentum war hier, wo es eine große russische Kolonie gab, besonders verhasst. Mit der Oktoberrevolution 1917 hatte ein neues Zeitalter der Emigration begonnen, das zuletzt auch Deutschland erfassen sollte. Am 11. November 1918 dann, als der Krieg endlich vorbei war, waren alle erleichtert, hatten aber kaum etwas zu essen. Den Versailler Vertrag kritisierten auch die Intellektuellen. Marta dachte: Wer den Krieg beginnt, muss dafür zahlen, und sie hatte keinen Zweifel, dass die Kriegsschuld beim Kaiser lag.

Die Kriegsjahre hatten für die Feuchtwangers Entbehrungen gebracht, aber keine Gefahren. Das war 1918/19, in den Monaten von Revolution und Reaktion, etwas anders. Im Rückblick erschien Marta freilich auch diese Zeit als eine Abfolge kurioser Vorfälle. So erinnerte sie sich, dass Erich Mühsam als Polizeichef der Räterepublik Schauspieler freiließ, die man verhaftet hatte, weil sie sich einer lärmenden Orgie hingegeben hatten, und dass er das Zimmer von Rainer Maria Rilke durch ein Schild schützen ließ: »Bei dem

Dichter Rilke darf nicht geplündert werden. Die Revolution.« Dabei besaß der ja kaum etwas. Probleme bekam Rilke erst nach dem Ende der Räterepublik, weil er vergessen hatte, das schützende Schild abzunehmen.

Die Revolution erfasste die Stadt und führte zu einer Art Bürgerkrieg mit dem kurzfristigen Triumph einer »Räterepublik« und dem blutigen Gegenschlag der Reaktion, der zum Vorspiel der deutschen Diktatur wurde. Hatte München vor 1914 der Avantgarde der freien Geister Raum geboten, tobte dort nun die Avantgarde des Ungeistes; die Stadt zog nicht mehr Künstler aus ganz Europa an, sondern »alles, was faul und schlecht war im Reich«, wie Lion später in seinem Roman *Erfolg* schrieb.

Zunächst war die Lage kritisch, aber nicht ernst, und es gab kaum Gewalt. Richard Elchinger, Theaterkritiker der *Münchner Neuesten Nachrichten*, rief bei Feuchtwangers an und sagte: »Kommt mit, die Revolution anschauen.« Wer wissen wollte, was in der Stadt geschah, musste hinausgehen, anders erfuhr man nichts. Auf der Straße war es zuweilen gefährlich. Etliche Schießereien erlebten Lion und Marta aus der Nähe mit. Man marschierte bis zur Residenz. Alle Türen standen offen, eine Kutsche fuhr in Richtung Österreich davon: Darin saß König Ludwig III., der seinem Vater Luitpold zunächst als Prinzregent nachgefolgt war, 1913 aber die Königswürde beansprucht hatte, was verfassungsrechtlich bedenklich war, weil der demente Otto noch lebte. Ludwig war durchaus populär gewesen, man nahm allerdings übel, dass er mit dem Kaiser in den Krieg gezogen war. Es gab Anekdoten über ihn, weil er sich grotesk kleidete; die schlechtsitzenden »Königshosen« waren sprichwörtlich. Nachdem er die Residenz geräumt hatte, gewahrte man, dass er stundenlang warme Bäder genommen und dabei in der Wanne mit einem Paddel gespielt hatte.

Am Ruder waren nun andere. Der Mann der Stunde hieß Kurt Eisner, Lion Feuchtwangers Intimfeind, der das böse Wort vom »Margarinebarönchen« aufgebracht hatte. Nach der Phoebus-Affäre fragte der mit Lion befreundete Theaterbesitzer Adolf Kaufmann, was Eisner denn gegen Lion habe. Ach, sagte Eisner, der stark lispelte, das ist eine alte Geschichte, er ist einfach zu reich. Aber er ist nicht reich, stellte Kaufmann richtig und erzählte von Lions Verzicht auf sein Erbe. Trotzdem blieb man auf Distanz. Allerdings schrieb Eisner in seiner *Münchner Post* eine lobende Besprechung von Lions Fassung der *Perser*.

Bruno Frank half Kurt Eisner bei seinen öffentlichen Reden. Frank selbst sprach oft nach Eisner, teilweise an seiner Stelle, denn seine Stimme war lauter, seine Erscheinung effektvoller. Er betonte immer wieder: »Wir wollen kein Blutvergießen.« Danach sprach Toller, im selben Sinne. Dessen Auftritte waren pathetisch, er sah aus wie das Klischee eines romantischen Dichters, blass, mit schwarzem gewelltem Haar. »Er war schön und der Typus des schwärmerischen Revolutionärs, der Poesie mit politischer Aktion verband«, beschrieb ihn Hans Sahl.

1919 brauchte man eine Erlaubnis, um sich in der Stadt zu bewegen. Bruno Frank stellte Lion folgendes Papier aus: »Inhaber dieses hat das Recht auf freien Verkehr. Die Käsestelle.« Frank amtierte im Wittelsbacher Palais beim Ernährungsamt. Einmal kam ein schüchterner Geistlicher und bat mit leiser Stimme um Buttermarken. Das war Eugenio Pacelli, Nuntius des Vatikans und nachmaliger Papst Pius XII. Hungern musste auch der Wittelsbacher Prinz Ludwig Ferdinand, der Musiker und Arzt. Marta sah ihn, wie er aus dem Nymphenburger Schlosspark, der einmal zu seinem Familienbesitz gehört hatte, einen Schwan stahl und unter dem Mantel versteckte, wohl für den Sonntagsbraten. Als er wenig später Lion in der Tram begegnete, rief er aus: »Jessas, der Feuchtwanger!«

Auf dem Weg zum Bayerischen Parlament, wo er nach einer schweren Wahlniederlage seinen Rücktritt als Ministerpräsident erklären wollte, wurde Kurt Eisner am 21. Februar 1919 von einem adligen Studenten erschossen. Erst jetzt, nach diesem antisemitisch motivierten Mord, begann die Spirale der Gewalt im einst so friedlichen München, erst jetzt etablierte sich eine Räterepublik, deren führende Köpfe aber Intellektuelle waren, keine Politiker. Zum Gedenken an den Ermordeten ließ die Räteregierung von Karfreitag bis Ostern die Kirchenglocken läuten, Tage, an denen sie sonst nicht erklangen. Das war eine sinnlose Provokation, von den Katholiken als Sakrileg empfunden. So konnte man in Bayern keine Revolution machen! Lange hielten die Revolutionäre nicht durch, die Weißen Garden und die Reichswehr siegten leicht. Toller versteckte sich, färbte sein schönes schwarzes Haar rot. Aber er wurde verraten und zu fünf Jahren Festungshaft verurteilt.

Nach dem Ende der Räterepublik suchten einige Bekannte, die sich politisch hervorgetan hatten, Schutz in Lion Feuchtwangers Wohnung. Der junge Dichter Johannes R. Becher versteckte sich bei seinem Bruder Ludwig. Aber Lion und Marta mussten selbst auf der Hut sein. Für die Weißen Garden gehörten sie zum »Schwabinger Gesindel«. Einmal zwangen die reaktionären Truppen Lion und Marta, die ihnen zufällig in die Hände gelaufen waren, Gewehre zu holen und mit ihnen zu ziehen. Man fragte sie: »Habt ihr heute schon Juden auf der Straße gesehen?« Sie schüttelten stumm den Kopf. An einer Ecke konnten sie die Waffen ablegen und weglaufen. Doch auch zu Hause war man nicht ganz sicher. Marta stand in der Küche und schlug Eiweiß zu Schnee. Da sah sie Leuchtraketen auf der Straße, es klingelte Sturm, Soldaten drangen ein und durchstöberten die Wohnung, Schränke, Betten, Kachelöfen. Sie brüllten: »Wo haben Sie das Maschinengewehr versteckt?« Die Schläge des Schneebesens gegen die Schüssel hatten wie Schüsse geklungen.

In Lions Schreibtisch fanden sie ein Manuskript mit dem verdächtigen Titel *Spartakus*. »Haben Sie das geschrieben?« – Lion: »Ja.« Bedrohliches Schweigen. Ein Gardist: »Ach ja, Sie sind ja der Feuchtwanger, ein Stückeschreiber, ich hab was von Ihnen in Düsseldorf gesehen, *Warren Hastings* oder so. Das war ein großartiges Stück. Lassen wir ihn in Ruhe.« Und sie zogen ab. Das hätte noch gefehlt, dass Lion für ein

Stück von Brecht erschossen worden wäre, den er erst seit wenigen Tagen kannte.

Lion war noch kein großer Name in der Theaterwelt, aber für den jungen und ehrgeizigen Eugen Berthold Friedrich Brecht (Jahrgang 1898) doch interessant genug. Als Brecht im März 1919 den von ihm bewunderten Schauspieler Arnold Marlé fragte, was er mit seinem soeben beendeten Stück machen solle, riet ihm dieser: »Gehen Sie zu Feuchtwanger.« Und so kam dieser dürre Mensch mit den tiefliegenden Augen, der Marta an eine geschnitzte gotische Heiligenfigur denken ließ, in die Georgenstraße. Er habe *Spartakus* nur geschrieben, um Geld zu verdienen, ein noch besseres Stück sei bereits fertig, *Baal*. Marta erinnerte sich später, dass Brechts Vater zu Lion kam und fragte, ob sein Sohn denn genug Talent zum Schreiben habe. Feuchtwanger, der selten zuriet, sagte nur: »Er ist ein Genie.« Der Vater gab nach und war schließlich bereit, dem Sohn weiterhin Schecks zu schicken.

Es sollte eine lebenslange Beziehung und Zusammenarbeit zweier sehr gegensätzlicher Männer und Autoren werden. Brecht profitierte von Lions Wissen und von dessen Beziehungen zur Theaterwelt, und Lion profitierte – ja, wovon eigentlich? Man weiß es nicht recht. Vielleicht gefiel ihm Brechts freches Auftreten und dessen Ausbeutermentalität, die ihm selbst abging. Er habe viel gelernt von Feuchtwanger, gestand Brecht einmal, allerdings vor allem wie man es nicht machen dürfe. Das junge Talent gab gern das Scheusal. Doch vielleicht stimmt es auch einfach: Von dem klassisch und traditionell gebildeten und schreibenden Feuchtwanger konnte sich Brecht deutlicher als Mann der Avantgarde abgrenzen.

Sie siezten sich ein Leben lang, und Brecht nannte ihn immer nur »Herr Doktor«. Lion diskutierte gern beim Spazierengehen, doch Brecht war nicht so gut zu Fuß und fand, dass ihn Lion absichtlich ermüdete, weil so seine eigenen Argumente schwächer würden. Marta fand beide Männer auf ihre Weise scheu, und für solche Männer interessierte sie sich: Lion war scheu nach außen, aber ich wusste ja, wie scheue Leute inwendig sind, sagte sie. So gesehen war auch Brecht sehr scheu, der von Marta durchaus beeindruckt war. Er sah nicht sehr schön aus, fand sie, das Haar wirkte wie angewachsen an sein knochiges Gesicht, aber »die Weiber mochten ihn«. Er verführte sie mit seinem Gitarrenspiel und seinem Gesang. Wie er seine Balladen mit schriller Stimme vortrug, das machte großen Eindruck. Marta fand, seine Stimme habe einen leicht schwäbischen Tonfall, der später auf die Stimme von Helene Weigel abfärbte.

Eines Abends war der Regisseur Erich Engel gekommen, der *Thomas Wendt* inszenieren sollte, und wie immer gab es nicht genügend Stühle bei Feuchtwangers. Brecht saß in der Ecke auf einer Matratze und sang die Ballade *Apfelböck oder Die Lilie auf dem Felde*. Marta hatte ihm einen Zeitungsartikel gegeben, in dem von jenem Jakob Apfelböck die Rede war, der seine Eltern erschlagen hatte. Brecht sang und lächelte dabei Marta an, sie lächelte zurück. Gerda Müller, eine Aktrice aus Berlin und sehr verliebt in Brecht, schnauzte: »Lachen Sie nicht, wenn Brecht singt.« Marta würdigte sie keiner Antwort und freute sich über die Wirkung ihres Hinweises. Später tanzte sie mit Brecht, und er sagte: »Meinen Sie nicht auch, dass Gerda ein bisschen anstrengend ist?« Brecht hatte Marta den Text der Ballade geschenkt: »Frau Dr. Feuchtwanger in Dankbarkeit gewidmet. August 19.«

Seine Geliebten waren meist Schauspielerinnen, die sich etwas für ihre Karriere erhofften, aber er sah nur darauf, wie sie ihm nützen könnten. Als er in seiner Heimatstadt Augsburg die österreichische Opernsängerin Marianne Zoff kennenlernte, redete er ihr das Singen und ihren wohlhabenden Verlobten aus. Sie heirateten und bekamen eine Tochter, die später unter dem Namen Hanne Hiob eine bekannte Schauspielerin wurde. Brecht konnte alle Frauen haben, die er wollte, erinnerte sich Marta. Übrigens sei er auch an ihr interessiert gewesen, gestand sie. Nach seiner Scheidung von Marianne Zoff im Jahr 1926 habe er zu ihr gesagt, er könne auch sie heiraten. Er habe es nur so im Vorübergehen gesagt, und sie habe nicht einmal geantwortet. Er habe es schon ernst gemeint, aber nicht insistiert, und so seien sie gute Freunde geblieben. Meistens allerdings wurden die Männer, die Marta abblitzen ließ, ihre erbitterten Feinde – und die meisten Freunde des Hauses verliebten sich in sie. Brecht habe gemeint, er müsse Lion gegenüber kein schlechtes Gewissen haben, und Lion habe davon nie erfahren, sagte Marta. Sie habe Brecht sehr gern gemocht, aber nicht in diesem Sinn. Die Freundschaft und Zusammenarbeit von Brecht und Feuchtwanger seien etwas Seltenes und Kostbares gewesen, das habe sie nicht gefährden wollen.

Brechts Freundinnen sagten allerdings, er solle doch nicht immer zu dem alten Feuchtwanger gehen. Brecht erwiderte: »Ich gehe ja nur zu ihm, weil er mir nützt.« Das sprach sich in München herum, und Bruno Frank, der Brecht nicht ausstehen konnte, hinterbrachte Lion, dass dieser überall erzähle, es sei nur eine Zweckfreundschaft. Lion zuckte mit den Schultern, dergleichen diskutierte er nicht. Einmal fragte er Brecht beiläufig: »Stimmt es denn, dass Sie das gesagt haben?« – Brecht: »Ja.« Mehr war nicht zu sagen.

1930 war Brecht nicht sehr glücklich, als er sich in Lions Roman *Erfolg* in der Gestalt des Kaspar Pröckl wiederfand als »ein finsterer, etwas verwahrloster Mensch [...], voll von Fanatismus und heftigem Willen«, der »hundsordinäre Balladen« singt. Den Roman bekam er schon in den Fahnen zu lesen. Daraufhin reiste er mit Helene Weigel, die er kurz zuvor geheiratet hatte, zum Ferienort der Feuchtwangers nach Italien, nur um Lion zu einer Änderung zu bewegen. Helene Weigel redete entsprechend auf Marta ein, aber Lion dachte nicht daran, etwas zu ändern.

Brecht wollte Marta möglichst dabeihaben, wenn er einen Plan machte, Zuhörerinnen inspirierten ihn. Er fragte sie auch wiederholt um Rat für seine Texte. Wenn er ihren Rat annahm, sagte er: »Ihr Mann sollte Ihnen dafür 450 Dollar geben.« (Er selbst gab nie etwas.) Mit Lion wollte er unbedingt ein gemeinsames Stück schreiben. So erarbeiteten sie

Eduard II., nach Christopher Marlow, von dem der junge Brecht nichts wusste. Es wurde in den Kammerspielen uraufgeführt und machte Sensation. Dann griffen andere Theater zu, auch Leopold Jessner vom Berliner Staatstheater.

Nach der Münchner Uraufführung kamen viele Leute zu den Feuchtwangers nach Hause. Nichts war vorbereitet, es gab nichts zu essen, aber reichlich zu trinken. Neben den verfeindeten Regisseuren Jessner und Ihering war Arnolt Bronnen da sowie Brechts Freund Caspar Neher. Es wurde eine wilde Party, viele betranken sich. Der völlig beschwipste Neher stritt sich mit Bronnen und wollte ihm mit einer Weinflasche den Schädel einschlagen. Marta warf sich zwischen die beiden. Neher war so kräftig, dass sie ihm nur die Nase verdrehen konnte, um ihn zu stoppen, aber der Flascheninhalt ergoss sich in ihr Dekolleté. Zum Glück trug sie ein schwarzes Samtkleid, da fiel das Malheur nicht weiter auf. Immerhin hatte sie Bronnen das Leben gerettet. Als Marta am Morgen die Wohnung aufräumte, fand sie Joachim Ringelnatz, eingerollt in einer Ecke schlafend. Nie trug er seinen Namen passender.

Beim Fasching 1922 entdeckte Marta ihren Mann mit einer Flasche französischen Wein an einem Ecktisch. Auf seinen Knien saß eine unbekannte Frau. Die Fremde war geniert, als Lion seine Frau vorstellte. Aber Marta sagte: »Bleiben Sie nur sitzen. Was machen Sie?« – »Ich studiere.« – »Wie heißen Sie?« – »Marieluise Fleißer, aus Ingolstadt.« Sie kannte Lions Bild aus der Zeitung, wollte ihn kennenlernen und war ihm, dem Fasching sei Dank, schon ziemlich nahe gekommen. Sie sah sehr gut aus, blondes Haar, hellblaue Augen, fast farblos. Sie gab sich besonders lässig. Marta nannte sie »Sumpfblume«. Später suchte die Fleißer Lion auf, um sich Ratschläge fürs Schreiben zu holen. Marta hielt ihre Gedichte für romantischen Kitsch. Lion riet der jungen Autorin: Lassen Sie sich von Brecht zeigen, was man mit der deutschen Sprache machen kann. So arbeitete die Fleißer also mit Brecht, verliebte sich in ihn, wurde ihm geradezu hörig. Marta fand, sie sei die Schlimmste von allen gewesen. Aber Brecht half ihr auch, sah ihr Talent, brachte ihr Stück *Fegefeuer* in Berlin auf die Bühne. Sie kam immer wieder gern zu Lion und ließ sich von ihm trösten, wenn ihr Brecht arg zugesetzt hatte.

Auch in den wirren Nachkriegsjahren ging der Fasching weiter wie eh und je. Marta und Lion feierten in dem kleinen Saal hinter der Buchhandlung von Carl Georg Steinicke in der Adalbertstraße 15. Dessen Gäste nannten sich »die Nachtwandler« und erschienen in einfallsreichen Kostümen. (Nachzulesen ist das in Lions Roman *Erfolg.*) Nach 1933 trafen sich in diesem Raum ganz andere Nachtwandler: Hitlergegner aller politischen Lager, aus dem Tanzboden wurde ein Treffpunkt der Opposition. Marta machte Eindruck mit einem riesigen schwarzen Schal aus Tunis, der ganz mit Silberplättchen bedeckt war und sie vollständig umhüllte, nur von einem Gürtel gehalten. Dazu trug sie einen leichten Schleier vor dem Gesicht, der wie eine böse Maske wirkte. Bald wurde sie der dämonischen Kostümierung satt und erschien als französischer Gauner, behängt mit Einbruchswerkzeug.

Von der Faschingsfeier 1922 bei »Papa Steinicke« gingen die Feuchtwangers heim, in breiter Reihe auf der Straße untergehakt mit Freunden und mit Fremden, darunter Arnold Zweig. Auf dieser nächtlichen Wanderung begann ihre lange Freundschaft. Am nächsten Morgen besuchte Zweig die Feuchtwangers in ihrer Wohnung, als sie noch im Bett lagen. (Damals hatten sie ein gemeinsames Schlafzimmer mit Doppelbett.) Er brachte eine Pfeife mit und Tabak. Letzteren trug er in einer kleinen Tasche mit Reißverschluss, eine neue Erfindung aus Amerika. Marta war so fasziniert davon, dass Zweig ihr die Tasche schenkte, weshalb sie von einer Reißverschlussfreundschaft sprach. Das Täschchen hat sie ihr Leben lang behalten und darin Ohrringe und Broschen aufbewahrt.

Bei Steinicke begegnete Marta im Fasching 1923 dem Maler Julius Hüther, einem engen Freund von Karl Valentin. Hüther, der gern den Clown spielte, hatte sie schon lange von fern bewundert, aber nie anzusprechen gewagt. Erst als er sie tanzend und lachend erlebte, sagte er sich, dass sie ja gar nicht so unnahbar und eingebildet sei, wie er dachte. Hüther beschloss, Marta zu malen, bat aber zuvor Lion um Erlaubnis, der nur lächelnd sagte: Wenn sie sich den Strapazen unterziehen will … Julius Hüther war eine feste Größe im Kunstleben der Stadt und stellte in renommierten Galerien aus. Er gehörte im weitesten Sinne der expressionistischen Bewegung an, ging aber seinen ganz eigenen Weg und war stark von italienischen Einflüssen geprägt. 1925 wurde er zum Professor ernannt. Aber schon zuvor besaß er im Dachgeschoss der Akademie der Bildenden Künste ein weitläufiges Atelier, in das er Marta bestellte. Der repräsentative Raum voller farbiger Porträts und Landschaftsbilder schien so gar nicht zu dem Urbayern zu passen, einem ausgemergelten Naturburschen, der freundlich, aber auch leicht verschlagen wirkte. Seine Frau Viola, eine Italienerin, kochte Kaffee während der langen Sitzungen, er selbst bereitete auf einem Spirituskocher köstliche Mahlzeiten zu. Nach einer Weile schlug Hüther vor: »Ich male Sie nackt.« Seine Frau unterstützte die Idee begeistert. Marta ging nicht darauf ein.

Hüther lud Marta ins Atelier ein, um ihr das fertige Porträt zu zeigen, auf dem sie ein enganliegendes tabakfarbenes Seidenkleid trug, er zeigte ihr aber auch ein Bild, auf dem eine große Frau nackt dalag, mit dem Rücken zum Betrachter, ihr Haar war ganz wie das von Marta, schwarz glänzend und von einem Knoten gehalten. Marta spürte, dass der Maler ihre Reaktion beobachtete, aber sie hielt nur kurz inne und sagte: »Merkwürdig.« Das bekleidete Porträt ging nach Nürnberg und überstand die Nazizeit, weil es nur betitelt war als »Bildnis der Frau M. F.«. Das andere Bild verlor sich in Amerika, so erinnerte sich Marta. Julius Hüther schrieb im April 1954 an Lion, Martas Porträt habe unter dem Titel »Bildnis der Madame X.« in der Münchner Kunstausstellung gegenüber der Glyptothek gehangen und sei von einem Nürnberger Museum gekauft worden. Es habe auch Holzschnitte nach diesem Porträt gegeben. 1937 sei es, wie auch andere Arbeiten von ihm, in die Ausstellung »Entartete Kunst« gekommen. In der Tat wurden fünf seiner Bilder auf der Liste der entarteten Kunst aufgeführt, aber kein Frauenporträt. Insgesamt mögen vier Porträts von Marta existiert haben. Im August 1977 schrieb jemand aus Wuppertal an Walter Feuchtwanger in München und teilte mit, er besitze aus dem Nachlass seiner Großmutter ein Aquarellporträt Marta Feuchtwangers aus dem Jahr 1923, gemalt von Julius Hüther. Marta, an die der Brief weitergeleitet wurde, bat um ein Angebot, schien aber nicht sonderlich interessiert zu sein. Sie besitze schon vier Bilder von sich und habe keinen Platz mehr in ihrem Haus. Über den Verbleib dieses Porträts wie auch der anderen ist nichts bekannt. So mag das ursprüngliche Porträt (85 mal 66 Zentimeter, Öl auf Leinwand) ausgesehen haben: »Vor einer baumbewachsenen Hügellandschaft sitzt eine Frau in einem dunklen Kleid in Dreiviertelansicht. Sie hat ein oval geschnittenes Gesicht, volle Lippen und dunkles, zu einem kurzen Zopf gebundenes Haar. Die Sonne bricht durch einen wolkenbedeckten Himmel.« An die Verfasserin dieser Beschreibung, Inge Lindemann, schrieb Marta im November 1982: »Ich freue mich ungemein, dass Julius Hüther jetzt endlich anerkannt wird als der bedeutende Maler, den ich in ihm sah. Er war ein Naturtalent, unverziert und ehrlich und ganz unabhängig von allen Einflüssen.«

Zu den Gästen des Café Odeon im Münchner Hofgarten gehörte um 1921 ein unscheinbarer Herr mit Schnauzbart, der meist mit grünem Hut und weißen Wadenstrümpfen auftrat. Er schien sich wohlzufühlen in dieser Künstleratmosphäre und genoss Capuccino und Sahnekuchen. Einmal soll er dem aufsteigenden Stern am Literaturhimmel in den Mantel geholfen haben: »Bitte schön, Herr Doktor.« Zumindest haben Marta und Lion diese Anekdote später erzählt, vielleicht auch um zu zeigen, dass man diese österreichische Schießbudenfigur nicht ernst nehmen konnte.

An die Stelle der alten Gemütlichkeit war eine gefährliche und sich rapide verschlimmernde Gemütskrankheit getreten. In München war die Pest ausgebrochen, von hier aus sollte sie das ganze Reich erfassen. Nach dem chaotischen Kriegsende, nach Räterepublik und Gegenschlag der Reaktion, nach politischen Morden und wüster Propaganda war die Landesmetropole zu einer anderen Stadt geworden. Hier wurde der Kampf der Völkischen gegen das deutsche Judentum aggressiv geführt.

Sigmund Fränkel, Vorstand der Gemeinde Ohel Jakob, hatte böse Vorahnungen gehabt. Während der Räterepublik mahnte er die jüdischen Politiker zur Vorsicht, warnte Erich Mühsam, Ernst Toller, Gustav Landauer und andere »landfremde, des bayerischen Volkscharakters unkundige Phantasten und Träumer«, ihre Politik würde Chaos, Jammer und Leid heraufbeschwören; was sie täten, würde auf die gesamte bayerische Judenheit zurückschlagen. Zu Pessach 1921 wurden an zwei Synagogen Hakenkreuze geschmiert. Im Juni 1923 wurde Fränkel – er war 63 Jahre alt – von SA-Leuten überfallen und misshandelt. Von diesem Anschlag erholte er sich nie wieder. Noch vor Hitlers Putsch im Herbst 1923 gab es massive antijüdische Ausschreitungen. In jenem Herbst wurden amtliche Maßnahmen gegen »Ostjuden« eingeleitet. 1 500 Zugewanderte sollten unter vorgetäuschten Beschuldigungen abgeschoben werden. Einige wurden bei Ingolstadt interniert.

Den Namen »Hitler« sah Marta zuerst auf Plakaten. Sie konnte sich daran erinnern, dass einige seiner Kameraden ihn als Verräter bezeichneten, der seine Partei betrogen habe, indem er mit einigen Programmpunkten wie der Abschaffung des Geldes gebrochen habe. Vor allem lachte man über ihn. In der Tram sah man Juden, die den *Völkischen Beobachter* lasen und sich köstlich amüsierten. Hitler aber war überzeugt, dass bald niemand mehr lachen werde. Oft sah man ihn in der Nähe der Kammerspiele in einem Gebäude mit mehreren Weinstuben, von denen er die Griechische Weinstube bevorzugte. Er fiel durch einen in München unüblichen Schnauzbart auf, der ihn preußischer wirken ließ. Bei ihm saß ein kleiner Kreis von Anhängern, so der Komponist und Dirigent Hans Pfitzner, den Marta als Musiker durchaus schätzte, der aber mit seinem eingefallenen Gesicht sehr fanatisch aussah. Der Komiker Weiß Ferdl, ein früher Sympathisant der Nationalsozialisten, berichtet in seinen Erinnerungen, er habe Hitler widersprochen, als der am Stammtisch behauptete, Juden könnten keine Soldaten sein. In seiner Kompanie habe es den Berthold Feuchtwanger gegeben, der sich äußerst tapfer gezeigt habe.

Marta hat nie eine Hitler-Rede miterlebt, aber im Freundeskreis erzählte der Journalist und Autor Leonhard Adelt von der hypnotischen Wirkung, die Hitler in Bierkellern oder -zelten auf seine Zuhörer ausübte, und er begeisterte sich bei seiner Schilderung so sehr, dass Marta wütend vom Stuhl aufsprang: »Sie sind auch ein Antisemit!« Lion war die Szene peinlich, doch er folgte ihr nach draußen. Am nächsten Tag rief Adelts Frau an: »Mein Mann hat die ganze Nacht nicht geschlafen, er ist sehr unglücklich, dass Sie ihn für einen Antisemiten halten.« Und so versöhnte man sich wieder.

Als Hitler im November 1923 einen Putschversuch unternahm, herrschte große Angst unter den Münchner Juden. Adelt, inzwischen Korrespondent des *Berliner Tageblatts*, rief sie in der Nacht an: »Hitler putscht, man verhaftet viele Leute, vor allem Juden, ihr müsst zu mir kommen, ich leihe euch Räder, damit ihr heil aus der Stadt kommt.« Aber Lion ließ nur ausrichten: »Ich bin viel zu müde.« Am nächsten Morgen rief Adelt wieder an: »Es ist schon vorbei.«

So begann vor 1933 ein schleichender Prozess der Ausgrenzung der bayerischen Juden. In dem Maße, in dem sich München veränderte und ihm schließlich wie ein fremdes Land vorkam, wie Marta sagte, wurde es für Lion zum literarischen Thema. Von Berlin aus sollte er nach 1925 die katastrophale Wandlung seiner Heimatstadt zum Gegenstand des großen Zeitromans *Erfolg* machen, genährt von eigenen Erfahrungen und Beobachtungen.

Sie hätten München nicht wegen Hitler verlassen, sagte Marta später. Nach dem gescheiterten Putsch hätten viele gedacht, man würde nie mehr von ihm hören. Viel bedrückender waren die Belästigungen durch die Steuerbehörden, die ihnen Detektive auf den Hals schickten, um ihren Lebenswandel zu überprüfen. Man forderte ohne Berücksichtigung der Inflationsrate Steuernachzahlungen, die Leon ruiniert hätten. Die Schreiben waren garniert mit Sätzen wie: Leider können wir Sie ja nicht ausweisen, da Sie hier geboren sind. Die 50 000 Mark, die Lion für seine Theaterstücke zustanden und zunächst an den Verleger gingen, waren nichts mehr wert, als er sie endlich erhielt. Er begann Erfolg zu haben, vor allem *Vasantasena* wurde überall aufgeführt, aber eben dieser Erfolg war gefährlich, denn er rief die Finanzbehörde auf den Plan. Beamte kamen zu ihnen in die Wohnung und drohten: »Sie stehen mit einem Bein im Gefängnis.« Es waren politisch und antisemitisch motivierte Schikanen, und sie kamen von der bayerischen Landesregierung, nicht von der Stadtverwaltung.

Eingebrockt hatte ihnen das wohl eine Schauspielerin, die eine Schwäche für Lion hatte und zuweilen Pakete mit Eiern, Mehl, Zucker, Butter vor die Tür stellte, und dies in einer Zeit, da Marta oft bis zur Erschöpfung nach Lebensmitteln anstehen musste. Nach einer Weile stellte sich heraus, dass jene Schauspielerin die Waren bei einem Kaufmann in der Nachbarschaft gestohlen hatte, bei dem sie gelegentlich aushalf. Der Kaufmann wiederum konnte sie nicht anzeigen, da er in Schiebergeschäfte verwickelt war, von denen sie wusste. Eine benachbarte Blumenhändlerin denunzierte Feuchtwangers bei der Steuerbehörde, weil sie in verdächtigem Luxus lebten.

Lion hatte einen Entschluss gefasst. Er setzte sich tagsüber in die gut geheizte Staatsbibliothek und bearbeitete noch einmal den Stoff von *Jud Süß*, aber nun in Romanform, wie ihm Marta geraten hatte, die sich damit als Weichenstellerin seiner literarischen Laufbahn erwies. Einst hatte Heinrich Heine die wunderschöne Erzählung *Der*

Rabbi von Bacherach nicht vollendet – und Lion hatte über diesen Text promoviert. Heine hatte das Instrument aus der Hand gegeben. Lion hätte es beinahe auch getan; immerhin ließ er seine Romanfigur Heinrich Friedenthal aus dem *Tönernen Gott* einen biblischen Roman skizzieren. Nach mühevollen Wochen fand Lion einen neuen Zugang zum Stoff und eine angemessene Arbeitsweise. Er schrieb nun wie im Rausch, sagte alle Feste und Verabredungen ab. Für den Roman musste er den Lebensstil ändern, den er als Stückeschreiber gepflegt hatte. Monate später kam Marta, die sich in der Stadt vergnügt hatte, um drei Uhr früh nach Hause. Lion saß an seinem Schreibtisch, blickte auf und sagte: »Ich bin fertig.«

Jud Süß schrieb er von Hand, in Langschrift. Das Manuskript tippte Marta ab. Sie diskutierte mit ihm viele Partien und Figuren des Buches, nahm Einfluss auf dessen Gestalt. Ebenso lief es beim nächsten Roman, den Lion gleich nachschob: Von ihren Wanderungen in Tirol hatten sie die Geschichte der hässlichen Herzogin Maultasch mitgebracht, deren er sich nun annahm.

Brecht lebte seit 1923 in Berlin, wo er sich politisch weiter nach links orientierte, nach Martas Eindruck unter dem Einfluss seiner neuen Gefährtin Helene Weigel, Tochter eines Wiener Prokuristen und einer Spielwarenhändlerin. In Berlin gefiel es Brecht so gut, dass er die Feuchtwangers immer wieder aufforderte, auch dorthin zu ziehen. Und auch Heinrich Mann riet ihnen zu, der selbst dabei war, seinen Wohnsitz von München nach Berlin zu verlegen.

Mit jedem neuen Zwischenfall verlor man die Lust, in München zu leben. Endgültig verleidet wurde ihnen die Heimatstadt, als Nazis bei Konzerten des Dirigenten Bruno Walter für massive Störungen sorgten. Walter, Schüler Gustav Mahlers, den München einst nicht gewollt hatte, resignierte und ging nach Berlin, wo er die Leitung der Staatsoper übernahm. Sein Haus im Münchener Herzogenpark, gleich neben dem von Thomas Mann, bezog Bruno Frank, der inzwischen Fritzi Massarys Tochter Liesl geheiratet hatte.

Bevor sie Anfang 1925 nach Berlin übersiedelten, reisten Lion und Marta an die Adria, wo Marta einen hartnäckigen Husten auskurieren wollte. Über Österreich und Triest fuhren sie bis Ragusa (Dubrovnik), für Marta die schönste Stadt Europas und einer ihrer Lieblingsorte. Dort lebten sie bescheiden, aber glücklich. Auf kleinen Touren erkundeten sie das Hinterland von Montenegro. Sie schwammen ausgiebig im Meer, ungeachtet der Warnungen vor den Haien. Sich zu ängstigen war nicht ihre Art. Für die Haie war ich zu schnell, erzählte Marta lachend, und natürlich gab es immer wieder Ärger mit einheimischen Männern, die sie belästigten. Sie wusste sich zur Wehr zu setzen. Von ihrem Paddelboot aus rettete sie einem Arbeiter das Leben, der ins Wasser gefallen war und nicht schwimmen konnte; um sich zu bedanken, ging der Gerettete aber zu Lion.

In München hatte sich Lion mittlerweile einen Namen gemacht. Unglücklich darüber war nur der junge Dirigent Wilhelm Furtwängler, weil man seinen und Lions Namen leicht verwechselte, obwohl sie doch so verschieden waren. In Lions Glanz leuchtete nun auch Marta. Sie verstand es, das Interesse auf sich zu lenken. »Ich war in München immer von jungen Leuten umgeben«, bekannte sie später, »von Männern wie von Frauen, ich weiß auch nicht warum, vielleicht fühlten sie sich angezogen von mir, wie der junge Ödon von Horváth, der damals in München studierte. Manchmal ging ich mit einem Kreis junger Leute zum Maskenball, gehörte zu ihnen, obwohl ich doch deutlich älter war.« Wenn sie sich auf dem Land aufgehalten habe, erinnerte sie sich, hätten manche Priester das Gespräch mit ihr gesucht. Ihnen galt sie geradezu als ein Symbol der Sünde – und man wollte sie bekehren. Im Dunkeln leicht dämonisch, tagsüber sehr sportlich, das war das Erscheinungsbild dieser Königin der Nacht, wie man sie in der Theaterwelt Münchens nannte. In Berlin fand sie eine neue, bedeutendere Bühne, zugleich war die Stadt Ausgangsbasis für viele Reisen ins südliche Europa, nach England und nach Amerika – die zeitgemäße Form eines unruhigen Lebens.

Berlin als Sprungbrett

>»Er geht fort aus dem versumpften, trägen München in das lebendige Berlin.«
>
> L. F., *Erfolg*

In Berlin lernt Lion Feuchtwanger Auto fahren. Plötzlich weiß er nicht mehr, wie er bremsen muss, und rammt einen harmlos dünnen Baum. Endlich zum Stillstand gekommen, sagt er nur: »Und was mache ich, wenn kein Baum dasteht?« – Alles erlogen. Lion hat seinen Führerschein gemacht, und er ist auch gefahren, aber weder gern noch gut. Über Martas rasante Fahrweise gingen die Ansichten der Zeitzeugen auseinander, noch in ihrer kalifornischen Zeit. Vorsichtig und ängstlich war sie auch darin nicht, sondern draufgängerisch wie immer. Die oft kolportierte Geschichte von Lions Fahrversuch war eine (gut)erfundene Anekdote des Feuilletonisten Alexander Roda-Roda, 1929 abgedruckt in der *B. Z. am Mittag*.

Das Berlin der zwanziger Jahre war der Ort, an dem man als Autor sein musste, aber ihre sieben Jahre dort wurden für die Feuchtwangers nur ein Zwischenspiel. Auf die Dauer bedeutsamer als ihre Mitwirkung am Berliner Kulturleben erwiesen sich die Kontakte, die sie schon nach England und nach Übersee knüpften. An dem Übergangscharakter dieser Phase änderte auch die Tatsache nichts, dass sie in Berlin zum ersten Mal ein eigenes Haus bewohnten.

Die Tanzwut ist immer wieder als das typische Phänomen jener Jahre beschrieben worden, die eher eine Berliner als eine Weimarer Republik waren, nach Max Krell ein »Schlachtfeld entfesselter Dämonen«, eine seltsame Mischung aus Glanz, Not und politischer Radikalität, im dumpfen Bewusstsein einer kommenden Katastrophe. Zum ersten Mal erlebte Deutschland politische und geistige

Freiheit, aber sie war stets bedroht und ging bald wieder verloren.

Anfang 1925 kam Lion zunächst in der großen Wohnung seiner Schwester Franziska unter, deren Mann, Eduard Diamant, bis 1918 in Posen eine Schokoladenfabrik besessen, bei der Gründung der Republik Polen aber verloren hatte. Sein Neubeginn in der Schokoladenmetropole Berlin war schnell erfolgreich, und so wurde Lion bei seinem Schwager großzügig bewirtet, wovon er seinen Freund Brecht profitieren lassen wollte, der aber die angebotene Stopfleberpastete ablehnte, weil er nichts aß, was er nicht kannte.

Marta ließ unterdessen ihr Münchner Hab und Gut verpacken und bei ihren Eltern auf dem Dachboden deponieren. Während Lion in Berlin schon Kontakte knüpfte, fuhr sie zum unverzichtbaren Skiurlaub nach Tirol. Diese Wochen um ihren Geburtstag Ende Januar herum waren ihre ganz persönliche Zeit. Lion hatte das Skifahren nach einigen unguten Erfahrungen wieder aufgegeben. Martas ureigenes Revier war, wie schon in ihrer Jugend, der Sport.

Mitte Februar 1925 kam auch sie nach Berlin, das sie noch nicht kannte. In der Stadt herrschte Wohnungsnot, und gerade für Zuzügler war es nicht leicht, eine Bleibe zu finden. Schließlich mieteten sie eine teure Dachwohnung am Fehrbelliner Platz in Wilmersdorf, etwas abseits des westlichen Stadtzentrums. Alle ihre künftigen Domizile sollten sich in westlichen Randlagen der jeweiligen Orte befinden.

Am Aschermittwoch bezogen sie im Haus Hohenzollerndamm 34 ihre anderthalb Zimmer mit Küche und Telefon (Uhland 2726) und herrlichem Blick bis hin zum Grunewald. Nahebei lagen Tennisplätze, die man in kalten Wintern durch aufgespritztes Wasser in Eisbahnen verwandelte. Man schaute auf einen großen Friedhof mit Krematorium, auf die Minarette einer weißen Moschee, die ein indischer Geschäftsmann in Auftrag gegeben hatte, sowie auf die Zwiebeltürme einer russisch-orthodoxen Kirche. Fünf Jahre sollten sie hier leben und Besucher aus aller Welt empfangen. Journalisten, die Lion interviewen wollten, wunderten sich, dass er in diesem »Vogelhäuschen« leben und schreiben konnte.

Kaum waren Lion und Marta eingerichtet, ergriff sie schon das Reisefieber. Mit Brecht und dessen Frau Marianne Zoff, die sich vorübergehend wieder versöhnt hatten, fuhren sie im Frühsommer 1925 nach Rügen. Sie fanden Unterkunft bei Fischern und genossen das billige Leben unter gastfreundlichen Menschen. Marta bewunderte die Schönheit und Wildheit der Insel, ihre Strände, Wälder und Alleen. Die Neuberliner genossen die fangfrischen Heringe in vielerlei Zubereitungen. Sie kauften Butter auf Vorrat, einer der Hauptzwecke der Reise. Zu den Erlebnissen auf Rügen gehörte Martas Kampf mit einer Schar beißwütiger Gänse, vor denen Marianne ausriss, und ein anderes Mal mit einem Hund, der ihr die Strümpfe zerfetzte und eine Bisswunde beibrachte, die genäht werden musste. Bei einer Ausfahrt im Fischerboot wurde Brecht seekrank und musste sich übergeben. Beim Strandspaziergang trafen sie einen kleinen gebeugten Mann, der viele Ausgaben der *Fackel* in der Jackentasche stecken hatte. »Das muss aber ein großer Fan von Karl Kraus sein«, meinte Brecht. Es war Karl Kraus höchstpersönlich. Nach Wien zurückgekehrt, schrieb er, auf Rügen habe er Brecht und Feuchtwanger gesehen, ihre Frauen seien viel zu schön für die beiden.

Im Januar 1926 begleitete Lion Marta zum Skiurlaub nach St. Anton. Dort erreichte ihn ein Telegramm, dass seine Mutter sehr krank sei. Die Fahrt nach München dauerte zu lange, er traf sie nicht mehr lebend an.

Ein Ereignis war der Erfolg der englischen Ausgabe von *Jud Süß* im Herbst 1926. In den USA war der Roman unter dem Titel *Power* noch erfolgreicher, und das wirkte auf den deutschen Markt zurück, kurbelte auch hier die Verkäufe an. Lion genoss bei der englischen Presse große Aufmerksamkeit. Nach dem Krieg hatte man sich dort noch für keinen deutschen Autor so interessiert wie für ihn, zudem lud man ihn im Frühjahr 1926 nach England ein, wo er sogar von Regierungsvertretern empfangen wurde, als hätte er eine offiziöse Rolle inne. Diese erste Reise machte er ohne Marta, sie war auch nicht ausdrücklich eingeladen worden. Doch wenn ausländische Autoren nach Berlin kamen, wurde sie hinzugebeten und fiel auf. »Unter den vielen schönen Frauen war Marta Feuchtwanger die schönste«, las man in der Presse nach einem Treffen mit den PEN-Vorsitzenden John Galsworthy und Jules Romains.

Der Neuberliner Lion Feuchtwanger wurde zum internationalen Erfolgsautor. 1926 lernte er Lola Sernau kennen, der er mitten im Gespräch das Angebot machte, für ihn als Sekretärin zu arbeiten. »Aber dazu bin ich viel zu dumm«, sagte sie. »Klug bin ich, das genügt«, entgegnete er. Lola Sernau, die fünf Tage vor Lion Geburtstag hatte – sie wurde am 2. Juli 1895 in Berlin geboren –, war mit Dadaisten wie Hugo Ball befreundet. Sie führte einen literarischen Salon und verkehrte im Club Monbijou, dem exklusiven Lesbentreff in Wilmersdorf, in dem nur äußerst selten Männer zugelassen waren, und dann auch nur als diskrete Gäste zum Begleichen von Rechnungen. Lola Sernau blieb bis zum Krieg, zunächst in Berlin und danach in Sanary-sur-Mer, Lions Mitarbeiterin, insgesamt vierzehn Jahre lang. Als aus dem Arbeits- auch ein Liebesverhältnis wurde, kam es zu Spannungen mit Marta, die gegen Lola eine nachhaltige Abneigung entwickelte – eine seltene Reaktion bei ihr.

Lola Sernau sollte sich nicht nur um Lions Korrespondenz kümmern. In dieser Zeit fand und erprobte er seine spezielle Methode, jedes Manuskript in vier Arbeitsphasen zu diktieren, wobei die Schreibmaschinenblätter der verschiedenen Fassungen unterschiedliche Farben hatten, aufsteigend von dunklen zu helleren, Blau, Rot, Orange, Gelb und schließlich Weiß. Die Manuskripte wurden immer wieder »überfeilt«, wie das Korrigieren in Lions Sprache hieß, wobei es seine Regel war, nicht in einen Text »hineinzuschmieren«, sondern lieber ganze Abschnitte oder Kapitel neu zu diktieren, vor allem wenn Marta etwas bemängelt hatte. Von der letzten Fassung wurden stets zwei Kopien erstellt, von denen eine für Marta gedacht war, die auch an der Schlussrevision mitwirkte.

Die große gemeinsame Reise des Jahres 1926 führte Lion und Marta erstmals nach Paris und nach Spanien, mit einem Abstecher nach Marokko. Brecht war nicht glücklich über ihre Abwesenheit, er stand kurz vor seinem Durchbruch in Berlin und brauchte Lions Rat mehr denn je. Auch hatte er so viele Pläne für die gemeinsame Arbeit. Er begleitete sie dennoch zum Bahnhof Zoo, wo sie in den Direktzug nach Paris einstiegen. Die Inflation und die starke Abwertung des Franc machten den Aufenthalt in Frankreich günstig. Sie benahmen sich wie tapfere Touristen, besichtigten Notre-Dame, den Jardin du Luxembourg, die Folies-Bergères mit Maurice Chevalier und Mistinguette, deren raschen Witz sie kaum verstanden, außerdem deckte sich Marta mit Kleidern für die weiteren Stationen ein. Im Louvre standen sie fasziniert vor den Bildern von Goya. In München hatten sie schon viel über ihn erfahren, durch den Museumskurator August Liebmann Mayer, der den Namen des spanischen Malers allerdings stets »Goha« aussprach, was ihm den Spitznamen »Gohamayer« eintrug. Unter sich nannten ihn Marta und Lion den »weichen Mayer«, um ihn von einem anderen Bekannten zu unterscheiden. Später wurde er in einen Skandal verwickelt, als ihm ein Kollege, der es auf seinen Posten abgesehen hatte, eine falsche Expertise in Sachen Goya unterstellte. Mayers Schicksal verarbeitete Lion in seinem München-Roman *Erfolg*, wobei er seinen Helden groß, gutaussehend und hölzern-naiv gestaltete, während der wahre Mayer klein, rundlich und alert war.

Auch bei ihrem Besuch des Prado galt ihre Aufmerksamkeit vor allem Goya. Die Alhambra in Granada fand Marta enttäuschend klein und ohne Stil. Einzig der große Innenhof begeisterte sie. Ihr stärkster Eindruck allerdings war ein Taubenmännchen, das die Weibchen gnadenlos verfolgte und wie wild auf sie einhackte, bis sie bluteten – ein grausames Schauspiel, von dem sie sich nicht lösen konnte und an das sie später immer denken musste, wenn von der Alhambra die Rede war. Bis in den Südzipfel hinein erforschten sie Spanien, auch wenn die Hotels wenig Komfort und Hygiene boten und das Baden im Meer in dem katholischen Land unerwünscht war. Einmal kam sogar ein Priester angelaufen, um sie davon abzuhalten, spärlich bekleidet ins Wasser zu gehen. In Sevilla ließ sich Marta zum Besuch eines Stierkampfs überreden, weil Lion sagte, man müsse die Sitten eines Landes kennenlernen. Es war Ostern, die Stadt war festlich geschmückt und duftete nach Weihrauch. In der Arena trat der bekannte Torero Juan Belmonte auf. Marta konnte gar nicht hinschauen beim Todeskampf der Stiere und der von Stierhörnern aufgespießten Pferde der Picadores.

Der alte Drang nach Süden erfasste sie wieder, wie einst auf ihrer Hochzeitsreise. Kaum hatten sie Gibraltar erkundet, wollte Lion nach Marokko übersetzen. Und so erlebten sie Ceuta und Tetuán, doch auch hier suchten sie vergeblich nach einem Ort zum Schwimmen. Da beschlossen sie, auf der Rückreise an der französischen Atlantikküste Station zu machen. In Biarritz konnten sie endlich ausgiebig das Meer genießen. Unter den Bekannten aus München und Berlin, die sie trafen, war auch Arnolt Bronnen, der Marta einst das Radfahren beigebracht hatte, indem er mit Anzug und Monokel neben ihr hergelaufen war. Bronnen, dem man viele Affären nachsagte, war ein gutaussehender Mann mit intensiven blauen Augen. Besonders verführerisch machte ihn, laut Marta, seine rau vibrierende Stimme, die allerdings die Folge einer schweren Kehlkopfverletzung war, die er an der italienischen Front erlitten hatte. Französisch zu sprechen, lehnte er übrigens ab, auch dies eine Kriegsfolge.

Während Lion im Casino spielte, was er lange nicht mehr getan hatte, und natürlich verlor, vergnügte sich Marta mit Bronnen auf dem Tennisplatz. Für diesen war das Vergnügen begrenzt, denn Marta hatte bei einem Trainer den richtigen Aufschlag gelernt, womit Bronnen gar nicht zurechtkam.

(Bis dahin hatten Frauen meist von unten aufgeschlagen.)
»Mit Ihnen spiel i nimmer, Sie woll'n immer g'winnen«,
schimpfte er. Natürlich wollte sie das, doch ließ sie ihn hin
und wieder aus Freundschaft siegen, obwohl ihr Tennislehrer
klagte: »Herr Brunère verdirbt Ihren Stil.« – »Stil ist mir
egal«, sagte Marta, »ich spiele aus Spaß.« Bei ihrem Lieblings-
sport, dem Skifahren, hätte Marta aber keine Konzessionen
aus Gefälligkeit gemacht. Und eigentlich nahm sie alle Dis-
ziplinen ernst und leistete sich spezielles Training.

St. Anton in Tirol gehörte seit Anfang des 20. Jahrhunderts zu den Zentren des modernen Wintersports. Man warb
mit einem idealen Skigelände, weiträumig und ohne Zäune,
und mit »63 Tagen Schneefall im Jahr«. Seit Mitte der zwanziger Jahre wirkte dort der Skilehrer Johannes Schneider, der
die Fahrtechnik und auch die Skimode – vor allem die
Schuhe – revolutioniert hatte. Entdeckt und gefördert hatte
ihn Walter Bernays, ein Verwandter von Sigmund Freud. Er
half Schneider bei der Finanzierung seiner Skischule. Noch
dominierte der Langlauf in der skandinavischen Tradition,
alpines Skilaufen war erst im Kommen. Auch dank Hannes
Schneider wurde es ein Breitensport, und so kam seine Heimat zu Ruhm und Wohlstand. Er entwickelte eine Methode,
wie man sicherer abwärtsfahren und bremsen konnte, den
Stemmbogen. Schneider flirtete mit Marta, aber das mochte
sie nicht, sagte sie, denn er war verheiratet und hatte eine
hübsche Frau. Ich habe nur mit Leuten geflirtet, die unver-
heiratet waren, gestand sie auf Nachfrage. (Was damals beinahe eine stehende Redewendung war.) Einmal hatte Schneider, der immer das Wasser auf die Hütte brachte – Skilifte
gab es noch nicht –, einen schweren Unfall: Als er Marta jenseits eines tiefer gelegenen Baches entdeckte, winkte er ihr
zu, und in dem Augenblick stürzte er in den Graben und
brach sich den Oberschenkel. Dass sie ihn im Krankenhaus
in Innsbruck besuchte, vergaß er ihr nie.

Zu den Stammgästen in St. Anton gehörten auch Luis
Trenker und seine amerikanische Frau sowie Leni Riefenstahl, deren läuferische Fähigkeiten Marta als sehr gering

einschätzte. Der Dokumentarfilm *Das Wunder des Schnee-schuhs* zeigt die Arbeit von Hannes Schneider, und auch Marta ist darin kurz zu sehen. Schneider hatte Marta den Spitznamen Käppli gegeben, weil sie zum Skilaufen immer eine Baskenmütze trug. Er sagte öfter: »Ach Käppli, pass gut auf die Leni auf. Sie kann nie mithalten, und ich muss bei den andern bleiben.« Leni hatte immer Angst zu fallen, fügte Marta hinzu, als sie diese Episode erzählte, »aber ich sage immer: eine Frau darf keine Angst haben vor dem Fallen«. Keine Angst vor dem Fallen – das blieb ihr erfolg-reiches Lebensmotto.

Im Jahr 1938 wurde Schneider verhaftet, weil er sich ge-gen den »Anschluss« Österreichs aussprach und sich wei-gerte, nur »Arier« zu unterrichten. Da er sehr populär war, ließ man ihn frei, erteilte aber Berufsverbot. 1939 – noch vor Marta – emigrierte er in die USA und gründete eine neue Skischule in New Hampshire.

Beim Skifahren lernte Marta auch Maria Angelika Kunz kennen, die aus Trier stammte, wo ihr Großvater Oberbür-germeister gewesen war. Nach einem Sturz mit unfreiwil-ligem Salto hatte sich Marta eine Rippe gebrochen. Maria (genannt Mietze) kümmerte sich um sie und legte ihr einen Verband an. Bis 1933 ist »Mietze« eine sehr enge Freundin gewesen, die sich mehr als einmal als hilfreich erwies, auch zu Beginn der Emigration.

Eine andere Skibekanntschaft aus Tirol führte 1927 zu Martas erster Amerikareise, und zwar ohne Lion. Harry Sobotka, ein »leichtblütiger Wiener«, der als klinischer Che-miker am Mount Sinai Hospital in New York arbeitete, hatte sie eingeladen. In seinen Briefen hatte er ihr den Kose-namen »Eidechslein« gegeben. Die Ankunft mit dem Schiff im Hafen von New York war einer der großen Momente ihres Lebens. Sie war gegen fünf Uhr früh aufgewacht und allein an Deck gegangen, um die Hochhäuser ganz langsam aus dem Morgennebel auftauchen zu sehen. Erst nach einer Weile vergoldete die Sonne die Spitzen der Skyline. Harry Sobotka holte sie vom Pier ab. In den nächsten Tagen gingen sie zu Shows und ins Theater, zu Boxkämpfen und in Jazzkneipen in Harlem. Als sie später Brecht erzählte, wie cool und unfeierlich es in den Theatersälen am Broadway zuging, hörte der interessiert zu. Sobotka hatte beruflich auf Kuba zu tun und nahm Marta mit auf die Schiffsreise, die sehr stürmisch wurde. Sie blieb in einem Liegestuhl an Deck des schaukelnden Dampfers sitzen. Neben ihr knieten ein paar Nonnen nieder und beteten. Auch sie wurden nass, als eine Welle über das Deck rollte. Fünf Minuten später kam die Sonne hervor und trocknete alles und alle recht schnell.

Auf Kuba besichtigte Marta eine Zuckerrohrplantage. Sie ließ sich den Anbau von Ananas erklären, die man damals in Europa noch kaum kannte, die dort aber so häufig war wie Runkelrüben in Bayern, weshalb Marta sie »Negerruabn« nannte. Sie bewunderte die Natur – Schildkröten und Flamingos – und wunderte sich über die vielen betrunkenen Amerikaner auf der Insel: es war die Zeit der Prohibition. In Marianao, westlich von Havanna, besuchte Marta einen Küstenclub, in dem sie sich langweilte, bis sie einen hohen Sprungturm mit Tauchbecken entdeckte. Sie kletterte nach ganz oben, doch als sie springen wollte, kam plötzlich starker Wind auf. Sie wäre am liebsten umgekehrt, aber das Brett war schmal und schwankte, tief unten flimmerte das Wasser. Sie wagte nicht einmal, sich umzudrehen. Noch einige Zeit zuvor in Berlin hatte sie sich von ihrem Tauchtrainer zeigen lassen, wie man bei riskanten Sprüngen Kopf und Bauch schützt und schön senkrecht eintaucht. Ihr blieb keine andere Wahl: Sie sprang, tauchte tief unter, brauchte eine ganze Weile, ehe sie wieder an die Oberfläche kam. Jetzt liefen die Leute am Strand zusammen, die sie die ganze Zeit beobachtet hatten: »Wie konnten Sie das wagen? Sie hätten zerschmettert werden können!« – »Zu spät, jetzt bin ich hier«, lachte sie nur. Und dann suchten alle schnell Schutz, denn ganz plötzlich brach ein Gewitter los. Hinterher fand sie sich selbst etwas leichtsinnig, aber war diese Episode nicht ein Sinnbild des Lebens dieser jungen Frau?

Lion hatte schon lange keine Nachricht mehr von Marta erhalten, wusste nicht, wo sie überhaupt war, Luftpost gab es noch nicht. Nach fast zwei Monaten kehrte sie Mitte November 1927 mit dem Schiff nach Europa zurück. Auch diese Fahrt verlief stürmisch. Neben einem polnischen Rabbiner war sie der einzige Gast im Speisesaal. Der Kapitän lud sie zu Austern, Kaviar und Sekt ein. Gegen Seekrankheit half auch, an Deck Tennis zu spielen oder zu laufen – Sport in allen Lebenslagen!

Nach Martas Rückkehr schenkte ihr Lion ein Auto, einen Fiat 9, schmal, sportlich, in seiner langgestreckten eleganten Form sehr zu ihr passend. Da sie noch keinen Führerschein hatte, durfte Brecht den Wagen Probe fahren und baute prompt einen Unfall mit kleinem Blechschaden. Seine Mitarbeiterin Elisabeth Hauptmann erwarb gleichzeitig mit Marta den Führerschein, für den man mit 100 Mark eine recht hohe Summe aufbringen musste, die sie sich aber teilen konnten. Bei der mündlichen Prüfung wurde Marta gefragt, was sie tun würde, wenn der Motor Feuer fange. Da sie einmal gesehen hatte, wie jemand einen beginnenden Brand mit seiner Jacke erstickt hatte, sagte sie: »Ich ziehe meinen Rock aus und lege ihn über die Flammen.« Die anderen Fahrschüler brachen in Gelächter aus. Der Lehrer fand das nicht so komisch. Er ließ sie aber bestehen, da sie alle anderen Fragen beantworten konnte.

Die meisten Fahrstunden versäumte Marta, und erst kurz vor dem Prüfungstermin widmete sie sich den technischen Einzelheiten. (Wenn man den Motor abwürgte, musste man ihn jedes Mal mühselig wieder ankurbeln.) Dann kam die Prüfung, die sie in einem großen Mercedes absolvieren musste. Leider wusste sie nicht, wie man rückwärtsfährt oder korrekt abbiegt. Außerdem kam sie aus dieser ruhigen Stadt München und war noch nicht an die Berliner Hektik gewöhnt. Trotz allerlei Problemen gab man ihr den Führerschein. Wohl fühlte sie sich beim Fahren aber noch nicht, und so war sie dankbar, dass ihre Freundin Maria Angelika

Kunz sie bei den ersten Touren anleitete. Auch ein Schüler von Brecht, Otto Müllereisert, wollte ihr beibringen, wie man richtig fährt. Aber er gab seine Anweisungen zu schnell, Marta geriet so durcheinander, dass sie beim Abbiegen mit einem anderen Auto zusammenstieß. Zum Glück waren beide Parteien versichert.

Eine Garage fand Marta in einiger Entfernung vom Haus. Ein Berufskraftfahrer, der sie beim mühseligen Einparken sah, bot ihr Fahrstunden an, aber auch das ging nicht gut, denn die Tour endete auf regennasser Straße mit einem angefahrenen leeren Bus, einem am Boden liegenden Kind und einer verzweifelten Marta, die ihr Gesicht auf die Knie drückte und nur rief: »Ich will nichts mehr sehen, ich will nach Hause.« Der Chauffeur redete ihr in seinem Berliner Tonfall gut zu, und so kam sie doch noch »raus aus det Jedränge«. Dann raffte sie sich auf, fuhr zu einem leeren Platz hinter ihrem Haus und übte dort vorwärts- und rückwärtsfahren, später übte sie in leeren Nebenstraßen, und allmählich gelang es ihr, das Auto zu beherrschen.

Als sie sich endlich sicherer fühlte, chauffierte sie Lion zum Augenarzt. Auf dem Rückweg stoppte sie vor einem Polizisten an einer Kreuzung (Ampeln gab es noch nicht), aber von hinten sauste ein großer Mercedes heran und fuhr auf. Der Fahrer, ein Chauffeur in Uniform, stieg aus und begann zu schimpfen: »Natürlich die Weiber, die machen doch alle Verrücktheiten!« Er habe es eilig, müsse seinen Chef abholen. Die umstehenden Leute nahmen Partei für ihn. Dann kam der Polizist herbei: »Ich habe alles gesehen. Die Dame hat auf mein Zeichen hin vorschriftsmäßig angehalten. Dann aber fuhren Sie auf ihren Wagen auf, es ist allein Ihre Schuld. Ich werde Sie anzeigen.« An Martas Auto war der Kotflügel abgebrochen, verletzt hatte sich niemand.

Am nächsten Tag kam der Polizist zu ihnen nach Hause. Er wandte sich nur an den Mann, wie das damals üblich war, aber Lion meinte: »Ich verstehe nichts vom Autofahren, fragen Sie meine Frau. Sie ist gefahren.« – »Ja, aber wir brauchen einen Zeugen.« – Lion: »Gut, aber er ist Chauffeur, wenn wir

122

ihn anzeigen, verliert er seinen Job, das wollen wir nicht, der Schaden war ja nicht groß.« – »Einverstanden, sehr großmütig von Ihnen, das notiere ich. Aber wissen Sie, ich kenne Ihre Frau, ich sehe sie öfter, sie fährt ziemlich wild. Wenn sie um die Ecke fährt, steht ein Rad in der Luft. Sie braucht ein größeres Auto, dieses ist zu klein. Sie braucht ein richtiges Auto.« Einige Monate später kaufte Lion einen Buick.

Bis dahin hatte er auf Martas Drängen auch den Führerschein gemacht. Er hatte zunächst denselben Fahrlehrer wie sie, aber der gab entnervt auf: »Ich halte es nicht aus, er kann es einfach nicht.« Lion war zu zerstreut, dachte, das Auto mache alles von selbst. So bekam er einen anderen Lehrer, nahm ein halbes Jahr lang jeden Tag eine Lektion und erhielt den Führerschein, aber Marta fand, er habe ihn eigentlich nicht verdient. Mit dem Bremsen hatte er seine liebe Not, das ist der wahre Kern der Anekdote von Roda-Roda. Solche Geschichten gehörten dazu in jenen frühen Autojahren. Marta machte Übungstouren mit ihm – im Leben war sie seine Beifahrerin, aber hier war es umgekehrt –, doch sein Leichtsinn ärgerte sie, und heftig auf Münchnerisch zanken, das konnten beide. Gefragt, warum er nicht bremse, antwortete Lion: »Es ist so schwer, dann den Wagen wieder in Gang zu bekommen!« Da wurde Marta böse, stieg aus, sagte, na dann fahr lieber allein, und ging zu Fuß nach Hause. Also fuhr er allein weiter, bekam es mit der Straßenbahn zu tun, vor der er doch lieber anhielt, aber so, dass er die Schienen blockierte und seinen Motor abwürgte. Der Tramfahrer stieg aus, ging auf ihn zu und sagte: »Kleener Mann, wenn'se hier uff de Knöppe drücken, springt det Auto wieder an.« Lion erreichte sein Haus mit Müh und Not und entschied: »Ich bin zum letzten Mal gefahren.«

Bei einem Ausflug ins Umland überredete ihn Marta, es doch noch einmal zu probieren. Er tat es, aber dann kamen sie an einer Fabrik vorbei, aus der gerade Arbeiter strömten, und Lion konnte wieder nicht bremsen. Marta griff ins Steuer, ein Polizist sah es, stoppte sie und fragte: »Wer von Ihnen hat den Führerschein?« Sie hatten ihn beide. Dann fuhr Marta weiter, aber Lion versuchte es später noch einmal und fuhr prompt in eine Kuhherde hinein, die gerade die Straße überquerte. Er würgte den Motor ab, eine Kuh schaute ihn traurig und vorwurfsvoll an. Lion war überhaupt schwer zu bremsen.

Nach dem Erfolg in England versuchte Lion im April 1928 sein Glück auch in Skandinavien. Bei einem Empfang in Kopenhagen machte ihm die Frau des deutschen Botschafters Komplimente über seinen Roman *Jud Süß* und fragte dann: »Sind eigentlich alle Juden so sinnlich?« In Stockholm wurde Lion gefeiert, heimliche Hoffnungen auf den Nobelpreis mögen bei der Reise mitgespielt haben, aber er sollte ihn nie erhalten – weil er ein jüdischer Autor war, wie Marta meinte, weil Thomas Mann dagegen war, wie andere zu wissen glaubten. Im Jahr 1932 wechselte Lion seinen schwedischen Verleger, da der bisherige seine Chancen auf den Nobelpreis mindere – er dachte also ernsthaft daran.

Die schwedische Küche hatte er nicht vertragen und kehrte krank zurück. Im Herbst 1928 befielen ihn mitten im Schreiben heftige Schmerzen. Sein Hausarzt war nicht zu erreichen. Da fuhr ihn Marta schnell ins nächste Krankenhaus. Ein Arzt schaute nach ihm, verabreichte ein Schmerzmittel. Das Fieber stieg beängstigend. Marta rief einen anderen Arzt herbei, der auf Blinddarmentzündung befand. Mit einem Krankenwagen wurde Lion in die Privatklinik dieses Arztes gebracht und sofort operiert. Dreißig Minuten später wäre es wohl zu spät gewesen. Marta wartete die Operation im Nebenzimmer ab. Als Lion bewusstlos, bleich und blutverschmiert aus dem OP gerollt wurde, habe sie sich geschworen: »Wenn er durchkommt, lasse ich ihn sein Leben führen, wie er es für richtig hält, auch wenn es für mich Opfer und Schmerz bedeutet.«

Als sie am Morgen nach Hause fahren wollte, um einen Pyjama für ihn zu holen, fand sie einen Zettel an ihrem Auto: »Ich bin die ganze Nacht um die Klinik gelaufen. Als das Gewitter aufzog, habe ich das Verdeck zugezogen.« Es war die Handschrift von Brecht, dem man so viel Fürsorglichkeit nicht zugetraut hätte. Er musste von Freunden gehört haben, wie es um Lion stand, denn Marta hatte keine Zeit gehabt, ihn zu benachrichtigen.

Die Genesung dauerte sehr lange, die Narbe verheilte schlecht, der Körper war äußerst geschwächt. In manchen Nächten blieb Marta bei ihm, vor allem weil die ihnen zugeteilte Krankenschwester laut schnarchte. Schließlich schickte Lions Arzt, der ein Bewunderer seiner Romane war, ihn zur Erholung in ein Sanatorium in Grunewald, einem vornehmen Viertel, das die beiden Neuberliner noch nicht kannten. Nicht weit vom Sanatorium entfernt stand die Villa des Verlegers Samuel Fischer, der Lion besuchte und sagte: »Ich komme nicht darüber hinweg, dass Sie mir nicht den *Jud Süß* angeboten haben.« Darauf Lion: »Ich habe Ihnen das Manuskript geschickt, aber das Päckchen kam ungeöffnet zurück.« Zum Wiederaufbau seiner Muskeln und zur allgemeinen Stärkung empfahl ihm der Arzt den Masseur und Trainer Karl Schröder, der fortan das Sportprogramm von Marta und Lion leitete: Läufe im Grunewald, Skigymnastik, Turnübungen. Er blieb ihnen in all den Berliner Jahren verbunden und erwies sich 1933 als loyal.

Brecht hatte schon während seiner Krankenbesuche eine Diskussion mit Lion begonnen. Elisabeth Hauptmann hatte ihn auf John Gays *Beggar's Opera* aufmerksam gemacht, die gerade in Amerika Erfolge feierte. Brecht ließ sich den Text schicken und übersetzen. In Deutschland kannte niemand das Stück aus dem 18. Jahrhundert. Brecht wollte von Lion wissen, welchen Titel er dem Stück in seiner Version geben könne, vielleicht »Ludenoper«? Lion hatte eine bessere Idee: »Wie wäre es mit ›Dreigroschenoper‹?«

Im weiteren Verlauf der Arbeit am Stück lernten Lion und Marta auch Kurt Weill und Lotte Lenya kennen. Einmal sang Brecht mit seiner schrillen Stimme auf jazzige Art eine alte bayerische Melodie. Kurt Weill stand daneben und improvisierte dazu am Klavier. Aus diesem Versuch kristallisierte sich die Melodie des Songs von Mackie Messer heraus. So erzählt es Marta, die es miterlebt hat. Die endgültige Fassung des Stückes erarbeiteten Brecht und Weill bei einem Aufenthalt an der Côte d'Azur in Le Lavandou. Die Premiere am 31. August 1928 wurde ein rauschender Erfolg, für die Musik, für das Bühnenbild, für den Songschreiber Brecht und die Hauptdarstellerin Lotte Lenya. Brecht war nun endgültig ein Mythos, keine zehn Jahre nachdem er als junges Talent aus der Provinz Lion Feuchtwanger in München aufgesucht hatte. Lotte Lenya spielte auch die hässliche Frau in Lions Stück *Petroleuminseln*, zu dem Weill ebenfalls die Musik schrieb. Mit Brecht erarbeitete Lion eine Neufassung von *Warren Hastings* unter dem Titel *Kalkutta. 4. Mai*. Marta gefiel die alte Fassung besser, weil sie tragisch endete, aber der erfolgreiche Brecht war besessen vom Thema des Happy Ends, schrieb sogar ein Stück mit diesem Titel.

Während der Zusammenarbeit kam es zu einem heftigen Streit. Als Marta einmal vom Einkaufen zurückkehrte, sagte das Hausmädchen: »Wie gut, dass Sie kommen, der Brecht bringt gerade den Herrn Doktor um.« – »Wie kommen Sie darauf?« – »Zuerst hörte ich beide laut streiten, jetzt redet nur noch Brecht.« Doch als Marta ins Zimmer kam, lachten beide Männer laut. Ihr Ärger verrauchte schnell. Die Auseinandersetzungen zwischen dem marxistischen Ingenieur Pröckl und dem bürgerlichen Autor Tüverlin in dem Roman *Erfolg* dürften den Diskussionen zwischen Lion und Brecht entsprechen. Brecht seinerseits lobte den erfrischend klugen Lion in seinem *Arbeitsjournal* dafür, dass er seine Beschimpfungen so gelassen ertrug. Er bewohnte ein schlichtes Zimmer in der Spichernstraße, hielt sich aber meist in der schönen Wohnung von Helene Weigel in der nahe gelegenen Babelsberger Straße auf, in der Biedermeiermöbel aus Wien standen. Sie war eine ausgezeichnete Köchin, und so wurde es bald Tradition, dass die Feuchtwangers an Weihnachten bei ihnen aßen, entweder Gans oder Karpfen. Später, im kalifornischen Exil, wurde die Sitte wieder aufgenommen.

Damit sich Lion nach der Blinddarmoperation und der langwierigen Genesung erholen konnte, fuhr Marta mit ihm

Anfang 1929 nach Fasano an den Gardasee. Obwohl es noch früh im Jahr war, schwamm sie ausgiebig im See. »Vor allem lockte mich ein Sprungbrett, und ich machte meine Kopfsprünge. Jeden Morgen, wenn ich zum Baden ging, versammelte sich das ganze Hotel, um mir zuzuschauen – ich war die Sensation.« Sie scheint es genossen zu haben. Auch als das Wetter durch plötzlichen Schneefall umschlug, wollte sie nicht auf ihren täglichen Badeauftritt verzichten.

Zeitlich nicht mehr einordnen konnte Marta eine andere Reiseerinnerung, vielleicht aus dem Jahr 1926, denn sie hatte noch keinen Führerschein. Sie waren mit dem Zug über München nach Genf gefahren und von dort nach Marseille geflogen, ihre erste Flugreise. Sie waren fast allein in der kleinen Maschine. Der Pilot ließ Marta den Steuerknüppel bedienen, und sie flog natürlich immer höher und schneller. Damals mieteten sie ein Auto mit Chauffeur und fuhren die Küste entlang und erwogen, sich dort später einmal ein Haus zu kaufen, freilich nicht um zu bleiben, denn ein deutscher Autor müsse in Deutschland leben, fand Lion. Am besten gefiel Marta der Ort Bormes-les-Mimosas, auch wenn das Meer dort nicht besonders badefreundlich war. Sie mochte das Klima und die Vorstellung, dort fast das ganze Jahr im Freien leben zu können. Unter welchen Umständen sich ihr Wunsch verwirklichen sollte, ahnte sie damals nicht. Wenn diese Reise nicht nur ein Traum war, erklärt sie Passagen in Lions Roman *Erfolg*, in denen – vor 1933 – eine Zuflucht an der blauen Küste imaginiert wird.

Lions Hauptarbeit in den ersten Berliner Jahren galt dem Roman *Erfolg*, der für München das wurde, was Thomas Manns *Buddenbrooks* für Lübeck waren. Nur handelte er nicht vom Verfall einer Familie, sondern einer Stadt, in der freiheitsfeindliche Kräfte mit Hilfe der korrupten Justiz Privatrache vollziehen und den radikalen völkischen Kräften den Weg bereiten. Für diesen Gesellschaftsroman, der vor dem drohenden Unheil warnt und dabei ein großes menschliches Panorama entfaltet, arbeitete Lion in der Berliner Staatsbibliothek ganze Jahrgänge der *Münchner Post* durch. Anfang 1929 war das Manuskript fertig. Da er Lola Sernau schon für den sogleich begonnenen historischen Roman über Flavius Josephus brauchte, schickte er die Druckfahnen zum Korrigieren an Marta nach St. Anton. Und so zog sich diese jeden Abend auf ihre Stube zurück, erschien nie zu den Tanzveranstaltungen, was unter den übrigen Gästen für allerlei Klatsch sorgte und ihr eifersüchtige Vorwürfe des Trainers einbrachte.

Lion hatte einen hohen Vorschuss vom Verlag Gustav Kiepenheuer erhalten, der inzwischen auch seine ersten beiden historischen Romane *Jud Süß* und die *Häßliche Herzogin* neu herausgebracht hatte. Dennoch war er entschlossen, sich einen neuen Verleger zu suchen. In München wurde *Erfolg* sehr übel aufgenommen. Ludwig Feuchtwanger mochte das Werk gar nicht und fand seinen Bruder undankbar. Bei einem Besuch in Berlin hatte ihm Lion einige Passagen vorgelesen. 1930 kamen Lion und Marta zu ihm nach München, wo Ludwig direkt gegenüber von Hitlers Privatquartier wohnte. Doch beim Essen vermieden die Brüder ein Gespräch über den Roman, den Ludwigs Frau hingegen gern gelesen hatte, wie sie Marta diskret wissen ließ. Auch Bruno Frank missbilligte, dass man kritisch über München schrieb, und stritt sich deshalb mit Lion. Die Münchner wollten nicht, dass man ihnen die Augen öffne, sagte Marta im Rückblick.

Nachdem sie einen gebrauchten Buick gekauft hatten, beschlossen sie im Sommer 1930, nach Italien zu fahren. Auch in den Alpen übernahm Lion ab und zu das Steuer. Marta kurvte in ihrer rasanten Weise die Berge hoch. An den Sonntagen war der Verkehr dort sehr wüst, die Einheimischen fuhren schlecht, fand sie, also starteten sie meist am frühen Morgen. Am Simplonpass drängelte hinter ihnen ein Motorradfahrer und ließ nicht locker, überholte sie aber nicht. Als Marta einen schönen Brunnen sah, hielt sie an, um das Kühlwasser aufzufüllen. Der Motorradfahrer kam heran und entpuppte sich als Polizist: »Sie sind zu schnell gefahren, das choschtet zwanzig Fränkli.« – »Aber Sie haben doch gehupt, weil wir zu langsam waren!« – »Nein, weil Sie zu schnell waren. Als Ihr Mann fuhr, da war es nicht zu schnell, der ist ein guter Fahrer. Aber Sie fahren wie wild.« – »Zwanzig Franken sind zu viel, das zahle ich nicht. Sie haben gehupt.« – »Wenn Sie jetzt nicht zahlen, gibt es einen Prozess.« – »Gut, dann eben ein Prozess. Wir fahren jetzt nach Italien.« Er notierte sich ihren Namen und die Berliner Adresse. Die Weiterfahrt über den Simplon war schwierig, die Straße steil und schmal, wenn ein Bus kam, musste man Stellen für Ausweichmanöver finden, am Abhang sah man herabgestürzte Autos liegen. In Italien angekommen, erhielten sie einen Brief von Lola Sernau: »Was ist los, hat Ihre Frau jemanden totgefahren? Hier liegt eine Anzeige gegen sie vor.« Das Bußgeld betrug fünf Franken und wurde anstandslos entrichtet.

Beim ersten Mal waren sie durch das Land gewandert, nun reisten sie im Buick, einem seltenen Auto, in Europa und von den Leuten überall bestaunt. Sie fuhren möglichst schnell nach Rom, nahmen südlich der Stadt im Haus eines Bekannten Logis, später ging es in die Apenninen, wo sie in jedem Gewässer schwammen, auch in blauen, unauslotbar tiefen Vulkanseen. In einem kleinen Ort mussten sie einen Ölwechsel machen lassen. Als sie von einer Wanderung zurückkamen, war ihr Wagen angeblich fertig, aber das Altöl, das man Marta zeigte, stammte von einem Lkw, nicht von ihrem Auto. Der Mechaniker wollte sich zunächst auf kein Gespräch einlassen, aber Marta insistierte, ihre Interessen zu vertreten, verstand sie sehr wohl. Als der Ölwechsel schließlich gemacht wurde, blieb Marta daneben stehen. Am nächsten Morgen waren alle vier Reifen zerstochen und mussten ersetzt werden. War das die Rache des Mechanikers?

Von Mussolinis Herrschaft spürten die Touristen nichts. Man erklärte ihnen: Wenn zwei Italiener beisammen sind, sind sie Antifaschisten, stehen sie aber zu dritt, sind sie Faschisten, denn dann weiß man nie, wer einen denunzieren kann.

In der Bucht von Amalfi, in der sie einst ihr erstes Meerbad genommen hatten, logierten sie nun in dem feinen Hotel Cappuccini Convento, einem Kloster aus dem 11. Jahrhundert, das an einem Berghang über dem Meer lag und in dem man in umgebauten Mönchszellen wohnte. Das Hotel hatte einen bedeckten Innenhof, in dem man sich bei Regen aufhalten konnte. Lion sagte: »So einen Hof möchte ich auch einmal in meinem Haus haben.«

In Amalfi trafen sie die Tänzerin Eva Boy. Marta hatte sportlich viel von ihr gelernt, freien Handstand, Gehen auf Händen, Radschlagen. Eva berichtete vom heimischen Presse-Echo auf den Roman *Erfolg*, das sehr negativ war und Züge einer Kampagne trug. Eva Boy, die seit Jahren ein Verhältnis mit Lion hatte, machte in jener Zeit eine Krise durch. Marta schildert in ihren Erinnerungen nur die Umstände des Dramas, nicht den Anlass. Eines Tages lag Eva bewusstlos in ihrem Zimmer: Sie hatte eine große Menge Schlaftabletten geschluckt. Als Marta den Hoteldirektor bat, einen Arzt zu rufen oder einen Krankenwagen, wiegelte dieser ab, er wolle kein Aufsehen und keinen Skandal. Ob man sie aufwecken könne? Marta flößte Eva warme Milch ein. Da erbrach sie alles und erholte sich rasch. Nie mehr fiel ein Wort darüber. Ein Leben am Rande des inneren Abgrundes, der Selbstaufgabe, inmitten der grenzenlosen Freiheit, während draußen ganz andere Gefahren aufzogen.

Auf dem Rückweg machten Lion und Marta Station am Gardasee. Dort erreichte sie ein Telegramm aus München: Martas Mutter sei lebensbedrohlich erkrankt. Sie fuhren schnell nach Norden, überquerten den Brenner in der Nacht. Ein Reifen platzte, Marta musste ihn im Dunkeln wechseln, während Lion die Taschenlampe hielt. Ihre Finger wurden steif vor Kälte. Dann ging die Lampe aus, sie musste es tastend vollenden. Aber sie schaffte es und fuhr mit zerkratzten Händen weiter. Wenig später prallte ein kleiner Lieferwagen, dessen Bremsen versagt hatten, auf ihren Buick auf, doch der Stoß wurde von dem Schrankkoffer gedämpft, der am hinteren Wagenteil befestigt war. Da ihnen die Fahrer des Lieferwagens etwas Angst einflößten und niemandem etwas passiert war, fuhren sie rasch weiter. In Österreich entfernten sie die Schneeketten, denn für vereiste Straßen eigneten sie sich nicht. Dann kam ihnen ein Auto auf der falschen Seite entgegen. Marta wich aus, aber ihr Auto schlingerte auf dem Eis, trieb zur anderen Seite und blieb vor dem Abhang an einem Kilometerstein hängen, die Hinterreifen schon in der Luft. Zufällig kam ein Priester zu Fuß des Weges, der alles mit angesehen und schon für sie gebetet hatte. Es gelang ihnen, den Wagen auf die Straße zurückzuschieben. Sie erreichten Mittenwald, und Lion blieb dort, gestresst von der alptraumhaften Fahrt über die Alpen. Später nahm er den Zug nach Berlin, in Begleitung Eva Boys.

Marta raste allein nach München. Sie fuhr immer gern in offenen Autos, tat es auch bei dieser Eiseskälte, trug Lederhandschuhe, die bis zu den Ellbogen reichten. Im Krankenhaus erlitt sie beinahe einen Schock, denn sie war unvermittelt in stark geheizte Räume gelangt. Eine Weile rang sie um Luft, empfand tiefe Panik, weil ihr niemand helfen konnte. Doch die gut trainierte Rennfahrerin erholte sich schnell.

Die Mutter freute sich über den Besuch der Tochter. Sie wusste nicht, wie krank sie war. Eine Woche blieb Marta bei ihr, dann starb die Mutter. Der Vater war schon einige Monate zuvor gestorben. Er war nie krank gewesen, in den letzten Jahren aber etwas senil geworden. Lion hatte sich, solange sie noch in München wohnten, um die Steuererklärungen gekümmert und zuletzt die Vormundschaft für ihn übernommen. Schließlich erlitt Leopold Löffler einen Schlaganfall, wollte sich aber nicht tragen lassen, als man ihn ins Krankenhaus brachte. Seit ihrer Hochzeit war Martas Verhältnis zu den Eltern gut gewesen. Bei ihrer letzten Begegnung sagte ihre Mutter: »Jetzt weiß ich, was du mit Papa durchzumachen hattest.« Marta verschwieg ihr, dass der Vater kurz vor seinem Tod gemeint hatte: »Jetzt weiß ich, was du mit Mama durchzumachen hattest.«

Das erste Haus

Die zweite Hälfte ihres Lebens sollten Lion und Marta als Hausbesitzer verbringen, aber das bedeutete zunächst alles andere als Sesshaftigkeit.

Die Lust an der Wilmersdorfer Dachwohnung war ihnen allmählich vergangen. Es gab viel Ärger mit dem Nachbarn, der unter ihnen wohnte, vor allem nachdem ihnen zu Unrecht ein Wasserschaden angelastet und mit Klage gedroht worden war. Lion war längst zu der Ansicht gekommen, die Tantiemen aus dem Ausland würden den Kauf eines Hauses erlauben. Es war auch ein Geschenk zu Martas 40. Geburtstag. Oft genug hatte er das Datum übersehen. Er vergesse jeden Geburtstag außer den von Shakespeare, Goethe, Heine und seinen eigenen, hat er einmal bekannt. Den 21. Januar 1931 hatte er nicht vergessen und den »Tag für Marta reserviert«. Sie gingen spazieren auf den zugefrorenen Grunewaldseen und sprachen über das neue Zuhause, waren sich aber nicht in allem einig. Dann fuhren sie in die Stadt, kauften einen Hut für Marta und aßen in einem Restaurant. Vier Tage später schrieb Lion in einem Brief: »Marta sucht eifrig Häuser zu mieten oder zu kaufen. Das macht eine Sauarbeit und stellt unsern ganzen Tagesablauf auf den Kopf.«

In der Tat machte sich Marta mit dem Auto auf den Weg, denn wie selbstverständlich war das Suchen ihre Sache. Nachdem sie viele altmodische Häuser gesehen hatte, fand sie eines, das gerade im Rohbau fertig war. Es lag unmittelbar am nördlichen Rand des Grunewalds, in der damals neu angelegten Mahlerstraße. Nicht nur diese Lage und die Nähe von zwei Seen hatten es ihr angetan, sondern auch die schönen Kiefern gleich hinter dem Haus. In einer pathetischen Geste legte sie ihre Hände an einen Stamm und sagte: »Mein Baum.« Aber gerade diese Bäume musste sie später fällen lassen, als eine großzügige Terrasse angelegt wurde.

Mitte Februar erschien Lion in Begleitung von Arnold Zweig, Eva Boy und Fritz Landshoff, um das Grundstück zu inspizieren. In der Straße standen erst sechs Häuser. Die Verhandlungen zogen sich noch eine Weile hin, doch am 13. Mai 1931 wurde der Kaufvertrag unterzeichnet. Im selben Jahr bezog Arnold Zweig ein Haus in Eichkamp, der Siedlung auf der anderen Seite der Eisenbahnlinie und der Avus-Rennstrecke. Er wohnte in der Straße G7, Nr. 59, heute Zikadenweg 32, und ließ hinter dem Haus eine helle Atelierwohnung bauen, um ungestört von der Familie arbeiten zu können. Viel Licht brauchte er, weil er seit 1926 ein schweres Augenleiden hatte und immer stärker auf eine Sekretärin angewiesen war. Zwischen beiden Häusern lagen keine zwei Kilometer, die Lion und Arnold Zweig oft spazierend zurücklegten, einander hin und her begleitend. Marta hatte eine besondere Sympathie für Zweig, wovon viele Briefe aus späteren Jahren zeugen.

Für die Ausgestaltung des Rohbaus zum wohnlichen Heim konnten die Feuchtwangers hin und wieder Arbeiter ausleihen von der Baustelle des Theaters am Kurfürstendamm, das Max Reinhardt gerade errichten ließ. Da die alte Wohnung geräumt werden musste, zog sich Lion derweil zum Schreiben aufs Land zurück. Marta war viel zu rücksichtsvoll mit den Arbeitern, unter denen sie einige Nazisympathisanten vermutete. So war sie froh, dass ihre Freundin Maria Angelika Kunz zur Unterstützung anreiste. Diese übernahm sogleich das Kommando, ging umher, die Hände in den Hosentaschen, und schnauzte die Arbeiter an. Auf diesen Ton hörten sie. Oft genug mussten die beiden Frauen selbst Hand anlegen. Bald entstand eine schöne Terrasse, von der eine Treppe in den Garten führte, hinter dessen Abschlussmauer sich das Gelände leicht absenkte, direkt in den Wald hinein. Hinter ihrem Haus gab es ein großes Rasenstück, aber auch einen Steingarten, dazu einen kleinen Teich für eine Schwimmschildkröte; in einer Ecke stand eine Trauerweide. Für die Arbeiten in Haus und Garten stellte Marta das Ehepaar Hermann und Gertrud Rudolph an.

Bei der Einrichtung des Hauses scheute Marta keine Mühe. Sie fuhr mit dem Auto kreuz und quer durch die Stadt und suchte Antiquitätenhändler auf. In manch einen muffigen Keller ist sie dabei gestiegen, auch in die ärmeren Gegenden hinter dem Alexanderplatz geriet sie, welche die Bürger aus den westlichen Bezirken eher mieden. Ein Perserteppich aus Täbris, den Marta schon in München für 300 Mark ersteigert hatte (und der ein Vielfaches wert war), kam jetzt zur Geltung. Aus zwei »flammenden« Mahagoni-Betten, die sie am Lützowplatz gefunden hatte, ließ sie ein Doppelbett zimmern, das unter einem offenen Baldachin aus Rohseide auf einem Podest in der Mitte ihres Schlafzimmers aufgestellt und mit einer violetten Steppdecke aus Seide bedeckt wurde, die noch aus ihrer Aussteuer stammte. Das war nicht gerade modern damals, passte aber wunderbar zum hellgrauen Bodenbelag. Das Zimmer sah aus wie das einer leicht verrückten Prinzessin, wie sie selbst befand, hatte aber klare Linien und nur wenige Möbel, darunter einen Standspiegel aus Mahagoni. Außerdem hatte sie ein eigenes Wohnzimmer mit Buchara-Teppich, Teewagen, dänischen Eckschränken und einer echten Récamiere. Unter dem Dach ließ Marta ein Turnzimmer anlegen, dazu einen Dachgarten mit Dusche.

Für Lion wurden Bücherregale aus Eichenholz gebaut, die bis zur Decke reichten; sein Bett war eine Klappkonstruktion inmitten niedriger Regale mit Schubladen für Manuskripte. Als Schreibtisch diente ein gotischer Esstisch aus einem Kloster. Im Arbeitszimmer, dem größten Raum des Hauses, lag ein antiker Smyrna-Teppich, der Martas Mutter gehört hatte. Bücherkisten, die noch immer in München lagerten, konnten nun endlich geschickt werden. Lion entwickelte sich bald zum leidenschaftlichen Büchersammler, wie einst sein Vater. In die Bücher aus der Berliner Zeit klebte er keine Exlibris; nach 1933, als diese erste Bibliothek verlorengegangen war, hatte er bei manchen antiquarischen Erwerbungen das Gefühl, diesen oder jenen seltenen Band schon einmal besessen zu haben.

Martas Funde und Einrichtungsideen, vor allem ihre

puristische Möblierung, wurden von den meisten Besuchern bewundert, sogar von Bauhaus-Architekten wie Walter Gropius und László Moholy-Nagy. Besonders stolz war sie auf die indirekte Beleuchtung, etwas ganz Neues damals. Einige schöne Möbelstücke kaufte sie bei einem frommen Adventisten. Als sie ihm einen Scheck ausstellte, fragte er, ob sie mit Lion Feuchtwanger verwandt sei, der ein so antisemitisches Buch über einen reichen Hofjuden geschrieben habe. Die Ostjuden unter seiner Kundschaft seien über dieses Buch sehr unglücklich. Marta entgegnete: »Wie soll der Autor Antisemit sein, er ist doch selbst Jude!« Bei ihrem nächsten Besuch brachte sie ein Exemplar von *Jud Süß* mit, der Möbelhändler las es und war beruhigt. Im Übrigen erwies er sich als zuverlässiger Lieferant.

Marta hatte auch einen schönen Biedermeierstuhl gefunden, der ihrem Freund Brecht besonders gefiel. Er hätte gern auch so einen gehabt. Sie bemühte sich, fand aber keinen zweiten in der Art. Er lobte ihn so oft, dass Marta schließlich nachgab: »In Gottes Namen, nehmen Sie ihn mit.« Er ließ es sich nicht zweimal sagen. Von den Schätzen anderer wusste er zu profitieren. Als Marta Helene Weigel 1969 in Berlin besuchte, sah sie im Berliner Ensemble ebendiesen Stuhl in Brechts ehemaligem Büro stehen. Sie setzte sich darauf und war gerührt: Dies war das einzige Stück, das aus ihrem Haus im Grunewald übriggeblieben war. Wo und wie der Stuhl die Jahre überstanden hatte, bleibt ein Rätsel, vermutlich hatte ihn Elisabeth Hauptmann an sich genommen.

Von der Einrichtung des Hauses war Marta so erschöpft, dass sie zur Erholung nach Ragusa reiste, allein, in einem Zug 3. Klasse. Das Wetter war herrlich, und da das Hotel von ihrem ersten Aufenthalt nicht mehr stand, nahm sie ein Zimmer in einem Privathaus. Sonnen- und Meeresbäder brachten sie rasch wieder in Form.

Das neue Haus kam ihren sportlichen Aktivitäten entgegen. Mit ihrem Trainer Karl Schröder ging sie hinunter zum Waldlauf. Zuweilen mietete sie ein Pferd für einen Ausritt. Im Sommer schwamm sie im Grunewaldsee, im Winter konnte sie dort Schlittschuh laufen. Von ihrem täglichen Sport ließ sie sich auch nicht durch einen Exhibitionisten abschrecken, der sie an manchem Morgen abpasste.

Lion schrieb einer Freundin, das Wohnen hier draußen, wo er fast den ganzen Tag in freier Luft sei, bekomme ihm besser als am Hohenzollerndamm, auch das Arbeiten mache hier mehr Spaß, er wolle kaum noch ausgehen, höchstens wenn es große Attraktionen zu bestaunen gebe wie Auftritte von Josephine Baker. Nur das Kreischen eines Sägewerks in der Nähe ärgerte ihn zuweilen, weshalb er sich bei Polizei und Försterei beschwerte. Lola Sernau ließ er zum Diktat kommen, auch die zahlreichen Bekannten mussten den Weg in die abgeschiedene Grunewaldidylle auf sich nehmen, was Heinrich Mann beim ersten Versuch misslang, weil der Taxifahrer die Straße nicht finden konnte.

Das neue Wohnglück war nur von kurzer Dauer, zudem wurde ihre Zeit dort von häufigen Reisen unterbrochen. Man kann nicht behaupten, dass sie vom Berliner Leben stark beeinflusst wurden. Und doch haben sie hier das Ideal eines kreativen und offenen Domizils erprobt, dessen letzte Form sie erst viel später und noch weiter im Westen schaffen sollten. Die Wohnlage am Rand der Stadt, neben dem Wald, passte zu ihrer Lebensform distanzierter Teilnahme am gesellschaftlichen Treiben.

»Der Himmel war hoch und klar, kein Nebel war da wie sonst oft im November. [...] Vor ihm senkte sich sein kleiner Garten in drei Terrassen hinunter in den Wald, rechts und links hoben sich waldige Hügel, auch jenseits des ferneren, baumverdeckten Grundes stieg es nochmals hügelig und waldig an. Von dem kleinen See, der unsichtbar links unten lag, von den Kiefern des Grunewalds wehte es angenehm kühl herauf. Tief und mit Genuß, in der großen Stille vor dem Morgen, atmete er die Waldluft. Fernher kam gedämpft das Schlagen einer Axt; er hörte es gern, das gleichmäßige Geräusch unterstrich, wie still es war. Gustav Oppermann, wie jeden Morgen, freute sich seines Hauses. Wer, wenn er unvorbereitet hierher versetzt wurde, konnte ahnen, daß er nur fünf Kilometer von der Gedächtniskirche entfernt war, dem Zentrum des Berliner Westens? Wirklich, er hat sich für sein Haus den schönsten Flecken Berlins ausgesucht. Hier hat er jeden nur wünschbaren ländlichen Frieden und dennoch alle Vorteile der großen Stadt. Es sind erst wenige Jahre, daß er dies sein kleines Haus an der Max-Reger-Straße gebaut und eingerichtet hat, aber er fühlt sich verwachsen mit Haus und Wald, jede von den Kiefern ist ein Stück von ihm; er, der kleine See und die sandige Straße dort unten, die glücklicherweise für Autos gesperrt ist, das gehört zusammen.« – Das lässt Lion Feuchtwanger sein Romandouble Gustav Oppermann im November 1932 denken, als dieser von der Dachterrasse auf ein Anwesen herabschaut, das dem Haus des Autors ähnelt. Geschrieben aber hat er es in einem anderen, vorübergehend bewohnten Haus – im Exil in Sanary. Die Pointe dazu ist, dass im Roman *Die Geschwister Oppermann*, Ende 1933 im Amsterdamer Exilverlag Querido erschienen, die Adresse mit Regerstraße angeben wird. Am 3. Oktober 1935 wurde die Straße von den Nationalsozialisten tatsächlich so umbenannt; Lion hatte einmal mehr die realen Ereignisse in einem Roman vorweggenommen. Die Benennung wurde niemals rückgängig gemacht.

Besucher kamen häufig ins neue Heim. Auch Heinrich Mann fand schließlich den Weg. Er lebte bescheiden in wechselnden Zimmern südlich des Kurfürstendamms, eine Weile mit seiner Freundin Trude Hesterberg, die ihn verließ, als sie nicht die erhoffte Hauptrolle in der Verfilmung des Romans *Professor Unrat* erhielt. Marta war überzeugt, Freunde hätten Heinrich Manns Zerwürfnis mit seiner Frau Mimi herbeigeführt, indem sie ihn glauben ließen, dass diese ihn betrüge. Trennungen hat sie nie gutgeheißen.

Unter den Hausgästen des Jahres 1932 wurden auch Franz Hessel und dessen Frau Helen vermerkt, Hessels Verlagschef Ernst Rowohlt, Walter und Ilse Gropius, Alfred Döblin und Frau. Das Gespräch mit Döblin über das Judentum fand Lion nur »fade«. Andere Autoren langweilten ihn schnell.

Aus Russland reiste Konstantin Alexandrowitsch Fedin an, ein sehr aristokratisch wirkender großer Mann mit bleichem Gesicht, der Texte von Lion übersetzte und lobende Artikel über ihn in der sowjetischen Presse schrieb. Anfang Mai 1932 kam Sergej Eisenstein zu einem lebhaften Gespräch über seine Filmarbeit, über Politik sprach er nicht. Er hatte auf dem Rückweg von Dreharbeiten in Mexiko in Berlin Station gemacht. Aber das war erst ein Vorspiel zu Lions Moskauer Verbindungen.

Lion hatte seinem Trainer Schröder gegenüber erwähnt, dass er einen Roman über Flavius Josephus begonnen habe, den antiken Historiker, der zwischen zwei Kulturen stand, seiner jüdischen Herkunft und der Assimilation ans siegreiche Rom, wo er als Autor glänzen wollte. Schröder muss es dem Nachbarn erzählt haben, für den er auch arbeitete, Emil Herz, seit 1903 Programmchef beim Ullstein-Verlag. Eines Morgens kam Herz über die Terrasse und stand plötzlich im Haus der Feuchtwangers, die noch im Bett lagen. Dem kaum erwachten Lion sagte er: »Ich will den Vertrag über Flavius Josephus mit Ihnen machen.« Lion war einverstanden, denn er hatte genug von den Klagen seines Verlegers Kiepenheuer über die schlechten Verkäufe von *Erfolg*. Die mündliche Zusage reichte, es gab nicht einmal einen Vertrag. So schildert es Marta. Lions Tagebuch zeigt, dass es nicht ganz so idyllisch zuging und sich die Verhandlungen eine Weile hinzogen. Einmal versuchte Herz sogar, Lions völlige Heiserkeit auszunutzen, um die Bedingungen zu verändern, doch Lion bestand energisch flüsternd auf dem bisher Vereinbarten. Dann gab es auch noch einiges Hin und Her um den Titel des Romans, der im Vorabdruck »Rom und Jerusalem« und schließlich *Der jüdische Krieg* hieß. Das Josephus-Thema hatte Lion schon beschäftigt, als er 1912 mit Marta in Rom den Titusbogen besichtigt hatte, auf dem man eine Darstellung unterworfener Juden sieht, die Kultgegenstände aus dem zerstörten Tempel tragen. Für die neue Arbeit engagierte er einen jungen Mann, der für ihn Dokumente in der Staatsbibliothek Unter den Linden einsah, Werner Cahn-Bieker, dessen jüdischer Vater im Ersten Weltkrieg gefallen war.

In seinen Erinnerungen zitiert Emil Herz seinen Autor mit einer sarkastischen Äußerung über die unerwartet hohen Verkaufszahlen des Buches. Lion sagte: »Die Käufer haben sich geirrt. Sie glaubten, der ›jüdische Krieg‹ behandle die sehnsüchtig erwartete blutige Auseinandersetzung zwischen Deutschen und Juden. Sie müssen sich gedulden. Vielleicht nur für kurze Zeit.« Es war nicht das erste und nicht das letzte Mal, dass der Verfasser von *Jud Süß* Pech mit seinen Romantiteln hatte, auch das ein Ausdruck seiner prekären Stellung.

Emil Herz emigrierte 1938 nach New York. Als Marta schon verwitwet war, erhielt sie einen Brief von seiner Tochter: Sie sei noch ein Kind gewesen, als ihr Vater eine Party für Lion gab, und sie habe, oben auf der Treppe sitzend, Marta angeschaut und erinnere sich genau an ihr Aussehen. Sie trug damals ein eng um den Körper drapiertes Kleid mit einer Schleppe. Sie war ein Vorbild, das kein Mädchen vergaß.

Lions Beziehung zum Ullstein-Verlag erweiterte den Bekanntenkreis. Am stärksten beeindruckt war Marta von Erich Maria Remarque, der in seiner lässigen Eleganz und mit seiner nicht nur gespielten Melancholie durchaus ihr Typ war. Auf der Neujahrsfeier des Verlags sagte Remarque zu Marta: »Jetzt trinken wir den Dr. Herz unter den Tisch.« So stießen sie immer wieder an, aber schließlich sanken Marta und Remarque unter den Tisch, Herz zeigte keine Wirkung. Ein Verleger muss eben nüchtern bleiben. Remarque bat Marta, mit ihm nach Italien zu reisen, und zwar in seinem nagelneuen Lancia, der damals als das schnellste Auto galt, aber sie lehnte ab. Lion wiederum bemühte sich vergeblich um ein Verhältnis mit der Schauspielerin Ruth Albu, einer westfälischen Jüdin, die Remarque in die Geheimnisse des Kunstmarktes einführte. Lions Misserfolg sorgte für schlechte Laune, die sogar Marta auffiel, wie er im Tagebuch notierte: »Marta errät mit überraschender

Sicherheit den Grund meiner schlechten Laune. Überdies stellt sich heraus, dass ich den Geburtstag Martas, der morgen ist, vergessen habe.« Ein paar Tage später hält Lion resigniert fest, dass Ruth Albu so in Remarque vernarrt sei, dass er keine Chancen habe.

Höhepunkt der gesellschaftlichen Aktivitäten war der 60. Geburtstag von Heinrich Mann, zu dem die Preußische Akademie der Schönen Künste eine Feier ausrichtete. Ein Foto zeigt Lion als Festredner über sein Manuskript gebeugt, während Marta majestätisch neben dem Jubilar thront, in auffälliger Robe mit besonders hohem, offenem Kragen. Sie verstand es, gewagte Kleider zu tragen und besondere Akzente zu setzen, und es wirkte nie übertrieben. Auch bei der Geburtstagsfeier für Gerhart Hauptmann im Jahr 1932 fiel sie auf. Sie kehrte gerade vom Skiurlaub zurück, war braungebrannt und trug ein silbernes Kleid, das hinten tief ausgeschnitten war. Alfred Kerr schrieb hernach, sie habe ausgesehen wie Schokolade in Stanniol. Als auf Einladung des PEN-Clubs Tristan Bernard und Paul Valéry kamen, saß Marta zwischen dem französischen Botschafter Roland de Margerie und dem Architekten Erich Mendelsohn.

Lions amerikanischer Verleger Ben Huebsch nahm Marta und Lion während eines Berlin-Besuchs mit ins Hotel Adlon, wo sie Sinclair Lewis, dessen Frau Dorothy Thompson und Theodore Dreiser kennenlernten. Dreiser bat Marta, ihn nach Russland zu begleiten, aber sie lachte nur über den Vorschlag. Sinclair Lewis hatte kurz zuvor in Stockholm den Literaturnobelpreis erhalten und machte Lion Hoffnung, diese Auszeichnung eines Tages auch zu bekommen. Dorothy Thompson erklärte Marta, sie hätten zu Hause drei Autos, eines für sie selbst, eines für ihren Mann und eines für ihren Koch. Marta bewunderte das gebührend und ahnte nicht, dass sie ein Jahrzehnt später in ähnlichen Verhältnissen leben sollte.

In den Monaten vor 1933 kühlte sich Lions Verhältnis zu Brecht ab, erst das Exil brachte sie einander wieder näher.

Brechts *Mutter*, im Januar 1932 aufgeführt, fand Lion »teilweise ganz gut, im Ganzen recht primitiv«. Vor allem entdeckte er darin eine »Verulkung von mir, einen individualistischen vertrottelten Lehrer«. Das war Brechts Retourkutsche für die Figur des Kaspar Pröckl in Lions Roman *Erfolg*. Manche Äußerung von Brecht tat Lion als ungereimtes Zeug ab; politisch lagen Lion und Marta meilenweit von Brecht entfernt. Bei der Reichspräsidentenwahl 1932 wählten sie Hindenburg. In einem Brief an Eva Boy nach München wünschte Lion dem Freund, dass dessen Periode proletarisch doktrinärer Verhärtung bald durch eine Periode literarisch liberaler Schmiegsamkeit abgelöst werden möge. Aber die Verhärtung und Abgrenzung war offizielle Parteilinie, an einem gemeinsamen Kampf gegen den Faschismus war man in Moskau nicht interessiert. Gerade in den Monaten vor Hitlers Machtergreifung gaben sich die Kommunisten besonders sektiererisch, auch Schriftsteller wie Becher und Brecht.

Als am 10. Mai 1932 Carl von Ossietzky, der im Vorjahr wegen »Pressevergehens« verurteilte Herausgeber der *Weltbühne*, seine Haftstrafe im Gefängnis Berlin-Tegel antrat, gehörten auch Lion und Marta zum Geleit aus namhaften Persönlichkeiten des Berliner Kulturlebens. Bei dieser Gelegenheit machten sie Bekanntschaft mit Ludwig Marcuse. Wie wenig politisch Lion dachte, zeigt sein unwirscher Tagebucheintrag: »Man steht lange und trist herum, das Ganze ist sehr peinlich und sehr langwierig. […] Dann zu einer Hure gegangen. Langweilig.« Ossietzky sollte nie wieder freikommen, und eigentlich war dieses triste Treffen vor dem Gefängnistor ein symbolträchtiger Abschied von der Freiheit. Bis zur Bücherverbrennung dauerte es noch genau ein Jahr.

Offene Ehe

>»Er hatte eine kleine, leise Verachtung für alle Frauen,
und gerade dadurch, wußte er, wird er sie gewinnen.«

L. F., *Der jüdische Krieg*

Lion und Marta waren ein glanzvolles und repräsentatives
Paar, in München wie in Berlin. Sein Liebesleben aber hatte
Lion nach der Heirat nicht verändert. Das war und blieb
eine wesentliche Gegebenheit ihres Zusammenlebens. »Man
sagt mir, Sie huren weidlich herum«, lässt Lion seinem Flavius Josephus entgegenhalten. Wahrscheinlich hat er diesen
Satz selbst anhören müssen, wie so manche Bemerkung aus
seinem Bekenntnisroman *Der jüdische Krieg*. Anders als sein
Held lebte er in Zeiten intensiven Schreibens keineswegs
enthaltsam.

Dass sie eine offene Ehe führen würden, war beiden klar
und angesichts der Münchner Faschings- und Künstler-
kultur kaum anders möglich. Dabei nahm Lion für sich eine
schrankenlose Freiheit in Anspruch, betrachtete die Sache
eher sportlich und lehnte jede Beschränkung, Scheu oder
Eifersucht als spießig und unerträglich ab. Auch Marta hatte
ihr eigenes Liebesleben, über das wir aber nichts Genaues
wissen, weil sie von großer Diskretion war und alle Dokumente vernichtete, während Lion genügend »Spuren« hinterließ. Ihr Umgang miteinander war auf münchnerische
Weise rau und frozzelnd, heftige Wortgefechte gehörten
dazu. Leider sind keine Briefe aus den frühen Jahren erhalten (sie sind wahrscheinlich Martas Zensur zum Opfer gefallen), die uns eine Vorstellung von ihrem Tonfall und
ihrem Liebesvokabular geben könnten. In späteren Briefen
hat sich jedoch manche Redeweise aus der ersten Zeit erhalten. »Ich bin (sehr) für Dich« ist dabei schon ein starker

Ausdruck der Zuneigung, womit sie ohnehin sparsam waren. Gern benutzten sie Abkürzungen wie »i b s f d« oder »adieu. d n d a«, oft auch ganze Buchstabenketten, die den indiskreten Mitleser vor Liebesrätsel stellen.

Am 15. März 1915 hält Lion fest: »Abends ist Marta beleidigt, weil ich sie nicht im Bad besucht habe. Strindbergelt etwas. Dann mit ihr …« Die drei Pünktchen sind eher selten bei ihm; vor allem in späteren Jahren liebte er die drastischen Ausdrücke. Wichtig ist seine Wortschöpfung »strindbergeln«, sie wird zur Formel für Martas Unzufriedenheit. Vielleicht entstand der Begriff ja als Verdrehung der Episode, in der die junge Marta wegen ihres Rumschreiens von »Ibsen« ermahnt wurde. Laut, energisch und zurechtweisend konnte sie bis in ihre späten Jahre sein. Leider erfahren wir nie, was sie Lion vorzuwerfen hatte. Man darf vermuten, dass aus ihrem Schimpfen sogar eine Art Kosename und geheime Anrede wurde. Viele seiner Briefe beginnen mit »m l st«, was man wohl zu übersetzen hat mit »mein liebes strindbergle«. Ein beliebiges Beispiel: »m l st, heut ist mir wieder ganz warm geworden, als ich deinen brief las (i b s f d).« Sie schreibt meist »mein liebes lionle« oder eben »m l l«. Aber sie unterschreibt auch mit »st«, akzeptiert also seine Anrede. In den gefährlichen Momenten 1940 sollte es sich als nützlicher Code erweisen.

Lion notierte aber auch seine Amouren geflissentlich, und dergleichen festzuhalten war ihm ein Bedürfnis. Er gewöhnte sich an, seine Begegnungen, Gespräche, Genüsse in die schlichten Kategorien »fad, mittel, nett« einzuteilen, gelegentlich »sehr nett«. Im März 1915 fing er ein Verhältnis mit der Wiener Schauspielerin Annie Rosar an, die am Anfang ihrer Laufbahn stand. (Später machte sie eine große Karriere beim Film, vor allem in komischen Rollen.) Bei Lion liest sich das so: »Abends bei der Rosar. Sie endlich gehabt. Erfreulich unsentimental, aber betrüblich nüchtern.« Übrigens flirtete auch Bruno Frank mit der Rosar, die wiederum engen Umgang mit dem berühmten Kollegen Albert Steinrück hatte. Verhältnisse wie im alten München.

Marta wurde darüber nie vernachlässigt. Allerdings benahm sich Lion nicht immer ritterlich. Am 21. Mai 1915 hielt er fest: »In der Trambahn peinliche Episode zwischen Marta, dem Schaffner 506 und dem Publikum. Ich sehr unmännlich.« Sollte der freigestellte Reservesoldat Lion F. so feige gewesen sein wie der Held aus der Novelle *Die große Passion des Klavierspielers Morgenroth*? Streiten war nicht seine Stärke, wie er selbst nach einer erregten Auseinandersetzung mit Friedenthal notierte, der ihn Lügner und unanständig genannt hatte: »Ich recht waschlappig, nur Martas Energie veranlasst mich, die Sache zu klären.« (31. 8. 1915) Gelegentlich tauchten auch Gestalten aus seiner Jugend auf, wie Marie, die ihm aber einen »definitiven Abschiedsbrief« schickte. »Einer gleichgültigen Frau vergeblich nachgestiegen«, lautete die Notiz am 7. Juni 1915, und irgendwie scheint der ganze Lion darin zu liegen: dumme Spiele, ein Rückfall in Studentenjahre, vielleicht die Suche nach einer Art Selbsterniedrigung. Denn immer wieder geht er zu Huren, auch das konnte er nicht lassen.

So sahen seine Nächte aus im Sommer 1915: »Mit Marta … Dann abends noch fortgegangen, eine Hure zu suchen. Ein reichlich hässliches Mädel gefunden, mit ihr nach Haus gegangen; nachdem ich sie bezahlt hatte, weigerte sie sich, sich auszuziehen. Mich fasste plötzlich ein Ekel. Ich ließ sie und das Geld im Stich und machte mich fort. Dann mit einer anderen gegangen, blond, ziemlich hässlich, aber ziemlich anständig. Dann mit Marta eingehendes Gespräch über intime Sexualia.« Und ein anderes Mal, als er vergeblich nach einer Hure Ausschau hält: »Nacht voller Geilheit und blöden Aberglaubens.« Und dann wieder: »Marta sehr lieb gehabt.« Immerhin bemerkt er, dass sie auch das Interesse von Männern auf sich zieht, so von Steinrück oder von Bruno Frank. Das Leben ein Taumel, bespiegelt in seinen kargen Aufzeichnungen, und die innere Sonnenenergie anscheinend unerschöpflich. So versteht man, warum er seine Romanfiguren aus geschlechtlichem Antrieb, weniger aus sozialen Motiven handeln lässt.

Im Oktober 1915 stellte er eine ganze Liste möglicher Eroberungen auf: »Als Wollustobjekte in Frage kommende Frauen: die Hagen, die Varga, Bierkowski, die Kellnerin Berta von der Torggelstube; in weiterer Entfernung die Balder. [...] Weitere Frauen: die Lorm, die Türkin.« So »poussierte« er sich durch die Feier-Tage. Für die Geschichte seines Werkes nicht ganz uninteressant ist sein Flirt mit der Freundin eines Münchner Museumsangestellten, der bei ihm unter dem Namen Pinakotheken-Mayer firmiert – er sollte das Vorbild für den Helden des Romans *Erfolg* werden. Wenn es nur dem Schreiben diente, war alles erlaubt? Über seinen Geschmack gibt der Eintrag vom 1. Dezember 1915 Auskunft: »Im Bühnenclub gelangweilt. Nur das kultivierte Kokottentum der Mewes reizt mich.« (Gemeint ist die Schauspielerin Anni Mewes.) Was Marta von all dem wusste und dachte, erfahren wir nicht. Selten sind Notizen wie: Marta gereizt, nervös, ärgerlich, weil »ich mich mit der Augsburgerin treffe«.

Ein paar Jahre später führte Marta ein Gespräch mit Brechts erster Frau Marianne Zoff, die dessen Untreue und Lügen nicht mehr ertrug. Marta mischte sich sonst nie in die Angelegenheiten der anderen ein, in diesem Fall aber hielt sie es für nötig, zu sagen: »Ich weiß, dass es nicht leicht für Sie ist, mit Brecht zu leben, all diese Affären mit anderen. Aber bedenken Sie, er ist ein Genie.« Darauf Marianne Zoff: »Ich habe genug von einem Genie. Ich will einen Mann, der mich liebt.« Und sie ließ sich tatsächlich scheiden.

Rechtfertigte Marta so Lions Verhalten? Vermutlich. Welches Leben hätte sie ohne ihn gehabt? Sie hatte keinen Beruf, keinen gesellschaftlichen Status, keine eigenständige Existenz und strebte auch nicht danach. Sie war von ihm abhängig, spielte ihren wesentlichen Part in einer Schicksalsgemeinschaft. Dennoch sollte man nicht von halber Emanzipation sprechen. Sich an einen unabhängigen, bald angesehenen und erfolgreichen Mann zu binden war eine Möglichkeit des Vorankommens auf einem Jahrhundertweg. Die Ehe brachte Marta Feuchtwanger wie anderen bürgerlichen Frauen dieser

Epoche nicht nur Verpflichtungen, sondern auch einen Spielraum der Entfaltung. Im Rückblick sagte sie: »Jeder von uns hatte seine Freiheit. Geheiratet haben wir nur, weil wir es mussten. Wir haben uns auch nie als verheiratet betrachtet. Liebe war für uns wichtiger als Heirat. Warum hätte man irgendwen dafür um Erlaubnis fragen sollen? Wir hatten uns geeinigt, dass sich keiner in das Leben des anderen einmischt. Jeder sollte seine Freiheit behalten. Wir vertrauten einander und waren absolut offen. Wir haben uns niemals angelogen. Das Leben ist leichter, wenn man alles offen und frei sagt. Wir sprachen nicht über Details, aber man wusste immer, was beim andern geschah. Das Wichtigste war, dass wir uns immer frei fühlten, zu tun, was wir wollten.« Aber sie hat eingeräumt, es habe zwei- oder dreimal eine Gefährdung ihrer Gemeinschaft gegeben, wenngleich sie sich nie wirklich bedroht gefühlt habe. Jedoch habe sie gespürt, dass die vielen Affären Lions Charakter schadeten, weil er zu selbstbezogen wurde. Die anderen Frauen waren zu unterwürfig und ließen ihn selbstzufrieden werden, was ganz gegen seine Natur war. Ihr Part sei es gewesen, seine Fähigkeit zur Selbstkritik zu retten, um seine Arbeit zu schützen. Und alle Affären seien ja irgendwann wieder zu Ende gegangen. »Später verstand ich«, sagte sie noch, »dass ein Autor durch die Hölle gehen muss, um zu begreifen, was das Leben ist, und um mit anderen fühlen zu können.« (Wenn Lions Liebesleben die Hölle war, weiß man gar nicht, wie das Paradies aussehen könnte …) Dieser Satz aus ihrer *Oral History* diente wohl eher der Beschwichtigung. Interessanter ist ihr Zusatz: »Denn die Gestalten, über die er schreibt, sind für ihn wirklich.« Aber vielleicht, so möchte man hinzufügen, wurden im Gegenzug die realen Gestalten seines Lebens zu Fiktionen, zu Anlässen, seine sexuellen Obsessionen auszuleben, die ein Moment seines kreativen Antriebs waren.

Marta verglich das Charisma von Brecht und von Lion. Von beiden Männern waren die Frauen fasziniert. Helene Weigel habe ihr bei ihrem Besuch 1969 in Berlin erzählt, sie hätte das Leben mit Brecht oft nicht mehr ertragen. Aber dann habe sie stets an Marta gedacht, und das habe ihr geholfen durchzuhalten. Habe es je Zeiten gegeben, in denen Marta es nicht mehr aushielt mit Lion, wollte der Interviewer von 1975 wissen. »No, never.« Und andersherum? Marta: »Als ich jung war, war ich nicht sehr treu. Ich war sehr neugierig. Aber es kam selten vor. Und ich habe es Lion hinterher immer erzählt, er hat es stets ignoriert. Es machte ihm nichts aus, es waren doch nur flüchtige Affären. Er wusste, dass unsere Ehe nicht in Gefahr war.« Es war also schon ein Pakt, ein Bündnis, an dem beiden etwas lag und das nicht zur Disposition stand. Nach 1933 habe sich dann alles geändert: »Ich wusste, dass ich bei Lion bleiben musste, was immer er tat. Ich konnte an niemand anders mehr denken.«

Nachdem sie 1975 in Los Angeles lange über ihre Ehe gesprochen hatte, durchlitt sie ein paar schlaflose Nächte, in der viele Erinnerungen aufstiegen. So cool und harmlos, wie sie es darstellte, war es wohl doch nicht gewesen. Bei der Fortsetzung des Interviews legte sie Wert auf die Klarstellung, dass Lion immer die Vorstellung hatte, seine Frau wäre nur »for luxury« da, sie sollte schön aussehen und sich um sich selbst kümmern. »Ich musste kochen, tat so, als ob ich es gern täte, aber ich mochte es nicht, obwohl mein Mann gern aß, was ich kochte. Ich hätte viel lieber Bücher gelesen und wäre wie er zur Bibliothek gegangen.« So viel Kritik erlaubte sie sich selten. Im Ersten Weltkrieg musste Marta oft für Lebensmittel anstehen, manchmal stundenlang im kalten bayerischen Winter, bis ihr die Zehen abfroren – »und das hatte mit Luxus nichts zu tun. Und ich musste mich um die Öfen kümmern, aber wir hatten nie genug Kohle. So passte ich die Kohlenautos in der Straße ab und erbettelte etwas. Die Kohlenhändler waren meistens rau und brutal, das machte mir nichts aus; gefährlicher war es, wenn sie freundlich waren, denn ich musste zuweilen mit ihnen in den Kohlenkeller gehen. Und später trug ich die Kohlen vier Stockwerke hoch bis in unsere Wohnung. Aber ich sah es als Sport an.« Und auch hier lachte sie, und man ahnt, was hinter dem Lachen steckte. Vereint in Krieg und Frieden. Aber ganz so schmerzlos, wie es Marta im Nachhinein geschildert hat, war es wohl nicht.

In Berlin änderten sich die Bedingungen ihres Zusammenlebens noch einmal. Lion hatte nicht nur immer wieder neue Affären – das kannte Marta schon aus München –, nun gab es auch länger andauernde Verhältnisse. Auf diese Parallelbeziehungen hatte sich Marta einzustellen, denn sie wusste stets davon. Spuren von Konflikten sind selten zu finden, aber deutlich genug. Zu einigen von Lions Geliebten unterhielt Marta persönliche Beziehungen, anderen gegenüber entwickelte sie eine ausgesprochene Abneigung. Sie konnte sich tüchtig streiten. Sie konnte stur sein bis zur Eigensinnigkeit, aber nachtragend zu sein war nicht ihre Art. Da wir nichts von ihren Verhältnissen wissen, entsteht bei der Darstellung ein gewisses Ungleichgewicht. Dass sie es genauso toll getrieben haben könnte wie er, ist nicht anzunehmen. Doch nie hat er ihre Unternehmungen behindert.

Das Haus im Grunewald mit getrennten Schlafzimmern und eigenen Bereichen kam Lions Liebesleben entgegen. Im Jahr 1932 hatte er intime Beziehungen mit mindestens sechs Frauen, ging dann und wann zu Huren und vergaß darüber Marta keinesfalls. Nach seiner Art zog er am 1. Januar 1932 Bilanz. Er war zufrieden mit der Arbeit am neuen Roman und mit seinen Einnahmen: »Marta ist ein wenig reizbar, allein ich vertrage mich doch gut mit ihr und mag sie sehr. Meine Beziehungen zu anderen Menschen sind allerdings nicht sehr warm. Brecht hat mir nichts mehr zu geben und ich ihm wenig. Zweig ist zu flach und zu launisch. Eva ist [...] ein wenig zu oberflächlich. Versuche, mit neuen Frauen in Beziehung zu kommen, sind fehlgeschlagen. – Finanziell sieht es nicht übel aus. Trotzdem ich das Haus gekauft und zur größeren Hälfte bezahlt habe, decken sich ungefähr Einnahmen und Ausgaben. Mein Vermögen ist allerdings durch Entwertung der Werte auf die Hälfte zusammengeschmolzen.« Seine Libertinage blieb nicht immer ohne Folgen. 1929 hatte er die Gonorrhöe bekommen, deren Folgen ihm lange zu schaffen machten; Klagen über Prostataschmerzen sollten ein Leitmotiv seines Tagebuchs werden. Aber weder reale noch eingebildete Leiden konnten ihn veranlassen, sein Leben zu ändern.

Die in der Bilanz erwähnte Eva spielte zwischen 1925 und 1933 eine wesentliche Rolle. Kennengelernt hatte er sie in seinem letzten Münchner Fasching im Januar 1925 bei »Papa Steinicke«. Die Zwanzigjährige trat als Ausdruckstänzerin unter dem Künstlernamen Eva Boy auf. Hinter dem bewusst mit der Androgynität spielenden Pseudonym verbarg sich Eva Helene Mathilde Wilhelmina Hommel, uneheliche Tochter des Malers Conrad Hommel, der seinen Vornamen nach 1933 »Konrad« schrieb und zum Parteigänger der Nazis wurde. Er war mit Goebbels eng befreundet und beteiligte sich an den Kampagnen gegen die »entartete Kunst«. Nach 1945 setzte er in München seinen Weg als Maler unbehelligt fort. In seinem Roman *Der jüdische Krieg* hat ihn Lion zur Figur gemacht (als judenfeindlichen Künstler aus Alexandria), genau wie seine Tochter Eva (als Dorion), die zum Glück einen anderen Weg wählte.

Eva Boy hielt sich seit 1925 wiederholt in Berlin auf – stets in Lions Nähe, der ihr väterlicher Berater und ihr Liebhaber war. In den Briefen an sie benutzte er ähnliche Abkürzungen wie in den Schreiben an Marta, musste sie aber eigens erklären (m l m für »mein liebes Mädchen«), was wenig Reiz hatte. Außerdem praktizierte er, zumindest in den mit der Schreibmaschine getippten Briefen, eine radikale Kleinschreibung à la Brecht, während er handschriftlich und in den Briefen an Marta die übliche Schreibweise beibehielt.

Lion fand die einundzwanzig Jahre jüngere Eva »furchtbar jung und klugen Unsinn redend«, hielt nicht viel von ihrer »Tanzerei« und riet ihr, es lieber mit der Literatur zu versuchen. Der Rat war ernst gemeint und auch erfolgreich: Eva schrieb Feuilletons, Erzählungen und Romane, publizierte auch einiges. Dass er dergleichen je bei Marta angeregt hätte, ist nicht bekannt. Er las der Geliebten auch seine Texte vor, wie er es mit Marta machte. Allerdings: »Es war nicht leicht, sie dahin zu bringen, dass sie es verlangt.« Spiel und Arbeit vermengten sich bei ihm, Sex, Schreiben, Phantasieren schienen derselben Sphäre anzugehören. Anfangs gab es durchaus Spannungen mit Marta, die Lion einmal wissen ließ, dass sie nicht von ihrem Skiurlaub nach Berlin zurückkehren werde, solange sich Eva bei ihm aufhalte. Folgenreich war ein Geschenk der Rivalin nach dem Bezug des Hauses am Grunewald: Sie schickte zwei Schildkröten, für die ein Terrarium gebaut wurde. Seither gab es neben Katzen immer Schildkröten bei den Feuchtwangers. Eva fand, dieses Tier passe gut zu Lions Charakter.

Während Martas Winterferien 1931 war Lion oft mit Eva zusammen. Als er im Mai 1931 eine gemeinsame Italienreise mit der Geliebten plante, machte ihm Marta eine Szene: »Ärger aller Art, Furcht, ich könnte von Eva einen Tripper erwischt haben.« Bevor er abreiste, versöhnte er sich mit Marta, die ihm »gänzlich unsinnigen Krach gemacht« hatte. Zank und Streit schienen ihre Liebe zu würzen. Intensive Nächte mit ihr gab es immer wieder, er notierte es im selben Stil wie seine anderen Begegnungen.

Marta brachte Lion sogar zum Bahnhof, als er mit Eva Boy über München nach Bellagio am Comer See fuhr. Dort stellte er bei sich Anzeichen einer Geschlechtskrankheit fest. Präservative benutzte er durchaus, doch waren sie nicht ganz zuverlässig. Eva gab zu, mit anderen Männern zusammen gewesen zu sein. Bei Lion sah die Folge so aus: »Scheußlicher Tag voller Erwägungen, ob oder ob nicht. Auch Galgenwitze. Ich will Marta depeschieren, tue es dann aber doch nicht.« Er nahm Medikamente, sie machten Witze darüber, aber dann wurde er unruhig, es kam zu kleinen Szenen mit Eva. Er war deprimiert, die Reise schien verdorben. Der Arzt, den er konsultierte, konnte ihn nicht beruhigen. Nach ein paar Tagen gab es Entwarnung, es war nur eine Hautirritation.

Zurück in Berlin, gab es Krach mit Marta, die zuvor schon »Hetzbriefe« geschrieben hatte. Kritik an seiner Lebensweise konnte Lion gar nicht ertragen, einschränken lassen wollte er sich auf keinen Fall. Um ihm etwas aus dem Weg zu gehen, verbrachte Marta im September und Oktober 1931 einige Wochen in den Dolomiten. Indessen vergnügte sich Lion in Berlin. Aber nicht alles gelang diesem Don Juan: »Abends die nette Ungarin da, die ich am Tage vorher bei Klaus Pinkus getroffen habe. Ein Boheme-Mädel. Sorgfältiges Essen usw. für sie vorbereitet. Es wurde aber nichts. Es fehlt mir infolge Alters an Aktivität.« (5. 10. 1931) In dieser Zeit begann seine Affäre mit Lola Sernau, die ihn auch in den Club Monbijou mitnahm, wo er sich aber langweilte, weil dort zu viele Frauen waren, die ihm nicht gefielen.

Anfang 1932 lernte Eva Boy den Holländer Anthony van Hoboken kennen, auch er deutlich älter als sie. Dieser reiche Erbe lebte seit 1914 in München, wo er nicht nur als Künstlermäzen in Erscheinung trat, sondern sich auch im Selbststudium zum Spezialisten für die Partituren der Wiener Klassik entwickelte und das maßgebliche Werkverzeichnis von Joseph Haydn erstellte. Für Eva Boy ließ er sich von seiner ersten Frau scheiden. Trotz ihrer Beziehung mit van Hoboken ging Evas Verhältnis mit Lion weiter, was zu allerlei Versteckspielen führte. Einmal suchte van Hoboken Lion auf und wollte mit ihm über Eva sprechen. Gespräche über Beziehungen führte der aber nie.

Im Juni 1932 machte Lion eine letzte Reise mit Eva. In ihrem Auto fuhren sie nach Binz auf Rügen, das ihnen (wie die ganze Insel) nicht komfortabel genug erschien und außerdem voller »Hakenkreuzler« war. Nach dieser letzten Liebesreise kam Eva mit Anthony zu den Feuchtwangers, um sich nach München zu verabschieden, wo sie heiraten wollten, was allerdings erst im März 1933 geschah. »Sie ist gänzlich sentimental. Ich bin zwiespältig«, notierte Lion. Er verlor sie nur ungern.

Die Hobokens zogen nach Wien und lebten nach 1938 in der Schweiz. 1937 kam ein Sohn zu Welt, Anthony. Wiederholt besuchten sie Feuchtwangers in Sanary, und sie gingen auch als Gestalten in Lions Romane ein, Hoboken etwa als der Musikwissenschaftler Peter Dülken in *Exil*, Eva als Sybil Rauch, die Geliebte Gustav Oppermanns, hinter dem sich ein verkapptes Selbstporträt des Autors verbirgt.

Zu Lions Geliebten gehörten in Berlin Blanche Hermann sowie »eine nette kleine, aber anspruchsvolle Nutte« namens Kiki Rewald. Im Jahr 1931 führte er eine heimliche Beziehung mit Ellen Frank, Schauspielerin und Diseuse, offiziell befreundet mit dem Bauhaus-Architekten Moholy-Nagy. Nach einer Reise fand Marta Ellens Uhr in seinem Bett, kommentierte das aber nicht. Ellen Frank trat mit Songs von Friedrich Hollaender auf und spielte in Filmen. Anfang 1931 trug sie ein Chanson vor, das Lion ganz im Stil von Brecht für sie geschrieben hatte (*Peggys Lied von der Persönlichkeit*, mit dem Refrain »Neunundneunzig von hundert«), aber sie nahm es ihm sehr übel, dass er nicht zur Vorstellung kam. Ende Januar 1932 lernte er auf dem Presseball eine Wiener Verlegerin kennen, Marietta Ranschburg, die ihm aber schon nach einigen Tagen und Nächten lästig wurde, so dass er andere Gäste hinzulud, wenn sie ihn besuchte.

Im Sommer 1932 unternahmen die Feuchtwangers eine Autofahrt nach Ostpreußen, auch um dem unruhigen politischen Klima in Berlin zu entgehen. Sie besichtigten Königsberg und badeten an dem herrlichen Strand von Cranz, doch ärgerten sie dort das laute Geschrei der vielen Gäste und die zahlreichen Hakenkreuzfahnen. Die schwarzen Wälder, die gleich am Meer begannen, beeindruckten sie so sehr, dass sie sich zu spontanen Wanderungen hinreißen ließen – »leichtsinnig, wie wir waren, marschierten wir drauflos«. In Nidden auf der Kurischen Nehrung besaß Thomas Mann ein schönes Holzhaus. Dorthin reisten sie mit dem Schiff. Eines Tages spazierten der Nobelpreisträger mit seiner Frau Katia und dem Autor Hans Reisiger an ihnen vorbei, ohne sie zu erkennen. Marta erinnerte sich später, dass sie in jenen Tagen Klaus Mann mit seiner Schwester Monika bei Liebesspielen am Strand gesehen habe. Lions Tagebuch vermerkt das nicht, wohl aber häufige Irritationen und

Streit mit Marta. Vielleicht trauerte er der Zeit mit Eva nach. Doch die Landschaft bewirkte das ihre, und Martas praktische Fähigkeiten, etwa bei einem Reifenwechsel, schätzte er hoch. Und als sie nach einem Gewitter völlig durchnässt und nackt zu ihrer Unterkunft zurückliefen, war die gute Stimmung aus den frühen Reisejahren wieder da. Auf der Rückfahrt bewährte sich Marta, da sie die 360 Kilometer von der Marienburg bis nach Berlin ohne Pause, »sehr gut und ohne schlechte Laune« durchfuhr. Vor seiner großen Amerikatournee begab sich Lion im September 1932 noch einmal nach München, wo er Bankgeschäfte erledigte und seinen Bruder Ludwig traf. Die Zeit der unvermuteten Abschiede war gekommen.

Die Feuchtwangers lebten in Berlin in den besten Jahren der Weimarer Republik, sie wurden Hausbesitzer in den Monaten des Untergangs der Republik, sie blieben aber immer etwas marginal, in einer freiwilligen Isolierung, in jenem Nirgendwo, das ihre eigentliche Lebenssphäre sein sollte, ganz gleich, wo sie residierten. Die Empfänge, die internationalen Kontakte, die Bankette, die Bälle, das besondere Haus, die literarische Arbeit, die Reisen in alle Länder – es war eine schwebende und überreizte Existenz, nervös und voller erotischer Spannung. Marta hatte nach München nun auch Berlin erobert. Sie war eine der schönsten Blüten dieser großen, kritischen Epoche mit ihrem falschen Glanz. Sie war eine freie, elegante, vielbeachtete Frau, sie hatte ihr Auto, ihren Wintersport, ihre eigenen Freunde und Bewunderer. Sie war eine renommierte Gastgeberin in einem originellen Haus. So hätte es weitergehen können. Aber dann kam eine Wende, nach der ganz andere Eigenschaften von ihr gefordert wurden, jene, die sie auf der ersten Italienreise bewiesen hatte. Nun ging es um Improvisationstalent, Mut, Risikobereitschaft, Tatkraft, Zähigkeit, Selbstbehauptung. Das Exil bewirkte einen Bruch in ihrem Leben, war auch eine persönliche Katastrophe, aber erst das Exil und seine Folgen machten aus Marta Feuchtwanger eine legendäre Gestalt.

FLUCHTEN

Winterreise

Im Rückblick erscheint es so, als hätten Marta und Lion Feuchtwanger ihr Haus in Berlin nur eingerichtet, um ein sehr reales Symbol von Verlust und Vertreibung zu schaffen. War ihr Entschluss leichtfertig oder naiv? Hatte Lion denn nicht früher als andere die Nazis als unerbittliche Feinde erkannt? War es Trotz oder Blindheit? Oder einfach ein Bekenntnis zu Deutschland?

Im Dezember 1930 schrieb Lion in einem Brief an Eva Boy, er sehe Berlin voll künftiger Emigranten. Doch schon am 25. Januar 1931 versicherte er der Freundin: »ich habe sogar einiges zutrauen, dass die lage in deutschland wieder besser wird.« Am 21. September 1931 vermerkte er in seinem Tagebuch die düstere Vorhersage, »dass für mich nach 7 fetten Jahren die 7 mageren Jahre beginnen«. Im Juli 1932 befand er, wirtschaftlich gehe es ihm gut, aber er sei grantig, weil ihm das Leben in Deutschland verleidet werde durch den Gestank der Rohheit und Dummheit ringsum. Politisch sehe er die Lage aber immer noch nicht so pessimistisch wie die Zeitungen. Als am 30. Mai 1932 die Regierung Brüning zurücktrat, dachte er: »Es sieht politisch für mich nicht gut aus.« In der Tat: Es begann der Todeskampf der Republik, die schon keine mehr war. Doch Lion beruhigte sich mit dem Gedanken, dass die Zustände in Deutschland für ihn persönlich ohne Belang seien, da er den größten Teil seiner Einnahmen aus dem Ausland beziehe. Der deutsche Buchhandel machte seit dem schlechten Weihnachtsgeschäft 1931 eine große Krise durch, und auch der Verlag Gustav Kiepenheuer, in dem Lions Bücher erschienen, zahlte nur »langsam und stöhnend«. Als Lion im Herbst 1932 die langgeplante Amerikareise antrat, wusste er nicht, dass es sein Abschied aus Deutschland sein würde. Kaum anderthalb Jahre hatten sie das Berliner Heim genossen. Aber es gab ihnen eine Vorstellung, wie sie zukünftig leben und arbeiten wollten.

Schon im Sommer 1931 hatte ihn sein amerikanischer Verleger Huebsch zu einer Lese- und Vortragsreise in die USA eingeladen, doch Lion hatte immer wieder gezögert. Vor der großen Reise im Herbst 1932 ließ Lion in einer langen Behandlung seinen Unterkiefer richten (Zahnprobleme gehörten zu seinen Dauerleiden), und er machte täglich zwei Stunden Konversation mit einem jungen englischen Privatlehrer. Dieser sei nur mäßig gebildet, habe aber eine besonders deutliche Aussprache, urteilte der Schüler, der sein eigenes Englisch nur theoretisch gut fand.

Erste Etappe der Reise war London, und dorthin sollte ihn Marta begleiten. Beim Packen aber gerieten sie in Streit, in seinen Augen komplizierte sie alles »durch Sparmaßnahmen« – er war natürlich ein Verschwender. Der Zwist wurde erst in London beigelegt. Die gemeinsamen Tage dort verliefen harmonisch. Ben Huebsch hatte ihnen ein Hotel ausgesucht, das er romantisch fand. Spätabends angekommen, mussten sie lange vor der Haustür warten, ehe ihnen ein Butler öffnete und sie in das reich dekorierte Zimmer führte, das kalt und ungemütlich war. Sie hielten es nur eine Nacht aus, wechselten das Quartier, und Huebsch war enttäuscht über so viel prosaischen Geist.

Ihr Englisch war ziemlich schlecht, was ein Taxifahrer ausnutzte, der sie eine halbe Stunde durch die Stadt fuhr, wo es doch höchstens fünf Minuten gewesen wären bis zu dem Empfang, den der Literaturagent Curtis Brown für sie arrangiert hatte. Als Marta von ihrer Auseinandersetzung erzählte, wunderten sich alle, dass man so mit einem Taxifahrer verhandeln konnte. Auch Reklamationen im Hotel waren nicht üblich, wie sie Marta vorbrachte, nachdem man ihnen Kaviar und andere Luxusgüter zu Unrecht auf die Rechnung gesetzt hatte.

Marta betrat nun erstmals die Weltbühne und bewährte sich wie überall. Es waren die Spitzen der Gesellschaft und die bedeutendsten Autoren des Landes, die ihnen die Ehre erwiesen. Besonders beeindruckte Marta ein Abendessen bei Lord Melchett. Ihr Tischnachbar war Lord Cumberland, ein Cousin der Königin, der mit ihr ein Gespräch über Literatur versuchte. Schräg gegenüber saß Chaim Weizmann, der England im Ersten Weltkrieg große Dienste als Chemiker erwiesen hatte, zugleich ein früher Zionist, der 1948 der erste Staatspräsident von Israel werden sollte. Es waren auch mehrere Abgeordnete anwesend. Bei dem abendlichen Empfang war immer wieder die Rede davon, dass »Winston« nicht kommen könne, weil er verreist sei, und wie sehr er dies bedaure. Nachdem der Name sehr oft gefallen war und Lord Melchett behauptet hatte, dieser sei der Einzige, der uns retten könne, fragte Marta, wer denn dieser Winston sei. (Churchill hatte damals kein Ministeramt inne.)

Lord Melchett lud sie auch in sein Landhaus ein. Sein Chauffeur holte sie in einem Rolls Royce ab. Marta erlebte erstmals ein Englisches Frühstück, das ihr reichlich kompliziert vorkam. Sie vergnügte sich auch in dem überdachten Schwimmbecken, das zum Anwesen gehörte. Beim Abendessen trank sie etwas zu viel Sherry. Um wieder in Form zu kommen, machte sie auf dem feinen Rasen ein paar Übungen wie Handstand und Radschlagen, was niemand schockierte. (In den Memoiren spricht sie von einem Handstand im Salon.) Man ahnt, wie sie sich gab: unbekümmert, freizügig, leicht exaltiert.

Lions Schiff legte am 12. November 1932 in Southampton ab, einer zu spät eingegangenen Einladung auf Schloss Windsor konnte er nicht mehr folgen. (Vielleicht hätte er es, wäre er in London geblieben, durchaus zum Lord bringen können.) Marta begleitete ihn zum Hafen. Als er an Bord gehen wollte, flog ihm der Hut davon. Im Tagebuch steht: »Marta ist besonders nett zu mir. Der Abschied von ihr fällt mir scheußlich schwer.« Äußerungen der Anhänglichkeit muss man bei ihm mit der Lupe suchen. Oder hatte er eine Ahnung von den bevorstehenden Schicksalsschlägen? Seekrank wurde er bei dieser Überfahrt nicht, weil er Martas

Rat und Erfahrung folgte: wenig essen und an Deck viel Gymnastik treiben.

Marta blieb noch ein paar Tage in London, ging mit Lions Verleger Martin Secker ins Theater, nahm dann ein Schiff nach Ostende und reiste von dort mit dem Zug nach Trier. Sie wohnte bei ihrer Freundin Maria Angelika Kunz, in einer Stadtvilla mit Garten und Weinkeller. Die Familie besaß mehrere Weingüter, darunter jenes der Sorte *Bernkasteler Doktor*. Die verschneite alte Römerstadt, die sie ausgiebig besichtigte, sollte zu ihren letzten Eindrücken aus Deutschland gehören. Es war Adventszeit, und sie entdeckten eine verborgene alte Kirche, die nur von wenigen Kerzen erleuchtet wurde. Drinnen sang ein Knabenchor, und Marta erinnerte sich an ihre Kindheit in München, wo sie manches Mal in die nahe Frauenkirche gegangen war. Von Trier machte sie einen kurzen Abstecher nach Berlin, um dem Hauspersonal Weihnachtsgeschenke aus England zu überreichen und um ihr Gepäck zu wechseln, denn es ging sogleich weiter nach Österreich in den jährlichen Skiurlaub.

Unterdessen bewältigte Lion in Amerika Vorträge, Ehrungen und Einladungen zuhauf. Er fuhr zur Farm des Schriftstellers Theodore Dreiser, den er aus Berlin kannte. Den Besuch beim Verlag Knopf in New York krönte ein kleiner Flirt mit der Frau des Verlegers, die er schon auf der Überfahrt kennengelernt hatte. In den zwei Monaten seiner Reise war er mit mindestens sechs Frauen zusammen; er versuchte es auch mit Stubenmädchen, mit »netten Huren«, mit »netten Judenmädeln«, zweimal fühlte er sich von Verehrerinnen geradezu genötigt. Wenn er um Artikel gebeten wurde, ließ er eine deutsche Sekretärin zum Diktat kommen. In Atlanta sprach er an einer »Neger-Universität«. Er trat auch vor jüdischen Organisationen auf, wo er zuweilen in heftige und kontroverse Debatten verwickelt wurde. In New York wie in Chicago kamen Auswanderer aus München auf ihn zu, darunter ein Mister Feuchtwanger. Er besichtigte Indianer-Reservate und reiste mit dem Zug durchs Land, zunächst nach Albuquerque in New Mexico und nach

Santa Fé, das ihm außerordentlich gefiel. Bei einem Abstecher nach Mexiko verlor er 80 Dollar im Casino.

In einem Saal in Los Angeles sprach er vor tausend Leuten und wurde zunächst gefeiert. Aber, wie auch später in Chicago, der Saal leerte sich allmählich – weil er zu langweilig oder sein Englisch zu schlecht war? Marta meinte ohnehin, dass er im Grunde Angst vor öffentlichen Auftritten hatte. Seine Stimme trug nicht, und Saalmikrofone waren noch eine Seltenheit. Ein Brief von Marta gibt eine Vorstellung davon, wie Lion bei Vorträgen gewirkt hat. Zugleich ahnen wir ihren zärtlich genauen Blick auf ihn. »Jetzt machst Du Dich wahrscheinlich bereit vorzulesen. Räusperst Dich ein bisschen, wischst Dir über die Oberlippe, schaust einmal heftig und etwas schief in die Zuschauermenge und stürzt Dich ins Manuskript. Deine Lippen werden etwas dünner, das ganze Gesicht konzentrierter und gespannter – beim Vorlesen bist Du fast so *photogénique*, wie wenn Du lachst oder aus dem Flugzeug rauswinkst. – Und Deine Stimme, die doch eigentlich gar nicht tragfähig ist und gar nicht rhetorisch, hypnotisiert und dringt, wenn auch nicht bis in die letzte Ecke, so doch in alle Gemüter, die guten Willens sind, sich auf legitime Art ergreifen zu lassen. Und dann wird man Dir viele Komplimente machen, und trotzdem bist Du noch meinem Dreinreden zugänglich, weil Du glücklicherweise kein Minderwertigkeitsgefühl hast und darum Kritik vertragen kannst. Du siehst, ich brauche keine rosa Brille, um Dir gerecht zu werden. Ist es nicht schade, dass ich immer Hemmungen hab, um Dir was Angenehmes zu sagen. Schreiben kann ich es viel leichter.«

Am 11. Januar 1933 war Lion zum Lunch mit Charlie Chaplin verabredet, der ihm einen überraschenden Vorschlag machte: Er wollte *Jud Süß* verfilmen. Lion lehnte entsetzt ab. Viele Jahre später, als er den *Großen Diktator* sah, wurde ihm klar, dass er einen Fehler gemacht hatte – Chaplin hätte es mit seinen Mitteln sehr wohl gekonnt. Und wer weiß, ob nicht die Idee zum *Diktator* aus diesem Gespräch mit Lion hervorgegangen ist. Immerhin notierte dieser:

»Chaplin ist hingerissen von meiner Idee über einen Hitler-film.«

Am Abend nahm ihn Chaplin mit zu Albert Einstein nach Pasadena. »Einstein redet ziemlich wenig und selbst-gefällig. Ich streite scherzhaft mit seiner Frau über unser Englisch.« Empfangen wurde Lion auch vom deutschen Konsul in Los Angeles, denn noch galt er als Ehrengast. Mit dem Zug ging es nach San Francisco und von dort nach Chicago. Am 25. Januar wohnte Lion in New York einem Dinner mit Mrs. Roosevelt bei, bei dem er eine kleine Rede improvisierte. Ein Foto, das ihn neben der Gattin des Prä-sidenten zeigt, schickte er an Lola Sernau.

In der Feierlaune, in der er sich befand, wunderte er sich, dass man ihn immer wieder nach Hitler fragte, zu dem ihm nur abfällige Bemerkungen einfielen. Mit Hitler sei es eigentlich schon vorbei, schrieb er in einem Artikel. Für den 30. Januar 1933 war in New York ein offizieller Empfang für Lion von der deutschen Botschaft angesetzt. Um 10 Uhr morgens erschien Legationsrat Lehmann in seinem Hotel und teilte ihm mit, dass Hitler zum Reichskanzler ernannt worden sei. »Besonders merkwürdige Ironie, dass der deut-sche Botschafter mir gerade an dem Tag einen Lunch gibt, an dem Hitler Kanzler wird«, heißt es im Tagebuch.

Marta schickte ihm am 31. Januar 1933 ein langes Tele-gramm: »Also Hitler. Du hast Dich schön blamiert mit Deinem ›Hitler is over‹. Obwohl das vielleicht trotzdem wahr ist. Willst Du unter diesen Umständen doch nach Ber-lin? Wenn nicht, bitte mir zu kabeln, ich muss der Gertrud Bescheid geben. Ich weiß nicht, ob ich Dir zu- oder abraten soll. Du könntest, wenn Du nicht nach Berlin willst, in Cherbourg an Land gehen und wir treffen uns dann, wo Du willst.« Sie entschuldige sich dafür, so etwas Pessimistisches zu kabeln, sie wolle nur einen Vorschlag machen, wie er si-cher nach Europa zurückkehren könne. Lion kabelte noch am selben Tag zurück: »Ich bin heute in einer etwas geteil-ten Stimmung. Die Hitler-Ernennung – ich weiß ja, aus der Nähe sehen die Dinge nur halb so schlimm aus, aber hier liest und hört es sich doch recht unbehaglich an.« Noch plane er, mit der *Bremen* zurückzufahren. In drei oder vier Wochen sei er wieder in Berlin.

Die *New York Times* berichtete ausführlich und wohlwollend von seinen Lesungen und Vorträgen. »Hitler bedeutet Krieg«, äußerte Lion hellsichtig, ohne daraus weitere Konsequenzen zu ziehen. Als er in einer Synagoge sprach, fand er es »sehr komisch«, dass er eine Kippa aufsetzen musste. Sollte er sich der jüdischen Religion gerade in diesem historischen Augenblick so weit entfremdet gefühlt haben? Bei einem Empfang durch jiddische Schriftsteller gab es viele Reden, aber nichts zu essen; man kritisierte ihn, dass er das Jiddische nicht hoch genug schätze. Er besichtigte eine Judaica-Sammlung und erfuhr, wie schwer es für jüdische Professoren sei, eine feste Anstellung zu finden. Antisemitismus in Amerika, fast wie in München vor 1914? Das war ihm neu.

Zu einer Lesung in der Columbia University erschien kein offizieller deutscher Vertreter mehr, und Lion erfuhr, dass er im Berliner Rundfunk scharf kritisiert worden war, vor allem wegen seiner Äußerungen über Hitler. Er begann unsicher zu werden, wann und wie er zurückkehren solle. Gebucht war die Rückfahrt für den 2. März mit dem deutschen Schiff *Albert Ballin*. Am 12. Februar war er schon entschlossen, ein anderes Schiff zu nehmen. An Marta schrieb er: »Ich bin eigentlich guter Laune. Mit Hitler habe ich mich abgefunden; es wird nicht lange dauern.« Am 26. Februar nahm er an einem feierlichen Gottesdienst in einer Synagoge teil und hielt eine Ansprache vor über tausend Zuhörern, gab am Ende auch eine kurze Erklärung über die Ereignisse in Deutschland ab, wurde beklatscht und bedrängt, alle wollten ihm die Hand schütteln.

Als er die Bilanz seiner Reise zog, kam er zu dem Ergebnis, dass er alles verdiente Geld wieder ausgegeben hatte. In den letzten Tagen drängten sich noch einmal wie zu einem Schlussfeuerwerk drei, vier Frauen in seine Nächte. Wann er die Nachricht vom Reichstagsbrand erhielt, ist nicht überliefert. Am 1. März buchte er eine Kabine auf dem französischen Dampfer *Aquitania*. Als er nach einer Abschiedsparty am 2. März am Bord ging, begann sein Exil, paradoxerweise mit einer Rückfahrt nach Europa.

Service und Essen waren schlecht, die Leute ließen ihm keine Ruhe, verwickelten ihn in Gespräche, außerdem wurde er seekrank. Am 8. März ging er in Cherbourg an Land, bestieg gleich in der Gare Maritime den Zug, denn erst im Pariser Bahnhof Saint-Lazare erfolgte die Zollkontrolle, bei der er sich zwischen dem Französischen und dem Englischen verhedderte und einen Koffer vermisste, der ihm nachgeschickt werden musste. In Paris aß er bei Prunier, ging ins Café du Dôme und danach zu einer »netten Hure«. Dann löste er ein Billet nach St. Anton für den Nachtzug Paris–Konstantinopel, denn der Orientexpress hielt am Arlberg in Tirol. Sein Telegramm hatte Marta nicht erreicht. Und so stand er am Morgen des 9. März überraschend in ihrem Zimmer, als sie gerade im Bad weilte.

Der Hausbesitzer, bei dem Marta ein kleines Zimmer genommen hatte, galt als Nazi-Sympathisant und übermäßiger Trinker, der zuweilen seine Frau schlug. Eines Tages brachte er aus Deutschland eine Zeitung mit. Darin standen wüste Angriffe nicht nur gegen Lion, sondern auch gegen Marta. Lion Feuchtwanger habe Deutschland in Amerika verleumdet. Jetzt warte man an der Grenze auf seine Frau, die zum Skilaufen in Österreich sei. In Zukunft werde sie nicht mehr in Luxushotels logieren. Das war eine deutliche Drohung. Der Vermieter war wütend: »Sie wohnen ja gar nicht in Luxushotels! Sie wohnen in meinem bescheidenen Haus. Diese Nazis sind doch Lügner.« Dass er damit der Erste war, der vom Führer-Glauben abfiel, wie Marta meinte, will man aber doch nicht annehmen. Immerhin hatte er Marta vor einer Rückkehr gewarnt. Nach Hitlers Ernennung war ihr erster Gedanke gewesen, schnell nach Berlin zurückkehren, um Geld und Manuskripte zu retten. Als sie aber in der Zeitung die Angriffe gegen Lion las, erschien ihr das zu gefährlich.

In St. Anton hielt sich in jenem fatalen Januar auch Leni Riefenstahl auf, die begeistert, ja hysterisch von Hitler schwärmte. Marta nahm in diesem Winter einen neuen Skikurs. Man wollte sie in die erste Klasse schicken, aber sie blieb lieber die Beste in der zweiten Klasse und war auch dort die einzige Frau. Auch Leni Riefenstahl nahm ein paar Stunden bei Herrn Speiß, einem bäuerlich-gemütlichen Typ. Hannes Schneider sagte nur: »In den Skifilmen ist sie der Held, aber auf den Brettern ist sie ein Feigling. Bei der Abfahrt muss man immer auf sie warten.«

Nach St. Anton kamen auch Eva und Anthony van Hoboken. Aus England, wo sie sich gerade aufhielt, meldete sich »Mietze Kunz« und riet den Feuchtwangers dringend, Österreich zu verlassen, die Lage sei auch dort zu gefährlich. So reisten sie bald weiter in die Schweiz. In Wengen im Berner Oberland setzte Marta ihren Skiurlaub fort. Unterhalb des Eiger-Gletschers unternahm sie eine Abfahrt gemeinsam mit einer Gruppe junger Engländer, die den Champion Fritz Graf als Trainer engagiert hatte. Die Verhältnisse waren nicht gut, der Schnee war gefroren, so dass alle stürzten außer Marta, denn die hatte bei Hannes Schneider gelernt, wie man auf schlechtem Schnee fährt. Sie kam als Erste unten an, wofür sie mit einem blauen Band ausgezeichnet wurde.

Mit Lion traf sie in Bern wieder zusammen. Dorthin kam auch ihre Trierer Freundin Mietze, die berichtete, dass viele jüdische Geschäftsleute in Deutschland auf Lion böse seien, weil sie glaubten, seine Äußerungen in Amerika hätten zum Boykott ihrer Läden geführt. Mietze war bereit, nach München zur Feuchtwanger-Bank zu fahren, und bekam die Vollmacht, Geld abzuheben und Aktien zu verkaufen, die Lion dort deponiert hatte, aber beides misslang. Daraufhin versuchten sie, mit Hilfe von Lions Berliner Assistenten Werner Cahn-Bieker zu ihrem Vermögen zu kommen. Lion bestätigte, dass er ihm 3 000 Mark schulde, und tatsächlich konnte dieser Betrag unter Einschaltung eines Anwaltes bei der Dresdner Bank abgehoben werden. (Aus dem Exil in Nizza hatte Heinrich Mann eine ähnliche Methode mit Hilfe seiner Freundin Nelly Kröger erfolglos probiert.)

Lion und Marta reisten weiter an den Luganer See, wo sich im März 1934 ein kleines Emigranten-Treffen ergab. Alle hatten dasselbe Problem: Was kann man aus Deutschland retten und vor allem: wohin nun? Auf die Angriffe aus Deutschland wollte Lion nichts erwidern. Er war immer noch überzeugt, dass sich Hitler nicht lange halten würde, er rechnete mit einem Aufstand. Dennoch ließ er seine Sekretärin in die Schweiz nachkommen, um weiterarbeiten zu können – so begann auch für Lola Sernau das Exil. In den nächsten Wochen lebte sie mit den Feuchtwangers, als Lions Assistentin und Nebenfrau.

Mitte März erfuhren sie, dass die SA ihr Berliner Haus besetzt, Auto und Schreibmaschine beschlagnahmt hatte. Akten und Manuskripte waren herausgerissen und fortgeschleppt worden. »Ich nehme es sehr ruhig auf, auch Marta«, notierte Lion. Als hätte er das Unheil erwartet. Zu den Verlusten gehörte das weit fortgeschrittene Manuskript des zweiten Bandes seines Josephus-Romans, den er später im Jahr neu beginnen musste. (Als er am dritten Band saß, traf ihn die nächste Katastrophe. So sind Erlebnisse und Erfahrungen aus der Zeit nach 1933 in den Text eingeflossen.)

Am 17. März nahmen Marta und Lion den Zug nach Bern, wo sie von Lola Sernau einen etwas konfusen Bericht von den Berliner Vorfällen erhielten, der Lion denken ließ, es sei alles halb so schlimm. Es folgte ein »vergnügtes Abendessen mit Marta und Lola«. Die Stimmung war so gar nicht nach Unglück. Am 20. März fuhr Marta noch einmal zum Skifahren nach Wengen.

Lion ließ sich von einem Anwalt in Zürich beraten, wie er den Verlust seines Vermögens vermeiden könne. Er rief einen Berliner Notar namens Kopp an, der nach Bern kam, sich nur vorsichtig über die Aussichten äußerte und hohe Gebühren für sein Bemühen verlangte. Eine neue Schreibmaschine wurde bei Muggli in Bern erworben, an die sich Lion erst gewöhnen musste – sie sollte noch in Amerika benutzt werden. Dann besuchte Lion Marta in Wengen und traf sie wieder im Bad an. Es gab etwas Streit, vielleicht wegen Lola. »Viel mit Marta gestrindbergelt, sie ist aber wieder besonders nett.«

Während Marta noch in Wengen blieb, reiste Lion schon nach Locarno, wo er Bruno Frank traf. Dessen Schwiegermutter, die Schauspielerin Fritzi Massary, besaß ein Haus am Lago Maggiore. Als Lion und Marta am 5. April in Lugano wieder zusammentrafen, wo sie in das Hotel Bellerive gingen, erfuhren sie, dass ihr Haus in Berlin beschlagnahmt worden war. Einen Tag später kam Brecht an, nahm Quartier in Carona südlichwestlich von Lugano, reiste aber schon bald weiter nach Paris. In Carona logierten auch Leonhard Frank sowie Friedrich Wolf und seine Frau. Viele, die einmal zur Emigrantenkolonie in Sanary gehören sollten, sammelten sich vorerst im Tessin, auch Thomas Mann und die Seinen. Dabei mag die Nähe von Hermann Hesses Wohnort Montagnola eine Rolle gespielt haben.

Lion und Marta beschlossen bald, sich nach Marseille zu begeben, ihrem alten Traum vom Leben an der Côte d'Azur folgend, wobei der Zeitpunkt und die Gründe dieses Entschlusses nicht auszumachen sind. Lion hatte in Lugano viele Drohbriefe erhalten und empfand die Nähe der Grenze zu Italien als Gefahr. Vor der Abfahrt gab es einen unschönen Streit zwischen Marta und Lola. Wahrscheinlich ertrug es Marta nicht, dass Lion gerade in dieser ungewissen Lage seine lockere Lebensweise pflegte. Marta sei »überaus nervös«, notierte er. Diese Gereiztheit sollte noch einige Zeit andauern. Am 18. April kamen sie spätabends in Marseille an.

Einige Zeit später erhielt Marta Post von ihrem Gärtner und von ihrem Trainer Schröder. Aus den wenigen Zeilen konnte sie sich ein Bild machen, was sich in der Mahlerstraße abgespielt hatte. Während ihrer Abwesenheit hatte der Gärtner seine Mutter aus Schlesien kommen lassen und im Haus der Feuchtwangers untergebracht. Als die Nazis ihn fragten, wie er behandelt worden sei, habe er geantwortet: »Ich hätte es nicht besser haben können.« Für diese Aussage wurde er geschlagen, ja, sie drohten, ihn zu erschießen. Sie führten ihn in den Garten und feuerten in die Luft, um ihn einzuschüchtern. Als es dunkelte, floh er durch das kleine Tor in der hinteren Gartenmauer und entkam in den Grunewald. Seine Frau und seine Mutter glaubten ein paar Tage lang, er sei tot. Erst nach einer Weile ließ er ihnen über Bekannte Nachricht zukommen. Das Haus wurde regelrecht geplündert: Möbel, Bücher, Teppiche, technische Raffinessen wie die indirekte Flurbeleuchtung, alles musste dran glauben. Als die Plünderer das Foto mit Lion und Eleanor Roosevelt sahen, zertrampelten sie es voller Wut. Immerhin schaffte es Cahn-Bieker am nächsten Tag, ins Haus zu gelangen und einige Dinge an sich zu nehmen. Als er noch einmal hineinwollte, war schon alles abgesperrt.

Um das Haus habe sie weniger getrauert als um ihren Garten, erzählte Marta später. Sie glaubte zu wissen, dass dort zunächst ein Graf von Witzleben eingezogen sei, durchaus ein Bewunderer Lions, der ihn sogar in Sanary grüßen ließ. Nach dessen Tod zogen andere Leute ein, die es auch noch nach 1945 bewohnten. Martas Kampf um Rückgabe oder Entschädigung dauerte sehr lange. Guten Willen zeigten die Berliner Behörden in den ersten Nachkriegsjahrzehnten nicht. Ein betrügerischer Anwalt ließ Marta glauben, dass sie das Haus zurückerhalten könne, wenn sie die Kosten der Nachkriegsreparaturen – 15 000 Dollar – ersetze. Das Nachbarhaus war völlig zerstört worden. In ihrem Haus hatte es nur einen kleinen Brand im Wintergarten gegeben, weil einige Funken von nebenan übersprangen. Ein Freund aus Pacific Palisades, der Anwalt Eric Scudder, fuhr mit seiner Frau nach Berlin, um in Martas Auftrag das Haus zu begutachten. Er suchte jenen Anwalt auf, aber der wusste angeblich nicht, wo es lag. Der deutsche Konsul in Los Angeles ließ Marta bald wissen, jener Berliner Anwalt sei ein Schwindler, er habe nicht nur sie betrogen. Daraufhin wandte sich Marta an die Jewish Restitution Successor Organization (JRSO), die sich um den Fall kümmern wollte, dafür aber 25 Prozent des Wertes verlangte, zuzüglich Steuern. Letztlich erhielt Marta nur 55 Prozent des Wertes als Entschädigungssumme. Als sie 1969 in Berlin war, hat sie sich das Haus nicht angesehen. Eine Gedenktafel findet man heute lediglich auf dem Bürgersteig *vor* dem Haus in der »Regerstraße«, was daran gemahnt, dass sich Berlin noch mit den Feuchtwangers aussöhnen muss.

»Wunderliches Erlebnis, daß einem, während man gerade draußen ist, sein Land irgendwohin davonläuft, sodaß man es nicht wiedergewinnen kann.« Was Thomas Mann am 27. Mai 1933 an René Schickele schrieb, galt noch viel mehr für Lion und Marta Feuchtwanger. Ihnen war die Heimat auf jener langen Winterreise abhanden gekommen. Dass es für immer war, mochten sie lange nicht glauben.

Flucht ins Blaue

»In dem Frieden dieses hellen, lateinischen Meerufers
war es schwer zu begreifen, daß nur zwanzig Stunden
entfernt das Land des Alpdrucks lag.«

L. F., *Die Geschwister Oppermann*

Etwa fünfzehn Kilometer nordwestlich von Toulon, dem
größten französischen Militärhafen, erstreckt sich eine
schöne Bucht, die zum offenen Meer hin von kleinen Inseln
begrenzt wird. Von der »rade de Toulon« trennt sie der süd-
lichste Landzipfel dieses Küstenabschnitts, mit einer bewal-
deten Erhebung und dem felsig-schroffen Kap Sicié, vor dem
sich Delphine, Thunfische und manchmal auch Wale tum-
meln. In die äußerste westliche Ecke der Bucht schmiegt sich
der Ort Sanary, der seit 1923 den Beinamen »sur Mer« führt,
während sich der Nachbarort Six-Fours mit dem Zusatz »les
plages« schmückt. Nur Bandol, eine Bucht weiter in nord-
westlicher Richtung, verzichtet auf jedes Attribut, weil der
Name zugleich für die in dieser Region produzierten Weine
steht, die aber nicht auf dem recht kleinen Territorium des
Ortes wachsen, sondern in den Nachbargemeinden wie
Saint-Cyr, Le Castelet, Cadière d'Azur und eben Sanary.
Dieser Ort, der seinen Namen vom Heiligen Nazarius her-
leitet (provenzalisch: San Nari), wurde im 12. Jahrhundert
als Ableger von Ollioules gegründet, das etwas weiter im
Hinterland vor einer kleinen Bergkette liegt. Keimzelle von
Sanary war ein mit Kanonen bestückter Festungsturm, der
Schutz gegen feindliche Flotten bieten sollte und sich in
manchen Schlachten bewährte. Seit dem 17. Jahrhundert
lehnten sich Häuser an den Turm, der heute das Zentrum eines ganzen Gebäudeblocks gleich neben dem Hafen bildet.
Der größte dieser Anbauten gehört zum Hôtel de la Tour,

das neben der Kirche, dem Rathaus, den Mühlentürmen auf dem Hügel von Portissol sowie der dortigen Seefahrer-Kapelle eines der markanten Gebäude der Stadt ist.

Die touristische Erschließung von Sanary begann nach dem Ersten Weltkrieg, doch bereits vor 1914 hatten einige Maler und Autoren aus Paris den besonderen Charme des Ortes entdeckt, der nach 1920, als Cassis und Saint-Tropez schon zu überlaufen waren, vor allem die Maler anzog, André Masson etwa oder Moïse Kisling, der sich hier ein Haus bauen ließ, aber auch deutsche Künstler wie Anton Räderscheidt, Rudolf Levy oder den aus Prag und Wien stammenden Walter Bondy. Zu den literarischen Größen gehörte zwischen 1930 und 1937 auch Aldous Huxley, der hier ein Haus besaß und mehrere Romane schrieb, darunter *Schöne neue Welt*. Als immer mehr deutsche Emigranten sich hierher zurückzogen, wurde Sanary für kurze Zeit ein Kulturzentrum von europäischem Format.

Schon 1932 suchten hier deutschsprachige Autoren Zuflucht, wie René Schickele oder Wilhelm Herzog, und nach 1933 wurde der kleine Ort zu einem Zentrum der literarischen Emigration. Ludwig Marcuse, der sechs Jahre blieb, bezeichnete ihn gar als »die Hauptstadt der deutschen Literatur im Exil«. Zu den »trüben Gästen«, wie sie Lion in seinem Roman *Exil* nennt, gehörten Thomas Mann und die Seinen, Bruno Frank, Franz Werfel und Alma Mahler-Werfel, Friedrich Wolf, Franz Hessel, Wilhelm Herzog, Arnold Zweig, Bertolt Brecht, Ernst Bloch und Alfred Kerr, insgesamt an die fünfzig Namen.

Zwei Tage nach ihrer Ankunft in Marseille, am 20. April 1933, zogen Lion und Marta in ein besseres Hotel um, aber auch das war nur die Ausgangsbasis, um eine Bleibe zu suchen für längere, wenn auch noch unbestimmte Zeit. Marta nahm am 22. April den Zug nach Bandol und erkundete den Ort in einem Taxi. Später fuhr sie mit dem Bus die Küste entlang. Sie war der einzige Fahrgast, und der Chauffeur fuhr sehr rasant, um sie zu beeindrucken. Er wusste ja nicht, welchen Fahrstil sie pflegte. Bei der Tour kam sie zu dem Ergebnis, Bandol mit Casino, Hafen und Promenade sei ein geeigneter Wohnort. Das Grand Hôtel nahe dem Eisenbahnviadukt über dem Flusstal des Grand Vallat, der schon die Grenze zu Sanary markierte, erschien ihr jedoch ungeeignet. Unweit davon entdeckte Marta das auf den Strand gebaute kleine Hotel La Réserve. (Es steht noch heute und wird als Ärztehaus genutzt, während das Grand Hôtel in ein Wohnhaus umgewandelt wurde.) Am 2. Mai 1933 bezogen sie zwei sehr enge Zimmer. Arbeiten konnte Lion auf der halbüberdachten Terrasse, nur wenige Schritte vom Meer entfernt. Als zwei Tage später Lola Sernau eintraf, bezog auch sie ein Zimmer. Die drei Emigranten waren in jenen Tagen die einzigen Gäste im Hotel.

Lion fand Bandol »einfach, aber ganz nett«. Er hatte sich schon in ein neues Projekt gestürzt, das ihm englische Regierungsstellen angetragen hatten: ein Drehbuch für einen Anti-Hitler-Film. Zu seiner Unterstützung reiste aus England der erfahrene Drehbuchautor Sidney Gilliat an. In nur zwei Wochen war die Arbeit getan. Gilliat nahm das Skript mit nach London – und Lion hörte nie wieder etwas davon. Immerhin erleichterten die zuverlässig überwiesenen 20 000 Francs den Start an der Côte d'Azur. Als Lion später im Jahr nach London reiste und sich nach dem Schicksal des Projekts erkundigte, hieß es nur, der Premierminister sei entschlossen, »Hitler zu schlucken«. Man fand sich mit der neuen Lage ab, die Appeasement-Politik begann, die bis 1938 die englische Linie bestimmte.

Der Film hatte den Arbeitstitel *Kaufhaus Oppermann* und sollte ein jüdisches Schicksal in den Tagen der Machtergreifung schildern – aktueller ging es nicht. Den Stoff wollte Lion nach der Absage aus London nicht fallenlassen und machte sich sogleich daran, das Drehbuch in einen Roman zu verwandeln. Was er nun schrieb, würde man einmal zur Exilliteratur zählen, die durchaus als eine Form des Widerstands gelten kann. Lion gehörte neben Heinrich Mann zu den Autoren der ersten Stunde. Er machte keine

Phase der Entmutigung oder der Niedergeschlagenheit durch. Er schuf sich mit Martas Hilfe sogleich eine Situation, in der er seine Produktions- und Lebensweise fortsetzen konnte.

Seinen Verleger Huebsch wie auch den Verlag Querido in Amsterdam, der ein wesentlicher Publikationsort für die deutsche Exilliteratur werden sollte, informierte Lion über die neue Arbeit. Dass in den nächsten Wochen sowohl Huebsch als auch der für Querido arbeitende Fritz Landshoff nach Sanary kamen, erleichterte die Verhandlungen. *Die Geschwister Oppermann* wurde nicht nur eine wirkungsvolle »Darstellung der deutschen Kalamität« (Klaus Mann), sondern auch ein sehr persönlicher Roman, ein Nachdenken Lion Feuchtwangers über sich selbst und über das mögliche Ende der Geschichte seiner Familie in Deutschland, denn den wichtigsten Figuren gab er die Vornamen seiner Brüder.

Am 10. Mai 1933 tauchten überraschend Thomas und Katia Mann in Bandol auf. Sie waren, dem Rat René Schickeles folgend, der seit Herbst 1932 auf einer Anhöhe zwischen Sanary und Bandol die Villa »Ben qui hado« bewohnte, aus dem Tessin angereist. Im Grand Hôtel von Bandol, wo sie Quartier genommen hatten, sagte man ihnen, ganz in der Nähe wohne »noch ein deutscher Schriftsteller«. Am 12. Mai kamen die Manns zum Tee ins Hotel der Feuchtwangers, wo sie sich mit Lion »und seiner ägyptisch aussehenden Frau über seine Schicksale und die Lage unterhielten«. Martas Charakterisierung im Tagebuch von Thomas Mann gehört in die lebenslange Serie ihrer exotischen Attribute, hat aber wohl eher damit zu tun, dass Thomas Mann tief in seinem Ägypten-Roman steckte (*Joseph und seine Brüder*). Nach weiteren Treffen fand er: »Feuchtwanger, vielleicht verzeihlicher Weise, ausschließlich mit sich beschäftigt.« Lion hingegen fand Thomas Mann gerade bei diesem Mal freundlicher als beim ersten Besuch. Erst jetzt, in Sanary, ergab sich eine größere Nähe und ein regelmäßiger Umgang, der sich acht Jahre später in Los Angeles fortsetzte. An Thomas Manns Geringschätzung des Autors Feuchtwanger änderte das nichts.

Allmählich bekamen Lion und Marta Kontakt zu den Literaten in Sanary, wie Wilhelm Herzog oder René Schickele. Im Nachbarort Saint-Cyr, der schon auf die Bucht von La Ciotat schaute, wohnte seit 1930 der Kunsthistoriker Julius Meier-Graefe mit seiner jungen Frau Annemarie. Er war, obschon kein Jude, den Nazis als Vertreter einer ihnen nicht genehmen Kunstauffassung verhasst. Auf originelle Weise versuchte er, sein Geld aus Deutschland herauszubekommen: Er kaufte dort ein Auto, das er an der Côte d'Azur gleich wieder veräußern wollte. Doch auf der Fahrt brach es in zwei Teile, und er stand mit seinen langen Beinen mitten auf der Straße. Meier-Graefe war nicht nur voller Anekdoten, er vermittelte auch den Kontakt zu Aldous Huxley, der im Jahr 1929 den todkranken D. H. Lawrence in Bandol besucht und an dem Ort Gefallen gefunden hatte. Das Haus, das dieser mit seiner Frau Maria, einer gebürtigen Belgierin, 1930 bezogen hatte, lag schon auf dem Stadtgebiet von Sanary und blickte auf den südöstlichen Zipfel der Bucht von Bandol. Huxley mochte keine Ausländer, vor allem keine Deutschen, das war zumindest Martas Eindruck, er sprach aber ziemlich gut Deutsch. Seine Umgebung nervte er dadurch, dass er zu allem sagte: »Isn't it extraordinary?« Böse Bemerkungen über die deutschen Emigranten, insbesondere über Lion Feuchtwanger, beschränkte er auf seine private Korrespondenz; de facto stand er in regem Austausch mit der sich bildenden Kolonie und erwies sich als sehr hilfsbereit.

Eines Tages suchte der amerikanische Autor William Seabrook die Feuchtwangers in ihrem Hotel auf. Er lebte in einem großen weißen Strandhaus unterhalb von Huxleys Villa und trug meist nur tarzanhafte Ledershorts, zur Erinnerung an seine Jahre in Afrika, von denen er Schauriges zu erzählen wusste. Er kannte und schätzte Lions Romane und wollte ihm zu Ehren eine Party geben – im Haus der Huxleys, das über eine moderne Küche verfügte. Es wurde »Villa Ülei« genannt, weil der mit dem Türschild beauftragte

Maler sich bei dem schwierigen englischen Namen verschrieben hatte und die Besitzer keine Korrektur wollten. In Lions bayerischer Variante hieß er nur »Haxli«. Auf einem Foto hat Aldous Huxley die zahlreichen Gäste dieser Party verewigt, die man als Gründungsfeier der Literatengemeinschaft von Sanary verstehen kann, wobei sich Marta auf Bitte des Hausherrn ganz vorn platzierte. (»Ich stand überhaupt zu oft im Vordergrund«, fügte sie lachend hinzu, als sie diese Episode erzählte.) Auf Marta machte das Ehepaar Huxley, wie es da unter dem Kirschbaum im Garten saß, den Eindruck eines großen Jungen und eines sehr kleinen Mädchens. Der Größenunterschied zwischen beiden war beträchtlich. Und gewiss gab ihr das Anwesen mit großem Garten und Gewächshäusern ein paar Ideen, wie sie sich selbst hier einrichten könnten.

Zum Umkreis der Huxleys gehörte Sybille von Schönebeck. 1911 in Charlottenburg als Tochter eines preußischen Generals geboren, war sie mit ihrer Mutter und ihrem Stiefvater, einem Italiener namens Norberto Marchesani, im Jahr 1926 nach Sanary gekommen. Ihre Schulausbildung hatte sie in England erhalten, wo sie 1935 – pro forma, des Passes wegen – einen Engländer namens Walter Bedford heiratete. Nach 1945 wurde sie unter dem Namen Sybille Bedford eine bedeutende Autorin. Sie war damals ein hübsches blondes Mädchen mit blauen Augen und kräftigem Körper, und sie schwärmte hemmungslos für Huxley, dessen erste Biographin sie dreißig Jahre später wurde. In Sanary kannte sie sich blendend aus, und so half sie Marta bei der Suche nach einem Haus.

Sie fuhren in Sybilles türlosem kleinen Ford über die löchrigen Wege und durch das wilde Gebüsch auf der noch kaum erschlossenen und sehr hügeligen Halbinsel La Gorguette, die zwischen der Bucht von Bandol und jener von Sanary liegt. Schließlich entdeckten sie ein Haus, das Marta auf Anhieb gefiel, die Villa Lazare. Man erreichte sie auf einem schmalen und holprigen Weg, wenn man von den Huxleys aus die Küste entlangfuhr. Sie lag auf einem kleinen

Felsvorsprung oberhalb einer winzigen Bucht mit einem Sandstrand. Das schlichte, völlig leer stehende Haus hatte nur kleine Räume und statt einer Küche eine offene Feuerstelle zum Heizen und Kochen. Zu Fuß bis nach Sanary oder nach Bandol brauchte man mehr als eine halbe Stunde. Weit und breit stand kein anderes Haus. Das war nicht der aus Berlin gewohnte Luxus, aber eben deswegen sagte es Marta zu. Ihr gefiel nicht nur der kleine Privatstrand, sondern auch der herrliche Blick von der Terrasse auf die Bucht von Bandol, sehr weit die Küste entlang dem Sonnenuntergang entgegen.

Ganz problemlos war die Anmietung nicht. In Lions Tagebuch heißt es am 27. Mai 1933: »Marta nachmittags in dem zu mietenden Haus, ruft an, sie habe furchtbaren Krach mit den Leuten, und ich solle mit Geld kommen. Wie ich komme, ist alles bereits wieder besänftigt, aber Marta beschimpft mich furchtbar. Übrigens wird das Haus recht nett, durch Marta.« Noch bevor sie dort übernachteten, verbrachten sie Bade- und Lesetage im Haus. Am 6. Juni 1933 zogen sie endgültig ein. Es gab »noch viele kleine Tücken«, doch im Ganzen war es angenehm. Sie konnten nicht nur gleich nebenan baden, sondern auch lange Waldläufe machen. Das Training leitete in den nächsten Jahren Marta. Allerdings bekam sie Ärger: »Schutzleute kommen, nehmen Anstoß an Martas Nacktheit. Marta sucht die Schuld wieder auf andere abzuwälzen.« (6. 9. 1933) So reagierte Lion, wenn ihm etwas peinlich war. Die »anderen« waren wohl die Huxleys, die ihnen erzählt hatten, dass sie manchmal in der Frühe zum Strand hinunterstiegen und nackt im Meer schwammen. An Sonntagen kamen Leute aus dem Ort, um sich diese verrückten Engländer anzuschauen.

In Toulon eröffneten sie ein Konto beim Crédit Lyonnais, aber Lion hatte auch anderswo Kredit, wie sein Adressbuch ausweist, bei der Chase National Bank, bei Lloyds Bank ltd., London, bei der Skandinaviske Banken, Stockholm, beim Crédit Industriel d'Alsace et de Lorraine sowie bei der Kantonalbank von Bern. Auch eine gute Adresse für bittere

Schokolade, die er wegen seines empfindlichen Magens aß, ist notiert, nämlich die Firma Fonrey-Galland in Lyon. Auch zwei Pariser Patissiers hatte er vermerkt sowie einen Spezialisten für Gänseleber, allesamt im Feinschmeckerviertel an der Madeleine.

Der Besitzer der Villa Lazare, ein nicht gerade deutschfreundlicher Anwalt aus Toulon, besorgte ihnen ein paar Möbel (ohne die kann ich das Haus nicht nehmen, hatte Marta gesagt), darunter schöne alte Stühle, deren Wert er nicht erkannte. Zum Schlafen hatten sie nur Matratzen, keine Betten. Ein bescheidener Anfang im Exil.

Lion benötigte aber vor allem einen Tisch zum Schreiben. Ein Tischler aus Sanary lieferte eine große Platte aus schönem rötlichem Holz, nur leicht poliert, und wollte gar nicht bezahlt werden. Es sei ihm eine Ehre, für einen Schriftsteller zu arbeiten, erklärte er. Marta, die mit alten Möbeln Erfahrung hatte, bastelte aus diversen provenzalischen Bauernmöbeln eigene Kreationen. Sie installierte auch eine Flurlampe. Es war alles sehr schlicht, sagte sie, aber berühmte Leute kamen aus der ganzen Welt, um uns in diesem Haus zu besuchen, das eher ein Camp war. Die neue Wohnlage machte die Anschaffung eines Autos nötig, und so fuhr Marta bald einen Renault, der in sehr schlechtem Zustand war und dessen Motor sich anhörte wie eine alte Nähmaschine. Oft genug musste sie auf den löchrigen Feldwegen den Schaltknüppel festhalten. Lion notierte immer wieder: »Ärger über das Scheißauto, das Marta gekauft hat.«

Auf Thomas Mann machte das improvisierte Heim großen Eindruck; im Tagebuch spricht er von »Feuchtwangers, die uns in ihrem neuen, sehr angenehmen und durch seine praktische Geräumigkeit neiderregenden Heim am Meer [...] begrüßen«. Ein paar Tage später verliefen sich die Manns und fanden das Haus nicht wieder, was die Unübersichtlichkeit des welligen Geländes von La Gorguette illustriert. Lange musste Thomas Mann nicht neidisch sein, denn er bezog bald die Villa La Tranquille oberhalb der Bucht von Sanary, wo er bis Ende September 1933 wohnte und schrieb. An dem kleinsten Arbeitstisch, den er wohl je hatte, kaum größer als ein Teetisch, schrieb er an seinem umfangreichsten Werk, dem Romanzyklus *Joseph und seine Brüder*.

Auf die Frage, warum gerade Sanary so viele Emigranten angezogen habe, antwortete Marta später, es habe am milden Klima im Winter gelegen und an den im Vergleich zu Paris niedrigen Lebenshaltungskosten. Doch gilt wohl eher ihre andere Erklärung: »Weil wir da waren.« Seit die Feuchtwangers dort ein Heim hatten, zogen sie in großen Scharen Besucher an. Heimweh sei in der schönen Landschaft nie aufgekommen, sagte Marta – höchstens indirekt, möchte man hinzufügen, etwa wenn Lion an Silvesterabenden deutsche Radiosender einstellte, um vertraute Stimmen zu hören. Allerdings hörten sie auch manche Rede von Hitler, und dann verging das Heimweh schnell.

So abgelegen die Villa Lazare auch lag, sie wurde zum ersten Mittelpunkt der wachsenden Emigranten-Kolonie. Seltener fand man sich in Schickeles Villa mit dem herrlichen Blick auf die Dächer von Sanary oder auf Meier-Graefes Anwesen in Saint-Cyr zusammen. Am Nachmittag gab es auf der Terrasse oft große Teegesellschaften, für die Marta viele Sandwiches und kleine Vorspeisen anrichtete. Zu den ersten Besuchern gehörte Brecht. Da Lion an seinem Roman arbeitete und wenig Zeit hatte, unternahm Marta mit ihm Ausflüge nach Toulon und zu den verlassenen Dörfern im bergigen Hinterland, die ihnen Huxley als Ziel empfohlen hatte. Auch Heinrich Mann und Nelly Kröger kamen in den Genuss einer solchen Rundfahrt. Arnold Zweig erschien zu Besuch mit seiner Frau und den beiden Söhnen, reiste aber bald weiter nach Palästina. Ludwig Marcuse und seine Frau Sascha hatten in Sanary gleich oberhalb der kleinen Bucht von Portissol ein Gartenhäuschen (»La Côte«) gefunden. Sechs Jahre sollten sie dort wohnen. Die Hütte stand in einem Meer von Blumen auf dem Anwesen eines Gärtners und ließ an ein impressionistisches Gemälde denken. Zum Schreiben oder wenn Gäste da waren, setzten sie sich vor die Hütte, den Winter verbrachten sie zumeist in Paris.

Heinrich Mann, der sich nach seiner Flucht Ende Februar 1933 zunächst in einem Hotel in Nizza einquartiert hatte, war zu seinem Bruder Thomas nach Bandol gekommen und hatte nach der Ankunft seiner Freundin Nelly Kröger eine kleine Wohnung oberhalb einer Badebucht im westlichen Teil von Bandol gemietet. Manchmal spazierte er bis zur Villa Lazare. Marta brachte ihn dann mit dem Auto zurück, einmal bei heftigem Unwetter. Sie setzte ihn vor seinem Haus ab, er aber blieb im Regen stehen, den Hut galant in der Hand, und wartete, bis sie gewendet hatte und seinem Blick entschwunden war. Diese Episode hat sie mehrfach erzählt, manchmal auch nach Los Angeles verlegt. Vor ihrem geistigen Auge muss Heinrich Mann wie ein Ritter von der traurigen Gestalt immerzu im Regen gestanden haben, mit nobler Haltung in widerwärtigen Umständen – ein durchaus passendes Gedenkbild.

Lion gewöhnte sich bald an das neue Haus, dessen provisorischer Charakter ihn nicht in seiner Arbeit behinderte. Unzufrieden war er nur mit der Postzustellung, weil der Briefträger »teils ein provenzale, teils ein trottel« sei, wie er an Eva van Hoboken schrieb. Er sei überrascht von Landschaft und Klima und habe sich gesundheitlich noch nie so wohl gefühlt. In Kontrast zu der ruhigen Wohnlage stehe nur der »wilde betrieb« durch »schrecklich viel besuch«. Er übe wohl »auf die verschiedenartigsten menschen die gleiche anziehungskraft aus wie auf die moskitos«. Dass jeder Besuch vor allem Arbeit für Marta bedeutete, blieb unerwähnt. Das Haus erweise sich als besonders schön, und er werde von allen Seiten beneidet. Jedoch: »unsere freunde verlieren ab und zu die nerven«, was nicht verwunderlich sei, manchen gehe es »grotesk dreckig«. Solche Sorgen hatte er nicht: »finanziell geht es mir relativ sehr gut. ich habe jetzt mein geld in möglichst viele länder und möglichst viele währungen verteilt. frage ist eben nur, wo einen der krieg überrascht, der ja von einem tag zum andern losgehen kann.« Doch hier in Frankreich fühle er sich geschützt. Allerdings hatte er in den ersten Wochen immer wieder Alpträume: ein SA-Mann in blaugrüner österreichischer Uniform will ihn abholen und hantiert mit einem Revolver, bemüht sich aber zugleich um höfliche Umgangsformen. Dann taucht ein Toter auf und will ihn beschützen. Horror und Groteske mischen sich. So beschrieb ja auch Heinrich Mann den Nationalsozialismus.

Es kamen gelegentlich andere Ausgereiste und erzählten vom Boykott jüdischer Geschäfte und von blutigen Willkürakten. Auch das Radio und die Zeitungen brachten Beunruhigendes. »Ich kann infolge der Nachrichten aus Deutschland nicht schlafen«, steht dann im Tagebuch. Wie einst Heinrich Heine war Lion beim nächtlichen Gedanken an Deutschland um den Schlaf gebracht. Am 26. August 1933 erfuhr er von Heinrich Mann, dass er – genau wie dieser, wie Brecht, wie Tucholsky, wie Kerr und andere – die deutsche Staatsangehörigkeit verloren hatte. In den Tagen nach dieser Hiobsbotschaft war sein Schlaf besonders schlecht. Die fragwürdige Auszeichnung, auf der ersten Ausbürgerungsliste der Nazis zu stehen, schlug ihm auf den Magen. Nun waren er und Marta staatenlos, beide besaßen aber noch ihre deutschen Pässe, die bis 1936 gültig waren und durchaus benutzt werden konnten. Als sein Name im Oktober 1935 auf der »Gottbegnadetenliste« des Deutschen Reiches auftauchte unter den im Krieg zu verschonenden Künstlern, war das wieder mal eine Verwechslung mit Wilhelm Furtwängler. Schonung hatte Lion trotz seiner Begabung nicht zu erwarten.

Es war ein kleiner Trost, dass Werner Cahn-Bieker aus Berlin kam und 4 500 Mark brachte, die er von Lions Konten hatte abheben können, außerdem zwei Silberlöffel und einen Pelzmantel von Marta. Mit seiner holländischen Freundin wurde er in einem kleinen Raum der Villa direkt neben der Garage untergebracht. Auch Lola Sernau wohnte im Haus, aber zwischen ihr und Marta gab es immer wieder Streit, wohl auch weil Lion weiterhin intime Beziehungen mit ihr unterhielt. Ausgerechnet am sonnigen 2. Juli, Lolas Geburtstag, wurde beschlossen, dass sie sich anderswo einmieten solle. Seinen eigenen Geburtstag, den 49., feierte Lion fünf Tage später. Zu den Geschenken gehörte ein Scheck von seinem schwedischen Verleger.

Ende Juni war Lion – genau wie Thomas und Heinrich Mann – von dem Pariser Journalisten Louis-Charles Royer aufgesucht worden, der am 21. Juli im Boulevardblatt *Paris-Soir* einen Artikel über die Lage der emigrierten deutschen Autoren veröffentlichte. Royers Beitrag (»Intellectuels allemands en exil«) steht gleich neben einem Auszug aus den Memoiren des Kronprinzen, einer Reportage über Kaiser Wilhelm II. im holländischen Exil und Berichten von der Tour de France. Man sieht auch das Foto eines lächelnden Hitler beim Kaffeetrinken, der nicht immer so ernst sei, wie behauptet werde. Den Artikel illustriert eine Aufnahme aus der Villa La Tranquille mit Thomas und Katia Mann. Royer beginnt seine Recherche mittags in der »Suzy Bar – American Drinks«. Der Barkeeper nennt die berühmten Ausländer, deren Anwesenheit sich in Bandol schon herumgesprochen hat. Am Hafen fällt dem Reporter eine große dünne Frau auf, ihr Haar ist glatt und schwarz wie das von Joséphine Baker, aber ganz so exotisch ist sie nicht. Es ist Fräulein Lola, die Sekretärin von Lion Feuchtwanger, dem berühmten deutschen Autor. Dann kommen auch Heinrich Mann, Arnold Zweig und Frau Thomas Mann vorbei. In Deutschland seien diese Autoren einst die größten gewesen. Seit Hitlers »Wille zur Macht« Realität wurde, geschah eine »Umwertung aller Werte«, und sie bedeuteten dort nichts mehr. Sie seien so vorausschauend gewesen, ihre Heimat zu verlassen. Frankreich erscheine ihnen wie eine zweite Heimat. Purer Zufall oder eine schöne Erinnerung an frühere Aufenthalte habe sie an diese Küste geführt.

Dann folgt ein Gespräch mit Heinrich Mann, den der Reporter in seiner Wohnung aufgesucht hat. Weder Heinrich noch Thomas Mann seien Israeliten, wie der Reporter vorsorglich hinzufügt. Lion Feuchtwanger hingegen sei Jude.

Dieser erwähnt den großen historischen Roman über ein jüdisches Thema, an dem er schon geschrieben habe, bevor er außer Landes gegangen sei. Von seinem Leiden lasse der Autor nichts ahnen, sein Blick sei lebendig und maliziös, er strahle eine unglaubliche Vitalität aus. Fünfzehn Stunden am Tag arbeitet er. Von seiner triumphalen Amerikareise habe dieser »Wanderjude« gewiss einige Dollar übrigbehalten, mutmaßt der nicht ganz vorurteilsfreie Reporter. Feuchtwanger habe ihn in seiner Villa am Meer empfangen. Als Arbeitstisch diene eine vier Meter lange Platte auf Stützen. Der Autor sitze an dem einem, die Sekretärin an dem anderen Ende. Zwischen ihnen türmten sich Bücher, Zeitungen, Manuskripte. Durch die Fensterritzen pfeife der Mistral. Später hätten sie zwischen blühenden Bougainvilleas auf der Terrasse Tee getrunken, serviert von der Dame des Hauses, einer großen schlanken, sonnengebräunten Frau. Ihre elegante Garderobe habe sie in Berlin lassen müssen, haben indiskrete Freunde erzählt, aber der französische Pyjama stehe ihr göttlich. Unterhalb des Hauses sehe man einen taschentuchgroßen Strand, an dem Frau Feuchtwanger ihre schönen Schultern bräunen lasse, während sie und ihr Mann auf bessere Tage warten.

So verging der erste Sommer in Sanary. Man traf sich, las einander vor, führte Gespräche. Zu den interessanten Gästen der Feuchtwangers gehörten Franz Wilhelm Beidler, ein Enkel Richard Wagners, der sich von der Anbiederungspolitik seiner Familie absetzte und später Asyl in der Schweiz suchte, William Seabrook, der wahrscheinlich nur deshalb in Europa lebte, weil in den USA noch das Alkoholverbot bestand, Fritz Landshoff mit seiner Frau, Klaus Pinkus, Hermann Kesten. Auch Eva van Hoboken und ihr Mann Anthony fanden den Weg an die blaue Küste, es gab aber keine Gelegenheit für persönliche Gespräche, zu zahlreich waren die Besucher. Die Adresse der Feuchtwangers muss sich schnell herumgesprochen haben. Ihr Haus wurde Ersatzheimat, Gästehaus, Bohemecafé, Sommerakademie in einem – und das alles unter der sicheren Leitung von Marta. Manches Mal wurde es Lion zu viel, und der Rummel verstimmte ihn. Er arbeitete in diesem ersten Exiljahr mehr denn je, das war seine Form der Selbstbehauptung.

Nicht sehr glücklich verlief Mitte September der Besuch der Malerin Lou Albert-Lasard, die 1916 in München mit Rilke liiert war (und Lion mag sie aus dieser Zeit schon gekannt haben). Inzwischen lebte sie in Montparnasse und war mit Giacometti, Matisse und anderen Künstlern befreundet. Aus der Ehe mit Eugen Albert stammte die Tochter, die sie nach Sanary begleitete und die sich als Malerin Ingo de Croux nannte. Am 5. Oktober zeichnete Lou in Martas Beisein ein Porträt von Lion, der die Sitzung »schrecklich unbehaglich und enervierend« fand. Aber auch mit Marta klappte die Verständigung nicht, und so hieß es bald im Tagebuch: »Unangenehmer Brief von der Malerin Lasard, die, von Marta taktlos behandelt, das Geld zurückschickt, das man ihr gab.«

Im September schaute Brecht noch einmal vorbei, jetzt in Begleitung von Margarete Steffin. Lion las ihm aus seinem neuen Roman vor, aber der Schluss der *Geschwister Oppermann*, für den Marta gute Einfälle gehabt hatte, missfiel Brecht überaus, er fand ihn romantisch, kitschig, falsch. Abends sang er seine Balladen, und die Stimmung besserte sich wieder. Am 21. September kamen Thomas und Katia Mann, um sich zu verabschieden, sie wollten sich in der Nähe von Zürich niederlassen, also im deutschen Sprachgebiet. Doch die Monate in Sanary hatten dem Lübecker gefallen und den einstigen »unpolitischen« Kritiker der Zivilisationsliteraten endgültig mit Frankreich ausgesöhnt. Eine Woche später verabschiedete sich Heinrich Mann, er wollte zurück nach Nizza, wo er seit 1908 Stammgast war und im Jahr zuvor einige Wochen verbracht hatte, allerdings noch nicht als Emigrant.

Während Lion sein Schreiben und Liebestreiben scheinbar unberührt fortsetzte, eher noch angestachelt wirkte, waren die ersten Exilmonate für Marta deutlich schwieriger und anstrengender. Ihre Rolle als Gastgeberin in einem unfertigen Haus, in unsicheren Umständen beanspruchte sie enorm. An Kompensation durch gesellschaftliche Auftritte war nicht mehr zu denken. Ein eigenständiges Privatleben hatte sie hier nicht, musste sich mit Lola als Lions Nebenfrau abfinden, kaum dass Eva Boy gegangen war. Dass sie manches Mal die Nerven verlor, ist nur zu verständlich – doch Lion registrierte es bloß als üble Laune. Oft genug dürfte nur der Gedanke daran, welchen Gefahren man entgangen war, über kritische Stunden hinweggeholfen haben.

Die schwerste Prüfung stand ihr noch bevor, einer der bittersten Momente ihres Lebens. Anfang Oktober 1933 regnete es ununterbrochen. Dann schlug das Wetter um, es wurde kalt und klar. Am 9. Oktober kamen Brecht und Arnold Zweig zu Besuch, sie logierten in einem kleinen Hotel am Ortsrand von Sanary. Marta holte sie von dort mit dem Auto ab, denn der Weg zur Villa Lazare war weit und schwer zu finden. Nachdem die beiden ausgestiegen waren, wendete sie das Auto schon einmal, da sie die Gäste später zurückbringen würde. Sie zog die Handbremse an und legte den Rückwärtsgang (statt des ersten Ganges) ein.

Das Gespräch dauerte lange. Es wurde spät, es wurde dunkel. Als sie aufbrachen, sahen sie in der sternklaren Nacht einen Meteoritenschauer. Die Leuchtkörper schienen vom Himmel direkt ins Meer zu fallen. Brecht war fasziniert und schlug vor: »Gehen wir doch zum kleinen Strand. Dort sehen wir es besser, ohne vom Licht des Hauses gestört zu werden.« Während er mit Zweig hinunterschlenderte, lief Marta ins Haus, um Lion herbeizurufen, der sich schon wieder in ein Buch vertieft hatte. Er folgte den beiden anderen, während sie nach dem Auto schaute. Plötzlich setzte sich der Wagen in Bewegung. Er rollte auf die drei Männer zu. Marta lief herbei, griff durch das offene Fenster nach innen, um zu bremsen, doch die Handbremse war ja schon fest angezogen. Sie stellte sich auf das Trittbrett und versuchte, das Lenkrad herumzureißen, um die Fahrtrichtung zu ändern.

Vielleicht weil sie zu heftig eingegriffen hatte, verdrehte sich der Wagen, ein Rad geriet in eine Vertiefung, das Auto überschlug sich, überrollte Marta, drehte sich noch weiter, während sie am Boden liegenblieb. Die Meteoriten waren nun allen schnuppe.

Sie tastete sich ab und merkte: Alles ist voller Blut. Das linke Schienbein war gebrochen, der Knöchel, wie man später feststellte, in zwölf Teile zersprungen. Sie schrie um Hilfe. Zuerst kam Lola aus dem Haus gelaufen, die wiederum Lion herbeirief. Dann kam Brecht zurück, der nach Martas Anweisungen das blutende Bein mit seinem Gürtel abband. (Sie hatte Erfahrung mit Skiunfällen.) Was tun? Es gab kein Telefon, den Weg zum Dorf hätten die Männer allein nicht gefunden. Marta bat Brecht, die Taschenlampe aus dem Wagen zu nehmen, und erklärte ihm den Weg zum Haus der Huxleys, denn die hatten Telefon und wohnten unweit der Straße von Bandol nach Sanary.

Während Brecht losging, befielen Marta trübe Gedanken, wahrscheinlich stand sie unter Schock. Zu Lion, der bei ihr blieb, sagte sie: »Ich werde wohl sterben.« Sie war in eine Pfütze gefallen, die vom Regen am Vortag zurückgeblieben war. Sie dachte, jetzt würde sich alles entzünden, und Wundbrand, zumal bei solch schlimmen Brüchen, konnte tödlich enden. (Das Penizillin war noch nicht entdeckt). Sie dachte auch daran, dass sie in ein paar Wochen nach Palästina fahren wollten. Nun würde das ihretwegen nichts werden. Alles war ihr Fehler, irgendetwas hatte sie falsch gemacht, sie fühlte sich seltsam schuldig. In Lions Notizen liest sich der Vorfall so: »Marta, wie sie Zweig und Brecht abholt, bricht sich das Bein. Liegt über zwei Stunden hilflos auf der Straße. Huxleys kommen, noch mehr Leute. Schließlich schafft man sie nach Toulon in die Klinik. Der Arzt sieht den Fall ziemlich ernst, die Möglichkeit einer Infektion und der Amputation besteht. Schreckliche Nacht in der Klinik verbracht.«

Zum Glück fand Brecht den Weg, und Maria Huxley erwies sich als umsichtige Helferin. Sie telefonierte einen Arzt aus Bandol herbei, einen alten Herrn, der Marta das von ihr verlangte Morphin nicht geben wollte. Zugleich hatte Maria einen Krankenwagen aus Toulon bestellt, auf den sie zwei Stunden lang an der Hauptstraße wartete, um ihn dann zur Villa Lazare zu führen, die er sonst nie gefunden hätte. Marta hatte später immer das Gefühl, dass sie ihr Überleben Maria Huxley verdanke.

Als Brecht am nächsten Tag nach dem Auto schaute, war die Handbremse so fest angezogen, dass er sie nicht lösen konnte. Offensichtlich war das Bremsseil gerissen. Monate später verkaufte Marta das inzwischen reparierte Auto zu demselben Preis, zu dem sie es erworben hatte. So war es nicht einmal ein Verlustgeschäft.

Bei einem Autounfall zu sterben war immer möglich, aber wäre das ein passendes Schicksal für sie gewesen? Nach Sterben war ihr schon zumute. Vielleicht kam ihr all der andere Schmerz jetzt deutlich zu Bewusstsein. Ein Zettel, den sie später im Krankenhaus in Toulon für Lion schrieb, verrät ihre Gemütsverfassung: »Für den Fall, daß die Operation nicht gut ausgeht: ich bin froh, daß ich tot bin, es tut mir nur Leid um Dich. M.« Weil das zu sehr nach postumer Strindbergelei aussah, setzte sie hinzu: »Vergiß mich, iß viel Salat und Orangen, turn täglich, geh viel und schnell spazieren und schreib nicht für Geld und billigen Ruhm. Wenn Du das täglich liest, bin ich überflüssig. Und gar erst, wenn du's befolgst.« Ihr Humor klingt an, und Humor ist Lebensbejahung, ein Hauch von Verzweiflung ist gleichwohl zu spüren.

Mit dem Chirurgen in Toulon hatte sie Glück. Im Ersten Weltkrieg hatte Doktor Villechaise Erfahrung in der Behandlung schwerer Wunden gesammelt. Während er sie operierte, wartete Lion auf dem Korridor. Eine Woche lang drohte Marta die Amputation des Unterschenkels. Einige Nonnen pflegten sie hingebungsvoll. Marta lag in hohem Fieber, war kaum bei Bewusstsein.

Einige Tage nach ihrer Einlieferung ergaben die Röntgenaufnahmen ein besseres Bild, die Gefahr einer Amputation bestand aber noch. Lion konnte weiterhin auf die Hilfe von Maria Huxley zählen, auch Sibylle Bedford und deren Mitbewohnerin Eva Herrmann boten ihre Unterstützung an. Am 11. Oktober arbeitete er wie gewöhnlich und ließ sich später im roten Bugatti der Huxleys nach Toulon fahren. »Brecht und Zweig, die ich für sehr egoistisch gehalten hatte, benehmen sich sehr anständig. Marta besonders sympathisch. Befund unverändert.« Am 12. Oktober konnte er ihr den neuen Schluss der *Geschwister Oppermann* vorlesen, den sie abermals heftig kritisierte. Auch in den nächsten Tagen fuhren ihn die Huxleys zur Klinik, die Lion scheußlich vorkam. Die Wunde begann zu eitern, und Lion bekam »Angst um Marta«. Am 16. aber schien die Gefahr gebannt, ihr Zustand besserte sich. Den Gipsverband musste sie allerdings bis Ende November behalten.

Lion aß mittags in Sanary mit anderen Emigranten und verbrachte die Nächte mit Lola, die ihn auch in den nächsten Wochen tröstete, als sie beide allein in der Villa Lazare lebten, ohne Auto, ohne Heizung, ohne Bedienung, ohne Marta. Brecht und Zweig hatten Sanary bereits verlassen. Schon bald las Lion Marta den »überfeilten« Schluss der *Geschwister Oppermann* vor, über den sie erneut sehr hart urteilte. Dass sie wieder streitlustig war, nahm er als gutes Zeichen. Erst wenn sie zustimmte, war es gut genug. Ende Oktober schickte er die endgültige Fassung an Querido nach Amsterdam.

Anfang November wurde der Haushalt aufgelöst. Die Villa Lazare konnte im Winter sowieso nicht geheizt werden. Immerhin hatte der Hausbesitzer ein Badezimmer mit Dusche eingerichtet. Warmes Wasser gab es dank einer Flasche Butangas, die aber nicht sehr zuverlässig war, denn als Lola die erste Dusche nahm, explodierte alles. Zwar kam sie mit dem Schrecken davon, doch mussten die Feuchtwangers die Reparaturen bezahlen. Martas Genesung würde mehrere Monate dauern. Lion beschloss, diese Zeit in Paris und London zu verbringen. Die gemeinsamen Reisen nach Palästina und nach New York wurden verschoben. Er dachte daran, mit Marta später in die Sahara, nach Assuan oder in sonst eine warme Gegend zu fahren.

VonToulon wurde Marta nach Bandol verlegt, in ein Sanatorium oberhalb der kleinen Bucht von Rènecros. Dort betreute sie der alte Arzt, der in der Unfallnacht als Erster gekommen war. Die Behandlung war kostenlos, Marta musste nur den geringen Preis für ihr schönes Zimmer mit Meerblick zahlen. Werner Cahn-Bieker sollte in Bandol bleiben, um sie zu versorgen. Mehr als einmal musste sie ins Krankenhaus nach Toulon gebracht werden, zur Kontrolle oder zu Nachoperationen. Fast ein halbes Jahr sollte es dauern, ehe sie ihr Bein wieder belasten konnte. Cahn-Bieker wurde später auf Lions Empfehlung vom Querido-Verlag in Amsterdam angestellt, wo er sich bewährte. Den Krieg überlebte er mit seiner holländischen Frau in einem Versteck. In seinem Roman *Die Geschwister Oppermann* hat Lion eine Nebenfigur nach ihm gestaltet.

Nach dem Unfall erhielt Marta Post von Freunden und Bekannten. Aus New York schrieb ihr Skikamerad Sobotka (»Dein alter Harry«), er habe so viel mit ihr zu bereden und bedaure, dass sie Ende 1932 Lion nicht auf seiner Reise begleitet habe, so hätten beide gleich in den USA bleiben können.

Während sich Marta in Bandol erholte, reiste Lion nach Paris und traf dort Alfred Polgar, Stefan Zweig, Nahum Goldmann, André Malraux (»Plaudertalent à la Bonsels, verkitschter Byron«), Erich Mosse, Alfred Kantorowicz und den unvermeidlichen Brecht, der einen Zugang zum Pariser Theaterleben suchte, allerdings völlig unberührt war von der Frankreichschwärmerei eines Heinrich Mann. Lion suchte den Rechtsanwalt Max Strauss auf und besprach mit ihm die Möglichkeit einer Einbürgerung in Frankreich. In London ärgerte er sich über die englische Zurückhaltung Hitler gegenüber; dort war man der Ansicht, die Wirtschaftskrise sei überwunden und die neue Prosperität dürfe nicht durch eine politische Krise gefährdet werden. So schone man kurzfristig das Business und riskiere einen Krieg zu späterer Zeit, meinte Lion. Er traf Ernst Toller und schwärmte ihm von Sanary vor, außerdem Max Herrmann-Neiße, Rudolf Olden und dessen Frau Ika, Emil Ludwig, Fritz Kortner, Max Reinhardt, Lola Sernaus Schwester Irma sowie Yvonne de Rothschild, mit der er einen längeren, aber folgenlosen Flirt begann. Mit der British Gaumont verhandelte er wegen der Verfilmung von *Jud Süß*, war aber sehr skeptisch, was die künstlerische Qualität betraf. Der Regisseur, »ein talentierter Jud ohne einen Funken Genie«, sei ein vollkommen unmusikalischer, wenn auch kluger Mensch, jedoch sehr eitel. Leider werde es nur »ein riesiger Kostümfilm«, berichtete er Marta.

Hitlers Machtübernahme und die antisemitische Propaganda der Nazis lösten allenthalben Diskussionen über Judentum und »Rassenfragen« aus (auch im Tagebuch von Thomas Mann etwa), dabei hatte sich doch nur im politischen Machtgefüge von Deutschland etwas geändert und nicht in der Biologie der Spezies Homo Sapiens. Lion war ungehalten, als nicht nur sein Freund Brecht, sondern auch Lord Melchett, der selbst Jude war, bei einem Lunch »Argumente für das Vorhandensein von Rassen« vorbrachten. Ein paar Tage später diskutierte Lion in Paris »das Wesen des Judentums« mit dem Anwalt Max Strauss, der die Bluttransfusion als Gegenbeweis für die Rassentheorie ansah. Mit den Nazis konnte man über dergleichen nicht diskutieren, denn nach deren Begriffen entsprach ja nicht einmal die Mehrheit des deutschen Volkes ihrem »Rasse-Ideal«. Gewaltsame Umbrüche erzeugen geistige Verwirrung, lernt man daraus. In diesen Tagen entwickelte Lion die Idee, nach dem Vorbild von Oberammergau in Jerusalem ein Theaterfest zu organisieren, bei dem »eine volkstümliche Geschichte der jüdischen Passion« aufgeführt werden sollte. In gewisser Weise erfüllen einige seiner Romane dieses Anliegen.

Marta war etwas gekränkt, dass Lion nicht schneller nach Bandol zurückkehrte (mit Recht, wie er selbst notiert). Er hielt in Paris Reden vor großen Versammlungen, lieh Fritz Kortner Geld (großzügig war er immer, was böses Gerede und neidvolle Häme nicht verhinderte), er ging mit Erich

Maria Remarque und dessen Freundinnen aus und ließ sich von Willi Münzenberg für Publikationen in dessen Pariser Verlag Éditions du Carrefour gewinnen, der von der Komintern finanziert wurde. In diesem Pariser Winter begann die politische Wende Lion Feuchtwangers.

Lion war sehr viel unterwegs in Martas schweren Monaten. In Pariser Emigrantenkreisen kam sogar das Gerücht auf, er wolle sich von ihr scheiden lassen. Als er in London war, muss es ein Missverständnis gegeben haben, brieflich oder am Telefon. Marta glaubte, dass er die Sorge um ihre Gesundheit nicht ernst nahm (er sprach von »Operatiönchen«), wo doch körperliche Bewegung ein wesentliches Lebenselement für sie war. In der Folge entspann sich ein aufschlussreicher Briefwechsel. Er habe gleich eine Rede bei einem Lunch zu halten, schrieb Lion, aber »ich muss Dir doch schnell noch einiges schreiben, du dumme Gans, weil das viel wichtiger ist als der *speech*. Trägst Du denn Deinen Fuß im Gesicht? Glaubst Du, daß ich wegen deines Knöchels so lang mit Dir ausgehalten habe oder wegen anderer Eigenschaften? Und wenn Du ein Elefantenbein kriegtest, dann würde ich halt das Elefantenbein mögen, weil es Deines ist. Aber es wird natürlich so werden, daß ein Mann ohne Lupe den Unterschied nicht wird wahrnehmen können. Und wenn Du schon wegen ein paar Millimeter linken Beines solches Jammergeschrei erhebst, was soll dann ein Mensch sagen wie ich, der sein ganzes Leben klein und unscheinbar und äußerst *unattractive* herumlaufen muß. Das soll aber keineswegs heißen, daß Du nicht mehr jammern sollst. [...] Denkst Du denn gar nicht daran, was ich ohne Dich hätte anfangen sollen? Stell Dir gefälligst vor, was aus den Hofszenen in *Jud Süß* geworden wäre ohne Dich und aus dem Gustav Oppermann und aus dem François und aus meinem Bauch, von meiner Seele ganz zu schweigen.«

Bei einem Londoner Arzt hatte er sich über ihre Heilungschancen erkundigt und eine sehr beruhigende Auskunft erhalten. »Wenn ich Deinen Bericht aus Deinem pessimistischen Abergläubisch in mein realistisches Deutsch übersetze, dann wird also die Geschichte in einem Jahr vollkommen *over* sein, so daß man nichts mehr merkt. Ich gratuliere Dir.« Als ihre Klagen nicht aufhörten, antwortete er: »Ein Wrack bist Du also. Ich wollte, ich wäre auch so ein Wrack, alte Gans.« Das war so seine herzlich-raue Art.

Gar nicht gefiel Marta der Satz: »Wenn ich in Bandol bin, kannst Du sicher schon laufen wie ein Wiesel.« Sie hatte das Gefühl, er nehme alles etwas zu leicht. Über ihre Reaktion war er sehr erschrocken. Er wisse doch, es dauere lange, bis sie wieder laufen könne. Sie möge an den Kater Ling Lang denken, als der ein Bein gebrochen hatte. In Paris und London habe er die Geschichte ihres Unfalls ungefähr zweihundert Mal erzählt. »Was für unmögliche Anforderungen habe ich denn um Gottes Willen an Dich gestellt? Was ich möchte, ist einzig und allein ein paar Monate in absoluter Ruhe leben, viel mit Dir schwatzen, Dir manchmal vorlesen, wenn Du magst, und da sein, wo Du am liebsten bist, ob in Palästina oder in Bandol oder in Nizza oder in Marokko oder wo immer, ist mir ganz wurscht. Die Hauptsache ist nur, daß Du dabei bist. […] St, jammere mir vor, so viel Du willst, aber glaub nicht, daß es mir zu viel wird, wenn Du lang mit der Sache zu tun hast. Auch humpelnd bist Du mir lieber als alle andern zusammen.« Ihrer Vermutung, er sei untergewichtig, habe ein englischer Arzt widersprochen und ihn für »zu fett« befunden. »Dennoch bin ich fest entschlossen, Deine Ratschläge zu befolgen, und auch wenn Du mich in Gegenwart anderer schlecht behandelst, so weiß ich doch, daß das wirklich vongrund auf gut gemeint ist. Ich bin wirklich sehr für Dich, St, und ich weiß schon, daß ich 5 Jahre älter ausschaute und 3 Jahre älter wäre ohne Dich.« Trotzdem spürt man, dass ihre Bemutterung ihm manchmal lästig war, weil sie auch einen Anspruch auf Kontrolle beinhaltete. »Wirklich böse wäre ich Dir, wenn Du mir nicht mehr vorjammern solltest. Wem sollst Du denn vorjammern, wenn nicht mir? Und wenn Du mir nicht vorjammerst, wie kann ich Dir dann vorjammern, was mir besonders wichtig und eine große Erleichterung ist.«

Als er am 19. Januar 1934 wieder in Bandol eintraf, hatte Marta bereits eine erfolgreiche letzte Operation hinter sich und war bester Laune. Sie nahmen ein Zimmer im Grand Hôtel, das sich als komfortabel erwies, nur von außen wirkte es etwas abstoßend. Die Villa Lazare, deren Immobilienwert die Feuchtwangers erhöht hatten, war inzwischen anderweitig vermietet.

Was konnte nach dem ersten Sommer in Sanary kommen? Weitere Sommer, denn der Reiz der Landschaft und der Zauber des Ortes waren stärker als der Schrecken des Unfalls. Jetzt erst begann eigentlich die glücklichste Zeit des Exils in dieser Schönen Blauen Welt.

Die großen Tage von Sanary

»Wir wohnten im Paradies – notgedrungen.«

Ludwig Marcuse

Mitte Februar 1934 durfte Marta erste Gehversuche unternehmen. Der jährliche Skiurlaub musste in diesem Winter ausfallen. Über ein Jahr lang hatte sie mit den Folgen des Unfalls zu tun, sie hinkte eine ganze Weile und fuhr im Oktober 1934 nach Aix-les-Bains, um wenigstens in der Nähe der Berge zu sein.

Mit dem Frühjahr belebte sich auch Sanary, wo sich die Vertriebenen von ihrem heimtückischen Vaterland ausruhen konnten. Im März begrüßten Lion und Marta alte Münchner Bekannte, Bruno und Liesl Frank. Man ging spazieren, unterhielt sich viel, flirtete über Kreuz. Während Lion eine Beziehung zu Liesl anbahnte, versuchte Bruno Frank Martas Arzt in Bandol zu überzeugen, diese zur Kur nach Vichy zu schicken – dort wollte er sich heimlich mit ihr treffen. Aber der Arzt, der sehr katholisch war und das Manöver durchschaute, lehnte ab.

Als die Franks die Villa Le Fayet mieteten, die direkt am Felsen über der Hafenbucht von Sanary lag, schräg gegenüber der Villa La Tranquille, wurde Lion etwas neidisch. Den ganzen Sommer über bewohnten sie das Haus, für ein paar Wochen kam auch Liesls Mutter Fritzi Massary nach Sanary, mitsamt ihrem Ehemann Max Pallenberg. Der berühmte Komiker wurde aber bald wieder von seiner Reiselust gepackt, stromerte durch halb Europa, bis er im Juni 1934 bei einem Flugzeugabsturz in der Tschechischen Republik ums Leben kam. Ende 1934 zogen die Franks nach London.

Wegen der ursprünglich geplanten Reise zu Arnold Zweig nach Haifa hatten die Feuchtwangers ihren Mietvertrag nicht verlängert. Zwar wäre eine Modernisierung der Villa

Lazare recht teuer geworden, doch Marta liebte das Haus. An Zweig schrieb sie: »Ich hing mehr an der Villa Lazare als an der Mahlerstraße.« Nachdem Lion einen Filmvertrag mit der British Gaumont abgeschlossen hatte, konnten auch sie endlich auf Häusersuche in Sanary gehen. »Ich möchte vor allem wegen marta doch hier ein haus kaufen«, meldete Lion im März 1934 an Eva van Hoboken. Ende März entdeckten sie ein großes Haus mit Terrasse und Garten oberhalb der Bucht von Portissol, die Villa Valmer. Obwohl in der Nähe gebaut wurde – was Lion noch einige Zeit stören sollte –, unterzeichneten sie am 26. März einen Mietvertrag. Die Möglichkeit eines späteren Kaufes unter Anrechnung der Miete wurde nicht ausgeschlossen. Das Haus lag nicht so spektakulär am Meer wie das vorige, bot aber einen weiten Blick über die Bucht und vor allem viel mehr Platz und Komfort inmitten eines herrlichen Gartens. Die Villa Valmer wurde zum legendären Mittelpunkt der deutschen Exilgemeinde in Sanary. (Und sie steht noch heute, dicht umbaut, 164 Boulevard Beausoleil.)

Um nicht durch Mitbewohner gestört zu werden, mieteten sie das ganze Anwesen. Auf drei Etagen bot es zwanzig Räume, darunter vier Badezimmer, drei Küchen sowie drei Garagen, aber nur schlichte Möbel und viel zu grelle Tapeten. Man konnte vor dem Frühstück im sonnigen Garten ums Haus laufen (sie schraubten ihren Rekord bis auf sechzig Runden) oder durch den damals noch dichten Pinienwald auf dem Hügel, an dessen Südseite die Villa lag. Nach dem Lauf badete Marta im Meer und Lion in der Wanne. Bis in das Zentrum von Sanary hinunter waren es zwanzig Minuten zu Fuß. Obwohl das Haus »für zwei Leute ein bisschen groß« war, kam nie in Betracht, Logiergäste aufzunehmen. Auch Lola Sernau musste sich anderswo einmieten – die Geliebte im Haus erspart keine Strindbergelei. Hin und wieder hatte sie Zwist mit Marta, zudem war sie eifersüchtig, weil sich Lion nun verstärkt anderen Frauen zuwandte.

Die Anschaffung eines neuen Autos ging nicht ohne Ärger vonstatten. Gekauft wurde im April ein gebrauchter silbergrauer achtzylindriger Talbot. Marta schimpfte in der ersten Zeit viel auf das viersitzige Cabriolet, was dann wiederum Lion aufregte, der sie hatte allein auswählen lassen; wahrscheinlich musste sie ihre Fahrweise umstellen, weil dieser Wagen das Lenkrad auf der rechten Seite hatte. Lion chauffierte nicht mehr, denn »Marta duldet nur eine einzige Fahrerin: sich selbst«.

Am 5. Mai 1934 zogen sie in die Villa ein. Vorläufig klappte noch nichts, das Bad war eiskalt, die Bauarbeiten in der Nähe nervten durch laute Maschinen. Marta »keift den ganzen Tag mit dem Dienstmädchen herum, statt ein zweites Mädchen zu nehmen, was ich ihr dringend rate«, hielt Lion fest, aber er lobte ihre Anstrengung, alles gut einzurichten, und dass sich am ersten Abend ein wunderschöner Schmetterling in sein Zimmer verirrte, deutete er als gutes Omen. Endlich hatte Marta wieder einen Garten nach ihrem Geschmack, mit Obstbäumen, Bougainvilleas und Rosenstöcken. In einem Brief an Arnold Zweig schilderte sie ihn so: »Der Garten ist groß, mit vielen Terrassen, und macht uns Freude. Es gab Kirschen, Zuckererbsen und Artischocken, es gibt noch Radieschen und grüne Bohnen, später Feigen, Oliven und Mandeln, […] sehr viele Blumen. Ich gehe mit einem Körbchen herum und ernte und pflücke. […] In einer Ecke des Gartens habe ich eine offene Feuerstelle, da werden Fische auf Holzkohlen und Rosmarin gebraten, auch Kaninchen und Tauben. Wenn ich auf einen Sprung in die Küche muß, setzt sich der Lion neben das Feuer, schnuppert und paßt auf, daß keine Katze was wegholt.« (5. 6. 1934)

Nach kaum einem Monat in der Villa wurden die beiden Emigranten von einem anderen Emigranten verewigt. Schon seit Herbst 1932 lebte Walter Bondy in Sanary. In Prag geboren, in Wien ausgebildet, hatte er seit 1903 zu den Gründern des Künstlerkreises vom Café du Dôme in Montparnasse gehört. Er war Maler, Zeichner, Kunstsammler. Nach 1918 pendelte er zwischen Paris und Berlin, wo er die Zeitschrift *Die Kunstauktion* edierte. Auf einer Reise in den Midi entdeckte er schon 1926 die malerischen Reize von

Sanary und Umgebung. Nachdem er in Berlin auf offener Straße tätlich angegriffen worden war, verließ er Deutschland und fuhr mit Auto, Hund und einem Koffer in den Fischerort, wo er sich bald mit einer jungen Malerin aus Nîmes, Camille Bertron, zusammentat, die seit 1926 alle Sommer in Sanary verbrachte. In einem Haus am Hafen richtete das erstaunliche Paar ein Fotoatelier ein. Von den Aufträgen konnten sie ihren Lebensunterhalt bestreiten, und seine Porträts verschafften ihm bald einen guten Ruf bei den Einheimischen. 1937 heirateten Walter und Camille und zogen nach Toulon, wo er seine Fotoarbeiten erfolgreich fortführte. Als 1940 der Krieg ausbrach, war auch er von Internierung bedroht, die Arbeitserlaubnis wurde ihm entzogen, die Medikamente, auf die der Diabetiker angewiesen war, erreichten ihn nicht mehr. Im September 1940 starb er, krank und lebensmüde, in La Garde, einem Vorort von Toulon. Seine wunderbaren Emigrantenporträts (Toller, Christiane Grautoff-Toller, Schickele, Meier-Graefe, Herzog, Erich Klossowski und viele andere) wurden erst viele Jahre später wiederentdeckt.

Am Freitag, dem 22. Juni 1934, kam Bondy in die Villa und machte Aufnahmen von Lion und Marta, darunter das sehr bekannte Bild, das sie in der eben erst eingerichteten Bibliothek zeigt. Es ist immer wieder veröffentlicht worden, meist ohne Angabe des Fotografen. Es entstand auch eine Porträtserie von Marta im Garten, während Lion auf der Terrasse des Hauses fotografiert wurde. Zur Arbeitsweise des geschulten Malers gehörte es, dass seine Porträts stets bei Tageslicht entstanden.

Nach zwei Monaten in der Villa Valmer konnte am 7. Juli 1934 Lions 50. Geburtstag begangen werden. Zur Feier des Tages absolvierte er bei herrlicher Sonne ein ausführliches Sportprogramm. Briefe und Telegramme trafen ein, und auch in Amerika wurde seiner gedacht, wie ihn Ben Huebsch wissen ließ. Fritz Landshoff schenkte ihm im Namen des Querido-Verlages eine neue Schreibmaschine, aber erst nachdem Marta diskret darauf hingewirkt hatte. Nach und nach wurde das Haus eingerichtet. Marta ließ Regale aufstellen und baute eigenhändig ein direkt neben dem Arbeitszimmer im ersten Stock gelegenes Bad zu einer Bücherkammer um. Immer wenn Lion Geld erhielt, bestellte er Bücher bei der Wiener Buchhandlung Lanyi, die Restauflagen der in Deutschland verbotenen Werke führte. Bei dem in Sanary ansässigen Buchbinder Chassefière gab er edle Einbände in Auftrag. Ein mächtiger neuer Schreibtisch wurde vom einheimischen Schreiner Guérinol geliefert. Nach einem Jahr in der Villa zog Lion in einem Brief an Eva van Hoboken das Fazit: »Ich bin nicht unzufrieden, ich habe arbeit, die mir freude macht, einigen erfolg, ein bisschen geld, keine staatsangehörigkeit, viele bücher, gutes essen und ein warmes haus. außer dir, brecht, zweig und der einführung einer vernünftigen wirtschaftsordnung vermisse ich eigentlich nichts.«

Sein Geld hatte der in Finanzdingen fatalistische Lion (eine Abwertung des Franc, bei der er viel verlor, trug er mit Fassung) zu einem Teil in Ländern mit Goldstandard angelegt (Frankreich, Holland, Schweiz), zum anderen in Wertpapieren der Inflationsländer (England, Schweden, Amerika) und diese wiederum aufgeteilt in Industrie- und Staatspapiere, die mehr Sicherheit bei niedrigen Zinsen boten, soweit Sicherheit überhaupt möglich war in solchen Zeiten. Ob er Marta in seine Finanzplanungen einweihte, ist unklar. In Interviews behauptete sie, Lion und sie hätten nie über seine Einnahmen gesprochen.

Das Haus aber war ihre Domäne, auch die Anleitung des Personals. Ihr Ärger mit der ersten Hausangestellten Marie-Louise, einer alten Jungfer, die viel trank und sich zuweilen nach Lion in dessen Badewasser legte, ist wohl in den Roman *Exil* eingeflossen, wo der Emigrant Trautwein unter einer schlampigen Haushaltshilfe leidet. Im Tagebuch liest sich das am 1. Februar 1935 so: »Marta schwer hysterisch und verrückt mit ihren Dienstmädchensorgen. Abends leichter Krach mit ihr. Sie schafft sich selbst den Ruf einer Verrückten, da sie aller Welt ausschließlich von Haushalt und Dienstmädchen erzählt.« Dieser Ärger galt aber bereits der neuen

Hilfe Léontine, die im Januar 1935 ihr Hausmädchen wurde und es bis zum Ende ihrer Zeit in Sanary blieb. Erst nach einigen Wochen entspannte sich das Verhältnis, doch kleine Krisen gab es immer wieder. Südfranzösinnen können genauso dickköpfig sein wie Münchnerinnen.

Léontine Susini war eine schöne Frau. Sie war 1903 in Sanary als Tochter eines Werftarbeiters zur Welt gekommen. Im Jahr 1933 heiratete sie den Italiener Humberto Busata, der schon eine Weile im Ort lebte. Er war groß und dünn wie ein Strich, weshalb er den Spitznamen »bouboule« (Kügelchen) erhielt. An allen Orten der französischen Mittelmeerküste hatte es seit Ende des 19. Jahrhunderts eine starke italienische Zuwanderung gegeben. Der katholische Geistliche in Sanary allerdings beschwerte sich: Es sei schlimm mit diesen Italienern, in der Heimat seien sie fromm, aber kaum kämen sie hierher, schon würden sie zu Heiden.

Léontine hatte in verschiedenen Haushalten gearbeitet, vielleicht sogar bei den Manns; nach deren Abreise wohnte sie eine Zeitlang in der Villa La Tranquille. Bei den Feuchtwangers galt sie als sehr zuverlässig, trank nie und kochte vorzüglich. Marta lernte von ihr einige Rezepte. Bouboule arbeitete auch zuweilen für die Villa Valmer, vor allem wenn Transporte mit einem größeren Auto zu erledigen waren, allerdings lieferte er sich dabei einen Kleinkrieg mit den Katzen, die zum Haus gehörten. Martas Katzen-Chronik ist nicht ganz eindeutig, die Namen Peter, Muschi, Sauvage und Ling Lang sind überliefert, es muss aber auch noch andere gegeben haben.

In Sanary besaßen die Feuchtwangers einen deutschen Radioapparat, konnten aber nur deutsche Kurzwellensender einstellen. Als Lion endlich genug hatte von den Goebbels-Reden, bat er Léontines Mann, den Apparat zu Louis Lumière zu bringen, für den dieser zuweilen arbeitete. Der Filmpionier hatte sich in Bandol die Villa Lumen bauen lassen. Er erklärte Bouboule, wie man Langwellensender einstellte, und so konnten Lion und Marta endlich Konzertübertragungen aus Paris hören.

Freundliche Postkarten von Marta aus den Skiferien belegen das gute Verhältnis zu Léontine Busata. Besonders in der schweren Zeit des Kriegsbeginns und der Internierungen bewährte diese sich. Sie diente als Anlaufstelle für den Informationsaustausch. Sie packte zusammen mit Lola Sernau unzählige Bücherkisten und schickte sie nach Lissabon. Als ein Teil davon nach dem Krieg in Amerika ankam, schrieb Lion ihr einen Dankesbrief. Auch einige wertvolle Gemälde aus der Villa Valmer hat sie aufbewahrt, und erst nach ihrem Tod im Jahr 1983 sind diese verlorengegangen. Erhalten blieb ein Zuckerlöffel, den Lion von Stalin persönlich als Geschenk empfangen und an Léontine weitergegeben hatte.

Léontine und Bouboule reichten als Hilfskräfte auf dem großen Anwesen nicht aus. Als Marta jemanden zur gelegentlichen Pflege und Wässerung des Gartens suchte, empfahl man ihr auf dem Rathaus ein »polnisch-jüdisches Ehepaar«, wie sie in ihren Memoiren schreibt. Bei den freundlichen Helfern handelte es sich um David und Anna Seifert mitsamt ihrem Sohn Anatole. Die kleine Familie lebte äußerst bescheiden in einem Häuschen oberhalb des Strandes von Portissol. Die Eltern waren sehr dunkel, der Junge blond und blauäugig. Da sie fast immer vereint waren, nannte Marta sie die »heilige Familie«. Ihr enger Zusammenhalt war nicht nur durch die Armut bedingt, sondern auch durch den frühen Tod der ersten beiden Kinder.

David Seifert war 1914 aus Krakau zum Malen nach Paris gekommen, wo er im Haus des Bildhauers Charles Despiau unterkam und sich mit anderen Künstlern anfreundete, die einmal den Ruhm von Montparnasse ausmachen sollten, Modigliani, Chagall, Zadkine, Soutine, Kisling. Zwischen 1930 und 1937 lebte er mit seiner Familie in Sanary, weil das Leben dort billiger und gesünder war. Anna verkaufte Eier auf dem Markt am Hafen und ernährte so die Familie, da sich David weigerte, seine Bilder zu verkaufen. Kleine Honorare von den Feuchtwangers waren sehr willkommen.

Anatole ging in Sanary zur Schule, und mehr als einmal hat ihn Marta im Auto hingefahren, ein stolzer Augenblick für den kleinen Außenseiter, der später ein erfolgreicher Arzt in Paris wurde.

Marta erinnerte die Behausung der Seiferts an ein Gemälde von Renoir; es gab nur ein Zimmer voller Blumen und hübscher Möbel, die David selbst gebaut hatte. Er war nicht sehr gesund, die Anstreicherarbeiten, die er gelegentlich machte, hatten ihm stark zugesetzt. Seine Frau kam oft zu Marta, sie verstanden sich gut, und von ihr erfuhr Marta den neuesten Klatsch, der angeblich vor allem von Lola Sernau verbreitet wurde. (Robert Neumann hat sie als »die indiskreteste Sekretärin« bezeichnet, die er je gesehen habe.)

David Seifert malte vor allem Porträts und Landschaften. Eines Tages sagte seine Frau zu Marta: »Mein Mann würde gern eine Büste von Ihnen machen, er traut sich aber nicht, Sie zu fragen.« Marta antwortete, sie habe viel zu tun, sie müsse immer im Haus sein, für Lion könne allein sie kochen, zwei spezielle Mahlzeiten am Tag für seinen empfindlichen Magen, aber wenn er seine Reise nach Moskau mache, hätte sie Zeit. Und so kam David Seifert im Dezember 1936 in die Villa Valmer. Er war sehr schüchtern, und alles dauerte quälend lange. Marta wurde ungeduldig und sagte: »Ich muss bald zum Skifahren, darauf kann ich nicht verzichten. Wenn Sie nicht schneller arbeiten, müssen Sie es ohne mich machen.« Schweigend zog er davon. Etwas später erschien seine Frau: Ihr Mann sei beleidigt, so hart hätte noch niemand zu ihm gesprochen. Am 21. Januar 1937 war das Kunstwerk endlich fertig. Es sollte eine Überraschung für Lion werden. Auch diese Plastik wurde 1940 von Léontine verpackt und nach Amerika geschickt. Heute schmückt sie den großen Salon der Villa Aurora.

Als Anatole im Herbst 1937 zum Gymnasium gehen sollte, zogen die Seiferts nach Paris. Die Besatzungszeit überstanden sie mit viel Glück in einem Dorf nördlich von Paris. Erst nach dem Krieg, als Anna Seifert eine Galerie eröffnete, wurde ihr Leben leichter. David Seifert bemalte einen der Säulenköpfe im Restaurant La Coupole am Boulevard du Montparnasse. Das Aktbild seiner Frau findet man ganz hinten links vor der Küche.

Auch ungebetene Gäste kamen zur Villa Valmer. Der Bürgermeister von Sanary hatte seinen Angestellten eingeschärft, niemandem Lions Adresse zu geben. Doch einmal entdeckte Marta zwei junge Männer in ihrem Garten. Es waren Deutsche und gewiss keine Emigranten. Das Hausmädchen der Franks hatte ihnen die Adresse genannt. Sie überbrachten Grüße von Bruno Frank (aber der war gerade in England, wie Marta wusste). Marta rief: »Einen Augenblick!«, lief zu Lion hinauf und sagte, er möge sich verstecken. Dann ließ sie die Männer herein, sprach kurz mit ihnen und schickte sie fort. Das war ihre Art, mit einer Gefahr umzugehen. Der Bürgermeister bestätigte ihr später, dass die Männer auf der Mairie nach ihnen gefragt hatten. Die Nazis hatten in Frankreich ein dichtes Netz von Informanten, die Gestapo in Berlin legte umfangreiche Dossiers über die Aktivitäten der Emigranten an. Wahrscheinlich kamen einige Informationen direkt von Deutschen, die in Sanary lebten. Ein Anwalt, der angeblich für die französischen Dienste arbeitete, hatte Marta mitgeteilt, dass man die beiden deutschen Spione kenne, die sich in Sanary aufhielten, sie säßen oft in einem Café am Hafen und spielten Schach. Man weise sie nicht aus, weil man sie leichter überwachen könne; schickte man sie fort, kämen andere, die man nicht kenne. Sehr genau war diese Warnung nicht, und Schach in den Cafés spielten auch einige Emigranten. Marta muss die beiden Verdächtigen gekannt haben, denn sie schrieb in einem Brief, einer von ihnen habe sie zum Tennisspielen eingeladen. Namen nannte sie nicht, aber vielleicht war Hans Günther von Dincklage gemeint, der Schwager von Sibylle Bedford, der in der Tat für die deutsche Abwehr tätig war und sich bis 1934 oft in Sanary aufhielt. Der einzige »Spion« am Ort war er gewiss nicht.

Nach dem angenehmen ersten Jahr in der Villa Valmer war es Ende Juli 1935 gar keine Frage, dass »Haus und Personal« für zwei weitere Jahre gemietet wurden. An Eva van Hoboken meldete Lion: »die landschaft hier und das klima bekommen mir ausgezeichnet.« Und: »auch ist Marta viel netter als voriges jahr.« Die Ausgebürgerten hatten eine Ersatzheimat gefunden. Und Lions Leben war wieder eine ständige Ernte – der Gelegenheiten.

Ihren traditionellen Skiurlaub nahm Marta erst wieder im März 1936 auf. Aber den Wintersport betrieb sie nun nicht mehr in St. Anton, sondern in den französischen Alpen, in Megève bei Chamonix. Ihre Technik hatte sich durch die erzwungene Pause etwas verschlechtert: »Leider fahre ich eher schnell als stilvoll.« Logis nahm sie in jenem Jahr in der Pension Les Trolles, einen Winter darauf in der Pension Mon Idéal. Auf Flirts lasse sie sich nicht ein, schrieb sie an den »Docteur Feuchtwanger« in Sanary, obwohl es nicht an Gelegenheiten fehle. Die Leute seien immer nett zu ihr. Im Ort halte man sie für eine Kreolin aus La Martinique, weil ihre Haut so dunkel sei. Sie träume davon, wieder eine Italienreise mit ihm zu unternehmen.

Sie fuhr den Mont-Blanc-Gletscher zwei Mal hinab und erhielt dafür ein französisches und ein Schweizer Diplom, wurde außerdem Mitglied im Skiclub Paris. Als sie sich mit Rücksicht auf ihren Knöchel weigerte, von einer kleinen Schanze zu springen, sagte der aus Innsbruck stammende Trainer: »Wos, Sie als anzige Vertreterin Bayerns werden mi do net hänge lassen!« Da sprang sie und stand den Sprung auch. Als sie im April aus Megève zurückkehrte, fand Lion sie besonders »frisch und jung«. Sie selbst schrieb an Arnold Zweig, das Skifahren habe ihr neuen Auftrieb gegeben.

1938 hörte sie in Megève in einem deutschen Rundfunksender, man müsse dem Eindruck widersprechen, dass sich alle bedeutenden deutschen Autoren im Ausland befänden, wie Heinrich Mann oder Lion Feuchtwanger. Martas Kommentar dazu: »Sie machen also immer noch Reklame für Dich.« Sie gönnte sich sogar noch im Kriegswinter 1940 ihre Skiferien – und dann wieder Anfang 1941, aber das war schon im amerikanischen Exil. Die Welt ging drunter und drüber, aber ihre Gewohnheit hatte Bestand. An Lion schrieb sie einmal: »Du weißt, ich betrachte Skilaufen immer als ein Geschenk von Dir.«

Die Anziehungskraft der Villa Valmer war derweil ungebrochen – »eigentlich sind alle leute in amerika, aber uneigentlich kommen sie alle immerfort nach sanary«, schrieb Lion an Eva van Hoboken. Zu den »üblichen Leuten«, die bei ihnen vorbeischauten, zählten die Kinder von Thomas Mann, Eva Herrmann, Sybille Bedford, Fritz Landshoff, Ben Huebsch, Arnold Zweig, die Schickeles, die Meier-Graefes, die Marcuses, Ernst Toller, mit dem sie lange über die Zeit der Räterepublik diskutierten. Im September 1935 kam Ernst Bloch auf zwei Wochen nach Sanary und war enttäuscht, dass er sich in einer Pension einquartieren musste. Heinrich Mann ließ sich auch gern bewirten, wenn er mit Nelly oder allein von Nizza herüberkam, aber Lion betrachtete ihn immer skeptischer. Im Tagebuch heißt es am 27. August 1934: »Heinrich Mann und seine Freundin kommen. Verursachen viel Mühe und Plage. Hier mit ihnen zu Mittag und zu Abend gegessen. Marta macht sich unendlich lärmvolle Arbeit.« Oder auch: »Nachmittags mit Heinrich Mann zusammen. Mit ihm zu Abend gegessen. Ihn hofiert, ihn nach Toulon zu seinem Zug gebracht. Betrüblich, wie schlecht es ihm geht, so dass man immer vorsichtig sein muss, ihn nicht zu demütigen.«

Gedemütigt und unglücklich fühlte sich vor allem Lola Sernau. Sie machte Lion eine Szene, weil sie so einsam und freudlos leben müsse und er sich nicht um sie kümmere. In der nicht ganz einfachen Lage hielt sie dennoch tapfer durch. Lion hatte sich inzwischen wieder dem Josephus-Roman zugewandt, an dessen Fortschritt Marta ihren Anteil hatte. »Überarbeitung jener Kapitel begonnen, die Marta missfallen haben«, notierte er am 12. Januar 1935.

Jeden Sommer war Sanary von Besuchern überlaufen, und alle Zimmer wurden »bis auf den letzten Lokus« vermietet. Zu den »üblichen Sommersanaritanern« kamen in der Villa

Valmer besondere Gäste hinzu, so Mihály Graf von Nagká-
rolyi, genannt der »Rote Graf«, der 1919 als Ministerpräsident der ungarischen Revolutionsregierung zurückgetreten
und nach Frankreich ins Exil gegangen war. Als er mit seiner
Frau, Gräfin Catherine Károlyi, geb. Andrássy, in das Haus
der Feuchtwangers kam, begrüßte ihn dort Conte Carlo
Sforza, strammer Antikommunist und ehemaliger Außenminister Italiens, der nach Mussolinis Machtergreifung zurückgetreten war. Als neben Graf Sforza einmal auch der
italienische Philosoph Gaetano Salvemini eingeladen war,
kam es zu einem hitzigen Wortgefecht, das zwar kein anderer verstand, doch einige an Thomas Manns *Zauberberg* denken ließ. So konnte auch Marta wieder auf internationalem
Parkett glänzen, nur dass es jetzt in ihrem Haus geschah.

Auf der anderen Seite von Toulon wohnte Baron Rothschild aus Frankfurt. Er besaß dort ein weitläufiges Anwesen mit Weinbergen, Wiesen und Wäldern. Seine Residenz
kam Marta wie ein kleines Paradies vor, besonders bei Sonnenuntergang, wenn der Himmel zunächst blutrot wurde
und sich bald tiefblau färbte. Man saß auf der Terrasse und
aß Hummer und Rebhuhn. Die Feuchtwangers waren in
Begleitung von Emil Gumbel und Ernst Bloch erschienen.
Später kam der Maler Emil Spiro hinzu, er sollte Frau Rothschild porträtieren. Viele Jahre später traf sich ein Teil der
Gesellschaft im amerikanischen Exil wieder, und alle stellten
fest, wie sehr doch die kalifornische Küste der Côte d'Azur
gleiche. Marta fand: »Frankreich ist wie Sonntag; in Kalifornien ist es mehr wie Donnerstag, das ist auf die Dauer besser
zu ertragen als die überaus schöne, intensive Riviera.« Aber
damals in Sanary hätte sie sich keinen besseren Ort vorstellen können.

Mindestens einmal im Jahr fuhr Lion nach London, stets
mit einem Aufenthalt in Paris verbunden. Als Anfang Oktober 1934 der Film *Jew Suess* zeitgleich in New York, Paris
und London Premiere hatte, war er gar nicht zufrieden, vielleicht auch, weil er nicht genug im Mittelpunkt stand. Der
»scheußliche film läuft in allen hauptstädten mit großem er-

folg«, vermerkte er überrascht, später nannte er ihn drastischer den »sch… film«. Von dem angesehenen Londoner Verlag Secker, der in Schwierigkeiten steckte und schlecht zahlte, wechselte er zu dem populären Verlag Hutchinson, der auch die Übersetzung von *Mein Kampf* vertrieb. So hatten Lion Feuchtwanger und Adolf Hitler in England denselben Verleger. Der Wechsel war ohne Lions Mitwirkung über den Verkauf der Rechte zustande gekommen. Für einen Vorabdruck in England oder den USA erhielt er nun bis zu 200 000 Francs. Er blieb also im Exil ein international gehandelter Bestsellerautor, während so viele andere Emigranten Publikum, Ansehen, Einkünfte und manchmal auch das Leben verloren.

Jedes Mal, wenn er von einer Reise zurückkehrte, war er froh, wieder in Sanary zu sein. Es wurde ihm dann bewusst, wie viel Marta für sein Wohlbefinden tat. »Marta sehr nett. Hat auch das Haus sehr hübsch zurecht gemacht«, heißt es am 9. Dezember 1935. Martas Leben verlief gleichmäßig: viel Arbeit, interessante Gäste, Skiurlaub, tägliches Baden und anderer Sport, Gemüsezucht oder Obsternte im Garten, Autotouren, aber eigentlich keine Reisen mehr wie früher. In eine Stadt oder ins Kino kam sie nur noch selten. Probleme bereiteten ihr die Zähne, die gelegentlich Operationen nötig machten (das hatte sie mit Lion gemeinsam), und ein unangenehmer Badeunfall in der Bucht von Portissol, bei dem sie sich (im Dezember!) an einem ins Meer geworfenen Bettgestell schwer verletzte und Docteur Vert kommen lassen musste.

Thomas Mann besuchte Sanary noch einmal 1935 und 1936, und jedes Mal wurde er in der Villa Valmer bewirtet. So verzeichnet sein Tagebuch Anfang September 1936 ein »lukullisches Abendessen« und danach einen angenehmen Aufenthalt auf der Terrasse bei milden Temperaturen. Man spürt aus den wenigen Zeilen das Behagen, das Martas Gastfreundschaft zu schaffen wusste.

Als Eva van Hoboken im September 1935 nach Sanary kam, riet ihr Lion, sich nicht allzu fest an Mitteleuropa zu binden. Dass sie und ihr Mann sich ein Haus in Wien bauen ließen, fand er unklug, fügte aber hinzu: »ich selbst täte auch gescheiter, in amerika zu sitzen als hier.« Er fühlte sich zu wohl und zu sicher im stillen Sanary, wo man nur schwer an Krieg denken konnte. Und er wusste genau, dass er in einer privilegierten Situation lebte, während andere wie etwa Döblin in prekären Umständen existierten.

Gesundheitlich nicht sehr gut ging es Julius Meier-Graefe, dem Pionier der Künstlerkolonie an der blauen Küste. Seine Frau Annemarie brachte ihn Mitte Mai 1935 in ein Sanatorium am Genfer See; dort hatte er sie einst aus einem Internat entführt. Nur einen Monat später starb der große Kenner der französischen Malerei in Vevey. Seine junge Witwe bemühte sich in den nächsten Jahren um größere Nähe zu Lion, aber sie kam nicht zum Zuge, denn nun trat eine andere Person in sein Leben, die bis zum Krieg sein Intimleben beherrschte und Marta vorübergehend zur Nebenfigur degradierte. Eine besondere Note bekam dieses neue Verhältnis dadurch, dass es zugleich eine politische Dimension besaß. Sein Flirt mit den Kommunisten war die Kehrseite seiner leidenschaftlichen Affäre mit Eva Herrmann.

Aus dem Moskauer Exil hatte Johannes R. Becher im Herbst 1934 an Eva Herrmann geschrieben: »Heute habe ich folgende Bitte, und damit könntest Du mir gleich bei meiner Arbeit viel helfen. In Deiner Nähe befindet sich, soweit ich orientiert bin, Heinrich Mann und Feuchtwanger. Aber es kommt uns besonders auf den ersten an. Wir haben ihm verschiedene Male geschrieben, aber er hat bis jetzt nicht geantwortet. Es wäre nun gut, Du würdest mit ihm sprechen, das muss natürlich unauffällig geschehen, nicht in unserem Auftrag. Das Ziel ist, ihn zu veranlassen, uns zu schreiben, dass er für das Beste eine mündliche Aussprache halte. Bei der Möglichkeit einer solchen Aussprache hätten wir schon sehr viel gewonnen. Viel leichter ist sicher Feuchtwanger, der mit uns einigermaßen korrespondiert, aber auch hier könntest Du etwas drücken.« Sie solle auch behutsam Kontakt zu Thomas Mann suchen. »Es handelt sich nicht um Geldsammlung, sondern darum, alle antifaschistischen Schriftsteller in einer Liga zusammenzufassen und zunächst die Stimmung unter den ›Prominenten‹ zu sondieren.«

Becher hatte in seiner Funktion als Mitarbeiter der Komintern geschrieben. Die Annäherung einiger Exilautoren an die Kommunisten war also nicht nur Sache persönlicher Überzeugung, sondern auch die Folge direkter Beeinflussung. Dabei hatten für die Komintern stets die machtpolitischen Interessen der Sowjetunion den Vorrang, deren Politik keineswegs auf bedingungslosen »Antifaschismus« abonniert war, wie das Schlagwort seit Mitte der zwanziger Jahre hieß. Dass sie Figuren in einem von außen gelenkten Spiel waren, kam den meisten engagierten Intellektuellen wohl nicht zu Bewusstsein.

Heinrich Mann hatte sich bereits Herbst 1934 bedingungslos und reichlich blauäugig der kommunistischen Linie angeschlossen und wich davon bis zu seinem Lebensende nicht mehr ab, zumal er finanziell immer stärker von Moskau abhängig wurde. Lion Feuchtwanger hatte zu Beginn des Exils Kontakt zu Komintern-Funktionären wie Willi Münzenberg (der 1938 mit den Genossen brach und dies zwei Jahre später mit dem Leben bezahlte). Lions Annäherung intensivierte sich 1935, in dem Jahr, in dem seine Liaison mit Eva Herrmann begann.

Eva Herrmann, 1902 in München als Tochter einer Deutschen und des amerikanischen Malers Frank S. Herrmann geboren, besaß die amerikanische Staatsangehörigkeit, sprach aber, da sie als Kind in München gelebt hatte, bayerischen Dialekt. Als sie sieben Jahre alt war, trennten sich ihre Eltern. Der Vater wurde ihr erster Zeichenlehrer, mit ihm ging sie 1919 nach New York. Anfang der zwanziger Jahre kam sie nach Berlin, um dort Kunst zu studieren. 1922 wurde sie die Geliebte von Johannes R. Becher, der ein Jahr später in die KPD eintrat und bald eine wichtige Rolle als Kulturfunktionär innehatte. Die Liebesbeziehung endete unter dem Druck von Evas Vater, den Kontakt zu Becher erhielt Eva aber aufrecht. Ende der zwanziger Jahre lebte sie in New York, wo Klaus und Erika Mann ihre Bekanntschaft machten. Mit der Familie Mann blieb sie bis in deren kalifornisches Exil hinein verbunden. In Sanary wohnte sie schon vor 1933 in einem Haus mit Sybille von Schönebeck alias Bedford und gehörte dem Kreis um die Huxleys an. Ihre Schwester Thea war mit dem österreichischen Maler Wilhelm Thöny verheiratet, der seit 1931 in Paris lebte, aber jeden Sommer mit ihr nach Sanary kam.

Für Evas politische Anbindung an Moskau gibt es nur wenige, aber deutliche Indizien. In ihrem schon vom Spiritismus geprägten Buch *Von Drüben* schreibt sie 1976: »Drei meiner Reisen führten mich in die Sowjetunion. Dort war ich als Zeichnerin tätig und konnte zur gleichen Zeit Land und Staatssystem studieren.« Zum Verständnis der dortigen Verhältnisse hätten ihr aber die Voraussetzungen gefehlt. »Ich konnte lediglich meine Augen offenhalten und die Dinge auf mich einwirken lassen.«

Im Juni 1935 fand in Paris der von den Kommunisten gesteuerte »Kongress zur Verteidigung der Kultur« statt, an dem auch viele bürgerliche Autoren teilnahmen, darunter Robert Musil und Aldous Huxley. Bei dieser Gelegenheit hatte Lion intensiven Kontakt mit Johannes R. Becher (»ich verstehe mich nicht schlecht mit ihm«) und mit russischen Autoren und Funktionären. Man lud ihn nach Moskau ein und drängte auf sein baldiges Kommen. Lion, der von sich selbst behauptete, er sei nun mal kein Redner, hielt in der Pariser Mutualité einen Vortrag in französischer Sprache. Der Pariser Kongress, »eine imponierende mischung von literarischen vorträgen, politischem meeting und sechstagerennen«, war ein Höhepunkt in der erst seit kurzem praktizierten Volksfrontpolitik der Kommunisten, die vor Hitlers Machtergreifung eine fatale Spaltungspolitik innerhalb der Linken praktiziert hatten. Der Kongress wurde ein noch lange gepflegter Propagandamythos. Am Gang der Dinge änderte er nichts. Die Moskauer Prozesse waren 1935

1 Marta Feuchtwanger, 1899.

2 Die Geschwister Feuchtwanger, 1905.
Ludwig, Martin, Bella, Lion, Martha (Medi), Fritz,
Franziska (Fanny), Berthold, Henny (v. l. n. r.)

3 Marta Feuchtwanger, um 1910.
In dem Jahr lernte sie Lion kennen.

4 Marta Feuchtwanger, Berlin 1932.

5 Das erste Haus: Berlin, Mahlerstraße 8,
direkt am Grunewald. (1932)

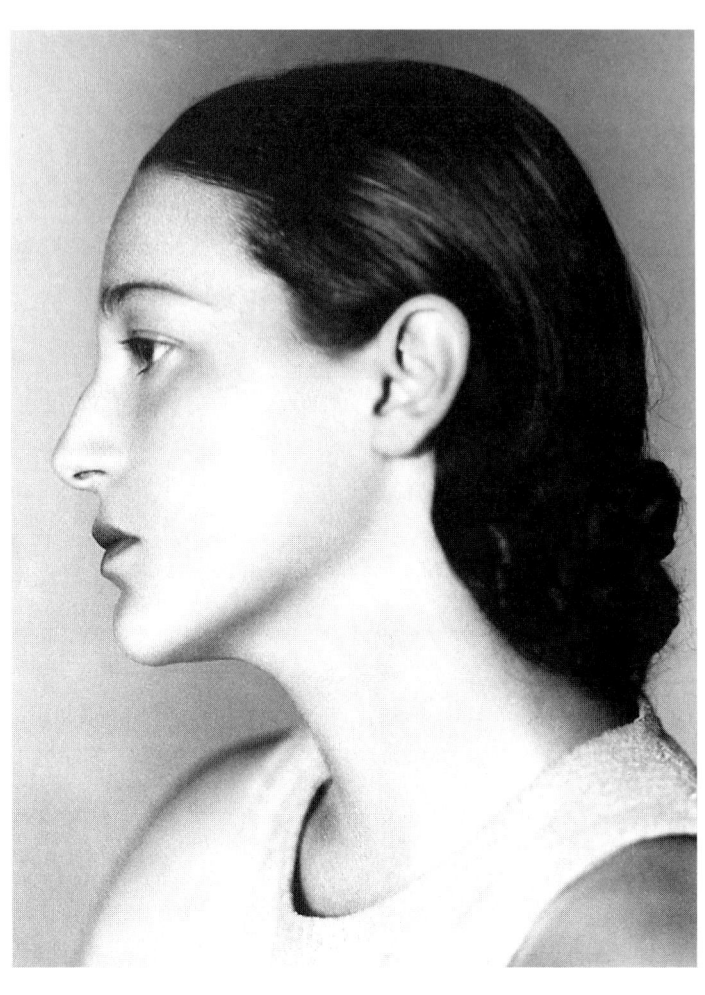

6 Die Zeichnerin Eva Herrmann, Sanary, 1934.
(Foto: Walter Bondy)
Mit ihr führte Lion Feuchtwanger zwischen 1935 und 1940
eine Parallelehe; 1936/37 reiste er in ihrer Begleitung nach
Moskau.

7 Lion und Marta in der neu eingerichteten Bibliothek
der Villa Valmer, Sanary, Juni 1934.
(Foto: Walter Bondy)

8 Marta und Lion zu Gast im Haus
von Aldous und Maria Huxley, Sanary, 1933.
(Foto: Aldous Huxley)

9 Ein Bild, das um die Welt ging:
Lion Feuchtwanger, interniert in der Ziegelei
von Les Milles, Mai 1940 (links: Friedrich Wolf).

Links:
10 Das letzte Domizil: eine Villa im spanischen Stil
in Pacific Palisades, mit Garten und Blick auf den Pazifik.
Erst nach Marta Feuchtwangers Tod wurde der Name
„Villa Aurora" gebräuchlich.

11 Lion Feuchtwanger und Bertolt Brecht
im Garten der Villa Aurora, 1947.

Rechts:
12 Skiferien in Megève, 1938.
Marta machte jedes Jahr im Januar Skiurlaub (in Österreich, in der Schweiz, in Frankreich, später in Kalifornien).

13 Auf der Terrasse der Villa Aurora, 1950.
Die tägliche Gymnastik, die Marta ihm auferlegte,
absolvierte Lion Feuchtwanger bis in
sein letztes Lebensjahr.

14 Marta im Garten der Villa Aurora, um 1950.
(Foto: Florence Homolka)

15 Los Angeles, um 1975.
In ihrem »vierten Leben«, nach Lions Tod,
war Marta Feuchtwanger eine prominente Person
im kulturellen Leben und im Partytreiben
der kalifornischen Metropole.

16 Marta Feuchtwanger mit Hans-Jochen Vogel,
München im Mai 1969.
Auf ihrer ersten Deutschlandreise nach 1933
besuchte Marta Berlin (West wie Ost) und ihre
Heimatstadt München, wo sie der junge
Oberbürgermeister empfing.

17 Marta Feuchtwanger, 1985.

ein Thema in Paris, aber Lion Feuchtwanger wie Heinrich Mann verließen sich auf die Darstellungen, die man ihnen von offizieller Seite gab. Es ist nur zu verständlich, dass die ausgebürgerten Autoren für öffentliche Anerkennung empfänglich waren, auch wenn alles ein abgekartetes Spiel war. Die Russen hätten ihn maßlos gefeiert, schrieb Lion an Eva van Hoboken: »ich habe in russland schrecklich viel geld liegen und kann dort auf lebenszeit kaviar essen und pelze kaufen.« Honorare wies die Sowjetunion, die das Urheberrecht niemals anerkannte, nur selten außerhalb des Landes an. Bei Lion Feuchtwanger und bei Heinrich Mann machte man eine Ausnahme. Thomas Mann hingegen wurde mit einem Pelzmantel honoriert.

Nicht sehr gut stand es mit Lions Einbürgerungsantrag, wie ihn sein Anwalt in Paris wissen ließ. Auch Heinrich Mann hatte trotz guter Verbindungen keinen Erfolg. Man darf vermuten, dass dies auch an ihren politischen Kontakten lag. Alfred Döblin etwa wurde 1936 französischer Staatsbürger.

Das politische Marionettenspiel schloss menschliche Beziehungen nicht aus, wie etwa zu der in Moskau lebenden deutschen Kommunistin Maria Osten (ihr eigentlicher Name lautete Greßhöner) und ihrem Gefährten Michail Jefimowitsch Kolzow, Funktionär und Journalist. Als es um die Moskauer Reisepläne ging, zeigte sich, dass Eva Herrmann Lion begleiten wollte. Nach Moskau kam nur, wer dort politisch willkommen war. Im Vorfeld des Besuchs wurden Theateraufführungen und Filmprojekte verabredet, zu deren Vorbereitung Lilo Dammert-Aisner nach Sanary kam, von Marta als »klein, zierlich, blond, blauäugig, intelligent und gebildet« beschrieben. Sie war eine Freundin der Feuchtwangers aus Berliner Tagen, stammte aus gutbürgerlicher Familie, wurde zur kommunistischen Sympathisantin und ging aus politischen Gründen ins Moskauer Exil. Sie hatte den Filmregisseur Henry Aisner geheiratet, der ein Neffe Kurt Eisners war, sich aber anders schrieb und einen französischen Pass besaß. Lilo und Maria Osten spielten auch eine Rolle in Lions Liebesleben. Mit Lilo habe sie sich gut verstanden, vertraute Marta 1983 Lions Biographen Volker Skierka an, sie sei die einzige Frau gewesen, die nicht gegen sie intrigiert habe; die anderen seien immer eifersüchtig auf sie gewesen, wo doch eigentlich sie allen Grund dazu hatte. Die beherrschende Person in Lions Leben blieb jedoch bis 1940 Eva Herrmann. Zwei Porträtaufnahmen von Walter Bondy zeigen das geheimnisvoll-schöne Gesicht der Zeichnerin, die in jeder Weise in Beziehung zur »anderen Seite« stand, denn sie hatte auch esoterische Neigungen, die sich bis zum Ende ihres Lebens noch verstärken sollten. Marta konnte der Entwicklung nur ohnmächtig zusehen.

Nachmittage eines Fauns

»Sie verstand den Mann nicht, den sie liebte.«

L. F., *Erfolg*

»Auch hat er ihr viel Leides zugefügt, und
ganz verwunden hat sie es nie«

L. F., *Der Tag wird kommen*

Casanova, seine alten Tage als Bibliothekar auf dem böhmischen Schloss Dux fristend, wollte vielleicht nur die dortigen Mägde beeindrucken, als er von seinem Leben zu erzählen begann und das hieß von seinen Reisen und Missionen, doch vor allem von seinem Liebesleben. An vieles erinnerte er sich nicht mehr so genau, manches mag er nur geträumt oder gewünscht haben. Sehr vieles hat er verfälscht oder weggelassen, weil es ein Verbrechen war oder politischer Geheimauftrag. Immerhin kam bei dieser Mischung aus Erlebnis und Erfindung ein umfangreiches Memoirenwerk heraus, das ihn zu einer Legende machte.

Das Tagebuch von Lion Feuchtwanger ist von ganz anderer Art. Literarisch kann es Casanovas Werk nicht das Wasser reichen (auch dem Tagebuch von Thomas Mann nicht). In anderer Hinsicht sieht selbst Casanova vergleichsweise blass aus (Thomas Mann sowieso). Lion schrieb nicht für andere, er schrieb für sich. Er notierte, führte Buch, pedantisch und kontinuierlich, geradezu besessen, allerdings in einer kruden, drastischen Sprache.

Irgendwann, vermutlich Mitte der dreißiger Jahre in Sanary, fiel Marta Lions Tagebuch in die Hände. Sie las Sätze wie diese: »Vermisse 2 000 Francs, wahrscheinlich gestohlen von der Hure gestern.« – »Mittagessen bei Franks. Erst sehr nett, dann bekommt er einen asthmatischen Anfall. Liesl ziemlich unglücklich. Flirt mit Marie-Thérèse. Dann kommt sie überraschenderweise, gevögelt. Kleine Enttäuschung, trotzdem sie sehr nett war.« – »Etwas gearbeitet, Mittags mit Eva. Sie ist verstimmt, weil sie ihren romantischen Liebsten, der sie nicht mag, nicht getroffen hat. Will zuerst nicht vögeln, dann doch. Ich müde und auch etwas verstimmt.« – »Liesl Frank furchtbar gevögelt.« – »Margot Parsons. Gevögelt. (Es stellt sich heraus, dass ich sie verwechselt habe).« – »Dann törichterweise noch zu einer Hure.« Jeder Flirt, jeder Beischlaf, jeder Hurenbesuch, jede Onanie ist verzeichnet. Das alles in hastigen Stichworten, die an einen Satz aus Lions Roman *Die Söhne* denken lassen: »Immer hat er es mit den niedrigen Worten, beklagte sich Mara.« Und noch immer hatte er als einzige Bewertungsskala die Wörter »fad – mittel – nett«.

Zwar hatte Marta gewusst, dass es andere Beziehungen gab, das ganze Ausmaß seiner Eskapaden hatte sie nicht geahnt. Von ihrem Schock zeugt ein fragmentarisch erhaltener undatierter Brief, der auf eine Krise verweist. »Ich würde Dir viel zärtlicher schreiben, kann aber das Tagebuch immer noch nicht verwinden. Dabei erzählst Du mir so gut wie je, und ich bin verliebt wie ehemals. Ich weiß nicht, ist es nur verletzte Eitelkeit oder Schlimmeres, auf jeden Fall hat es mir viel Kummer verursacht und es war die einzige Enttäuschung, die ich hatte, denn ich hab mir über niemand sonst Illusionen gemacht. Und diese Illusion hat ...« Der Rest des Schreibens fehlt. Der Brief zeigt, dass sie darüber hinwegzukommen versuchte. Eine Trennung hat für beide niemals zur Debatte gestanden.

Lion Feuchtwanger war ein Erotomane von unerschöpflicher Triebkraft. Das ist das biographische Faktum, um das man nicht herumreden kann, und es war eine wesentliche Gegebenheit in Martas Leben. Seine Affären waren nicht so harmlos, wie sie es im Rückblick darzustellen versuchte. Sein Tagebuch hätte sie lieber vernichtet gesehen, was aber von seiner letzten Sekretärin Hilde Waldo verhindert wurde. Sie hat dessen Existenz gegenüber Lions erstem Biographen geleugnet. Für die Jahre von 1906 bis 1940 sind Aufzeichnungen mit größeren Lücken erhalten.

Lion hat sich Martas wegen nicht verändert, er hat – abgesehen von den gemeinsamen Wanderjahren vor 1914 – sein Leben in völliger Ungehemmtheit geführt und Störungen, Dreinreden, Beschränkungen als kleinbürgerlich und spießig zurückgewiesen. Marta musste ihn nehmen, wie er war. Wie offen sie miteinander geredet haben, welche Absprachen es gegeben hat, kann man nicht sagen. Äußerungen von Lion zu dem Thema sind selten. In einem Artikel für den *Daily Express* vom 28. Januar 1930 hat er sich über die Frage der Scheidung geäußert und dabei die offene Ehe verteidigt, die bei völliger Freiheit für beide Partner auch die Verantwortung füreinander beinhalte. Dabei müsse die finanzielle Absicherung einer nicht berufstätigen Frau gewährleistet sein, notfalls mit Vertrag und geregelter Altersvorsorge. Verantwortung in diesem Sinne hat er sehr wohl wahrgenommen, auch gegenüber seinen Geliebten.

Die größte Macht in Lions Leben war nicht das Geld – dem stand er pragmatisch-gleichgültig gegenüber –, auch nicht der Ruhm, wenngleich er auf Erfolg bedacht war und sich gern feiern ließ, sondern der Sex. Nicht die Erotik, nicht die Verführung, nicht das Spiel. Es war die Sexualität als Lusterfüllung, als Machtrausch, als Mittel der Selbstbestätigung, vielleicht gar als Kompensation empfundener, erlittener oder eingebildeter Unzulänglichkeit, als bewusste »Erniedrigung des Liebeslebens«, wie Freud es nennt. Das betraf auch Marta, denn für das Zusammensein mit ihr gebraucht er gelegentlich das Wort »huren«, was wohl nicht ironisch gemeint war. Das Tagebuch ist dabei eine Art Nachklang der Erlebnisse. Es ist geradezu herausfordernd unliterarisch: die pedantische Buchführung eines Don Juan. Permanent und zwanghaft notiert er seine sexuellen Begierden und beobachtet sich selbst wie ein erstaunliches Wesen, auf dessen Verhalten er keinerlei Einfluss hat.

Die ersten Erfahrungen sammelte er als Gymnasiast mit Kellnerinnen. Die Onanie, die er früh und exzessiv betrieb, registrierte er samt dem schlechten Gewissen dabei. »Dem Priapos opfern«, nannte es der altsprachlich Geschulte oder wortschöpferisch »priapieren«. Man könnte lange nachdenken über den Zusammenhang von literarischer Phantasie und Onanie, Beispiele anderer Autoren ließen sich leicht finden, von Flaubert bis Thomas Mann.

Überdies gab es die Huren, auch die bevölkerten sein Leben seit den Studienjahren in Berlin. In jener Zeit machten junge Männer aus bürgerlichen Familien ihre ersten Erfahrungen im Bordell, was ihr Verhalten gegenüber den Frauen dauerhaft prägte. Heinrich Mann, der eine ähnliche Initiation erlebt hatte und dessen Frauen immer etwas Hurenhaftes aufwiesen, hat sich dazu in dem Essay *Wege des Geschlechts* aus dem Jahr 1931 geäußert. Von der »Höchstwirkung« solcher Frauen schrieb er: »Die Dirnen haben für mich die ganze, unvermindert furchtbare Anziehung der barbarischen Gefühle. Sooft ich an einer dunklen Straßenecke eine warten sehe, klopft mir das Herz.«

Ob in München, Berlin, Paris oder auf Reisen: Immer wieder suchte Lion Prostituierte auf, und auch diese Besuche notierte er. Trotz einer Ehefrau und diverser Geliebter – ein- bis zweimal im Monat zog es ihn dorthin, manchmal auch direkt nach einer Begegnung mit einer Frau, als fehle ihm die »Dämonie des Geschlechts«, die Heinrich Mann so wichtig war. Unersättlichkeit als Prinzip? Oder echte Neurose? Dabei war er von spielerischer Leichtfertigkeit. Geschlechtskrankheiten oder Prostataleiden waren zwar seine ständige Sorge, konnten ihn aber nicht abhalten. Zuweilen »erwischte« es ihn, aber doch erstaunlich selten. Gedanken an seine Partnerinnen spielten kaum eine Rolle.

Daneben gab es diverse Affären, einige waren kurz, einige auch »ohne das Ziel der Klasse zu erreichen«, wie er sich ausdrückte, Heinrich Manns *Professor Unrat* zitierend. Andere wuchsen sich zu wahren Leidenschaften aus, insbesondere die Beziehung zu Eva Boy zwischen 1925 und 1933 und das Verhältnis mit Eva Herrmann zwischen 1935 und 1940.

Und schließlich, neben oder über all dem, stand Marta,

von der ersten Begegnung im Jahr 1910 an über die Heirat 1912 bis zu seinem Tod 1958. Fast fünfzig Jahre lang war es eine intensive Beziehung, in der die Lust niemals aufhörte, denn auch das wurde notiert, doch schien diese Beziehung eine Sache für sich zu sein, auf einer anderen Ebene zu spielen. Dieser Autor war komplexer als seine Romanfiguren. Man hat den Eindruck, dieser schüchterne, schweigsame, verlegene Mann hatte so viel innere Energie, dass er sie stetig abbauen musste. Und er hatte immer noch Kraft genug, sein Werk zu diktieren, denn die Arbeit mit der Sekretärin war Teil seines Trieblebens. Seine Romane sind aus sexueller Erregung heraus entstanden und nicht etwa aus deren Sublimierung.

Er flirtete prinzipiell und überall, als wäre es ein Sport, ein Zwang, eine Suche nach Bestätigung. (So deutet er die Gier seiner Figur Jud Süß.) Und es war auf Reisen nicht anders als an seinen Wohnorten. Ob England, Amerika oder Moskau – seine Libido lief auf Hochtouren. Zu seinen Motiven, zu seiner Moral, zu dem, was er suchte, hat er sich nie geäußert, auch nicht zu seiner Einstellung gegenüber Marta. Und was sie wirklich gedacht hat, erfährt man nicht, ahnt es nur manchmal. In einem Brief nennt sie ihn böse und treffend »pedantischen Lüstling«.

Man kann nun allerlei psychoanalytische Deutungen entwerfen, von der nachwirkenden Mutterbindung (doch angeblich hat er seine Mutter nicht gemocht) bis zu verdrängter Homosexualität (alle wesentlichen Geliebten haben androgyne Züge), vor allem wenn man sieht, dass er sich bevorzugt um die Frauen seiner Schriftstellerkollegen bemühte, aber im Grunde kann man sich nur statistisch dazu äußern. Da er die Statistik liebte, müsste man auch sagen: er war x-mal bei einer Hure, er hat x Frauen den Hof gemacht, er hat x-mal das Ziel der Klasse erreicht, er hat x-mal Marta »sehr lieb gehabt«. Die Liste entspräche dem nüchternen Geist seines Tagebuchs. Auch in seinen Briefen war er nicht besonders galant.

In den ersten Monaten des Exils war Marta irritiert, weil Lion einen Ersatz für Eva Boy gefunden hatte. Lola Sernau schien die Rolle als jüngere Nebenfrau eingenommen zu haben, denn ihre Liaison mit Lion war in diesen Wochen recht intensiv. Sie bewies eine gewisse Form der Anhänglichkeit, aber auch des Anspruchs an Lion, überdies war sie finanziell von ihm abhängig. Marta war in dieser Zeit besonders gefordert, denn alle Fragen der Unterkunft, der Einrichtung, der Bewirtung der vielen Gäste waren ihre Angelegenheit. Notizen über ihre schlechte Laune häufen sich in Lions Tagebuch: »Marta [...] kritisiert den Film, schimpft dann maßlos und sehr persönlich.« (4. 4. 1933) – »Marta ärgert sich schrecklich, sie ist hypernervös, strindbergelt. Kriegt dann Herzbeschwerden.« (28. 4. 1933) Doch nie erfahren wir etwas über die genauen Anlässe oder den Inhalt ihrer Äußerungen. Die Hintergründe ahnt man, wenn er über einen steifen Hals klagt: »Marta erklärt es für Syphilis. Sie hat immer die Tendenz, hinter allen unangenehmen Vorkommnissen eine Schuld zu wittern«, heißt es am 22. Mai 1933. Anderswo spricht er von ihrem »hygienischen Spleen«. Sie hatte vielleicht nur berechtigte Angst? Lion war ganz frei von Schuldgefühlen, er war auch nicht bereit, über seinen Lebensstil zu verhandeln. Er war eine tägliche Zumutung für sie, selbst Liebesnächte konnten die Atmosphäre nicht verbessern: »Marta [...] behauptet danach wieder steif und fest einige unrichtige belanglose Tatsachen. Außerordentliche Abneigung gegen die Sernau.« (1. 6. 1933) Und dann spitzte sich der Konflikt zu. »Furchtbarer Krach zwischen Marta und Lola. Wie mir Lola Schokolade anbietet, erklärt Marta, Lion kann sich seine Schokolade allein kaufen. Ich erkläre Lola, sie möge sich woanders einmieten. [...] Vertreibung der Hagar«, schrieb der bibelfeste Patriarch in sein Tagebuch am 1. Juli 1933. Schwanger, wie Abrahams Nebenweib, war seine »Magd« aber nicht, vielleicht nur etwas hochmütig. All das hielt ihn nicht davon ab, mit Arnold Zweigs Sekretärin Lilly Offenstedt zu flirten, die ihn wiederum dafür beschimpfte, dass er sich so wenig um Zweig kümmere. Marta und Lola versöhnten sich von Zeit zu Zeit, ehe der Krach wieder losbrach. Als Friedensstifter bewährte sich Lion nicht: »Marta macht jede vernünftige Diskussion durch hysterische Anfälle unmöglich. Lola gevögelt.« (18. 7. 1933) – »Marta hat wieder albernen Krach mit Lola wegen Läppereien. Ich ärgere mich wahnsinnig über ihren kleinbürgerlichen Geist und ihren Hochmut und ihre Rechthaberei.« (16. 8. 1933) Aber auch Lola erklärte von Zeit zu Zeit, dass sie es nicht mehr aushalte: »Lola besonders grantig, macht Krach, dass ich mich so wenig um sie kümmere.« (18. 4. 1935) Aufstand im Harem. Während Marta nach ihrem schweren Unfall im Krankenhaus war, ging Lions Beziehung mit Lola weiter. Diskretion war nicht deren Sache: »Lola erzählt alberne Klatschereien, die über mich in Sanary in Umlauf seien.« Er ahnte vermutlich nicht entfernt, wie sehr im Ort über ihn getuschelt wurde, zumal es weitere Liebschaften gab. Über ein paar Wochen zog sich seine Liaison mit der Opernsängerin Annemarie Schön hin, einer Amerikanerin, die an der Opéra Comique in Paris auftrat und gelegentlich Ferien in Sanary machte. Sie verlangte allerdings Geld von ihm und ärgerte ihn, als sie ihn größenwahnsinnig nannte.

Weitere Affären hatte er in den Jahren nach 1933 auch mit Ika Olden (in London und in Paris), Lene Herrmann, Margot Parsons, Jenny Horváth, Bettina Honig, Walli Schwarzschild, Lilo Dammert, Sascha Marcuse und anderen. Misserfolg hatte er bei einer Frau Mendelssohn in Paris. »Sie hat mir offenbar meine etwas derbe Galanterie übelgenommen oder hat Angst vor ihrem Mann. Mir tut das sehr leid.« Im März 1934 fing er ein kurzes Verhältnis mit der Literatur- und Filmagentin Anna Bernstein an, die seine und auch Heinrich Manns Interessen in Hollywood vertrat. Sie hatte sich für ein paar Tage im Grand Hôtel in Bandol eingemietet. Er empfand sie als zudringlich (»sie zwingt mich …«). Dabei muss es zu grotesken Szenen gekommen sein: »Mit großer Mühe den provokativen Nachstellungen der Anna Bernstein entgangen. Sie macht dabei solchen Lärm, dass das ganze Hotel zusammenläuft.« (13. 3. 1934) Aber er widerstand ihr nicht lange. Als sie endlich nach Amerika abgereist war, galt seine Aufmerksamkeit vor allem Bruno Franks Frau Liesl. Dieser Flirt erreichte Mitte März 1934 das Ziel der Klasse, während Marta ihm noch Vorwürfe wegen Lola machte. Bruno Frank bandelte derweil mit einer Einheimischen an.

Den Sommer 1934 über und noch später in Paris und London blieb Liesl aktuell. Sie konnte aber sehr böse sein und hatte eine spitze Zunge. Und sie gehörte zu den wenigen Menschen, gegen die Marta eine starke Abneigung behielt. In einem undatierten Brief aus den späten Jahren in Los Angeles schrieb sie, dass Liesl und Bruno Frank eine offene Ehe führten, »doch stellte Frank die Bedingung, dass ihre Erlebnisse mit allen Einzelheiten dem andern mitgeteilt werden müssten und dass für Liesl seine beiden besten Freunde Wilhelm Speyer und L. F. tabu seien. Was Liesl veranlasste, sofort diese letzte Bedingung zu ignorieren. Frank stellte mir auch weiter nach, doch er reizte mich nicht, er war mir zu unwiderstehlich und sieghaft. Ich war von jeher für die Schüchternen und Unscheinbaren. Liesl hasste mich gerade deswegen noch mehr, so dass Lion sie einmal darüber zur Rede stellte. Sie versuchte mit Erfolg, Frank gegen mich umzustimmen, indem sie ihm mitteilte, ich hätte einen Freund. Frank hasste mich von da an von ganzem Herzen und versuchte, Lion zu überzeugen, dass er sich von mir scheiden lassen müsse. Ich sei herrschsüchtig und beherrsche Lion durch übertriebene Sorge und Nachsicht. Dabei suchte Frank immer noch, mich umzustimmen.« Sie habe mit niemandem über all das gesprochen, weil sie die Freundschaft der Männer nicht stören wollte. Einmal habe Liesl nur Lion zu ihrer Geburtstagsfeier in Beverly Hills eingeladen. Er habe sie mitnehmen wollen, aber sie habe darauf bestanden, dass er allein ging, denn er sollte nicht wie ein Pantoffelheld wirken. Das brachte Marta wiederum Vorwürfe von Bruno Frank ein. »Das waren verworrene Verhältnisse, aber ich habe noch lange nicht alles erzählt. […]

Ich glaube, ich bin immer noch zu prüde. [...] Übrigens hat Liesl Frank immer eine starke Wirkung auf Männer gehabt, und jeder war glücklich, sie besessen zu haben. ›Die Liesl‹ war stadtbekannt, wo immer sie sich aufhielt.«

Was Lion an den Frauen fand, welche Bedeutung sie für ihn hatten, kann man nur spekulativ beantworten, oder man müsste es auf dem Umweg über einzelne Frauengestalten seiner Romane versuchen. Explizite Äußerungen von ihm gibt es dazu nicht. An keiner Frau blieb er hängen, keine beeinflusste ihn spürbar. »Es gibt wenig Frauen, die er länger lieben kann als die Zeit, in der er körperlich mit ihnen zusammen ist«, sagt er von seinem Flavius Josephus (*Die Söhne*). Aus diesem rastlosen Leben, aus dieser Vitalität, die man ihm gar nicht ansah, kam wohl seine schöpferische Kraft. Er brauchte keine Rechtfertigung, es war seine Lebensweise, seine Voraussetzung des Erzählens, sein unbezwingbarer Spieltrieb, ganz gleich, ob man ihn deswegen tadelt, bewundert oder beneidet. Meist fuhr er mit einer neuen Eroberung ins Casino. Der Spieltisch und das feine Restaurant waren die unvermeidlichen Etappen auf dem Weg ins Bett (seltener an den Strand). »Mit der Südamerikanerin Héloise geflirtet. Abends bei Franks, beim Pokern verloren.« Er konnte ja nicht auch noch Glück im Spiel haben.

Aber dann, inmitten der Abenteuer, trat eine andere Frau auf. Zunächst war sie eine unter vielen, aber vier Jahre lang sollte sie fast alle anderen verdrängen. In Sanary teilte sich Eva Herrmann ein modernisiertes Bauernhaus mit Sybille Bedford, deren deutsche Verwandte und Bekannte politisch eher reichstreu waren, vielleicht sogar für die deutsche Abwehr spionierten, was eine erstaunliche Wohngemeinschaft ergab. Ludwig Marcuse schrieb in seinen Memoiren über Eva Herrmann: »Ihr Verhältnis zur deutschen Literatur bestand auch darin, dass sie, zeichnend, viele Literaten meisterhaft karikiert hatte. Dazu war sie sehr geeignet, weil sie karikierende Augen hatte und daneben auch noch einen hübschen, aber nicht immer sehr freundlichen Mund. Sie war sehr nüchtern und sah sehr poetisch aus. Ihr Gehen war ein Schreiten, das eine mädchenhafte Eleganz zum Vorschein kommen ließ; bei Mondschein-Spaziergängen entwickelte die grazile Dame einen Schritt, als wäre sie auf Dauermärsche trainiert worden. Sie war sehr rationell und glaubte an Geister.«

Ihre nächtlichen Gänge dürfte sie aber höchst selten in Marcuses Begleitung gemacht haben. Dass sie sich mit Lion abgab, provozierte böse Kommentare. So schrieb Robert Neumann: »Er hatte, zerknitterter, kleiner Mann, der er war, eine schöne und sehr sympathische Freundin, eine Malerin, er machte die Beziehung zu diesem dekorativen, diskreten Mädchen so öffentlich, als wäre sie seine Maîtresse-en-Titre und er Sa Majesté le Roi, und erfreute sich, Körperliches betreffend, ganz allgemein einer liebenswerten Blindheit sich selbst gegenüber.« Und Klaus Mann notierte im Jahr 1936: »Merkwürdig, dass sie einfach die Geliebte des garstigen kleinen F. ist.« Marta nahm Eva Herrmann in dieser Zeit als »kritisch, kühl und oft grausam gegen ihr nahestehende Menschen« wahr, erst später, als sich die Zeichnerin »ganz ihrer transzendentalen Philosophie verschrieb«, habe sie eine andere Persönlichkeit entwickelt und »aus einem inneren Gefühl des Friedens heraus Wärme und Teilnahme für andere« empfunden. Doch das war ein Urteil aus den amerikanischen Jahren, in einem Brief von 1983.

Angeblich hatte Lion mit Eva ein Abkommen getroffen, wie oft sie einander Nachrichten geben und wie oft sie zusammen sein sollten (wenigstens vier Monate im Jahr). War es eine Nebenehe auf Vertragsbasis? Oder vielleicht nur ein Scherz (was man eher annehmen sollte)? Hatte er dergleichen Verträge auch mit Marta geschlossen? Wir wissen es nicht. Lion schwankte noch lange zwischen dem »Du« und dem »Sie«, lobte in seinen Briefen Evas »schmalen Popo« und ihren »schönen, bösen Kopf«. Sehr bald war die Rede davon, dass sie ihn nach Moskau begleiten würde.

Begonnen hatte alles Ende August 1935. Lion fuhr »unter einigen Schwierigkeiten« mit Eva nach Cannes. Sie spielten im Casino (»stark gewonnen«), er war schlechter Laune, fand den Tag verloren und verschwendet. Die erste gemeinsame Nacht war wohl nicht sehr glorios. Fatalerweise tauchte gerade in diesen Tagen die erste Eva (Boy-van Hoboken) in Sanary auf und störte seine neue Beziehung, überdies war Lola Sernau eifersüchtig und schlug Krach. Zu diesem Zeitpunkt war Sanary für Lion ein erotisches Laboratorium, in dem er auf engstem Raum mit sieben »Objekten« experimentierte (bei vieren erfolgreich). »Für mich nicht ganz einfach zwischen den vielen Frauen«, stöhnte der Bedauernswerte am 16. September 1935. Marta gab sich derweil ausgesprochen nett gegenüber Eva Herrmann, aber das war vielleicht nur ihre Form überlegener Ironie. »Marta ist fast immer in der letzten Zeit ruhig und angenehm«, wunderte sich ihr Mann. Jetzt war man endgültig angekommen im Drehbuch für die Seifenoper »Sommer der Emigranten in Sanary«. Denn das Treiben hatte durchaus boulevardeske Züge. Vielleicht hatten sich mit der Exilsituation bei einigen die inneren Bindungen gelockert, wie es in Katastrophensituationen vorkommen soll, auch wenn dieses Küstenleben nicht den Anschein eines Unglücks hatte.

Für Eva van Hoboken interessierte sich Lion kaum noch. »Sie sieht sehr hässlich aus; alles in allem ist ihr ganzer Zauber weg.« Außerdem fand er sie »ziemlich parvenühaft unsicher und snobistisch«. Sie spürte seine Kühle und machte ihm eine Szene. Aber niemand durfte Ansprüche an ihn stellen. Als er einmal mit beiden Evas sowie mit Thea Thöny ausging, wurde es für ihn ein »Eiertanz zwischen den drei Frauen«. Erst im Oktober 1935 intensivierte sich das Verhältnis mit der neuen Eva nach jedem Casino-Besuch. Allerdings: »Ein bisschen unklar, ob ich ihr kein Kind gemacht habe.« Um diese Zeit uferte ein Streit mit Marta aus, nachdem er ihr einen Text vorgelesen hatte, der ihr missfiel. Dann wurde sie persönlich und warf ihm vor, er bestünde »ganz aus Unanständigkeiten«. Auf Vorwürfe jeder Art, wenn er sie denn überhaupt notierte, reagierte er niemals.

Und wie sah das Spiel mit Eva aus? »Mit Eva in Aix. [...]
Nachmittags nochmals gespielt. Weiter verloren. Eva wech-
selt sich Geld ein, das ich ihr zum Spiel gegeben habe, ohne
es mir zu sagen. [...] Eva sehr erregt, süß, sadistisch, rei-
zend, spielerisch, verlogen, habgierig.« (22. 10. 1935) Es war
aber mehr als Spiel. »Ein Zettelchen von Eva Herrmann, in
die ich ziemlich ernstlich verliebt bin.« (28. 10. 1935) Der
Beweis: »Marcuse und Frau Meier-Graefe da. Sie möchte
gern mit mir flirten. Ich ziehe nicht wegen Eva Herrmann.«
Annemarie Meier-Graefe war sozusagen das erste Opfer der
neuen Leidenschaft. (Als sie später im New Yorker Exil
Hermann Broch kennenlernte und heimlich heiratete,
wurde sie auch nicht glücklicher.)

Der heiße Sex mit Eva füllte fortan Lions Tagebuch, in
Sanary, Cannes oder in Paris, was eine zwischenzeitliche
Wiederbegegnung mit Liesl Frank nicht ausschloss, allerdings auch dazu führte, dass er verwirrt durch die Straßen
lief, um eine Hure zu suchen und es doch nicht vermochte.
In einem Film oder einem Roman müsste man diese Szene
bringen, um diesen gegen seine eigenen Impulse so wehr-
losen Autor zu zeigen.

Casinospiel und Liebesspiel steigerten sich wechselseitig.
Marta schien nach kurzem Aufbegehren alles hinzunehmen,
versuchte erst gar nicht mehr, ihn aufzuhalten, betreute ihn
sogar vor Liebesreisen wie ein krankes Kind. Lion fand sie
»besonders nett«, etwa als sie ihm half, eine Erkältung aus-
zukurieren. Nach einer gemeinsamen Nacht notierte er:
»Eine Art stumme Aussprache mit ihr gehabt.« (26. 12.
1935) Ob sie das auch so verstanden hat? Und was war es,
eine Beichte, ein Hilferuf, eine Vertröstung? Martas Fürsorge war vielleicht ihre Art, den Konflikt zu bewältigen,
um ihn nicht an Eva zu verlieren, denn hier besetzte sie ein
Terrain, das ihr keine andere Frau streitig machen konnte.

Auf den Reisen mit Eva konnte er oft »vor Übererregung
nicht schlafen«. Die Erregung, das Zittern, war der Zustand,
den er suchte und brauchte, beim Spiel, beim Diktat, beim
Lieben. Er agierte einen Seelen- und Körperzustand aus, wie

eine Figur von Dostojewski oder wie seine eigene Mario-
nette. Den Abgründen dieses Intimromans entstammten
die veröffentlichten Romane.

Gelegentlich vermerkte er Aussprachen mit Eva, ohne deren Inhalt zu notieren, so dass man nicht weiß, wie offen sie
miteinander umgingen. Erstaunt liest man: »Sie versucht
mir beizubringen, wie man Schuhe bindet.« Sollte das bis
dahin die mütterliche Marta getan haben? War er nur ein
verwöhntes Kind? Nach der ersten gemeinsamen Paris-
Reise heißt es: »Marta sehr nett. Hat auch das Haus sehr
hübsch zurecht gemacht. Ich etwas trüber Stimmung, da ich
viel an Eva denke.« (9. 12. 1935) Sie war nämlich dort geblieben. Wenn sie länger nichts von sich hören ließ, wurde er
unruhig, sogar leicht eifersüchtig, etwas völlig Neues bei
ihm.

Dann drängte sich wieder Lola in sein Leben. Er gab ihr
nach, denn sie war »sehr verliebt«, fand aber selbst, dass er
sie sehr schlecht behandle. Im Februar 1936 wurde Lola
zuerst deprimiert, dann ernsthaft krank, so dass er seine
Arbeit unterbrechen musste. Sie stand ihm zu nahe, kannte
ihn am besten, da sie jedes Stadium seiner Texte mit ihm
durchlebte, aber sie blieb ein stummes Instrument. Und sie
kam auch nicht los von ihm, gerade in dieser Lage nicht, in
der alles von seiner Arbeit und seinem Erfolg abhing. Vielleicht wurde Lola ihre aussichtslose Position in Lions Spiel-
betrieb allmählich klar. Im März war sie noch krank, immerhin besuchte er sie. Ein Jahr später hatte sich nichts
geändert: »Lola macht Szene wegen erheblicher moralischer
Verantwortlichkeit meinerseits ihr und ihrer Schwester
gegenüber.« (26. 5. 1936) Denn auch mit Irma hatte er an-
gebandelt.

Zu Beginn der Affäre mit Eva Herrmann las Lion Goethes *Hermann und Dorothea*. Sollte er sich Gedanken über
die Ehe gemacht haben? Sein Kommentar: »Auf weite
Strecken wunderschön. Idee furchtbar hausbacken.« Natürlich, in seinem Haus wurde anders gebacken. Goethe taucht
noch einmal in seinem Tagebuch auf, mit den Versen:

Magst du einmal mich hintergehen,
Merk ich's, so laß ich's wohl geschehen;
Gestehst du mir's aber ins Gesicht,
In meinem Leben verzeih ich's nicht.

Ein weiteres Nachdenken über seine Lebensweise findet sich nicht. Er musste sich nicht vor einer realen Person oder einer imaginären Instanz rechtfertigen.

Von der schwül-erotischen Atmosphäre in Sanary zeugen die späteren Romane von Sybille Bedford, etwa *Zeitschatten*. Damals gab es viel Gerede und Klatsch, sagte Marta im Rückblick, und nannte als Gründe für das lockere Treiben das Klima, die Wärme, die Sterne, die schöne Landschaft. »Und wir hockten so nahe aufeinander, so ging auch das Gerede leicht herum. Vielleicht lag es auch am politischen Druck, es war eine Ausflucht vor der politischen Lage«, meinte sie. Ihre Philosophie dazu: Diese Freizügigkeit sei sehr natürlich. Die Natur sage nichts von Treue. Nur inwieweit es sie selbst betraf damals im endlosen Sommer von Sanary, davon erzählte sie nichts, auch nicht, ob sich Lion jemals Gedanken über ihre Gefühle gemacht hat. Das Exil hatte alles noch gesteigert, einen Hauch von Unwirklichkeit geschaffen, gewürzt durch die latente und stetig zunehmende Bedrohung von außen.

Im Juni 1936 fuhr Lion mit Eva nach Cannes und Menton, immer in die Nähe der Casinos. Wie sie ihre Sympathie für die Sowjetunion mit dem Reiz der mondänen Welt verbanden, bleibt ein Rätsel. Nach tollen Liebesnächten gestand ihm Eva dann, sie sei ihm »vor kurzem mit Huxley untreu gewesen«. Aber was hieß in diesem Leben treu und untreu? Hatte sie es wirklich getan, oder zog sie ihn nur damit auf? Sie suchte auch hin und wieder andere »Freunde« auf, was Lion sehr nervös machte. Er notierte dann: »Ziemlich verstimmt über Eva. Todmüde und nervös. Ich behandle Eva ziemlich ungeschickt und dumm. Gebadet. Steigender Ärger wegen Evas Egozentrik.« (24. 6. 1936) Noch ein paar Tage war er »verstimmt und nervös wegen Eva. Ich habe im Geist Auseinandersetzungen mit ihr. Marta hat sie in Toulon getroffen. Ich nehme an, sie hat dort ein Rendezvous mit Huxley.« (27. 6. 1936) Erst nach ein paar Tagen hatte er die Kontrolle über die Situation und die Geliebte wiedergewonnen. Marta hingegen war wie immer. Als er am 7. Juli 1936 von einer Liebestour mit Eva heimkehrte, empfing sie ihn mit einem Geburtstagsgeschenk.

Im August 1936 tauchte Maria Osten auf. Nun ging es an die Planung der Moskau-Reise. Eva wollte Lion unbedingt begleiten, was Maria Osten nicht zu gefallen schien. Schließlich ging er auch mit ihr ins Bett, und da auch bald noch die Drehbuchautorin Lilo Dammert eintraf, kann man sagen, dass Lion mit allen drei »roten Engeln« ein Verhältnis hatte. In Moskau muss man eine sehr konkrete Vorstellung von ihm gehabt haben. Nur Lola gefiel das alles nicht, sie schlug Krach, musste aber klein beigeben. Bevor Lion nach Moskau aufbrach, machte sie Ärger, weil sie in das Grand Hôtel in Bandol umziehen wollte, was er zu teuer fand.

Auch die Komintern-Beauftragte Maria Osten wollte Lion zu einer Casino-Tour nach Cannes mitnehmen (Lubitsch, übernehmen Sie!), aber dann rührte sich ihr Gefährte Kolzow und forderte sie telegrafisch in Spanien an, wo der Bürgerkrieg ausgebrochen war. Von dort schrieb Maria einen langen Brief an Lion. Sie wollte noch verhindern, dass Eva ihn begleitete, aber Lion setzte sich durch.

Nachdem er Eva mit seiner Eifersucht etwas geärgert hatte (sie hatte einen Logiergast in ihrem Haus aufgenommen), revanchierte sie sich: »Sie spricht sehr viel davon, dass sie mich zum Abschied mit Huxley betrügen wolle und dazu schon Anstalten getroffen hat.« (25. 8. 1936) Zwei Weltautoren zur Auswahl. Ein paar Tage später meldete sie Vollzug. Sie hielt sich nicht an Goethes Spruch. Wenn sie versucht haben sollte, auch Huxley politisch zu beeinflussen, war sie nicht sehr erfolgreich; dem hatte schon die leicht durchschaubare kommunistische Lenkung des Pariser Kongresses im Jahr 1935 missfallen.

Eva Herrmann, und wohl nur sie, spielte mit Lion, sie verstand es, ihn leiden zu lassen. Sie allein fügte sich nicht widerspruchslos seinen Plänen und Launen. Ihn allein für sich zu haben, hat sie aber nicht beansprucht. Sie stellte sogar »Charakteranalysen« an. Sein Kommentar: »Mir ziemlich wurscht. Sie ärgert sich. Gevögelt.« Sein Realismus siegte immer wieder.

Marta hingegen fühlte sich für Lion zu sehr verantwortlich. Kurz vor seiner Abreise bekam sie in seinen Armen »einen Weinkrampf«. Am nächsten Tag waren sie wieder versöhnt. Sie hatte längst gelernt, was es bedeutete, die Frau dieses Schriftstellers zu sein.

Moskau und die Folgen

>Schreiben hat wirklich nur dann Sinn [...], wenn
man mit der Macht verbündet ist.«

L. F., *Exil*

Auch in Moskau hat Lion Liebe genossen. Das heißt: Er
benahm sich wie immer und überall. Aber dieses Mal ging es
nicht um ihn allein. Die Wochen um die Jahreswende
1936/37 waren nicht die glorreichsten in seinem Leben. Das
Buch, das er nach dieser Reise schrieb, *Moskau 1937*, prägte
sein Bild für lange Zeit. Vielen erschien er nur noch als
Handlanger des Ostens, obwohl es sich eher um Naivität
und Verführbarkeit handelte.

Das Kuriose an seiner neuen politischen Ausrichtung
war nur, dass er Freunde im Westen verprellte, den neuen
»Freunden« im Osten aber nur bedingt das Erwünschte lieferte und am Ende seines Lebens dort nicht mehr wohlgelit-
ten war. Auch starb er zu früh, um das ganze Ausmaß der
Täuschung und Selbsttäuschung zu begreifen. Im Kampf
gegen Hitlerdeutschland erwies sich die Sowjetunion als un-
zuverlässiger Verbündeter, wie Stalins Abkommen mit Berlin im August 1939 zeigte; dass sie nach dem 22. Juni 1941
schließlich doch ein wesentlicher militärischer Alliierter
wurde, hieß ja noch nicht, dass man ihr Regime gutheißen
musste, wie es Heinrich Mann, Lion Feuchtwanger und andere taten.

So durchtrieben, unredlich und zuweilen verbrecherisch
Stalins Strippenzieher waren, einige der Menschen, die im
guten Glauben für Gerechtigkeit, Frieden, Antifaschismus
kämpften, waren durchaus noble Gestalten. Viele von ihnen
standen eines Tages nur noch vor der Alternative, sich von
ihren Freunden oder ihren Feinden umbringen zu lassen. So
etwa der deutsche Emigrant Hans Günther, der noch 1935

die offizielle Faschismustheorie der Komintern verfassen durfte, ein Jahr später aber schon verhaftet wurde und dann hoffte, dass Feuchtwangers Moskau-Besuch ihm helfen würde. Doch Lion erfuhr nichts über sein Schicksal, und Günther starb zwei Jahre später in einem Lager.

Die Dimension des stalinistischen Terrors, der sich auch gegen Emigranten richtete, ist weder Heinrich Mann, der jede Reise in die Sowjetunion vermied, noch Lion Feuchtwanger, noch vielen anderen Sympathisanten jemals aufgegangen. Selbst wenn Menschen verschwanden, mit denen sie zu tun gehabt hatten, fragten sie nicht nach, gaben sich mit offiziellen Erklärungen zufrieden. Und auch im Fall der Moskauer Prozesse, dem großen Thema jener Tage, beriefen sie sich auf die offiziellen Verlautbarungen der sowjetischen Instanzen oder auf Versionen von Einflussagenten.

Da Lion Feuchtwanger mindestens seit 1930 zu den Wunschpartnern der Moskauer Strategen gehörte – wozu ihn weder sein Herkommen noch seine Bildung, noch seine soziale Lage oder sein Lebensstil prädestinierten –, sollen hier kurz die Hintergründe erläutert werden. Die Kommunistische Internationale (Komintern) hatte seit 1925 Strukturen ausgebildet, um Schriftsteller in ganz Europa zu umgarnen und deren politische Haltung gegenüber der Sowjetunion zu beeinflussen. Ziel war es, über Sympathisanten oder wohlmeinende Intellektuelle im Westen eine moralische Aufwertung zu erfahren und die Öffentlichkeit der jeweiligen Länder von aggressiver Politik gegen ihr Regime abzuhalten. Die Internationale Vereinigung Revolutionärer Schriftsteller (MORP) umfasste vor allem Nicht-Russen, die in der Sowjetunion lebten. Ihren deutschen Zweig (BPRS) leitete Johannes R. Becher. Auch in den USA wurden entsprechende Vereine gegründet, bis hin nach Hollywood. An führender Stelle stand in Moskau die All-Unions-Vereinigung für die kulturellen Beziehungen mit anderen Ländern (WOKS), in enger Verbindung mit dem Außenministerium (NKID) unter Maxim Litwinow. Die operative Leitung der WOKS lag zunächst bei Olga Kamenewa, Schwester von Trotzki und geschiedene Frau von Lew Kamenew. Sie schuf ein diskretes Netzwerk von Institutionen, die im Ausland sowjetische Kultur, aber auch Propaganda verbreiteten. Und sie bemühte sich um einzelne prominente Autoren. Zu den Kontaktierten gehörten der Amerikaner Theodore Dreiser (den Lion Feuchtwanger 1931 in Berlin kennenlernte), die Franzosen Maurice Ravel, Georges Duhamel und Romain Rolland. Henri Barbusse arbeitete schon seit 1920 in enger Anbindung an sowjetische Stellen, die seine Zeitschrift *Monde* finanzierten und teilweise redigierten. 1934 übernahm der ehemalige Diplomat Alexandr Arosew die Leitung der WOKS, bald abgelöst durch Michail Apletin. Da lief der Sowjettourismus westlicher Autoren schon auf vollen Touren, bevor er nach der kurzen Blüte der Volksfrontpolitik im Jahr 1936 wieder eingestellt wurde. Die Einladung von Lion Feuchtwanger nach Moskau markierte gleichsam die Schlussetappe dieser Propaganda-Aktion.

In Moskau wusste man, wie westliche Autoren bei Laune zu halten waren, insbesondere solche, die nach 1933 im Exil leben mussten. Man versuchte es mit Geld, mit hohen Auflagen (die manchmal nur vorgetäuscht waren), mit ehrenvollen Einladungen, Feiern, Aufführungen. Für die persönliche Beeinflussung wurden dabei immer wieder Frauen eingesetzt. Bei fast jedem westlichen Intellektuellen, der eine Weile mit dem Kommunismus geflirtet hat, spielte ein solcher »roter Engel« eine Rolle. Die Methode hatte schon Olga Kamenewa eingeführt, die eine regelrechte Ausbildungsstätte unterhielt, in der vor allem Töchter aus alten russischen Adelsfamilien »umgeschult« wurden. Eine von ihnen heiratete später Romain Rolland und verfasste viele seiner Briefe und politischen Artikel. Aber die dekadenten »Westler« waren unzuverlässige Kantonisten. Nicht alle ließen sich ihren kritischen Geist abkaufen. So auch André Gide, der 1935 und 1936 als Sympathisant gekommen war, dann aber in Paris eine scharfe Abrechnung mit den sowjetischen Illusionen schrieb. Gides Einfluss entgegenzuwirken war der Hauptzweck der Einladung Lion Feuchtwangers. Allerdings kursierten in Moskau, schon bevor er kam, böse antisemitische Verse: »O dass doch dieser Jidd / Sich nicht entpuppe als ein Gide.« Die Gefahr bestand nicht.

Vor seiner Abreise nach Moskau musste Lion im November 1936 in Paris noch einige Formalitäten erledigen, um sicherzugehen, dass ihn die französischen Behörden wieder ins Land ließen. Marta fuhr ihn zum etwas abseits gelegenen Bahnhof Sanary-Ollioules, in Marseille stieg dann Eva Herrmann zu. Die Fahrt hatte also auch einen privaten Reiz, es waren gleichsam seine Flitterwochen. Vor 1933 hatte Lion keinerlei Sympathien für die Kommunisten, den radikalen Linksschwenk von Brecht hatte er skeptisch beurteilt; in *Erfolg* heißt es über Kaspar Pröckl (alias Brecht), er sei auf den Kommunismus »hereingefallen«.

Welche Rolle Eva Herrmann bei Lions eigenem Schwenk spielte, ist nicht leicht zu sagen. Die Vorbehalte der Parteisoldatin Maria Osten sprechen dafür, dass Eva keine ausgesprochene Komintern-Agentin war, sondern nur eine aktive Sympathisantin. Andererseits konnte Johannes R. Becher in besonderen Situationen stets auf sie zählen; noch nach 1945 führten sie eine politische Korrespondenz, als sie längst in Kalifornien lebte. Der fließende Übergang von kommunistischen Sympathien zu spiritistischen Neigungen lässt vermuten, dass es sich bei Eva Herrmann auch um psychische Probleme gehandelt haben dürfte wie auch um Formen einer suchenden Gläubigkeit. Marta Feuchtwanger muss von diesen politischen Zusammenhängen etwas gewusst oder geahnt haben. In einem Brief an Lothar Kahn, den sie darum bat, ihren Namen gegenüber Eva Herrmann nicht zu erwähnen, schrieb sie im Februar 1970 über die Moskau-Reise: »Eva Herrmann hat schon ihre Gründe, gar nichts zuzugeben. Mehr will ich dazu nicht sagen.«

Noch vor der Reise führte Lion in Paris mit Leopold Schwarzschild ein ausführliches Gespräch über Liberalismus und Humanität. Mit Passproblemen ging viel Zeit verloren, ein paar Tage lang sah es so aus, als würde die Reise daran scheitern. Erst Ende November konnte der Zug nach

Wien, Prag und Warschau bestiegen werden. Während der ganzen Reise blieb Lion in brieflichem Kontakt mit Marta. Sein Tagebuch verrät gemischte Gefühle. »Ich bin stolz über den Empfang und war unglücklich über all das Unbehagliche«, heißt es am 1. Dezember 1936. Auf Komfort legte er großen Wert, meist wurde er auch zufriedengestellt. Der Nachteil dabei war, dass er sein Behagen zum Maßstab seines politischen Urteils machte. Sein Verstand wurde dabei nicht nur durch Frauengeschichten getrübt, sondern auch durch die überschwänglichen Feiern, die man für ihn organisierte. »Ich werde überall ungeheuer geehrt«, heißt es da, ob in der Oper, im Theater, bei der Armee, an Universitäten. Er war leicht zu blenden. »Im Grunde geht alles nach Wunsch.« An Eva van Hoboken schrieb er: »in moskau empfing man mich so triumphal, dass man viel gleichgewicht braucht, um nicht größenwahnsinnig zu werden.« Und an Arnold Zweig: »Es ist alles weit, großartig und ungeheuer jung. Ich bin tief überzeugt, dass hier die Zukunft liegt, und zwar die nahe Zukunft, vor allem für die Schriftsteller.«

Zu seinen Gesprächspartnern in Moskau gehörten Außenminister Litwinow, Sergej Eisenstein, den er aus Berlin kannte, Ernst Busch, Johannes R. Becher, Georg Lukács (»interessant, aber sehr anstrengend«), Sergej Tretjakow, der Übersetzer seiner Stücke, führende Journalisten wie der Chefredakteur der *Prawda*, der bei ihm zwei Artikel bestellte, und Georgi Dimitroff, Leiter der Komintern, mit dem er den Reichstagsbrandprozess, aber auch die Moskauer Prozesse diskutierte. Als er die Witwe von Maxim Gorki traf und ihr von seiner Capri-Reise im Jahr 1913 erzählte, sagte diese, ihre Mann habe seinen Roman *Erfolg* sehr gerühmt und gesagt: Ich habe einen Nachfolger gefunden. Dergleichen hört und glaubt ein Autor gern. Danach besuchte Lion einen Zirkel jüdischer Dichter und lernte Isaak Babel kennen. Aus Haifa erhielt er einen Brief von Arnold Zweig, der ihn bat zugunsten zweier Schriftsteller zu intervenieren, die auf Hebräisch schrieben, in einer Sprache, die in der Sowjetunion als reaktionär verboten war.

Die Nächte gehörten Eva Herrmann. Allerdings blieben Verstimmungen nicht aus, und sie wohnten auch nicht immer zusammen. Zwischendurch hatte er eine kurze Affäre mit Vera Janukowa, Schauspielerin und Freundin von Erwin Piscator (der sie Sergej Eisenstein ausgespannt hatte). Lion hatte Piscator in Paris getroffen, wo dieser nach mehreren Jahren in Moskau seit 1936 lebte. Lions berufliche Kontakte betrafen Projekte: Filme, Stücke, Übersetzungen seiner Romane; bis zum Morgen der Abreise wurden unablässig Verträge geschlossen. Realisiert wurde aber nur der Film *Die Geschwister Oppermann* (1938).

Man ließ ihn auch als Beobachter am Prozess gegen Karl Radek und andere Altkommunisten teilnehmen. Die Tagebuchaufzeichnungen sprechen für sich. »Unterredung mit dem Revolutionstheater. Dann beim Prozess Pjatakow – Radek. Ungeheuer anstrengend. Mittags schon ziemlich erschöpft. Zahllose Leute, die ich kenne. Nachmittags wieder beim Prozess bis tief in den Abend. Ich mache etwas unvorsichtige Äußerungen einer amerikanischen Journalistin gegenüber. Sehr gewagte für die russische Presse.« Einen Tag später, am 24. Januar 1937, heißt es: »Wieder beim Prozess. Die dumme Annenkova, die schlecht übersetzt, stört sehr. Gewinne einen besseren Eindruck.« Und am Tag darauf: »In der Frühe mit Eva gevögelt. Nicht zum Prozess gegangen. Meine Äußerungen zum Prozess erscheinen groß in der Sowjetpresse.« Am 29. Januar notiert er: »Erkältung etwas besser. Beim Radek-Prozess. Sehr viele Menschen. Ewige Warterei. Reden der Angeklagten eindrucksvoll. Ärger über Eva. Kleinen Artikel für die Sowjetpresse über den Prozess geschrieben. Ewiges Warten auf das Urteil in der Nacht. […] Dann das Urteil. Die Begnadigung Radeks macht alles zweifelhaft und zur Farce. Es wird morgens 4 h.« Der kritische Verstand war ausgeschaltet. Lion Feuchtwanger war entschlossen, der stalinistischen Darstellung zu folgen, den durchaus vorhandenen Zweifeln ging er nicht nach.

Höhepunkt der Reise war der Empfang durch Stalin, am Montag, dem 8. Januar 1937: »Morgens ruft man an, ich soll mittags zu Stalin. Außerordentlich unangenehmer Tag dafür, da ich ein Abführmittel genommen habe, nicht geschlafen und erkältet bin. [...] Ich spreche 3 Stunden mit Stalin, erst gewundenes Zeug über die Freiheit des Schriftstellers, schwierig auch durch die Übersetzung, dann über Stalinkult, über Demokratie, dann über den Prozess. Dann fahre ich sehr erschöpft zurück.« Irgendwie typisch für Lion, dass er zu solch einem Termin krank wurde. Man kann es auch als Pointe einer gruseligen Groteske sehen. Das Gespräch dauerte »von dreiviertel drei bis dreiviertel sieben« und war sehr anstrengend für den erkälteten Lion, der von Halsschmerzen und Husten geplagt wurde. Außer ihm war nur der Chefredakteur der *Iswestija* als Dolmetscher und Protokollführer anwesend. In der ganzen Zeit gab es nichts zu essen und zu trinken. Es gibt kein Indiz für die zuweilen aufgestellte Behauptung, dass Feuchtwanger ein zweites Mal von Stalin empfangen wurde und dabei seine Besorgnis über die große Zahl von Juden unter den Angeklagten geäußert und eine Begnadigung Radeks bewirkt habe. Stalin versprach Radek die Begnadigung, wenn er am Drehbuch des Prozesses mitarbeite, seine »Schuld« eingestehe und Mitangeklagte belaste. Das tat Radek dann auch, aber verschont wurde er nur bis 1939.

Lions einziges Gespräch mit Stalin ähnelte eher einer strengen Prüfung, was der Kandidat aber nicht bemerkte, der sich anschließend erschöpft in ärztliche Fürsorge begab. Man riet ihm zu längerer Bettruhe. Am nächsten Tag: »Alle Zeitungen berichten in großer Aufmachung über mein Interview mit Stalin.« Aber auch Zeitungen in anderen Ländern berichteten über diese Begegnung. Die Blätter in Nazi-Deutschland schrieben unter das Foto: »Josef Stalin, der jüdisch verheiratete Diktator von Sowjet-Judäa, mit seinem Hofdichter Lion Feuchtwanger«.

Stalin hatte zu Beginn der Unterredung aus Rücksicht auf seinen erkälteten Gast auf das Rauchen verzichtet, nach zwei Stunden griff er schließlich doch zur Pfeife, was im Eifer der Unterredung geschehen sein mag – oder aber dem westlich-dekadenten Intellektuellen signalisieren sollte, was man von ihm hielt. Vielleicht hat Stalin in dem Augenblick auch beschlossen, dass die Volksfrontpolitik zu nichts führe und der »Antifaschismus« vorerst ad acta gelegt werden müsse. Aber vielleicht war ja schon die Verhaftung von Radek ein »versöhnliches« Signal an Hitlerdeutschland und der erste Schritt zu der diplomatischen Annäherung, die 1939 offenbar werden sollte. Schon bald sprach Stalin in seinen Reden davon, dass die Sowjetunion Frieden mit *allen* Völkern wolle, aber niemand merkte auf, was in diesem Wörtchen »allen« steckte. Lion aber war bereit, kleinlichen Ärger herunterzuschlucken und ein wohlwollendes Buch über seine große Reise zu schreiben, die ein bedeutendes Ereignis in der Geschichte der Beziehungen der westlichen Intellektuellen mit der Welt des Kommunismus darstellt. Nach ihm wurde aber kein Intellektueller mehr auf diese Weise empfangen – bis zum Kalten Krieg ab 1947. Auf der Rückreise am 5. Februar 1933 ärgerte er sich nur, dass man Eva und ihm getrennte Coupés zugewiesen hatte.

Seine Äußerungen und Kontakte in Moskau waren überwacht und registriert worden, wovon er nichts zu ahnen schien. Die Spitzelberichte von Lions Begleitern und Übersetzerinnen sprechen allerdings eher für ihn: In Moskau hat er sich viel kritischer gezeigt als in seinem späteren Buch. Sein Besuch hatte unter Aufsicht der WOKS gestanden. Deren Leiter Alexandr Arosew hatte die führenden Genossen gewarnt, Feuchtwanger sei ein unsicherer Kantonist; doch ganz gleich, wie man ihn einschätze, er habe gewiss großen Einfluss und viele Leser in der Welt. Seine Haltung »zu uns« sei jedoch unklar, man könne nie wissen, was er am Ende schreiben werde.

In den täglichen Berichten einer D. Karawkina, Angestellte in der West-Abteilung der WOKS, wird Lion als ironisch, skeptisch und kritisch geschildert. Man misstraute ihm. Am alltäglichen Leben, den Bauten und der Kunst in der Sowjetunion zeige er kein Interesse. Als man ihn fragte, was er von der neuen Moskauer U-Bahn halte, sagte er, er könne nicht vergleichen, in Paris benutze er nie die Metro. Feuchtwanger kümmere sich nur um seine Belange, heißt es in den Akten, um Kontakte zu Verlagen, Theatern, Zeitungen. Auch mit dem Hotel sei er unzufrieden, beschwere sich über mangelnden Komfort und »etliche kleine Unzulänglichkeiten«. Er behaupte sogar, bei André Gide mit seiner nervlich anfälligen Künstlernatur hätten derartige organisatorische Kleinigkeiten offenbar eine große Rolle gespielt und sein Urteil getrübt. Feuchtwanger kritisiere andauernd die Alltagsbedingungen in der Sowjetunion, der Lebensstandard sei zu niedrig, halte keinem Vergleich mit dem Westen stand. Er sei sehr engstirnig, nehme Kleinigkeiten zu wichtig, versichere dann aber wieder, er wisse genau, dass in diesem Land große Dinge geschähen. Er habe allerdings versprochen, dass sein Roman über die Emigranten einen optimistischen Schluss haben werde, vor allem nach den positiven Eindrücken dieser Reise. Das schwer verdauliche Ende von *Exil* mit dem naiv-gläubigen Aufbruch eines jungen Genossen aus dem Pariser Exil in die Sowjetunion kann durchaus als bewusste Propaganda bezeichnet werden.

Ganz abschirmen konnte man ihn nicht. »Obwohl Genosse Apletin und ich alles daransetzen, um Feuchtwangers Kontakte unter Kontrolle zu halten, dringen doch hin und wieder Leute zu ihm vor, die einen sehr schädlichen Einfluss auf ihn ausüben.« Besonders ärgerlich fand man, dass die Witwe von Erich Mühsam zu ihm vordringen konnte. Feuchtwanger habe sich aber durch ihren unangemeldeten Besuch gestört gefühlt, mit den politischen Dummheiten dieser Trotzkistin wollte er nichts zu tun haben. So stellte es die Aufpasserin dar, und Lions Tagebuch belegt es leider. Sollte er sich wirklich gesperrt haben gegen alle Versuche, ihn über den herrschenden Terror zu informieren? Vera Janukowa habe ihm wahre Gräuelgeschichten über die Wohnungsnot erzählt, genauso wie einige befreundete Autoren. Lion berichtete dergleichen in aller Naivität seinen offiziellen Begleitern, was für seine Informanten gefährlich war. Immerhin sagte er zu seinen Aufpassern, es gebe in der

Sowjetunion keine Meinungsfreiheit, dabei sei er gar nicht gegen eine Diktatur, wenn sie in einer bestimmten politischen Situation nötig sei.

Man nahm direkten Einfluss auf seine Artikel für die sowjetische Presse. Vor allem machte man ihm klar, dass er nicht von »Stalin-Kult« reden solle, bei der besonderen Verehrung des Vorsitzenden handle es sich um keinen »Kult«. Daraufhin wurde Lion wütend und sagte, er ändere nichts, Gide habe recht gehabt, es herrsche keine Freiheit. Auch der Chefredakteur der *Prawda* konnte ihn nicht umstimmen. Lion beruhigte sich erst, als man Maria Osten zu ihm schickte, unter deren Einfluss er vieles änderte, etwa seine Einschätzung Gides. Auf einem Satz über notwendige Toleranz bestand er allerdings. Auch in der Diskussion über die Moskauer Prozesse gab er sich kritisch. Georgi Dimitroff hatte ihn zu einem üppigen Abendessen eingeladen. Lion sagte ihm, im Ausland würden die Prozesse verurteilt und mit dem Reichstagsbrandprozess gleichgesetzt. Dimitroff redeten auf ihn ein, damit spiele man den Faschisten in die Hände, wie Gide es getan habe, die Trotzkisten wollten gewaltsam an die Macht und damit die Revolution gefährden. Lion erwiderte nur, so schön es auch in der Sowjetunion sei, er ziehe es doch vor, in Westeuropa zu leben, hier sei es ihm zu ungemütlich.

Als dann sein Buch *Moskau 1937* erschien, war man wahrscheinlich erstaunt, wie positiv es ausfiel. Diese Zustimmung hatte man nach seinen Mäkeleien nicht erwartet. Gide hingegen hatte sich immer nur freundlich geäußert, solange er in Moskau war. Lions Flirt mit Stalin brachte ihm wütende Angriffe von allen Seiten ein. Mit dieser Feindseligkeit würde er fortan leben müssen. Beeinflussen konnte ihn dergleichen nicht.

Für Lions Gesprächspartner und Aufpasser hat sich der Einsatz nicht ausgezahlt. Sein Dolmetscher Boris Tal wurde im Dezember 1937 verhaftet und ein Jahr später erschossen. Olga Kamenewa wurde 1936 verhaftet und 1941 erschossen, genauso wie ihr Sohn. Arosew wurde 1937 verhaftet und im

Februar 1938 erschossen, Sergej Tretjakow wurde 1937 als japanischer Spion erschossen, Béla Kun starb 1939 unter ungeklärten Umständen genau wie Vera Janukowa. Karl Radek wurde im Mai 1939 ermordet, das Todesdatum wurde lange verschwiegen, er selbst war über Jahrzehnte eine Unperson in der Sowjetunion wie in der DDR. Maria Osten wurde von ihren Genossen 1942 umgebracht, dasselbe Schicksal erlitten ihr Gefährte Michail Kolzow und der Dichter Isaak Babel. Kreszentia Mühsam verbrachte zwanzig Jahre im Gulag, ehe man sie in die DDR ausreisen ließ, mit der Verpflichtung, über alles Erlittene zu schweigen.

Auf der Rückreise von Moskau machte Lion Station in Prag, wo er seinen Bruder Martin und seine Schwester Bella wiedersah. Ein geplanter Vortrag und ein Empfang durch den Staatspräsidenten Beneš wurden abgesagt – eine Folge seiner Moskauer Auftritte. Immerhin stellte man ihm die tschechische Staatsbürgerschaft in Aussicht (wie sie die Mitglieder der Familie Mann erhielten). Er nahm sie aber nicht in Anspruch, wenn auch Marta schrieb, sie wäre »lieber Tschechin als sonst was«. In Paris wurde Lion von Lola Sernau empfangen, in deren Armen er sich von Eva und von der Politik erholte. Später ging er in eine »lächerliche Revue« und danach in ein Bordell (»Ganz nett«). Das hatte Moskau nicht bieten können.

Nach dieser Reise war vieles anders, so auch das Gespräch mit Bruno Frank und mit Leopold Schwarzschild, dessen Kritik an der Sowjetunion Lion als »hysterischen Liberalismus« abtat. Schwarzschild wurde fortan sein erbitterter Gegner und nannte ihn den »Laureatus unter den deutschen Sowjetagenten«. Lion wiederum verewigte ihn in der Figur eines nicht gerade sympathischen Publizisten in seinem Roman *Exil*. Marta wiederum glaubte zu wissen, dass Schwarzschild ihren Mann 1940 bei der französischen Polizei denunziert habe, aber die Internierung wäre ihm auch so nicht erspart geblieben. In den FBI-Akten der amerikanischen Zeit finden sich in der Tat Briefe und Karten, die Lion anschwärzen, aber von wem sie stammen, lässt sich nicht klären, wenngleich der Absender vermutlich ein Emigrant gewesen ist. Später, in New York 1940, sagte Jules Romains zu Lion Feuchtwanger: »Was haben Sie nur dem Schwarzschild angetan?« So sehr wütete dieser gegen ihn. Lion sagte nur: »Er ist ein guter Freund von mir.« Romains konnte das nicht glauben. Lion sprach nicht gern darüber, er konnte ja schlecht sagen: »Ich hatte eine Affäre mit seiner Frau.« Oder: »Ich habe ihn in meinem Roman karikiert und ungerechte Vorwürfe kolportiert, die von den Kommunisten gestreut wurden.« Beides hätte aber der Wahrheit entsprochen, wie auch die Tatsache, dass Lion ihm Geld geliehen hatte, das Schwarzschild nie zurückzahlte.

Nach ein paar Tagen in Paris hieß es, nach Sanary zurückzukehren. Lola packte seine Sachen und brachte ihn zur Bahn. »Vergnügt abgefahren«, notierte er am 19. Februar 1937. Er hatte seiner Biographie ein spannendes und höchst widersprüchliches Kapitel hinzugefügt. Aber die Zeiten sollten immer weniger vergnüglich werden. Auch für ihn wurde die Politik das Schicksal, um es mit Napoleons Worten zu sagen.

Von den Ereignissen in Moskau wusste Marta natürlich nur, was Lion ihr erzählt oder geschrieben hatte, und ihr Urteil folgte in politischen Dingen immer dem seinen. »Über Politik schreib ich nicht – blamieren werd ich mich«, heißt es in einem Brief an Arnold Zweig vom Juli 1936. In ihrer etwas naiven Sicht waren die deutschen Emigranten in Moskau unglücklich darüber, dass sie nicht auf Deutsch publizieren konnten, so baten sie die Regierung darum, eine Zeitschrift herausgeben zu dürfen. In der Tat gehörte Lion nominell dem Herausgebergremium der Zeitschrift *Das Wort* an, aber deren Kurs und Inhalt wurde in Moskau bestimmt, und sie wurde eingestellt, als Stalin den Volksfrontkurs aufgab. Für Stalin habe Lion nicht unbedingt Sympathie empfunden, obwohl ihm der Empfang natürlich geschmeichelt hätte, sagte Marta. Vor allem Stalins feine Hände hätten ihn beeindruckt. Nach dem Krieg habe er seine Meinung etwas geändert und ihn für leicht verrückt gehalten, wohl als Folge der harten Zeiten und der Sorgen im Krieg.

Aus Moskau erhielt Marta einen Brief mit den Unterschriften aller Teilnehmer einer kleinen Feier, Russen und Deutsche (darunter Friedrich Wolf). Dergleichen liebte sie sehr, hatte ausdrücklich darum gebeten, das war ihre Art, an seinen Reisen Anteil zu nehmen. Lion schrieb ihr mehrfach, dass er einen Fehler gemacht habe, sie nicht mitzunehmen. Das war nicht aufrichtig, denn die Liebesferien mit Eva waren ein Hauptmotiv seiner Reise. Seine Eindrücke? »Es gibt viele störende Kleinigkeiten, aber das ganze ist ungeheuer jung, lebendig, vernünftig und im Aufstieg. […] Ich bereue nur Eines, dass ich Dich nicht mitgenommen habe. Das ist ein Land für Dich. Das nächste Mal musst Du unter allen Umständen mit«, heißt es in einem Brief vom 8. Dezember 1936.

Marta, die spürte, was mit Lion vorging, berichtete aus dem Haus in Sanary, von den Katzen, von Bouboule, und sie machte Vorschläge für die Figuren in *Exil*, die nach ihrer Ansicht keine allzu jüdisch klingenden Namen haben sollten. Von den literarischen Problemen ging sie nahtlos zu ihrer eigenen Lage über. »Und ich? Und wie bist Du aufgelegt? Wie wird der Winter werden? Darf ich mich darauf freuen, oder soll ich wieder resigniert sein? Ich muss mich doch drauf vorbereiten. Dann kann ich mich besser beherrschen. Für die Freude braucht's allerdings keine Beherrschung. St.«

Es war die Zeit der offenen Fragen. Man kann nicht sagen, dass sie glücklich war. Ihre Schrift ist klein und zerrissen, lässt viele Lücken zwischen sehr ungleichen, isolierten Buchstaben. Wenn Marta bei guter Laune war, hatte sie eine weiträumige Handschrift, mit langen Bögen nach oben und besonders nach unten, gleichmäßig, gut lesbar, mit vereinzelten Sütterlinzeichen. Aber sie versuchte es mit Humor und redete ihn an mit »Lieber Sohn« – wahrscheinlich weil er sich über ihr Bemuttern beklagt hatte. »So ganz allein in

Sanary, ich merk es jetzt erst, dass ich das nie war. Rein gar niemand zum Anrufen und Anschwatzen und zum Befragen. Ich könnte Dir geradezu einen sehnsüchtigen Brief schreiben, aber ich tu's nicht, denn die Sehnsucht ist nur halb aus Liebe (die andere Hälfte ist Gewohnheit).« Ende Dezember 1936 schrieb sie dann: »Folgst Du meinen Ratschlägen, oder lässt Du mich wieder im Stich wie in Amerika und sagst dann wieder, ich habe mich verändert? [...] Bleib gescheit und brav, dann werde ich mich nicht verändern, sondern unverändert bleiben. Dein auf's Drücken wartendes St.« Mit etwas schlechtem Gewissen antwortete er (die Datierung der Briefe ist nicht ganz sicher): »St, Du hast wieder einmal Recht gehabt, und ich bereue sehr, dass ich Dich nicht mitgenommen habe. Erstens ist es ein Jammer, dass Du nicht alles miterlebt hast, und zweitens hättest Du mir unter vielem Geschimpf beiderseits sehr geholfen.« Und als Marta sich Selbstvorwürfe machte, beruhigte er sie: »Wie kommst Du darauf, dass Du was falsch machst?« Er freue sich schrecklich, sie bald wiederzusehen. »Ich bin ungeheuer für Dich, St, und ich glaube, wir werden eine schöne Zeit in Sanary und dann eine schöne Reise haben.«

Am 10. Januar 1937, gegen Ende der Reise, äußerte er sich noch einmal zu ihrem Verhältnis, und man ahnt, welche Vorwürfe im Raum standen. »Es ist ein ungeheurer Fehler, dass ich Dich nicht mitgenommen habe. Ich hätte mich zwar schrecklich oft über Dich geärgert, über ständige Bemutterung und Rechthaberei, aber Du hättest an vielem gewaltige Freude gehabt, und meine Freude wäre viel größer gewesen, wenn Du dabei gewesen wärest, und zahllose Kleinigkeiten, die einem die Stimmung verderben, hättest Du mir abgenommen, und überhaupt bist Du, meine Arbeit vielleicht ausgenommen, das beste, was ich habe.«

Marta wiederum berichtete, dass es Ärger mit ihren Aufenthaltspapieren gebe, doch sie ließ ihn auch wissen, wie sehr sie ihn brauche, dass sie durch ihn ein ganz anderes Lebensgefühl habe: »Ich finde mich heute besonders langweilig, und ich schreibe nur, um Dich nicht ohne Nachricht zu lassen. Es scheint, dass die lange Trennung von Dir fühlbar wird, auf meinen Geisteszustand. Wenn Du auch schon früher fandest, dass ich immer blöder werde. Auf jeden Fall merk ich, dass Du allenfalls Recht haben könntest.« Als er schon wieder in Paris war, schrieb sie, auf langen Spaziergängen werde er ihr sicher bald erzählen, was er erlebt habe. Und sie werde ganz Ohr sein: »Denn ich hab ja nichts zu erzählen.« Sie höre fast jeden Abend Konzertübertragungen und könne sich das Leben ohne Radio gar nicht mehr vorstellen. »Und wenn Dir dann nichts einfällt, zum Erzählen mein' ich, dann können wir ja eine Aussprache haben. Auch da bin ich ganz Ohr. Denn ich kann mich leider nicht aussprechen. Das macht aber nix. Ich bin doch hoffentlich Dein St.« Auch die Zeitungen an der Küste hätten Berichte über Lions Moskau-Reise gebracht. Léontine sei ganz stolz, wenn sie ihn auf einem Foto erkenne. Sie habe auch Maria Osten erkannt, Eva Herrmann aber für einen Mann gehalten. Und dann, ganz offen: »Lionle, wie stehen wir denn? Sind meine vielen Fehler in der Entfernung erträglicher geworden? Ich versuche andauernd, in mich zu gehen, aber ob's vorhält. Wenn's recht arg mit mir ist, solltest Du mich immer an meine schriftlichen Vorsätze erinnern. Einstweilen denk nur an meine guten Seiten, wenn möglich. M.« Und sie wiederholt die bange Frage noch einmal: »Wie stehen wir denn? Bist noch manchmal für mich? Hab ich viel falsch gemacht? Der Wille war ja gut, aber wenn man blöd ist … Aber da ich viel Liebe hab, muss man mir viel verzeihen. St.« Was sie mit den »schriftlichen Vorsätzen« meint, lässt sich nicht klären.

Aus diesen zärtlich-melancholischen Zeilen hört man Sehnsucht, Verlustangst, geschluckte Kränkungen, aber auch den Versuch, nicht in Trübsal zu versinken, sondern sich mit Ironie ans heitere Ufer zu retten. Und dann bleibt ja noch das gemeinsame Ersatzparadies: Schön sei es in Sanary, wie immer. Im Dezember sei es so warm gewesen, dass sie im Meer baden und noch spät im Freien sitzen konnte. »Mir kommt es so vor, als sei es noch nie so schön hier gewesen. So mild und windstill und klar und aroma-tisch.«

In einem anderen Brief schildert sie einen Traum, in dem sie lange und verzweifelt nach Lion gesucht habe, mit Hilfe eines anderen Mannes, der sie wiederholt küssen wollte, was ihr gar nicht unangenehm gewesen sei. Sie gerieten in einen Verkehrsstau in Paris, doch dann wurde der Traum düster. In einem Hausflur roch es nach Bier und Zigarettenresten, wie einst in Lions Haus in der Gewürzmühlstraße. Von dort konnte sie mit ihm telefonieren, und beide hätten gelacht – und dann sei sie aufgewacht. Der Traum war so intensiv, dass sie sogleich ein Telegramm nach Moskau schicken wollte, was sie aber nicht tat: bloß keinen Aberglauben. Ihren Bericht schloss sie mit: »Sei gescheit. Lass dir's gut gehen. Vielleicht träumst Du einmal von mir.«

Weihnachten 1936 war sie allein im Haus und hörte im Radio die Messe aus Bethlehem. Dann schrieb sie ihm: »Mache ich eigentlich viel falsch? Du hast bis jetzt darüber geschwiegen. Ist es, um mich zu schonen? Oder war's nicht der Mühe wert?« Sie riet ihm zu Mandarinen und Trauben, um das viele Fleisch auszugleichen – als ob es dergleichen in Moskau reichlich gäbe. (Tatsächlich erhielt Lion dort Orangensaft.) »Es dauert also noch sehr lang, bis ich Dich wieder drücken kann. Das reimt sich wie bei Döblin.«

Vor dem Sturm

»Es ist nicht die Zeit, sich ein kompliziertes Privatleben zu leisten.«

L. F., *Erfolg*

Katastrophe in Sanary! Tagelang fällt warmer Regen in diesem Frühjahr 1938, nachdem es im Januar überraschend geschneit hatte. Den Pflanzen bekommt das gar nicht, und auch im Garten der Villa Valmer werden die Narzissen von tausend kleinen Schnecken zerfressen. Marta hütet das Haus, hat abwechselnd Ärger mit Bouboule und Léontine, lebt auf bei Rundfunk-Konzerten, vor allem wenn Bruno Walter dirigiert. Und sie schreibt an Lion, der mal wieder auf Reisen ist. »Bist Du noch für mich? Wenigstens manchmal? Liest Du eigentlich meine Briefe? Wenn ich Dir mündlich vom Garten erzähle, passt Du meist gar nicht auf und sagst nur manchmal ›hm‹. Ätsch, beim Lesen kannst Du nicht ›hm‹ sagen und nichts bleibt Dir erspart. Weder Raupen noch Schnecken noch Leontinen-Launen. Und ich hab den Vorteil davon.« Nicht nur sie, sondern auch der Kater vermisse ihn. »Peter schnupperte heute sehr in deinem Schlafzimmer. Er findet wohl, wie sein Fraule, dass es Zeit ist für das Herrle, wieder nach Haus zu kommen. Auf Sonntag also. Vergiss nicht bis dahin, für mich zu sein, wenigstens manchmal, und auch wenn Du wieder da bist, trotz all meiner Fehler.« Sie versucht es mit Humor, wie immer. Peter aber läuft weg. Marta hängt sehr an dem Tier. Einmal liest Bouboule den Kater beim Häuschen der Marcuses auf. Marta gibt ihm einen Finderlohn, denn sie fürchtet, dass er auch dieses Tier, das ihn so oft geärgert hat, versehentlich überfährt. Doch das Unvermeidliche geschieht, als Bouboule mit seinem Auto Kohlen anliefert.

Ganz andere Nachrichten vertreiben bald diesen Katzenjammer. »Als ich heute Nacht am Radio hörte, dass 10 000 polnische Juden aus ihren Betten geholt und nur mit 10 Mark in der Tasche über die polnische Grenze gejagt wurden, traute ich mich kaum mehr, traurig über den Peter zu sein. Bitte ruf nicht an wegen Peter, ich werd es schon verwinden. Es ist ja nur eine Katze, wenn auch gerade unsere.« (Aus Deutschland wurden 1938 in Polen gebürtige Juden, auch wenn sie schon lange in Deutschland lebten, abgeschoben.)

Zuweilen gleiten Martas Gedanken in die Vergangenheit. Am 11. November 1938, in Frankreich ein Feiertag in Erinnerung an das Kriegsende 1918, schildert sie dem abwesenden Lion die Gedenkfeiern in Sanary: »Der Armistice-Tag erinnert mich immer an Deine Bruch-Operation in München. Weißt Du noch? Und als Du aus der Klinik bei der Theresienwiese nachhaus kamst, hat Dir der von mir gekochte Spinat so besonders gut geschmeckt, und die Frau Direktor Bach hat Dir ein Weißbrot gebracht. Und die Tomaten, die ich gegen ein Theaterbillett eingehandelt hatte und die ich einmachen wollte, hatte die diebische Wally alle aufgegessen. Das waren schöne Zeiten. […] Damals haben wir gedacht, so schlimm wie der Krieg kann's nie mehr werden. Für uns ist es ja auch nicht so schlimm.« Noch nicht.

In Sanary stand die Zeit still. Und auch das Leben von Lion und Marta schien sich im Kreis zu drehen. Aber untergründig grummelte schon das kommende Unheil, reizte die Nerven, führte manchmal zu hysterischen Ausbrüchen oder zu makabren Komödien. Von dieser sonderbaren Mischung aus Lähmung und angstvoller Erwartung waren auch die führenden Politiker und Militärs befallen, und sie blieben es noch Monate nach der Kriegserklärung 1939, als der Zustand herrschte, den man »drôle de guerre« nannte, bis dann Hitlers Überfall im Mai 1940 neue Tatsachen schuf. Das Gesetz des Handelns lag bei ihm. Die anderen reagierten nur, zu schwach, zu spät. Und Stalin lavierte. Lions prosowjetische Bekundungen waren gewiss auch ein Versuch, sich nicht von Angst und Wehrlosigkeit ersticken zu lassen.

Ein sonderbares Drama war auch das Leben von Lion

Feuchtwanger zwischen Moskau-Reise und Kriegsbeginn. In dieser Wartezeit führte er eine Parallelehe mit Eva Herrmann, mit allen Höhen und Tiefen, Krisen und Eifersüchteleien, die man ihm gar nicht zugetraut hätte. Der Lion dieser Monate macht den Eindruck eines Verlorenen, Verirrten, er hatte sich politisch isoliert, führte einige böse Polemiken und quälte sich mühsam und lustlos mit dem Roman über die Emigranten, vielleicht auch weil er zu viele persönliche Rechnungen begleichen und den Moskauern die versprochene Botschaft liefern wollte. Es bedurfte einer aufrüttelnden Erfahrung, um Lion wieder zu sich zu bringen – ähnlich wie 1914.

Als er am 20. Februar 1937 nach Sanary zurückkehrte, gab es den von Marta erhofften langen Spaziergang. Sie genossen die Sonne und die alte Liebe, trieben Sport und faulenzten ein wenig. Eva aus Paris und sein Bruder Martin aus Prag baten um Geld. Immer öfter sollten nun solche Anfragen eingehen. Mit der Arbeit an der »Broschüre« über die Moskau-Reise begann Lion am 1. März. »Etwas Lektüre über russische Gegenstände. Sehe, wie wenig informiert ich bin.« (9. 3. 1937) Lion meldete Eva van Hoboken, er schreibe seine Moskauer Eindrücke im »ungeheuren bemühen, objektiv zu bleiben«, aber er werde sich »wohl mit hörbarem plump zwischen sämtliche stühle setzen«.

Zur Entspannung las er Proust. Das bekam ihm gar nicht, denn diese Lektüre verschlimmerte seine Sehnsucht nach Eva. Die aber versetzte ihn, hatte vorerst keine Zeit, mit ihm nach Cannes zu fahren. Das war sein Alltag: Ihm war klar, dass er von der Sowjetunion, die er verklären wollte, eigentlich nichts wusste, er war krankhaft verliebt in eine Frau, die sich ihm immer wieder entzog, und er hatte starke Lust auf eine Liebes-Spiel-Reise, sein größtes Vergnügen. Casino-Sozialismus, untrennbar vermischt mit seinen Gefühlen für Eva Herrmann. Und Martas Alltag war es, diesen Liebeskranken zu ertragen. Dessen melancholischer Zustand war neu. Gelegentliche Versuche einer Aussprache misslangen.

Die Arbeit am Moskau-Buch war eine lästige Pflicht. In zwei Wochen hatte er Lola den Text herunterdiktiert, nach weiteren zwei Wochen durchkorrigiert. Bei einem Abendessen im Haus der Rothschilds sprach er in Anwesenheit des dänischen Botschafters über seine Reise, aber es war »schwer, Verständnis für russische Dinge zu finden«. Was andere einwandten, hielt er für »hysterisches Geschrei«. Am 6. April 1937 erfuhr er, er habe in einer tschechischen Gemeinde das Heimatrecht erhalten, aber schon bald hieß es von dort, mit der Einbürgerung werde es nichts. Einstweilen las er Dostojewski. Die *Iswestija* schickte ein Telegramm: Man wolle den Vorabdruck seines Berichts bringen. Am nächsten Tag bekundete der Moskauer Staatsverlag sein Interesse an einer Buchausgabe.

Ende April kam Eva endlich in den Süden, und sie vergnügten sich in Cannes, wie erhofft. Die Spielverluste waren dieses Mal besonders hoch. Aber als sie schnell wieder fortwollte, war Lion verstimmt. Marta brachte ihn zum Zug, holte ihn wieder ab, strindbergelte etwas. Lola erbettelte 20000 Francs für ihre Schwester Irma. Tage eines Romanciers von Weltruf. Im Mai kamen Franks und Schwarzschilds nach Sanary, man diskutierte endlos über Russland. Es kam auch Lilo Dammert, die Lion »pathologisch arrogant und selbstgefällig« fand, vielleicht weil sie ihn kritisiert hatte. Zu den politischen Besuchern gehörte Michail Kolzow. Er sollte Lion zu Änderungen im Moskau-Buch bewegen. Vor allem die Passagen über Trotzki fand er »gefährlich«. Lion gab nach: »Den Trotzki-Teil überarbeitet. Mit nicht ganz gutem Gewissen.« (26. 5. 1937) Ohne Opfer des Geistes ging es bei solchem Engagement nicht. Alle paar Monate traf Geld aus der Sowjetunion ein – seine Tantiemen. Als das Gerücht umlief, er sei von Russland bestochen, wurde Lion böse, stellte Bruno Frank zur Rede, der aber bestritt, dergleichen verbreitet zu haben. Heinrich Mann, der hohe Tantiemen aus Moskau erhielt, sah sich mit ähnlichen Vorwürfen konfrontiert – Ränkespiele im Lager der Volksfront. Im Dezember 1937 erschien die russische Fassung der Moskau-Reise ungekürzt.

Bald meldete man ihm von dort, das Buch habe großen Erfolg.

Eva kaufte sich derweil für 16 000 Francs ein Auto, es ist nicht klar, ob Lion sich an den Kosten beteiligte. Ihre Beziehung ging bis zum Krieg weiter, in einem ständigen Auf und Ab. »Bei strahlendem Wetter mit Eva, die nächster Tage nach Amerika fährt, nach Cannes. Gespielt. Ein bisschen gewonnen. Abends Diskussion mit Eva über meine und Huxleys Hässlichkeit. Verstimmung auf beiden Seiten. Dann doch sehr gevögelt.« (13. 12. 1937) Zwischendurch wärmte Lion seine Beziehung mit Liesl Frank wieder auf samt Ausflug ins Casino, und auch Lola Sernau kam hin und wieder an die Reihe. Als Zweigs Sekretärin Lilly Offenstedt zu einem kurzen Besuch kam, liebte er sie nach einem langen Spaziergang am Strand.

Als Gäste in der Villa Valmer wurden im Sommer 1937 begrüßt: Klaus Mann, Mopsa Sternheim, Hans Siemsen, E. E. Noth, Erwin Piscator, Graf Sforza, die Rothschilds und Stefan Lorant, »ein heiterer Ungar, der groteske und grausige Dinge über seine Gefangenschaft im Münchner Polizeiamt erzählte«, wie Marta sich später erinnerte. Die Schickeles kamen zuweilen aus Nizza herüber, wo sie nun lebten. Und im Oktober 1937 erschien Brecht wieder einmal in Sanary. Später begleitete ihn Lion nach Paris, um der Aufführung von dessen Stück *Die Gewehre der Frau Carrar* beizuwohnen (Regie: Helene Weigel).

Auch zwei neue Gestalten tauchten in Sanary und im Leben der Feuchtwangers auf: Franz Werfel und seine Frau Alma Mahler-Werfel. Kennengelernt hatte man sich im Juni 1937 in Paris, wohin Lion ausnahmsweise in Martas Begleitung reiste. Während sowohl Werfel wie Lion auf dem dortigen Kongress der Internationalen PEN-Vereinigung sprachen, genoss Marta ihren gesellschaftlichen Auftritt. (»Marta hat gute Erfolge und ist recht befriedigt.«) Mit Lion besichtigte sie die Pavillons der Weltausstellung am Eiffelturm sowie das neuerbaute Palais de Chaillot am gegenüberliegenden Ufer. Sie schauten sich den spanischen Pavillon mit

Picassos Guernica-Gemälde an, aber auch die einander gegenüberstehenden Prunkbauten der Sowjetunion und Hitlerdeutschlands, die sich im Stil nur unwesentlich unterschieden. Vor allem begegnete sie interessanten Menschen, Erich Maria Remarque, Claire Goll (einer entfernten Verwandten Martas), Anna Seghers, Jules Romains, mit dessen Frau Lion flirtete, Louis Aragon – der Lion für eine Mission nach Spanien gewinnen wollte, was aber nach vielem Hin und Her nicht gelang –, dazu einer ganzen Reihe russischer Schriftsteller, aber auch alten Bekannten wie Bruno und Liesl Frank, Erwin Piscator, Ernst Toller. Es gab ehrenvolle Empfänge der Kongressteilnehmer durch den Kulturminister und schließlich durch den Präsidenten der Republik, Albert Lebrun. Lion ließ sich für diesen Anlass einen Frack schneidern. Eine Demarche beim Polizeipräfekten sorgte dafür, dass Lion und Marta wenigstens Staatenlosenpässe erhielten.

Die Politik war nicht ganz abwesend: »Münzenberg da. Er ist nach Moskau berufen und hat furchtbare Angst, er werde abgefasst oder verhaftet«, heißt es im Tagebuch am 23. Juni 1937. Er fürchtete seine Genossen nicht ohne Grund, aber Lions Position änderte sich deswegen nicht. Dafür geriet er mit Werfel aneinander, dessen Kongressrede er als Kritik an seinem neuen Engagement auffasste, und so war sie auch gemeint. Im persönlichen Umgang aber hatte Lion das Gefühl, sich gar nicht schlecht mit dem österreichischen Romancier zu verstehen.

Von Werfel war auch Marta beeindruckt. Seine Romane hatte sie gern gelesen, sie verstand nur nicht, warum er Lion so scharf attackierte. Werfel suchte sie sogar in ihrem Pariser Hotel auf, aber als Lion die Sowjetunion verteidigte, wurde es gleich wieder heftig. »Ich war so dumm, auch meine Meinung zu sagen: natürlich seien die Russen froh, das Zarentum los zu sein. Jetzt sind sie keine Leibeigenen mehr, einst gab es Arme und Reiche, und jetzt sind alle arm«, erinnerte sich Marta. Da wurde Werfel böse, fuhr sie an, sie solle schweigen, sie verstehe nichts von Politik. Marta dachte, sie hätte sich besser nicht einmischen sollen, aber Werfel fasste sich gleich wieder und entschuldigte sich: »Ich hätte Sie nicht so anschreien sollen, ich bewundere Sie. Können Sie mir verzeihen?« Und er kniete vor ihr nieder. Mit Lion aber fuhr er fort zu streiten. Schließlich bestellte Lion Kaviar für alle, und so versöhnte man sich. Nach diesem Modell verliefen auch die vielen Abende, die sie bald in Sanary miteinander verbrachten, wo die Werfels Unterkunft im alten Mühlenturm an der Felskante oberhalb der Bucht gefunden hatten. Oben war sein Arbeitszimmer mit zwölf Fenstern, unten ihr Schlafzimmer, dazu die Küche für das Dienstmädchen. Werfel gab sich sehr katholisch, Alma auch, aber Marta sagte zu ihr: »Sie sind eine Heidin«, was diese zum Lachen brachte. Alma ging nie zur Messe, Werfel hingegen regelmäßig zur Beichte und zur Kommunion.

Wenn Lion auf Reisen war, wurde Marta allein eingeladen, Alma hatte eine sehr gute Köchin. Beim Essen bekamen Alma und Franz schweren Streit. Sie mochten sich sehr, Alma behauptete sogar, Werfel sei ihre einzige große Liebe seit Gropius. Doch im Streit sagte sie: »Vergiss nicht, ich bin keine Jüdin!« Marta blieb die köstliche Forelle im Halse stecken. Aber die Werfels redeten weiter, als sei alles nicht so gemeint gewesen. Beim Nachtisch war der Frieden wiederhergestellt. In einem anderen Brief an Lion schilderte Marta, was man bei Werfels so zu essen bekam: »Hühnersuppe aus Tassen, wie bei uns, Hühnerragout mit Mandeln, ähnlich wie unsere Muscheln, nur flüssiger, dann noch Fisch mit Mayonnaise, aber das Mädchen war sehr nervös, sagte Frau Werfel, und sie bewunderte, wie nobel und vornehm es bei uns war, und wie herrschaftlich ich die Léontine abgerichtet hätte. [...] Nächstes Jahr müsse es bei ihnen auch so werden.« Lions Urteil über die neuen Bekannten war zurückhaltender. »Er ganz angenehm, aber nicht so wie in Paris. Mit ihr wenig anzufangen«, notierte er Anfang August 1938. Natürlich, sie war zu alt für ihn.

Aus seinem Roman *Exil* las er ihnen dennoch vor und freute sich über den großen Eindruck, den er machte; er selbst las Werfels neuen Roman *Der veruntreute Himmel*, der auch die Erfahrung des Exils reflektierte, und diskutierte lange mit ihm darüber. Im Mai 1939 notierte er: »Abends bei Werfel. Mich gut mit ihm verstanden. Sie spielt, er singt, sie will mich mit dem netten Mädchen verkuppeln, das bei ihnen wohnt, vorläufig aber fährt das Mädchen weg.« Das nette Mädchen war Anna Mahler, Almas Tochter aus erster Ehe, eine Bildhauerin.

Seit dem Sommer 1938 gehörte zu den regelmäßigen Gästen der Villa Valmer auch Dr. med. Friedrich Wolf, den Lion aus Moskau kannte. Der Arzt und Autor hatte im Spanischen Bürgerkrieg keine Verwendung mehr gefunden und zog es vor, an der Côte d'Azur auszuharren, wo er vorerst sicherer war als in Moskau. Er mietete direkt neben der Kirche von Sanary eine bescheidene Dachwohnung, von deren Balkon er einen herrlichen Blick auf den Hafen, die Promenade, das Turmhotel und die Bucht hatte. Lion diskutierte mit ihm nicht nur über Fragen der Romantechnik, sondern nahm auch Wolfs ärztlichen Rat in Anspruch. Aus Spanien kam Arthur Koestler mit einer Freundin. Er hatte sich im Bürgerkrieg das maßlose Trinken angewöhnt und fuhr damit in Sanary fort. Zu Marta sagte er: »Ich möchte auch so schreiben wie Ihr Mann.« Wenn Lion aus dem Haus war, verabredeten sich Marta und Eva Herrmann zum Essen in Sanary. Eva hatte es Lion übelgenommen, dass er auch mit Sybille Bedford ausgegangen war, es blieb aber bei Abenden in Luxusrestaurants, im Casino und bei oberflächlichem Flirt. Sybille liebte die Frauen, und in Sanary war der Ortsklatsch überzeugt, dass sie etwas mit Eva »hatte«.

Im September 1938 traf völlig unerwartet Alfred Kerr ein. In Berlin hatte er keine hundert Meter vom Haus der Feuchtwangers entfernt gewohnt. Über Lions erste Theaterstücke hatte er einst geurteilt, dieser Autor sei eine Eintagsfliege. Seine Macht im Feuilleton hatte der kleine gealterte Herr, der nun im Londoner Exil lebte, längst verloren. In Sanary wohnte er, wie auch einige andere Literaturgrößen aus Deutschland, England und Frankreich, der improvisierten Aufführung eines kleinen Stückes bei, das ein Freund von Sybille Bedford und Eva Herrmann geschrieben hatte. Am 11. Januar 1938 erschien Lions Bruder Berthold und gab einen anschaulichen Bericht über die Verhältnisse in Nazi-Deutschland, über den Widerstand und über die Lage der Juden. Er reiste bald weiter nach Bolivien, wo er 1944 starb.

In diesen Monaten las Lion vor allem russische Autoren, viele Biographien (Wagner, Balzac, Johann Strauß) und mit wachsendem Vergnügen immer wieder die *Bekenntnisse* von Rousseau, die ihn stilistisch und erzähltechnisch begeisterten. Der Plan zu einem Werk über den französischen Philosophen reifte heran (aber es sollte noch lange dauern, bis er realisiert wurde). Auch ein Roman über Beaumarchais wurde erwogen. Seine Gedanken weilten stets bei Eva, aber nun machte ihm sein Körper zu schaffen. »Die Besorgnis wegen der Prostata verdrängt die Sehnsucht nach Eva.« (3. 2. 1938) Marta verstand es, sein Leiden durch Massage zu lindern. Sie schickte ihn schließlich zu einem Arzt nach Paris, schrieb ihm alle Fragen auf, die er stellen sollte, denn sie hatte Angst, er würde alles vergessen. Jedoch: »Zum Arzt, auf Betreiben Martas. Ich stelle mich besonders blöd.« Beim Arzt erlitt er einen Schwächeanfall. Das sollte sich in den nächsten Wochen öfter wiederholen.

In Sanary besuchte ihn noch einmal Eva van Hoboken mit ihrem Mann. Als Eva Herrmann aus St. Anton anrief, notierte er sie als »die wirkliche Eva« (3. 3. 1938). Sie blieb dort auch nach dem Anschluss Österreichs an das Deutsche Reich Mitte März, was Lion Sorgen bereitet, denn er hatte Informationen aus Wien über die Repressalien der Nazis erhalten. Diese Ereignisse lösten unter den Emigranten in Sanary Panik aus – und bei Lion Gedanken zur Übersiedlung nach Amerika. Marta fuhr mehrfach zum Konsulat nach Marseille, um Ausreisepapiere zu bekommen. Lion amüsierte sich derweil in Cannes, wo er die endlich aus »Nazi-Österreich« zurückgekehrte Eva Herrmann traf. Er machte ihr Vorwürfe, als habe er Aufsicht über ihr Leben.

Es gab heftigen Streit, einen richtigen Krach, was das »genussvolle Vögeln« aber nicht behinderte. Ein Tag aus dem Leben dieses Weltautors im Spiegel seines Tagebuchs: »*Exil*. Prostata gut. Ossietzky stirbt. Marta strindbergelt.«

Eva ärgerte ihn in dieser Zeit, weil sie einen jungen Arzt in Toulon kennengelernt hatte. Lion litt an der Ungewissheit, wie weit sie dabei ging, und Eva verstand es, sein Leiden zu steigern. Bei ihm erzeugte das »schlechte Laune und Melancholie« (25. 6. 1938). Als er sagte, er plane eine zweite Russlandreise, dieses Mal nach Leningrad, nahm sie das übel auf und brach in Tränen aus – ob aus politischen Gründen oder weil er sie nicht mitnehmen wollte, bleibt unklar. Lion hatte es wohl als Drohung gemeint. Natürlich versöhnten sie sich auf die übliche Art. Eva brachte ihm sein Horoskop, doch dass darin die bevorstehenden Dinge angezeigt waren, ist nicht anzunehmen.

Ende Juli 1938 entstand ein Bruch in ihrer Beziehung. Nach einer Spazierfahrt mit Marta, bei der das Auto eine Panne hatte und sich Marta mit dem kochenden Kühlwasser verbrannte, fasste Lion einen Vorsatz: »Nicht schlafen können. Endgültiger Beschluss, Eva auf mehrere Wochen nicht zu vögeln und sie abzubauen.« Wie schon beim jungen Lion hielten derartige Entschlüsse keine Woche, und es gab noch genügend heiße Nächte, in denen sie ihm auf »vielerlei Arten ihre Neigung« erklärte. Klar war aber: Ein Bruch musste sein – doch mit wem? Eine Entscheidung war nötig – doch für wen? Bald tauchte der Plan auf, Lion könne allein nach Amerika reisen und Marta in Sanary zurücklassen, um das Haus nicht zu verlieren. Da Eva bald in die USA übersiedeln wollte, wäre das eine Entscheidung gewesen, auch wenn er es sich nicht eingestand, und es gab Anzeichen, dass Eva darauf hinwirkte. Martas Leben hing in der Schwebe, während sie in der Villa Valmer nach wie vor die Gäste betreute. »Marta strengt sich furchtbar an, aber infolge Überorganisation und Ungeschicklichkeit stark missglückt. Hernach, wie ich sie auf ihre Fehlerquellen aufmerksam machte, strindbergelt sie sehr.« Er war halt doch ein altes Rabenaas.

Im Herbst 1938 heiratete Lola Sernau den Schweizer Staatsbürger Rudolf Jakob Humm und erhielt dadurch einen Schweizer Pass. Seither hieß sie Humm-Sernau, aber es sah sehr nach Gefälligkeitsehe aus, denn ihre Stellung bei Lion blieb unverändert. Als Anfang 1939 der Roman *Exil* erschien, feierte Lion das mit seiner Sekretärin, indem er mit ihr eine Nacht verbrachte.

Mit Lions amerikanischem Verleger Ben Huebsch, der noch einmal nach Sanary kam, wurde schon die Möglichkeit einer Übersiedlung in die USA erörtert. Dass Huebsch Lions weiteres Schicksal in Frankreich aufmerksam verfolgte, sollte für die spätere Rettungsaktion bedeutsam sein. Im September 1938 verstand Lion sehr wohl die »bedrohliche Nähe des Krieges«. Nach dem Münchner Abkommen notierte er: »Frankreich und England kapitulieren vor Hitler.« In jenem Monat fuhr er mit Eva nach Monte Carlo. Sie verspielten beide viel Geld, dann zogen sie weiter nach Nizza, wo sie Heinrich Mann besuchten und dessen Freundin Nelly »sehr komisch« fanden. Als Eva sehr krank wurde, ließ Lion sie allein zurück. In Sanary holte ihn Marta vom Bahnhof ab, denn auf sie war immer Verlass.

Als es Eva immer schlechter ging, schickte Lion den »Knecht« Bouboule mit dem Auto nach Nizza. Er gebrauchte wirklich dieses Wort, anderswo sprach er von der »Magd« Léontine. Manchmal ist er schon sehr befremdlich. Das Personal interessierte ihn ohnehin wenig, kaum wusste er die Namen. Mit Eva ging es hin und her, sie quälte Lion durch Liebeleien mit anderen, er ärgerte sich, schrieb ihr Briefe voller Ressentiments, die er nicht immer abschickte, änderte seine Meinung mehr als einmal und konnte sich doch nicht lösen. »Abends bei Eva. Sie fragt mich, ob sie abreisen soll. Ich rate weder zu noch ab.« (27. 9. 1938) – »Eva will fort, drängt mich, mitzugehen. Auch Marta möchte, dass ich fortgehe. Steigende Kriegsgefahr.« (28. 9. 1938) Marta stand daneben, sah seinem Treiben zu, war immer weniger die Gefährtin. Die Umstände der Ausreise aus Frankreich entschieden auch über ihre Gemeinschaft. War Marta denn noch mehr als eine bessere Magd? Nur wenn sie seine Texte kritisierte. Für seine literarische Arbeit war sie unverzichtbar. Denn mit dem Exil-Roman war Lion noch lange nicht zufrieden.

Nach dem Münchner Abkommen entspannte sich die politische Lage für eine Weile, die Mobilisierung der französischen Armee wurde rückgängig gemacht. Lion urteilte am 30. September 1938: »Es stellt sich heraus, dass der Friede nur unter ungeheuren Opfern zu erhalten war, das heißt, es ist eine beispiellose Niederlage der Linken und des Sozialismus.« Er fasste zwei Beschlüsse: nach Paris zu fahren, wo er ein Verhältnis mit Sascha Marcuse anzufangen gedachte, und seinen Roman über das Exil zu überarbeiten, insbesondere »die Anna umzukrempeln«. Die Gestalt der Ehefrau des Emigranten Trautwein, die sich aufopfert und schließlich umbringt, bereitete ihm ganz besondere Probleme.

Im Oktober 1938 endeten die politischen Bemühungen der Emigranten. Die Volksfrontpolitik war längst zerfallen. Lion traf in Paris Emil Ludwig, Ludwig Marcuse, Remarque, Döblin, Kesten, dazu Ilja Ehrenburg, der ihn eisig begrüßte und wohl sein Moskau-Buch ablehnte, ferner den Bankier Olaf Aschberg, »einen ungeheuer reichen Schweden«. (Dass dieser ein Finanzier der Komintern war, wusste Lion nicht.) Er folgte auch einer Einladung in die Sowjetbotschaft. Und er kam tatsächlich bei Sascha Marcuse zum Ziel – eine Kollegenfrau mehr, »etwas sentimental, nach einigem Hin und Her gevögelt«. Während er auf dem amerikanischen Konsulat die dringliche Frage seiner Papiere nicht klären konnte, erhielten die Marcuses ohne Probleme Visa für die USA, und Lion kam sich darob ziemlich dumm vor.

Aus Sanary schrieb Marta, es tue ihr leid, dass sie ihn nicht von der Reise abgehalten habe. Das Wetter sei herrlich in diesem Herbst, sie gehe ohne Bademantel und Handtuch zum Schwimmen, lasse sich im Gehen trocknen. Im Radio habe sie Hitlers Rede aus dem Bürgerbräukeller gehört, seine kruden Witze, seine Angriffe auf Churchill: »Es war wieder guter alter Hitler, nur etwas verrückter als gewöhnlich. [...] Wenn man später seine Reden und seine Taten vergleicht, wird man die Geschichte noch weniger verstehen als jetzt. Wahnsinn und Methode.«

Hitlers Taten erreichten schnell eine neue Dimension. Am 9. November 1938 wurden in Deutschland und Österreich in der sogenannten Kristallnacht Angriffe auf Synagogen und jüdische Geschäfte entfesselt. Es gab Verhaftungen, Morde, Zerstörungen. »Scheußliche Pogromnachrichten aus Deutschland. Der russische Kellner spricht entrüstet darüber«, notierte Lion am 11. November. In den nächsten Tagen folgten neue Hiobsbotschaften. Ende November wieder in Sanary, erfuhr er, dass seine Brüder Ludwig und Fritz nach Dachau verschleppt worden waren. »Schritte unternommen, um Ludschi aus dem Konzentrationslager zu befreien«, heißt es am 1. Dezember 1938. Zugleich stellte er mit Marta neue Bücherregale auf. Das sah nicht nach Vorbereitungen zur Übersiedlung aus. Dann waren wieder »neue mir unangenehme Schritte in Sachen Ludschi« nötig. Lion sollte nämlich den Bruder mit einer hohen Summe freikaufen. Im Januar musste er ein weiteres Mal zahlen. Erst Monate später führte es zum Erfolg, im Juni 1939 meldete sich Ludwig aus England. Auch Fritz Feuchtwanger kam jetzt frei und wanderte nach New York aus.

Lions Jahresbilanz 1938 lautete: »Kein sehr gutes Jahr. Zwar ist die Arbeit gut vorangegangen; auch meine Beziehungen zu Eva und Marta sind halbwegs befriedigend. Aber kein äußerer Erfolg von Belang, wirtschaftlich sah es nicht sehr gut aus, die Schwierigkeiten, die aus dem Mangel einer Staatsangehörigkeit herrühren, häufen sich und drohen im Kriegsfall sehr unangenehm zu werden. Und vor allem zeigt sich das Alter, Prostata und mangelnde Potenz.«

Mitte Februar 1939 fuhr Marta trotz der politisch angespannten Lage für drei Wochen zum Skilaufen nach Megève. Zuvor aber geschah etwas Merkwürdiges: Die vernachlässigte Frau des Autors wollte einen historischen Roman schreiben. Sie las Lion ein erstes Kapitel vor, und er fand es

»nicht schlecht«. Doch später war nie wieder die Rede davon. In ihrem Nachlass finden sich einige wenige Zettel. »Der schöne Kaiser Otto mit der silbernen Rüstung«, so fängt es an, aber schon nach diesem Halbsatz wird der Text unlesbar, er besteht fast nur aus Streichungen, und die Bleistiftlinien sind mit der Zeit verwischt. Es sind mehrere aus einem Schülerheft herausgerissene Seiten, Fragmente einer Erzählung, in der es um einen Monarchen und eine »sie« geht, aber mehr versteht man nicht. Man entziffert Passagen wie »Es waren Andersens Märchen und das Lesezeichen« oder »Meinem Vater zu Ehr und Vorbild«. Die Handlung spielte wohl nicht in ganz alten Zeiten.

Die inneren Hindernisse, aus der Passivität des Lesens und Korrigierens in die Aktivität des Fabulierens hineinzufinden, waren wohl zu groß. Ein äußeres Hindernis kam hinzu: Lion schickte Druckfahnen zum Korrigieren nach Megève, eine Arbeit, die er Lola Sernau nicht zutraute. Und so schrieb Marta: »Erst wollt ich mir Notizen machen zu meinem [Roman], über das, was mir inzwischen eingefallen ist, aber Dein Roman war stärker als ich.« Statt ihre eigene Idee zu verfolgen, gab sie ihm Ratschläge zur Darstellung der Emigrantenehe; sie schrieb ihm, wie er seine Figuren entwickeln solle, war ganz berauscht von bestimmten Vorstellungen, nahm lebhaften Anteil, wollte ihn von ihren Vorschlägen überzeugen. Als er widersprach, beharrte sie: »Eine herzhafte, schlichte Ehegeschichte, keine Künstlerehe oder mondäne Liaison, das ist was, was bleibt, glaub mir.« Sie war näher bei *Hermann und Dorothea* als er. Und was war ihre eigene Ehe? Nichts von all dem, sie war, zumindest seit Beginn des Exils, eine völlig asymmetrische Beziehung. Und doch freute sich Marta mit ihm: »Wie schön, dass Dir etwas Gutes für Deinen Roman eingefallen ist, mir ist auch was für meinen eingefallen, ob es aber gut ist?« Und: »Ich bin dankbar, dass ich hier sein darf und denke demgemäß oft an Dich.«

Während Martas Abwesenheit machte Lion eine Tour mit Eva zum Papstpalast nach Avignon, aber auch zu einem

Auffanglager von Spanienkämpfern beim provenzalischen Dorf Saint Zacharie. »Dort überzeugte jüdische Kommunisten in ziemlich hoffnungsloser Situation gesprochen.« (3. 3. 1939) Nach diesem Blick ins Elend trieb es die beiden Liebenden wieder nach Cannes, ins Casino, in feine Hotels.

Im März 1939, als Marta aus Megève zurück war, tauchte Egon Erwin Kisch in der Villa Valmer auf. In seiner Heimatstadt Prag marschierte gerade Hitler ein. Die westlichen Demokratien geben den Faschisten immer wieder nach, notierte Lion, glaubte aber, dass damit die Kriegsgefahr eher gebannt sei. Die englische Regierung sprach jedoch eine Garantie für Polen aus, und damit war der Rubikon bestimmt. Lion und Marta begaben sich zum amerikanischen Konsulat nach Marseille und beantragten Visa, doch die Papiere, die sie endlich erhielten, waren nur wenige Tage gültig. Marta, die mehr als einmal nach Marseille gefahren war, wurde krank aus Erschöpfung. Lion fuhr mit Eva zum Vergnügen nach Cannes, hektisch und unersättlich.

Inzwischen gab es mehrere kleine Krisen mit der widerspenstigen Lola. Trotz ihres Schweizer Passes hing ihr Schicksal von Lion ab, und der hatte sich immer noch nicht entschieden, ob und wann er in die USA gehen würde. Ihre Schwester Irma, nun mit einem Engländer namens White verheiratet, hatte ihre dritte Schwester in der Schweiz besucht, kam dann zurück nach Sanary, was sie noch bereuen sollte. Lion war plötzlich wieder erschöpft und bekam Migräneanfälle. Als auch Lola erkrankte, diktierte er Marta, was er noch nie getan hatte.

Aus Moskau kam die Nachricht: »Vera Janukowa gestorben, die nette Schauspielerin, mit der ich in Moskau befreundet war.« Fragen hatte Lion keine. Es war die Zeit der bösen Meldungen. Aus New York hörte man, dass sich Ernst Toller umgebracht hatte – er war noch im Jahr zuvor in Sanary gewesen. Überdies war Eva schwanger und ließ in Paris abtreiben. Lion erfuhr es von Sibylle Bedford. »Eva verlangt durch Sibylle telefonisch Geld. Ich ziemlich ungeschickt. Schicke dann das Geld, was technisch viele Mühe macht.« (7. 6. 1939) Vermutlich besprach er das alles mit Marta: »Sehr langer Brief von Eva, sie habe vermutlich ein Fibrom (was Marta seit langem vermutet hat). Abends ruft sie an, besonders nett«, heißt es am 12. Juni 1939.

Als er Ende des Monats doch nach Paris fuhr, schlief er wieder mit Eva, obwohl diese »erbärmlich« aussah und »sehr ängstlich« war. Tage später: »Ganz leise mit Eva gestritten. In Fremdheit geführt.« Ein seltsamer Ausdruck für ein seltsames Verhältnis. Der Zwist dauerte eine Weile an, auch später in Cannes: »Mit Eva höchst verstimmende Aussprache. Sie wirft mir Kleinlichkeit vor und erklärt, sie werde von mir kein Geld mehr nehmen. Großer Katzenjammer.« Zurück in Sanary, gab es wieder Ärger mit Marta, die ihn mit diversen Sorgen enervierte. In mieser Stimmung beging man seinen 55. Geburtstag, seinen letzten in der Villa Valmer. Die großen Tage von Sanary waren schon Geschichte.

Am 28. August 1939 schrieb Lion in sein Tagebuch: »Kriegsgefahr. Meine Stellung durch Schwenkung der stalinistischen Politik recht erschwert.« Das war sein Kommentar zum Hitler-Stalin-Pakt. Die folgenden Tage und Nächte wurden sehr unruhig, das Leben verdüsterte sich, es herrschte »ziemlich trübe Stimmung infolge Krieg«. Zudem standen in der Pariser Presse »tückische Angriffe« gegen Lion. Was sich vor allem änderte, war die Stellung der deutschen Emigranten. Durch Stalins Abkommen mit Hitler galten sie plötzlich, auch wenn sie keine Sympathien für die Sowjetunion hatten, als indirekte Verbündete Deutschlands und somit als »feindliche Ausländer«.

Die kommunistischen Parteien Westeuropas machten – auf Anordnung Moskaus – Stimmung gegen den Krieg, den sie in Flugblättern und Artikeln als Sache der imperialistischen Mächte und der »Londoner City« darstellten, was ihrer Propaganda einen antisemitischen Ton gab. Nun waren die Kommunisten plötzlich Anhänger des »Friedens«, der kämpferische Antifaschismus war vergessen. Später haben sowohl Heinrich Mann wie Lion Feuchtwanger, aber auch viele andere Frankreichs rasche Niederlage im Mai/Juni 1940 als Resultat einer Verschwörung des Großkapitals gedeutet. Das hieß nicht nur, den Patriotismus der französischen Bourgeoisie zu unterschätzen, diese Propaganda sollte vom Verhalten der Kommunisten zwischen 1939 und 1941 ablenken. Insofern stimmte auch Lions Deutung nicht: »Aus einem Krieg gegen Hitler wird ein Krieg gegen den Sozialismus.« (3. 10. 1939) Der Sozialismus, das heißt die Sowjetunion, hatte sich bis auf weiteres aus dem Kampf gegen Hitler herausgezogen, auch deshalb wurde in Frankreich die Kommunistische Partei verboten. In der Sowjetunion aber wurde die Restauflage von Lions Buch *Moskau 1937* konfisziert und eingestampft.

Die politischen Folgen von Stalins Pakt mit Hitler waren für die Emigranten in Frankreich und in England schwer zu durchschauen. Die veränderte Lage brachte es mit sich, dass sie von ihren Zufluchtsländern nicht mehr geschützt wurden. In der neuen Gefahr kamen Martas Tugenden wieder zur Geltung, vor allem in ihrer größten Rolle: Lion retten.

Unholdes Frankreich

»Le vin de France. Nourrit. Guérit.«

Poststempel 1940

Am 1. September 1939, dem Tag des deutschen Einmarsches in Polen, wurde in Frankreich die Generalmobilmachung verkündet. Die Kriegserklärung erfolgte zwei Tage später. In Sanary blieb es verhältnismäßig ruhig. Lion schrieb weiter, Marta kümmerte sich um Haus und Garten, zuweilen kamen Besucher, etwa Franz Werfel. »Unfruchtbares Geschwätz über Marxismus. Äußerst unbehagliche Kriegsstimmung«, notierte Lion. Draußen vor der Bucht brachte die französische Marine ihre Schiffe in Stellung.

Am 4. September gab es ersten Ärger. Es regnete in Strömen, und im Ort wurden »viele dumme Gerüchte« kolportiert. Am Abend erschienen Abgesandte des Rathauses in der Villa Valmer, um die verordnete Verdunkelung zu überprüfen, worüber sich Lion furchtbar aufregte. Am nächsten Tag kamen Polizisten ins Haus, um ihre Papiere zu kontrollieren, zudem traten »viele kleine lästige Beschränkungen« in Kraft. So durfte man sich nur noch mit amtlicher Erlaubnis aus dem Ort entfernen. Doch der Krieg rollte noch nicht recht an, wie Lion formulierte. Die Wartezeit hatte nur ihren Charakter verändert. Überlegungen zur Ausreise nach Amerika wurden weiterhin sehr halbherzig angestellt. Am 7. September versuchten Marta und Eva Herrmann gemeinsam, Lion zur Ausreise zu überreden.

Lola Sernau und Franz Werfel wurden zur Polizei befohlen. Werfel hatte seine liebe Not, die zwölf Fenster seines Turmzimmers zu verdunkeln. Polizisten belästigten ihn mehr als einmal, beschimpften ausgerechnet ihn als Kommunisten und zugleich als Anhänger der Nazis, als hätte er ein Interesse daran, deren Schiffen Leuchtsignale zu geben.

Die Stimmung verschlechterte sich rapide. »Allgemeine Schreckhaftigkeit. Wilde Gerüchte von Verhaftungen, Erschießungen. [...] Lügenhafte Propaganda. [...] Schlechte Behandlung der Emigranten, die Asylrecht genießen«, schrieb Lion am 13. September 1939 in sein Tagebuch. Nach einer Nacht in Evas Haus erfuhr er, »dass höchstwahrscheinlich auch ich ins Konzentrationslager müsse, da alle Deutschen bis 65 Jahre hineinkommen. Große Aufregung ringsherum.« (15. 9. 1939)

Am nächsten Tag wurde es ernst. »Furchtbar schlecht geschlafen. Auf Polizei gerufen. Zusammen mit den anderen Deutschen, die noch hier sind. Ich muss morgen ins Konzentrationslager. Inschrift in dem Polizeilokal: Bienvenue à tous.« Willkommen waren die Emigranten schon lange nicht mehr, denn nun galten sie als feindliche Ausländer. Immerhin konnte Lion von seinen Frauen Abschied nehmen. Es war geradezu, als hätten sich besonders viele Schutzengel um ihn versammelt, und er würde sie alle benötigen. Jede spielte eine spezielle Rolle. Neben Marta und Eva waren da Lola und ihre Schwester Irma, ferner Lilo Dammert-Aisner, natürlich Léontine und einige andere. Während er sich mit anderen Männern aus Sanary auf den Weg nach Toulon machte, ins vorläufige Sammellager, hielt Marta die Stellung. Frauen waren von der Internierung nicht betroffen. Da dies kein Einzelschicksal war, soll ein Blick auf die rechtliche und politische Lage der Flüchtlinge geworfen werden. Sie bestimmte Martas und Lions Leben in den nächsten zwölf Monaten.

Als die deutschen Emigranten 1933 nach Frankreich strömten, waren Einreise und Aufnahme noch kein Problem. Erst nach dem unruhigen Februar 1934, in dem Paris eine Art faschistischen Putschversuch erlebte (ein Angriff auf das Parlament wurde gewaltsam niedergeschlagen), verschärfte sich die französische Ausländerpolitik. Die kurze Phase der Volksfrontregierung ab Frühjahr 1936 konnte die Situation der Flüchtlinge nicht verbessern. Mit der wachsenden

Kriegsgefahr ab 1938 schlug die allgemeine Stimmung in offene Feindseligkeit um.

Am 12. November 1938 wurde eine spezielle Fremdenpolizei geschaffen, zugleich begannen Planungen für die Internierung »feindlicher Ausländer«. Nach dem Spanischen Bürgerkrieg wurden die ersten Lager im Februar 1939 in Rieucros im Departement Lozère eingerichtet, bald darauf auch anderswo. Die Einweisung der ehemaligen Spanienkämpfer hieß im amtlichen Sprachgebrauch »internement administratif«, die Lager wurden in Behördenschreiben als Transitlager, aber manchmal auch als »camp de concentration« bezeichnet.

Nach 1933 hatte Frankreich etwa 40 000 aus Deutschland Geflüchtete aufgenommen, davon blieben 30 000 bis 1940 im Land. Die Zahl der Ausländer insgesamt betrug etwa 400 000, davon 150 000 aus Spanien. Italienische Emigranten waren schon in den zwanziger Jahren in großer Zahl gekommen, auch viele Russen. Am 1. September 1939 beschloss der französische Generalstab Maßnahmen zur »Sammlung« von Angehörigen feindlicher Staaten. Am 4. September wurde bekanntgegeben, dass sich diese in »Sammelzentren« einfinden sollten (meistens waren es Großgaragen, Sportstätten, Messehallen, aber auch historische Festungen wie in Antibes). Am 14. September wurde verfügt, alle Männer im Alter von 17 bis 55 Jahren zu internieren.

Zu diesen »in nationaler Hinsicht verdächtigen Ausländern« gehörten auch die Emigranten aus Deutschland und Österreich, obwohl viele ausgebürgert worden waren. Dass die meisten von ihnen Juden waren, spielte für die Behörden keine Rolle. Man unterschied nicht zwischen ihnen und den »reichstreuen« Deutschen oder den politisch Indifferenten. Das Verteidigungsministerium verfügte ausdrücklich, dass auch jene zu internieren seien, die als politische Flüchtlinge gekommen waren. Am 18. November wurden die Präfekten aller Departements ermächtigt, jede verdächtige Person einzuweisen. Diese Maßnahme wurde vom Innenminister Albert Sarraut gebilligt, dessen Bruder in Toulouse die Zeitung

La Dépêche herausgab, in der Emigranten wie Heinrich Mann publiziert hatten.

Eine erste Internierungswelle gab es im September/Oktober 1939, aber nach wenigen Wochen kamen fast alle Emigranten wieder frei. Denn die Westmächte verhielten sich auch nach Hitlers Überfall auf Polen abwartend. An den Litfaßsäulen und Häuserwänden der französischen Städte prangten nun große rote Plakate, die alle Ausländer aufforderten, sich in »camps de concentration« einzufinden. In Paris dienten die riesigen Sportarenen diesem Zweck, im Süden des Landes wurden die Lager benutzt, in denen man die Mitglieder der Internationalen Brigaden aus dem Spanischen Bürgerkrieg interniert hatte und von denen einige traurige Berühmtheit erlangten: Les Milles, Le Vernet, Gurs, Rieucros. Wer vor kurzem noch vom französischen Staatspräsidenten empfangen worden war, fand sich nun hinter Stacheldraht wieder, wie etwa Lion Feuchtwanger, der alle Gelegenheiten, in die USA auszureisen, versäumt hatte. Heinrich Mann, der wegen seines Alters verschont blieb, versuchte von Nizza aus mit einer Briefaktion prominente Franzosen zur Hilfe für die Internierten zu bewegen. Aus Sanary hatte sich am 16. September 1939 Feuchtwangers Sekretärin bei ihm gemeldet: »Sehr verehrter Herr Heinrich Mann, ich möchte Ihnen mitteilen, dass Dr. Feuchtwanger heute ins Konzentrationslager musste, ebenso wie alle andern Deutschen bis zum 66. Lebensjahr, trotzdem er, wie Sie wissen, mit Ihnen auf der ersten Liste der Expatriierten stand und trotzdem er Besitzer eines amerikanischen Visums ist. Frau Feuchtwanger, die etwas durcheinander ist, wird Ihnen etwas später schreiben.« Marta hatte noch das Herz, anderen zu helfen. Als sie erfuhr, dass im Haus der Marcuses, die längst in den USA waren, eine bedürftige Frau mit einem Kind lebte, schickte sie Léontine mit Lebensmitteln zu ihr. Es war Margueritte Luchaire aus Paris, die einst zu ihren Gästen gehört hatte und deren Mann eingezogen worden war. Auch Léontines Mann Bouboule war jetzt bei den Soldaten. Gleich am ersten Tag hatte er einrücken müssen.

Lion fand sich indessen in einem großen Hangar in La Rode ein, einem östlichen Stadtteil von Toulon. Dort traf er auf viele Nachbarn aus Sanary, den Publizisten Wilhelm Herzog, den Opernsänger Ulmer, den Maler Anton Räderscheidt. Die hygienischen Verhältnisse waren schauerlich. Das war ein böser Sturz aus der Idylle der Villa Valmer. Immerhin erhielt er Post von Marta und von Lola. Und es gelang ihm, einen Zettel an Marta hinauszuschmuggeln, in dem er um einen größeren Koffer, Kleidung, Zahnpasta und Decken bat. Die seltenen Briefe, die er schreiben durfte, mussten auf Französisch verfasst sein, denn sie gingen durch die Zensur. Beschäftigt wurden die Gefangenen mit Deckenfalten, Putzen oder Küchenarbeiten. Nachts belästigten sie Ratten und Fliegen, doch zum Glück gab es keine Mücken. Niemand lese, auch er nicht, schrieb Lion, beim Schlafen lasse er die Schuhe an, so friere er nicht. Das einzig Schlimme sei, dass er in der Nacht oft nach draußen müsse wegen seiner Verdauung. Alles in allem blieb er seltsam gefasst. Zur Betreuung der Internierten gäbe es einen Arzt, es sei jener Doktor Villechaise, der Marta 1933 operiert habe, ließ er sie wissen, und er sei sehr freundlich, könne die missliche Lage aber kaum verbessern. Im Unglück zeigte sich ein ganz anderer Lion als der leichtfertige Casinogänger.

La Rode war nur ein Vorspiel. Bald schaffte man die Internierten unter scharfer Bewachung nach Marseille. Dort blieb ihr Zug lange im Dunkeln stehen, niemand durfte die stinkenden Waggons verlassen. Am 23. September 1939 wurden die Männer im »Centre de rassemblement des étrangers« untergebracht, einer Ziegelei am Rande des Ortes Les Milles, südlich von Aix-en-Provence. Ein kleiner Bahnhof lag gleich neben dem grellroten Fabrikgebäude. Vor dem Abtransport hatte Lion eine kurze Notiz an Marta schicken können.

Auch in Les Milles blieb das Hauptthema die Verdauung. In der Schlange vor den wenigen Toiletten vorgelassen zu werden war eine Ehre. Überhaupt benahm man sich sehr beflissen gegenüber dem Autor von *Erfolg*. Abends saß man zu seinen Füßen und hörte ihm zu. Das Wachpersonal war friedlich-umgänglich, hielt sich aber an die Instruktionen. Eine Flucht aus dem Lager wäre leicht möglich gewesen, aber in diesen Kriegszeiten wurden alle Straßen und Bahnhöfe überwacht.

Schon Ende September kam Lion frei. Marta war sehr gerührt, als er plötzlich wieder vor ihr stand. Lola eilte herbei und mit einiger Verspätung auch Eva, was Lion etwas enttäuschte. Sie war schon mit den Formalitäten für ihre Übersiedlung befasst, die ihr als Amerikanerin kein Problem bereitete. Nach herzlichem Abschied verließ sie am 8. Oktober 1939 Sanary. Aus Marseille fuhren keine amerikanischen Schiffe mehr, so musste sie nach Genua und reiste von dort mit der *Conte di Savoia* nach New York. Wochen später meldete sie sich mit Briefen und Telegrammen aus Los Angeles.

In Sanary nahm das Leben scheinbar unverändert seinen Lauf. Es gab Gespräche und Mahlzeiten mit den Werfels, auch Treffen mit dem Maler Anton Räderscheidt, den Lion erst im Lager näher kennengelernt hatte. Er lebte seit 1936 in der Villa Le Patio, zusammen mit einem Sohn aus erster Ehe, seiner neuen Gefährtin, der Fotografin Ilse Sahlberg, und deren Sohn Ernst. Lion erfuhr, dass sich Jules Romains und Jean Giraudoux für seine Freilassung eingesetzt hatten, musste sich aber immer wieder zum Rathaus oder zur Polizei bemühen. Seine französischen Konten wurden gesperrt, dafür schickte Eva van Hoboken Geld aus Holland; auch aus England und aus Amerika trafen Honorare ein.

Anfang Oktober beschwerte sich Lion beim Präfekten des Departements Var. Er sei neben Albert Einstein einer der Ersten gewesen, der 1933 vor Nazi-Deutschland gewarnt habe. Sein Berliner Haus sei geplündert worden, man habe ihn ausgebürgert, im deutschen Rundfunk werde er scharf angegriffen. Er habe Freunde in der Académie Française, und noch im Juni 1937 habe ihn Präsident Lebrun empfangen. Trotzdem sei er am 17. September interniert worden. Zwar habe man ihn korrekt behandelt, es sei aber eine tiefe Demütigung gewesen, vor allem weil er mit Anhängern Hitlers zusammengesperrt worden sei. Seit der Freilassung werde er nun fast täglich in seinem Haus verhört, weshalb ihn die Bevölkerung von Sanary für einen Spion halte. Er liebe Frankreich und die französische Mentalität, sieben Jahre lang sei er hier glücklich gewesen. Er wolle einen Anti-Hitler-Roman vollenden, auf den Zehntausende Leser warteten. Man möge sein Leben nicht unnötig komplizieren, seine Konten freigeben und seine Ausreise in die USA ermöglichen.

Derartige Proteste hatten keine Wirkung, um das Ansehen der Person ging es schon lange nicht mehr, die Internierung aller Deutschstämmigen hatte sich bürokratisch verselbständigt. Die Polizisten, die ihn nun wiederholt aufsuchten, bedeuteten ihm, er würde wegen »Kommunismus« verfolgt. Das hatte ihm Stalin durch seinen Pakt mit Hitler eingebrockt. Man könnte sich eine Filmszene ausmalen, wie Lion in der Villa Valmer in Martas Anwesenheit von einem Ortspolizisten befragt wird: Was halten Sie vom Kommunismus, Monsieur Feuchtwanger? So ähnlich hat es sich abgespielt – und so ähnlich sollte es sich achtzehn Jahre später in Los Angeles wiederholen.

Die Atmosphäre in Sanary verschlechterte sich. »Die allgemeine Spionitis. Die Kinder stehen um den Wagen und spähen nach der Nummer des Inhabers. Die Bevölkerung ist aufgefordert, jeden anzuzeigen, der deutsch spricht«, heißt es in Lions Tagebuch am 14. Oktober 1939. Immer wieder wurde er verhört, es war reine Schikane und Stimmungsmache, selbst das nächtliche Maschineschreiben war verdächtig. Mit »Grimm über Umwandlung des Landes in einen Polizeistaat« arbeitete er weiter. Der Roman *Exil* war abgeschlossen, er machte sich resolut an den dritten Band des Josephus-Zyklus (*Der Tag wird kommen*) und kam schnell voran.

Auch seine Affären liefen weiter. Kaum war Eva Herrmann fort, bemühte er sich um eine »Liona«. Vor allem schrieb er oft an Eva van Hoboken, betonte in eindringlichen Briefen, wie gern er sie sähe, ließ durchblicken, dass seine Pläne auch von der Möglichkeit bestimmt seien, ihr nahe zu sein. Irgendein Spiel musste er immer anfangen. Nach den Tagen in Les Milles fühle er sich »um eine erfahrung reicher«, er habe dort viel Tragikomisches erlebt, heißt es in einem Brief vom 9. Oktober 1939. Alle Freunde hätten sich bewährt, nur Schwarzschild habe sich niederträchtig gezeigt, das habe sogar einen »abgebrühten menschenverächter« wie ihn überrascht. Er schlug ihr vor, sie solle ein Visum für Frankreich beantragen und ihm in einer Art offizieller Mission Material für einen Anti-Hitler-Roman bringen, auf den man bei den Alliierten warte. Am 25. November gestand er ihr, »dass ich so bald nach amerika gehen werde, glaub ich nicht. es reizt mich gar nicht, und ich habe das gefühl, gerade ich als schriftsteller, müsste näher an den Ereignissen bleiben. […] ich ginge schrecklich ungern und so nehme ich jeden äußern vorwand, die reise zumindest aufzuschieben.« Vielleicht würde er allein nach Amerika reisen, während Marta in Sanary bliebe, denn das Haus wolle er unter allen Umständen behalten.

Unterdessen bemühte sich Eva Herrmann darum, dass Lion ihr nach Amerika folge. Sie belegte sogar Schiffsplätze für ihn, aber nicht für Marta. Doch die entsprechenden Anfragen gingen hin und her, bis es endlich hieß, Lion dürfe kein amerikanisches Schiff benutzen. Seine Reaktion: »Damit fällt mein Plan, nach Amerika überzusiedeln, endgültig ins Wasser. Innerlich auf Eva Verzicht, ohne indes alle Hoffnung aufzugeben.« (29. 11. 1939) Als er ihr schrieb, dass er nicht kommen werde, schickte sie ein »gekränktes Telegramm«. Für die Nebenliebe blieb ihm ja noch Lola, die in diesen Tagen wieder größere Aufmerksamkeit erhielt. Trist fiel Lions Bilanz am 31. Dezember 1939 aus: »Kein sehr gutes Jahr. Gesundheit relativ gut. Alter zeigt sich im Nachlassen der Potenz, aber die Prostatageschichte beseitigt. Arbeit gut vorangegangen, Arbeitsfähigkeit sehr gut. Aber Martas Eigenwilligkeiten und die Schwierigkeiten mit ihr mehren sich. Wirtschaftlich sehe ich nicht sehr gut aus. Der Krieg gefährdet das Erscheinen meiner Bücher und stellt mich auch sonst vor eine Reihe peinlicher Probleme. Auch besteht die Möglichkeit, dass meine Beziehungen zu Eva [Herrmann] darüber in die Brüche gehen.« Kurz zuvor hatte er an Eva van Hoboken geschrieben, zwar habe er alle Papiere für Amerika beisammen, aber gerade jetzt finde er es so angenehm in seinem Haus in Sanary.

Das Jahr 1940 begann schlecht. Über mehrere Wochen hinweg gab es in der Villa Valmer Probleme mit der Heizung und dem warmen Wasser. Marta hatte noch mehr Arbeit als sonst. Der Winter war ungewöhnlich kalt. Als ein zugefrorenes Wasserrohr platzte, kam es zu einer kleinen Überschwemmung im Haus. Schließlich ließen sie Handwerker kommen. »Marta betriebsam, aber etwas hysterisch«, urteilte der schreibende Pascha. Aller Ärger, alle praktischen Nöte fielen auf sie zurück, da war es leicht für ihn, gelassen zu bleiben. Selbst an ihrem Geburtstag gab sie sich mit der vereisten Wasserleitung und Heizung ab und machte sich »ungeheure Sorgen«. Ein paar Tage später wurde sie krank. Da entschloss sich Lion, am 21. März nach Amerika zu reisen, und teilte es Eva Herrmann telegraphisch mit. Auch jetzt ging er davon aus, dass Marta in Sanary blieb. Es war nur ein kurze Aufwallung, er war schwankend wie eh und je, eine sonderbare Mischung aus Hartnäckigkeit und Willensschwäche. Sollte er denselben zwiespältigen Charakter haben wie viele seiner Romanhelden, erfolgreiche Solisten in feindlicher Umwelt, die sich heimlich nach Absturz, Untergang, Gehenlassen sehnen? War seine Lebensanstrengung, der Kampf um gesellschaftliche Anerkennung und heimliche Überlegenheit, stets gepaart mit dem Bewusstsein, auf welch tönernen Füßen sein Erfolg stand?

In dieser seltsamen Übergangszeit – zwischen den Katastrophen gleichsam –, in der sein Leben in der Luft hing, gab er sich im Tagebuch philosophisch, wobei das Persönliche vom Politischen aufgefressen wurde. Es waren eben kriegerische Zeiten. »Gelesen: Elisabeth von England hatte das größte Glück, das einem Menschen zuteil werden kann: sie verteidigte in ihrer eigenen Sache die Sache aller. Bei mir ist es umgekehrt. Meine politischen Interessen und meine persönlichen widersprechen sich.« (30. 4. 1940) Das war ja immerhin ein Anflug von Einsicht. In seinem politischen Denken allerdings hielt er an einer bedingten Rechtfertigung der Diktatur fest, wobei Konzession an den Stalinismus und Gedanken an die römische Antike, der sein Schreiben gerade galt, sich vermischten: »Wirklicher Individualismus ist nur möglich in einer gut geordneten stabilisierten Welt. Ob das Regime despotisch ist oder demokratisch, ist gleichgültig: wenn es nicht stabilisiert ist, wird es immer Gewalt anwenden müssen. Um aber Ordnung zu schaffen, muss es Gewalt anwenden. Mark Aurel wäre nicht möglich ohne Nero.« (12. 1. 1940)

Während Lion philosophierte, rackerte sich Marta »furchtbar« mit technischen Problemen im Haus ab. Und sie musste auch mehrfach nach Marseille zum amerikanischen Konsulat. Aber dann beschloss sie: Krieg ist Krieg, und Ski ist Ski. Sie wollte nicht auf ihre vier Wochen im Schnee verzichten, als ahnte sie, welche körperlichen Strapazen ihr bevorstanden. Am 9. Februar 1940 fuhr sie nach Megève. Lion versuchte unterdessen mit Lilo Dammert-Aisner anzubandeln, die mit ihrem Mann in Sanary weilte. Das führte aber zum Krach mit Lola. Auch im Krieg spielten sie ihre kleinen Beziehungsdramen. Er fuhr mit Lilo nach Monte Carlo ins Casino und nach Nizza, wo sie Heinrich Mann besuchten. »Er ist sehr rührend und ehrlich. Hat sich auch sehr für mich bemüht.« (25. 2. 1940)

Marta schrieb aus ihrer Pension Mon idéal, von der aus sie lange Skitouren unternahm. Sie sei recht deprimiert über die Vorgänge in Europa, sie habe es nicht so gut wie er, könne sich die Dinge nicht von der Seele schreiben. Sie berichtete von einem Abend in Saint-Cyr, zu dem Annemarie Meier-Graefe sie und die Werfels eingeladen hatte. Alma hatte in ihrem dunkellila Samtkleid großartig ausgesehen, war aber auch von Martas Kleidern beeindruckt. »Frau Werfel sagte, das nächste Jahr wird sie auch immer weiß tragen wie ich.«

Werfel habe einen großartigen Pelzmantel, nicht so einen schäbigen wie Lion. »Das wäre eine sinnvolle Ausgabe gewesen, statt Herrn Blanc in Monte-Carlo zu sanieren.« Vor Amerika grause sie sich: »Das einzige, was mich interessiert, ist Dein Roman. Wenn das was wird, das wär' schon was. Also auf nach Sanary und weiterschreiben.« Mit der gut erholten Marta ging Lion den dritten Josephus-Band durch, und ihre Kritik brachte ihn dazu, vieles zu revidieren. Als die Schifffahrtsgesellschaft Ende März eine sofortige Entscheidung verlangte, sagte Lion die Amerika-Reise ab. Unterdessen bemühte sich Ben Huebsch um Lion und bat den französischen Botschafter in den USA, sich für ihn einzusetzen. Lilo verließ mit ihrem Mann Sanary in Richtung Paris. Sie sollte aber schon bald wieder zurückkehren, auf der Flucht vor der einrückenden Wehrmacht. Als sie später nach Amerika entkam, konnte sie einige von Martas Kleidern aus der Villa Valmer einpacken, die diese in New York dankbar entgegennahm.

Indessen erreichte der Krieg seine nächste Stufe. Hitlers Abwarten nach dem Polenfeldzug hatte die Westmächte gehörig gelähmt. Im April kam blitzartig Bewegung ins Geschehen: Dänemark und Norwegen wurden besetzt. Danach wartete man gebannt auf den nächsten Schlag. Aber eben: Man wartete. Die letzten Nachrichten von draußen betrafen Lions Bücher. *Exil* erschien unter dem Titel *Paris Gazette* erfolgreich in England und Amerika. Die Kritiken waren wohltuend, die Verkaufszahlen erreichten den höchsten Stand seit *Jud Süß*. Lion erfuhr auch noch, dass man in Nazi-Deutschland einen Film mit dem Titel *Jud Süß* plane. Dann brachen die Wogen des Krieges über ihnen zusammen.

Im Lager

>»Gurs, seltsame Silbe, wie ein Gestöhn,
das in der Gurgel steckenbleibt.«

Louis Aragon

Mit dem Vorstoß der Wehrmacht durch Holland und Belgien ins nördliche Frankreich wandelte sich nach dem 10. Mai 1940 der Sitzkrieg in einen Blitzkrieg. Die deutschen Panzer unter General Guderian umgingen die völlig nutzlosen Verteidigungsanlagen der Maginot-Linie und stießen in einem Sichelschnitt durch das nördliche Frankreich bis zur Kanalküste vor, schneller als geplant. Ende Mai war die Schlacht um Frankreich in drei Tagen entschieden. Am 14. Juni paradierte die Wehrmacht in Paris. Am 17. Juni kapitulierte die bis dahin stärkste Militärmacht der Welt, am 22. Juni wurde ein Waffenstillstand unterzeichnet. Das Land wurde geteilt in eine besetzte Nordzone, die auch die Atlantikküste umfasste, und in die »freie« Südzone, die der neuen französischen Regierung unterstand, die unter der Leitung von Marschall Pétain in den Hotels des zentralfranzösischen Kurortes Vichy Quartier bezog. Zwischen beiden Zonen verlief eine bewachte Demarkationslinie.

Die Schlagworte der Zeit nach *drôle de guerre* hießen *débâcle* und *exode*. Ein gewaltiger Flüchtlingsstrom ergoss sich aus Holland, Belgien, Nordfrankreich, dem Elsass und schließlich aus der Pariser Region in den Süden. Es herrschte ein unbeschreibliches Chaos, das allerdings schon nach wenigen Monaten einer neuen Ordnung und scheinbarer Stabilität wich, die vom Großteil der Bevölkerung mit Erleichterung aufgenommen wurde. Das erklärt die anfängliche Popularität von Marschall Pétain. Erst als nach zwei Jahren die Résistance aktiver wurde und das bange Warten auf die Landung der Alliierten begann, schlug die Stimmung um.

271

Bereits am 13. Mai 1940 hatte die französische Regierung das Dekret vom September 1939 erneut in Kraft gesetzt, das die Internierung aller »feindlichen Ausländer« vorsah; betroffen waren nun Männer im Alter von 17 bis 65 Jahren, aber auch Frauen bis zu 55 Jahren. Für die Emigranten wirkte sich das Waffenstillstandsabkommen besonders verheerend aus, das Frankreich am 22. Juni 1940 unterzeichnete. In Artikel 19 wurde verfügt, dass Frankreich alle von Deutschland angeforderten Personen ausliefern müsse. Durch diesen Passus über die »Auslieferung auf Verlangen« gerieten die Emigranten in unmittelbare Lebensgefahr. Die Deutschen hatten schon ihre »Wunschlisten« aufgestellt und schickten Suchkommandos durchs ganze Land.

Hatte sich die Republik seit September 1939 schon verständnislos gezeigt, so konnten die Flüchtlinge von dem Regime der Nationalen Revolution unter Marschall Pétain erst recht keine Hilfe erwarten. Rettung kam jetzt nur noch durch gutwillige Franzosen, Privatpersonen wie Behördenvertreter, oder durch amerikanische oder Schweizer Hilfsorganisationen, die mehr oder weniger illegal arbeiteten. Das Schicksal der Emigranten entschied sich in den dramatischen Wochen zwischen Mai und September 1940, als Verwaltung und Kommunikation von Willkür und Zufall bestimmt waren, die Institutionen der Republik sich auflösten und die scheinsouveräne Regierung in Vichy autoritäre »Reformen« einleitete.

Zu Kriegsbeginn hatte die französische Armee Kolonialtruppen nach Sanary verlegt, senegalesische Soldaten unter weißen Befehlshabern. Zugleich verstärkte man wie in allen Orten rings um den Kriegshafen Toulon die Polizeipräsenz, richtete Kontroll- und Wachposten ein. Die Stimmung in der Bevölkerung gegen die Fremden verschlechterte sich rapide. Über das Radio erfuhren Lion und Marta Feuchtwanger, dass alle Deutschen interniert würden, die sich in Frankreich aufhielten. Lion fühlte sich »furchtbar erschöpft und ausgeworfen«. Dennoch versuchte er in den nächsten Tagen, am

Josephus-Roman weiterzuarbeiten. Das Wetter war in diesem Mai besonders schön. Am 20. Mai kam ein Abgesandter vom Rathaus und teilte ihm mit, dass er zur Sammelstelle nach Toulon müsse. Lion schrieb noch einmal an Eva Herrmann, gönnte Marta einen Liebesabend und nahm am nächsten Tag Abschied von den Seinen. Marta hielt sich tapfer, Lola weinte, Léontine war bestürzt, von Lilo und Irma ist nichts überliefert. Mit Alfred Kantorowicz, Anton Räderscheidt und dessen Sohn teilte sich Lion das Taxi zur provisorischen Haftanstalt.

Im Sammellager wurden die Emigranten von den Fremdenlegionären mit antisemitischen Witzen begrüßt, diese lachten allerdings auch über die nutzlose Maginot-Linie. Lion verfiel in arge Depressionen. Immerhin hatte er daran gedacht, Schreibzeug mitzunehmen. »M l St, es geht leidlich, aber ich fürchte, es wird lange dauern. Wir werden wohl nach Aix kommen und erst dort, vielleicht erst nach Wochen, wird eine Prüfung vorgenommen werden. Man spricht davon, dass man auch die Frauen interniert. […] Am meisten Leid tust Du mir. Aber ich akklimatisiere mich ja ziemlich schnell auch an primitive Verhältnisse. […] Ich denke sehr viel an Dich.«

Dann hörte Marta lange nichts mehr von ihm. Der Bürgermeister von Sanary bestätigte nur, dass Lion in Les Milles sei. Sie durfte weder die Stadt verlassen noch ihr Auto benutzen. Alle Bankkonten wurden eingefroren. Alma schickte Franz vorbei, der Marta etwas Geld brachte. Auch die Werfels hatten sich entgegen ihren Vorsätzen nicht rechtzeitig außer Landes begeben. Der Weg von seinem Turm zur Villa Valmer machte dem herzkranken Werfel Mühe, aber Marta benötigte das Geld, um Handwerker zu bezahlen. Rechnungen wurden ihr niemals ausgestellt, da sie ein gewisses Ansehen im Ort genoss; schuldig bleiben wollte sie aber auch nichts, und so schickte sie Léontine herum.

Dann kam ein Brief von Lion aus Les Milles. »Chérie […] Mon moral est encore bon, ma santé pas trop mauvaise.« Sie solle sich bei prominenten Persönlichkeiten für ihn einsetzen, damit diese per Telegramm seine Loyalität garantierten und seine Freilassung forderten. Von Martas vielen Bittbriefen ist ein Schreiben an den englischen Premierminister vom 2. Juni 1940 erhalten: »My husband Lion Feuchtwanger has been interned by the French Authorities as a German. Can you conceive this? He who was the first to loose his nationality together with Albert Einstein. [...] What a triumph for Goebbels. He will know it I am sure. [...] I put my trust in your knowledge, your influence and your impetuosity and I beg you to help him.« Aber in der jetzigen Lage konnte London nicht helfen.

Hyères nennt sich »die Stadt der Palmen«, die hier ursprünglich gar nicht heimisch waren, sondern erst gegen Ende des 19. Jahrhunderts von englischen und italienischen Gärtnern an der Riviera eingeführt worden waren und von San Remo aus auch die französische Küste erobert hatten. In der Tourismus-Geschichte der Côte d'Azur war es die zweite bedeutende Station nach Nizza. In Hyères hatte Marta Feuchtwanger bei den Rothschilds manche blaue Stunde genossen, aber das war im Frühjahr 1940 Schnee von gestern. Der Bürgermeister von Sanary ließ sie am 2. Juni wissen, sie müsse nun auch in ein Sammellager. Zwischen weiten Blumenfeldern am Rande von Hyères wurden die Frauen, darunter Mütter mit Kindern, in einer riesigen Garage interniert, ringsum zog man einen Stacheldraht. Alle mussten sich in Listen eintragen, Name, Adresse, Beruf, und jede erhielt eine Nummer.

Außer Marta, Lola Sernau, deren Schwester Irma sowie Ilse Sahlberg waren vier jüdische Emigrantinnen aus Sanary dort. Unter den insgesamt zehn Frauen aus dem Ort war auch eine junge, zierliche Nonne. Aus allen Städten an der Küste, sogar aus Nizza, hatte man Frauen nach Hyères verschleppt. Manche lebten schon so lange in Frankreich, dass sie kaum noch Deutsch sprachen, andere hatten gar nicht gewusst, dass sie als Deutsche galten. Einige Frauen weinten, andere schimpften. Alle mussten erst durch einen

Augenblick der Trostlosigkeit hindurch. Sie mussten sich abhärten, um durch die Tage zu kommen. Schlaf war noch die beste Lösung. Sie lagen auf Gestellen mit Strohmatten. Den täglichen Morgenappell um sieben Uhr in der Frühe ersparte man nur den Kranken. Zu essen gab es Püree mit undefinierbarem Gemüse, manchmal auch nichts als Bohnen aus der Dose. Die meisten litten an Durchfall. Als die einzige Latrine durch eine zerbrochene Flasche verstopft war, opferte sich eine der Frauen, eine Prostituierte, stieg in den Bottich und entfernte das Hindernis.

Marta Feuchtwanger wurde zur »surveillante générale« ernannt, zur Aufseherin. Sie erhielt zunächst eine separate Schlafstelle, von der aus man den Raum überblicken konnte, doch schlug sie vor, die gesunden Kinder von den kranken zu trennen (viele hatten die Masern), denen sie ihren Raum überließ. Einige Kinder spielten hinter dem Gebäude, stöberten mit Stöckchen giftige Vipern auf. Marta überredete den Kommandanten, sie vor dem Haus spielen zu lassen, auch wenn sie dort von der aufgehetzten Bevölkerung gesehen werden konnten, und sie bat die Nonne, auf die Kinder achtzugeben, was diese freudig tat. Eine Kommunistin aus der Spanienbrigade wurde sehr krank, bekam ein geschwollenes Gesicht, rang nach Luft – sie hatte eine künstliche Lunge, die mit Sauerstoff versorgt werden musste. Marta hämmerte gegen die Tür. Erst nach langer Zeit erschien ein Soldat, befahl, ruhig zu sein, sonst würde er durch die Tür schießen. Marta ließ sich nicht einschüchtern, und endlich war er bereit, den Korporal zu holen. Der kam und verstand, dass nur ein Arzt helfen konnte.

Es kam ein betrunkener Armeearzt. Er beschimpfte die »deutschen Kühe«, die man alle aufhängen solle. Marta ließ ihn schimpfen und sagte dann: »Sie irren sich, wir sind alle Emigranten.« – »Ist doch dasselbe, alles deutsche Huren! Wegen euch sterben jetzt unsere Soldaten.« Schließlich sah er sich die Kranke an, begriff, dass es um Leben und Tod ging. Man fuhr sie ins Krankenhaus, es war höchste Zeit gewesen. Marta erinnerte sich: »Ich stand da wie ein Haupt-

mann. Ich legte Wert darauf, dass sich alle wie Soldaten benahmen. Und wenn der General kam, befahl ich allen, sich
in Reih und Glied aufzustellen, das machte ihn friedlicher.
Wir wollten ihm unseren guten Willen beweisen. So wurden
wir besser behandelt.« Einigen Frauen gefiel Martas Taktik
nicht, doch wenn sie »Achtung!« rief, standen alle auf.
Schließlich setzte sie sich beim Kommandanten für die
Freilassung einer Frau ein, die ihr elftes Kind erwartete.
»Die kann doch keine Züge in die Luft sprengen.« Und man
ließ sie frei. Aber die anderen Frauen waren böse, weil der
Mann jener Frau für die Deutschen spionierte. Marta entgegnete nur: »Aber sie doch nicht.« Ihr Mann war in Les
Milles interniert, und Marta fürchtete, er könne dort Lion
denunzieren, auch deshalb half sie. Und jene Frau war ihr
sehr dankbar.

Eines Tages griffen italienische Bomber das benachbarte
Toulon an. (Italien war inzwischen an der Seite Deutschlands
in den Krieg eingetreten.) Es kam Panik auf, die Frauen
trommelten gegen die Türen, aber man ließ sie nicht heraus,
es rieselte nur viel Staub und Mörtel von oben herab. Dann
brach eine Stütze aus dem Dach, doch niemand wurde verwundet. Das Stroh war verdreckt, viele Frauen wurden hysterisch oder krank. Marta hatte von einem Arzt eine Flasche
mit einem Beruhigungsmittel bekommen, ließ sie kreisen,
nur für sie blieb nichts mehr übrig, aber sie brauchte das auch
nicht, sie konnte sich durch Aktivität und Organisation im
Gleichgewicht halten, das war sie ja gewohnt.

In Hyères war auch Hilde Stieler interniert, die als Gefährtin von Erich Klossowski seit vielen Jahren in Sanary
lebte. Dieser hatte die französische Staatsbürgerschaft erworben und blieb in Freiheit. Unter den Wachleuten entdeckte sie den Sohn ihrer Putzfrau, den sie kannte, seit er
acht Jahre alt war. Damals hatte sie ihm die Nase geputzt
und warme Milch bereitet. Und nun war der Rotzbengel ihr
Gefängniswärter. Hilde Stieler hat manche ihrer Leidens-
gefährtinnen gezeichnet, darunter Eva, jüngste Tochter des
Autors Jakob Wassermann. Die Verhältnisse in Hyères wa-

ren trotz allem erträglich. Was Lagerleben bedeutet, erfuhr Marta Feuchtwanger schon bald.

Gurs ist ein kleiner Ort im Departement Pyrénées-Atlantique, das 1939 noch Basses Pyrénées hieß, und liegt etwa dreißig Kilometer westlich von Pau am Fuß der Pyrenäen in einer Sumpf- und Heidelandschaft. Den Ort durchquert die Departementstraße 639, die nach Bayonne führt. Nahebei fließt der Gave d'Oloron, ein Fluss mit klarem Bergwasser, berühmt für seine Forellen. Der nächste Bahnhof befindet sich siebzehn Kilometer entfernt in Oloron. Nach Süden hin blickt man auf ein beeindruckendes Bergpanorama. Wer heute nach Gurs kommt, sieht einen großen Wald in einer friedlichen Landschaft, die für Viehzucht genutzt wird. Einst sah das Land viel unfreundlicher aus, mit vereinzelten Bäumen, wildem Gebüsch und großen Sumpfgebieten. Als hier 1939 auf einer Fläche von achtzig Hektar ein riesiges Barackenlager für die Spanienkämpfer angelegt wurde, waren die etwa tausend Einwohner des Ortes unzufrieden, denn sie befürchteten Störungen und Belästigungen aller Art. Nach Kriegsbeginn wurden hier auch deutsche Emigranten interniert.

In nur 42 Tagen wurden 428 exakt ausgerichtete Baracken erbaut, davon 382 für die »réfugiés« – eine feine Leistung der zuständigen Ingenieure. Bis zu 18 000 Menschen konnten hier untergebracht werden. Das Lager war in einzelne Bereiche unterteilt (»îlots« genannt), die voneinander mit Stacheldraht getrennt waren. Das Männerlager war relativ klein, und so ist Gurs vor allem als Frauenlager bekannt geworden. Eine asphaltierte Straße von nicht ganz zwei Kilometern Länge durchzog es, der Rest war Sand- oder Lehmboden. Es regnete häufig, das Wasser floss nur schwer ab, und so verwandelte sich das Gelände in eine einzige Schlammwüste.

Nach Gurs wurden im Juni 1940 auch die Frauen aus Hyères verlegt, in einer quälend langen Zugfahrt, während der sie meistens stehen mussten und kaum verpflegt wurden. In Lourdes geschah das Wunder, dass man sie beim Lokomotivwechsel für eine Weile an die frische Luft ließ.

Marta Feuchtwanger kühlte ihre Füße in einem Bach. Aber danach hatte sie Mühe, wieder in den vollen Zug zu gelangen. Von Oloron ging es auf offenen Lastwagen zum Lager, einer trostlos grauen Holzstadt. Schon im Mai hatte man dort Frauen aus der Pariser Region interniert, die von den Neuankömmlingen nur als »Riviera-Frauen« sprachen.

Ihre Pässe hatten weder Lola Humm-Sernau noch Irma White-Sernau geschützt. Irma war äußerst wütend, sie schimpfte den ganzen Tag, so dass man drohte, sie in eine Zelle zu sperren. Marta schützte sie, indem sie die Aufseherinnen beruhigte: »Sie ist nicht ganz bei Verstand. So redet sie auch mit uns.« Daraufhin ließ man sie in Ruhe, aber Irma hat es Marta nie gedankt. Erst nach einer energischen Intervention des Schweizer Konsuls kamen die Sernaus frei. Die Schweiz hatte eine diplomatische Vertretung in Vichy, die sich sehr für die Belange der Flüchtlinge einsetzte, offiziell wie inoffiziell. Die USA behielten bis Ende 1941 diplomatische Beziehungen zu Vichy, und beide Seiten bemühten sich um gute Kontakte, als ginge es darum, eine politische Option offenzuhalten.

In Gurs war Marta Feuchtwanger eine unter Tausenden. Sie kam in Block J, Baracke 20. Bis zum Büro des Kommandanten waren es zwei Kilometer. Als Kapos fungierten meist Elsässerinnen, darunter eine besonders unfreundliche. Wenn sie etwas wollte, pfiff sie nach den Frauen wie nach Hunden. Die Baracken waren 25 Meter lang und 5 Meter breit, rechts und links vom Mittelgang lagen je dreißig Strohsäcke. Statt Fenstern gab es nur kleine offene Luken, das Dach war aus geteerter Pappe. In Martas Baracke kampierten zwei Dutzend Frauen. Genau wie in Hyères übernahm sie sogleich besondere Verantwortung, kümmerte sich um die jüngeren Frauen mit Kindern. Sie hatte instinktiv begriffen, dass man in einer solchen Lage aktiv sein muss, sich nicht gehenlassen darf. Auch schien sie eine Art natürliche Autorität auszustrahlen. Für keine Arbeit war sie sich zu fein. Eine Mitgefangene erinnerte sich später bewundernd daran, dass sie sogar die Latrinen gereinigt habe.

»Kinder, kauft Kämme, es kommen lausige Zeiten«, sagte eine Frau, die ihren Humor bewahrt hatte. Neben den miserablen hygienischen Verhältnissen und der Feuchtigkeit war die Ernährung das große Problem. Es herrschte entsetzlicher Hunger. Eine Frau, die einen Freund in Nizza hatte, erhielt einen Korb mit Esswaren, von denen Marta etwas abbekam. Eine lesbische Aufseherin, Tochter eines Generals, forderte sie zu gemeinsamen Abendspaziergängen auf und bot ihr als Gegenleistung Essbares an, einen Apfel oder ein Ei. Morgens gab es einen Kessel Kaffee für jede Baracke, wer eine Tasse oder einen Becher besaß, hatte Glück, meist behalf man sich mit alten Konservendosen. Ausgeteilt wurde ein Brot für fünf Personen, Leberpastete in Dosen, eine Ölsardine am Tag, immer wieder schwerverdauliche Suppe aus Kichererbsen, Reis oder Fleisch nur dann und wann, Gemüse fast nie. Körperpflege und Wäsche geschahen im Freien, an wenigen Wasserhähnen, die nur zu bestimmten Stunden zu benutzen waren. Als Latrinen dienten ungeschützte Pfahlbauten, mit Tonnen unter jedem Loch, im Lagerjargon »Hochburgen« genannt. Ältere Frauen konnten nicht ohne Hilfe dort hinaufsteigen. Die Fäkalienbottiche wurden von internierten Spaniern mit kleinen Loren abgeholt, »Goldzug« genannt.

Unentwegt ließ die Lagerverwaltung Listen aufstellen, Herkunft, Beruf, Heimkehrwillige. Eines Tages wurde eine Elsässerin eingeliefert, die als Deutsche galt. Sie war Bordellchefin gewesen, noch in der Baracke war ihr Gesicht extrem geschminkt, wie eine Maske. Sie war monströs dick und wurde von zwei ihrer »Mädchen« gestützt, denn ihre ganze Truppe war interniert worden. Sie verstand gar nicht, was mit ihr geschah. Es gab aber auch ganze Busladungen von Nonnen, die man ins Lager brachte, als Waisenkinder im Elsass aufgewachsen – dass sie als Deutsche galten, wussten sie nicht. In Martas Baracke kam auch Annemarie Herzog unter, die Frau von Wilhelm Herzog, eine Bekannte aus Sanary. Auf der Lagerstraße wurde Marta von Thea Sternheim gegrüßt. Nach der Scheidung von Carl Sternheim, an den auch Marta ihre Erinnerungen hatte, hatte Thea seit Jahren in Paris gelebt, mit den berühmtesten Künstlern verkehrt, von Gide bis Picasso, aber das hatte sie nicht vor der Internierung bewahrt. Marta traf Lou Albert-Lasard wieder, die im Jahr 1933 Lion in der Villa Lazare porträtiert hatte. Sie war mit ihrer Tochter inhaftiert worden und fertigte eindrucksvolle Skizzen vom Lagerleben und von einzelnen Leidensgenossinnen an. Marta erinnerte sich, wie sie 1916 in München mit Rilke aufgetreten war, er mit weißen Handschuhen, sie mit feuerrotem Haar. Sie sah aus wie Adalbert Steinrück als Mephisto unter Max Reinhardt. Nun lief ein anderes teuflisches Stück. In Gurs waren auch Lisa Fittko, Anja Pfemfert und Hannah Arendt sowie Walter Benjamins Schwester Dora, die an schwerer Arthritis litt. Sie wurde aber bald wieder freigelassen und gelangte ins nahe Lourdes, wo sie ihren Bruder wiedersah, der aus einem Internierungslager bei Paris in den Midi geflohen war. Dora gelangte später in die Schweiz, während Walter Benjamin Selbstmord verübte, nachdem er zu Fuß die spanische Grenze überquert hatte und in Port Bou aufgehalten worden war. Gefahr durch die spanische Grenzpolizei bestand nicht, wie sich bald zeigte, doch war dies die erste derartige Flüchtlingsgruppe gewesen. Das Exil und die Internierungen, dazu die vorrückende Wehrmacht hatten viele aus dem seelischen Gleichgewicht gebracht. Selbstmorde häuften sich, in den französischen Lagern wie auf den Fluchtwegen.

Zuweilen kamen Männer an den Lagerzaun, brachten Obst und Informationen. Einmal wurde Marta gesagt, ihr Mann sei gekommen; sie ging die lange Strecke von der Baracke bis zum Zaun, aber dort wartete nicht Lion, sondern Hans Arno Joachim, der auch von Sanary nach Les Milles verschleppt worden war, aber später fliehen konnte. Durch ihn erfuhr Marta, dass es Lion nicht allzu schlecht ging. Joachim kehrte nach Sanary zurück, blieb dort einige Monate, wurde schließlich von französischen Polizisten verhaftet, den Deutschen ausgeliefert und starb während der Deportation.

Unterdessen war Léontine in Sanary nicht untätig geblieben. Sie versuchte, Lion ausfindig zu machen, denn die Häftlinge von Les Milles hatte man in einen Zug verfrachtet und bis zur Atlantikküste und wieder zurück gefahren. Sie erfuhr bald, dass er in einem Zeltlager bei Nîmes untergebracht war. Sie schickte Telegramme nach Gurs, aber keines erreichte Marta. Schließlich hatte sie kein Geld mehr für Telegramme und schickte eine einfache Postkarte – und die kam an.

Eines der Probleme im Lager war die unfreiwillige Gemeinschaft mit Nazi-Deutschen, aber auch mit Spionen aller Art. Man musste vorsichtig sein mit dem, was man von sich preisgab. Durch ihre Fürsorge glaubte sich Marta vor Denunziationen sicher. Dennoch muss jemand sie angezeigt haben, denn man warnte sie, auch Lion sei gefährdet. Marta hatte bisher abgewartet, weil sie annahm, Lion könne vielleicht fliehen und nach ihr suchen. Nun aber entschied sie, es sei ungesund, länger zu bleiben, und bereitete ihre Flucht vor. Spanienkämpferinnen boten ihr einen Pass an, als Dank für ihre Hilfe, aber sie lehnte ab. Sie hatte erfahren, dass sich eine jüdische Dame namens Sandor um die Alten kümmerte, die aus gesundheitlichen Gründen früher entlassen wurden. Von ihr erhielt Marta Papiere mit falschem Namen und Geburtsdatum: Plötzlich war sie eine Siebzigjährige, also zwanzig Jahre älter.

Tag um Tag hatte sie unter einem Zaun einen Durchschlupf gegraben. Dann machte sie sich auf den Weg. Sie schlüpfte hindurch, doch der Regenmantel blieb im Stacheldraht hängen. Sie kroch unbeirrt weiter, hielt sich dicht am Boden, geschützt von dem hohen Gras, bis sie die Departementstraße erreichte. Diese war voller Menschen, wie so viele Straßen des kapitulierenden Landes. Marta schloss sich dem Strom an, fiel in der Masse nicht auf. Wenn deutsche Stukas mit furchtbarem Geheul Angriffe auf die Flüchtlinge flogen, um die Panik zu steigern, musste man sich rasch in den Straßengraben stürzen. So schleppten sich die Flüchtlinge dahin, dreckig, müde, voller Angst.

In Gurs zu bleiben war wirklich nicht gesund. Die Kranken- und Sterbeziffer war hoch. Von 8 000 Juden, die Ende 1940 aus dem Badischen hierher vertriebenen wurden, verloren über 1 000 ihr Leben. Auch unter den Spaniern gab es viele Opfer. 1942 wurde Gurs eine Art Vorhölle, genau wie Les Milles und andere Lager, von denen aus Tausende über Drancy bei Paris nach Auschwitz deportiert wurden.

Martas Erinnerungen an die Wochen nach Gurs verwischten sich etwas. Die Berichte in ihren Memoiren und ihren Interviews passen nicht zu den erhaltenen Briefen, auch nicht zu Lions Aufzeichnungen. Das Chaos von damals lebte in ihrem Kopf fort. Einiges spricht dafür, dass sie zuerst nach Sanary zurückgekehrt war und dann Lion in Nîmes aufgesucht hatte. Wann aber kam sie nach Marseille zum amerikanischen Konsulat? Auch das bleibt vage. Wir können hier nur die plausibelste Version erzählen.

Am 23. Juni 1940 schickte sie noch aus dem Lager (oder dem Ort?) Gurs ein Telegramm an Léontine. Sie sei wieder frei; ob Léontine Lions Aufenthaltsort wisse. Lions Tagebuch legt jedoch nahe, dass Marta in Gurs schon einmal freigekommen war, dann aber wieder eingeliefert wurde oder freiwillig zurückkehrte. Andererseits gibt es ein Telegramm aus Gurs vom 7. Juli mit Geburtstagswünschen für Lion und der Ankündigung, sie werde bald nach Sanary zurückkehren.

Anscheinend hat Marta das Lager nicht so schnell verlassen, denn am 5. Juli schrieb sie (auf Französisch) an den Kommandanten, der manche Passagen rot unterstrich: »Monsieur le Commandant, Sie haben mir freundlicherweise empfohlen, nach Pau zu gehen. […] Ich möchte aber gern zu meinem Mann, von dem ich indirekt Nachricht erhalten habe. Wenn Sie mir anraten, noch hierzubleiben, dann werde ich es natürlich tun. Dennoch möchte ich Sie wissen lassen, dass ich ein amerikanisches Visum besitze.« Und deshalb sei es ratsam für sie, mit dem amerikanischen Konsulat in Marseille Kontakt aufzunehmen. In langen höflichen Floskeln bat sie ihn, er möge sich um ihren Fall kümmern. Das klingt nicht nach dramatischer Flucht, sondern eher nach versuchtem Arrangement, fast wie 1914 in Tunis. In dicker blauer Schrift steht quer über dem Schreiben: »pas de libération pour le moment.« Also war die Freilassung in Aussicht gestellt, aber noch nicht vollzogen. Dazu ist in Rot am Rand vermerkt: »Bis auf weiteres werden keine Ausreisevisa aus Frankreich ausgestellt.« Das hieß, auf legalem Wege würden sie und Lion das Land nicht verlassen können. Und ein Ausreisevisum war seit Kriegsbeginn an der Grenze vorzuzeigen. Andererseits scheint sich Marta ein kleines Manöver ausgedacht zu haben. In einem undatierten Brief heißt es, ihr Mann müsse nach Genf zum Roten Kreuz, um dort als Delegierter in Flüchtlingsfragen zu verhandeln. Er brauche dazu die Bestätigung, dass er eine »carte d'identité« besitze, er könne derzeit nicht nach Sanary zurück. Vielleicht war Marta ja erst, nachdem alle diese Versuche zu nichts geführt hatten, aus Gurs geflohen.

Tagelang war sie unterwegs. Sie wusch sich jeden Morgen und machte Gymnastik. An einem Abend sah sie in der Dunkelheit eine Frau, die sie aus dem Lager kannte, mit ihrem Kind vor einer Scheune stehen. Sie suchte nach einem Fliegerangriff verzweifelt nach ihrem Mann. Plötzlich hörte man Geräusche vom Dach. Es war der vermisste Mann, den Polizisten aufgegriffen und zu Reparaturarbeiten eingesetzt hatten. Marta nahm das glückliche Wiedersehen als gutes Omen, dass auch sie ihren Mann wiederfinden würde.

Am Bahnhof von Oloron erhielt sie eine Zugfahrkarte, ohne dass der Schalterbeamte nach Papieren fragte, was er in dieser Kriegszeit eigentlich hätte tun müssen. Sie stieg in einen Militärzug, es gab keine anderen. Die Soldaten waren alle betrunken. Marta saß auf dem Boden, Rücken an Rücken mit einem französischen Soldaten, dessen Gesicht sie niemals sah. Auf der Fahrt schlief sie, so viel sie konnte. Sie musste öfter umsteigen, hatte nur wenig Gepäck, darunter jedoch Lions Schweizer Schreibmaschine, die Lola mit ins Lager gebracht hatte. Aber auf welcher der vielen Zugfahrten zwischen Gurs, Nîmes, Sanary und Marseille diese Erinnerung an das Sitzen unter den Soldaten spielte, wusste sie später nicht mehr. Vermutlich flossen in ihrem Gedächtnis verschiedene Situationen zusammen.

Lion hatte zum Zeitpunkt von Martas Flucht aus Gurs schon einiges hinter sich. »Der Roman, den wir jetzt erleben, ist ein bisschen zu spannend und effektvoll«, schrieb er ihr am 18. Juni 1940, ohne zu wissen, ob sein Brief sie jemals erreichen würde. Und: »Das Schlimmste ist, dass wir von Euch so überhaupt nichts hören und dass man in den Wind hinaus schreibt. […] Dennoch rechne ich mit einem happy end. Adieu, mein Liebes.« Und etwas später: »Noch nie in meinem Leben war ich in einer so verworrenen Situation wie jetzt.«

Mühselig waren die Wochen in der Ziegelei von Les Milles gewesen. Bei Fliegeralarm ließ man niemanden ins Freie, nicht einmal zum Abort, dabei grassierte auch dort der Durchfall. Die Gefangenen erfanden Spitznamen für ihre ungastliche staubige Unterkunft, »Parfum Mille-Fleurs« oder »die Schnarche Noahs«. Man ließ sie sinnlos Schützengräben anlegen, Makkabäer-Linie genannt. Die Wachsoldaten hatten ihre Art Humor. Wenn man einen fragte, ob er sich nicht langweile, sagte er, nein, nein, er sei es gewohnt, er habe früher Ochsen gehütet. Das Selbstbewusstsein war trotz aller Witzelei schwer angeschlagen. Viele hatten Selbstmordimpulse, manche besorgten sich Gift oder Schlaftabletten. Lion machte sich Gedanken über den Tod. Sein Tagebuch ist viel düsterer als der spätere Bericht über diese Zeit, es trägt Züge von Verzweiflung. Am schlimmsten war der völlige Mangel an Nachrichten über das, was draußen geschah oder drohte. Besuche waren verboten, niemand durfte Zeitungen lesen. In normalen Zeiten weiß man alles, aber nichts ist von Belang; wenn die Weltgeschichte einen plötzlich selbst betrifft, weiß man nichts und ist auf Gerüchte angewiesen. Immerhin hatte Lion noch erfahren, dass Marta und Lola inhaftiert worden waren. Marta hatte ihm zuvor noch ein Paket mit Kuchen schicken können.

Dann hatte man die Internierten an dem kleinen Bahnhof direkt neben der Ziegelei in einen Zug gesteckt, der sich mühselig in Richtung Südwesten bewegte, über Bordeaux schließlich nach Bayonne gelangte und von dort wieder zurückfuhr, allerdings nicht ganz bis Aix. Am Vorabend der absurden Zugfahrt nahm sich der Dramatiker Walter Hasenclever das Leben, weil er das Schlimmste befürchtete. Er hatte noch ein Gespräch mit Lion gesucht, aber der hatte dessen Verzweiflung nicht bemerkt und machte sich später deswegen Vorwürfe. Manche sprangen unterwegs ab, um sich nach Marseille durchzuschlagen, wo sie dann in der Falle saßen, wenn man sie nicht schon vorher festgenommen hatte. Einen deutschen Fliegerangriff wartete der Zug in einem Tunnel ab. Auf einem kleinen Bahnhof hielt er neben einem anderen Transport voller deutscher Frauen und Kinder, die auf eine ähnlich sinnlose Tour geschickt worden waren.

Auf dem Militärgelände Saint Nicolas bei Nîmes errichtete man runde weiße Kolonialzelte, sehr hoch und mit spitzem Dach. Die Postadresse lautete: Camp de Rassemblement Saint Nicolas près de Garrigues par Nîmes (Gard), Dépot 753. Das Leben dort war etwas erträglicher als in Les Milles, von den Tagen im Zug ganz zu schweigen. Manche Gefangene nannten es einen Kurort. Neben dem Camp konnte man im nahe gelegenen Fluss Gard baden, in einem Landgasthaus am Ufer essen oder Waren von Schwarzhändlern kaufen, die aus Nîmes kamen. In diesem Chaos aus halbherziger Bewachung, Bürokratie und Laisser-faire wäre die Flucht kein Problem gewesen, man hätte aber Papiere gebraucht und ein sicheres Ziel. Lion klagte über eine »scheußliche Vertierung« (14. 7. 1940). Durchfall und Mücken plagten die Internierten. Hinzu kam die Angst vor der Auslieferung an die Deutschen, denn vom Artikel 19 des Waffenstillstandsabkommens hatte man inzwischen erfahren.

Ende Juni 1940 spazierte Lion mit falschen Papieren und mit Duldung des Kommandanten, eines Hauptmanns, der mit sich reden ließ, aus dem Lager und nahm einen Bus nach Nîmes. Er trug einen für die sommerlichen Temperaturen viel zu dicken Anzug und hatte eine Aktenmappe dabei mit Zahnbürste, Kamm und Nachthemd. In Nîmes empfahl man ihn an Nanette Lekisch weiter, eine emigrierte Berlinerin, deren Mann ebenfalls im Lager war und sich dort als Arzt nützlich machte. Sie sollte zum »Engel von Nîmes« werden. In der von Flüchtlingen überlaufenen Stadt hatte sie in der Nähe der römischen Arena ein Haus gemietet, das als »Poststelle«, vor allem aber als Unterkunft für viele Gestrandete diente, die auf Treppen und Fluren schliefen. Sie brachte auch Lion unter. Mehrere Tage lang genoss er die Freiheit. Wenn er hinter dem Haus in der Sonne saß, war er so froh wie nie zuvor in seinem Leben. Er schrieb sofort Briefe in alle Richtungen, nach Sanary an Marta, Léontine und Lola, an das amerikanische Konsulat in Marseille, aber auch nach Amerika an seinen Verleger. Unterdessen war ein Foto nach Amerika gelangt, das Lion am Lagerzaun von Les Milles zeigte. Ben Huebsch benutzte es, um eine Hilfsaktion in Gang zu setzen.

Um Marta aufzumuntern, schrieb Lion in einer ersten Karte: »M l St., ich bin quelque part en France in relativer Freiheit. Was werden wird, ist ganz undurchsichtig, aber ich hoffe gleichwohl, dass ich Sie noch sehen werde. Trotz der vielen nervenzerreibenden Ereignisse geht es mir nicht schlecht. Lassen Sie sich's gut gehen und bewahren Sie sich den Fatalismus, den ich Ihnen immer gepredigt habe. [...] Ihr Josef Süß.« Einen Tag später, am 30. Juni 1940, verfasste er noch einen Brief an Marta: »Ich sitze in einem verwilderten Garten, allein, ohne Gepäck, mit sehr wenig Geld, und mit unzulänglichen Papieren, in einer ziemlich bedrohlichen Situation, vor allem deshalb, da bisher kein Mensch zu sagen wusste, ob sich der Artikel 19 des Waffenstillstandsvertrages gegen mich richtet oder nicht. Ich denke an Dich, ich hoffe, Du bist in Sanary zurück [...] Meine Moral ist trotz allem sehr gut, auch meine Gesundheit, und ich bin voll von Optimismus wie immer. Dabei habe ich einiges durchgemacht. Und ich darf sagen: feig hab ich mich nicht benommen.« Am 5. Juli schrieb er an Léontine, er habe gehört,

Marta sei Ende Juni freigekommen. Sie möge ihr und Lola seine Adresse in Saint Nicolas geben.

Er bewegte sich vorsichtig in den Straßen von Nîmes, immer die Mappe unter dem Arm. Er sprach sogar auf der Polizeiwache vor und fand freundliche Hilfsbereitschaft. Dort erzählte ihm ein Flic, dass er bei Kriegsausbruch 1914 am Hafen von Tunis Dienst gemacht und viele Deutsche von den Schiffen gelockt und verhaftet habe. Lion behielt für sich, dass auch er damals in Tunis war. Der Kommandant von Saint Nicolas ließ ihm die Nachricht zukommen, er solle lieber ins Lager zurückkehren, denn es würden legale Entlassungspapiere ausgestellt, das solle er nicht versäumen. Dem Rat folgte er resigniert, schlich aber hintenherum durch den Zaun zurück. So feierte er am 7. Juli einen traurigen Geburtstag, aber auch hier galt, wie so oft im Exil, dass man sich in bester Gesellschaft befand, mit Golo Mann, Max Ernst, Wilhelm Herzog, Franz Hessel, Anton Räderscheidt, Emil Alphons Rheinhardt und anderen. Auch hier fand Lion Hilfe, ein Österreicher namens Karl betätigte sich als Kammerdiener; und der sechzigjährige Bernhard Wolf aus Berlin, ein freundlicher, humorvoller Mensch, betreute ihn »so gut wie Marta«. (Ein höheres Lob gab es nicht aus Lions Mund.)

Der Briefkontakt über Léontine hatte funktioniert. An Lions Geburtstag schrieb Marta eine Postkarte auf Französisch: »Mon très cher, endlich erhalte ich Nachrichten über Dich durch ein Telegramm von Léontine. Ich fahre demnächst nach Sanary. Ich denke an Dich, am 7. Juli noch intensiver als sonst. [...] Ich bin traurig wegen Dir, habe aber gehört, dass Du sehr tapfer warst, dass man Dich liebt und bewundert. Daran habe ich nicht gezweifelt. Ich habe mehrere Leute getroffen, die Dich gesehen oder gesprochen oder von Dir gehört haben. Ich hoffe auf bessere Zeiten für Dich und für alle. Je t'embrasse. Marta.«

Lion jedoch erhielt bis zum 10. Juli nur »unbestimmte Nachrichten« über sie. Am 14. Juli meldete ein Telegramm, Marta und die beiden Sernau-Schwestern dürften zurück nach Sanary. Am Montag, dem 15. Juli, stand plötzlich Marta am Zaun. Sie erkannte Max Ernst, obwohl sie ihm nie zuvor persönlich begegnet war, und der stark abgemagerte Maler holte Lion. Schon am Morgen hatte der Kommandant zu ihm gesagt, er solle sich nicht vom Lager entfernen.

Marta war mit einem der Schwarzhändler aus Nîmes gekommen, was sie zehn Francs gekostet hatte. Nach zwei Monaten Trennung sah Lion sie wieder, sportlich, gutaussehend wie eh und je, aber ihr Haar war grau geworden. Obwohl sie völlig ausgehungert war, hatte sie Schokolade und Obst mitgebracht, doch Lion war besser versorgt als sie. Sie aßen und lachten zusammen. Marta erschien ihm zerfahren und nervös, als sie von Gurs, den Baracken und dem Lehmboden erzählte. Doch auch er hatte seine Nerven nicht im Zaum: »Ich gereizt, weil sie keinen Wagen für die Rückfahrt hat kommen lassen. Auch sonst kleine Zwistigkeiten, aber sie meint es sehr gut und ist im übrigen sehr nett und rackert sich furchtbar für mich ab.« Dankbar klingt das nicht gerade.

Auch Marta fand ihn verändert. Er war kurz zuvor an schwerem Durchfall erkrankt, hatte eine schlimme Fiebernacht voller Visionen und Todesbilder durchlitten. Nun wirkte er abgezehrt und leidend. Mithäftlinge hatten ihn gepflegt, junge Ärzte aus Österreich sich um ihn gekümmert, man gab ihm unreife Äpfel, die sich im Ersten Weltkrieg als Mittel bewährt hatten. So kam er über das gefährliche Fieber hinweg. Am nächsten Tag erschien Marta gegen Mittag wieder. Sie sprach mit dem Kommandanten, musste aber zurück nach Sanary. Ein amtliches Schreiben belegt, dass sie damit einer Anordnung folgte, die wiederum auf eine Weisung der Präfektur zurückging. Sie hatte am 18. Juli verfügt, dass die ehemalige deutsche Staatsangehörige »Madame Feuchtwanger née Löffler Marta« mit diesem Tag nach Sanary abgeschoben werde gemäß den am 3. Juli erlassenen Vorschriften.

In Sanary kamen Polizisten zur Villa Valmer und fragten nach Lion. Ihnen und allen im Rathaus sagte Marta: »Er ist schon in der Schweiz. Ich werde ihm bald nachreisen.« Auch Léontine erzählte in Martas Auftrag überall herum: »Wir machen uns Sorgen um Herrn Feuchtwanger, er ist schon in der Schweiz.« Marta schaffte es wieder nach Saint Nicolas und erregte »Sensation im Lager«. Nur Lion verdarb alles. War er mit seinen Gedanken bei anderen Frauen? Bei einigen Schreiben und Notizen aus diesen Tagen ist unklar, wen er meint. Fast hat man den Eindruck, er habe in Nîmes eine Affäre angefangen. Dennoch: »Marta rührt mich sehr, aber ich ärgere mich trotzdem über tausend Kleinigkeiten und beleidige sie immerzu. [...] Abends esse ich gut mit Marta.«

Einige Zeit wohnte auch Marta in Nîmes, wobei unklar ist, ob Lion sie zu Frau Lekisch geschickt oder ob sie selbst dorthin gefunden hatte. Ein paar Tage verbrachte sie in der Dachstube eines Gasthauses. Sie ging in eine Bäckerei, aber man wagte dort nicht, ihr ohne Marken etwas zu geben. Als sie die Treppen des Ladens hinabstieg, kam ein älteres Ehepaar vorbei, völlig fremde Leute, und schenkten ihr Essensmarken. So konnte sie ihren Hunger ein bisschen stillen. Auch das war Frankreich in diesen Tagen der Niederlage. Marta erinnerte sich später, dass sie zu einem französischen Militärbüro gegangen war und gesagt hatte, sie wolle ihren Mann freibekommen, er sei gefährdet. Man habe sie aufgefordert, einen ausführlichen Bericht einzureichen. Und so schrieb sie über ihre Jahre in Sanary, ihre Liebe zu Frankreich, über Lions Pazifismus und sein Magenleiden. Ein freundlicher Militärarzt bot Hilfe an. Am besten wäre es, wenn Lion »krank« werde, dann könnte er ihm ein offizielles Attest ausstellen und seine Freilassung oder zumindest die Einweisung in ein Krankenhaus bewirken.

Der Plan war zu schlau ausgedacht, Lion spielte nicht mit, es gab ein dummes Missverständnis, das zu einem der traurigsten Augenblicke in dieser Zeit führte. Ganz lässt es sich nicht aufklären, und Marta beließ es später bei widersprüchlichen Andeutungen, wohl weil die Erinnerung zu schmerzlich war. Die nächsten Wochen sollten nicht nur seelische und körperliche Strapazen bringen, sondern auch eine latente Krise. Die Zeit mit Eva war noch nicht überwunden. Tatsächlich wurde Lion eines Morgens zum Kommandanten gerufen. Die Kameraden befürchteten schon, die Nazis verlangten seine Auslieferung. Aber es war nur ein Arzt da, der ihn fragte, wie es ihm gehe. »Gut«, sagte der misstrauische Lion. Und so konnte der Arzt ihm nicht das hilfreiche Attest ausstellen. Lion, der Tollpatsch, der schlechte Lügner, hatte alles verdorben. In ihren Memoiren lässt Marta es so aussehen, als wäre das Scheitern ihre Schuld gewesen. In der Tat hatte sie Lion nicht über ihren Plan informieren können. Lion aber notierte, dass Marta gleich wieder abfuhr, »da ich sie schlecht behandle«, er vergaß auch nicht »ihr trauriges Gesicht, wie sie fortgeht« (19. 7. 1940). Es muss ein Moment großer Enttäuschung gewesen sein, und wenn auch das Einvernehmen bald wieder hergestellt war, ihre Reaktionen in den nächsten Wochen zeigen, dass etwas sie tief getroffen hatte. Lion verließ sich stets auf andere, deren Bemühen er nicht immer anerkannte. Überhaupt schien er sich zu sehr an die Männergesellschaft im Lager gewöhnt zu haben. Aber der Fluchtplan, der dann realisiert wurde, wäre als Filmszene viel wirksamer gewesen als der erste Versuch.

Marta hatte inzwischen Kontakt zum amerikanischen Konsulat in Marseille aufgenommen. Sie war mit dem Zug hingefahren, vermutlich von Nîmes aus, vielleicht aber auch von Sanary. Am Ausgang von Saint-Charles, dem Hauptbahnhof der Hafenstadt, wurden die Papiere kontrolliert. Marta war das zu unsicher, zumal ein Belgier vor ihr in der Schlange abgewiesen wurde. (Sie traf ihn später auf dem Schiff nach Amerika wieder.) Sie ging zurück, stieg in einen Zug, den sie an der ersten kleinen Station wieder verließ. Dort gab es keine Kontrollen, und nach einem längeren Fußmarsch gelangte sie problemlos in die Stadt. Die Warteschlange vor dem Konsulat an der Place Félix Baret war unübersehbar lang. Um sechs Uhr abends wurden die Büros geschlossen. Drei Tage hätte es gedauert, bis sie regulär an der Reihe gewesen wäre, für Lion hätte das zu spät sein können. So ging Marta an allen Leuten vorbei direkt zum Eingang. »Das konnte ich mir lange nicht vergeben«, sagte sie später, »aber ich musste es tun.« Die Wartenden schauten sie an, dachten vielleicht, sie gehöre zum Konsulat. Sie reichte einen Zettel hinein, auf den sie Lions Namen geschrieben hatte, und sogleich ließ man sie eintreten. Sein Name war das Sesam-öffne-dich.

Der junge Vizekonsul Miles Standish, der sie im Herbst 1939 in Sanary besucht hatte, bat sie, Platz zu nehmen. Die Wochen im Lager und auf den Straßen hatten Marta arg zugesetzt, seit langem hatte sie kein Bad mehr genommen. Kaum saß sie auf dem Stuhl, als sie in Tränen ausbrach, ihr erster Moment der Schwäche in diesem Krieg. Die Verhältnisse im Konsulat waren nicht leicht zu überschauen. Der Generalkonsul wollte seine guten Kontakte zu den Vichy-Behörden nicht stören lassen, außerdem hielt er sich an die restriktive Einwanderungspolitik des Außenministeriums in Washington. Doch seine beiden Untergebenen, der Vizekonsul Miles Standish und der für Visumfragen zuständige Hiram Bingham jr., waren bereit, alles für die Rettung von Lion Feuchtwanger zu tun. Bingham war der Sohn des gleichnamigen Senators von Wisconsin, der von Beruf Archäologe war und als Entdecker der peruanischen Inka-Kultur galt (sein origineller Charakter inspirierte die Kinofigur des »Indiana Jones«). Standish unterhielt Beziehungen zum »Milieu« von Marseille, aber dort war man nicht bereit, Lion Feuchtwanger zu helfen. Die Gangster waren darauf bedacht, die Nazis nicht allzu sehr zu provozieren, mit Recht, wie sich 1942 zeigte, als die Deutschen weite Teile des alten Hafenviertels durchkämmten und zerstörten. Dann müssen wir es also selbst machen, beschloss der Vizekonsul.

Standish hatte ein Auto und Anrecht auf unbegrenzte Mengen Benzin. Marta erklärte ihm den Weg nach Saint Nicolas und gab einen Zettel mit, auf dem stand: »Frag nichts, sag nichts, geh mit.« Ihre Handschrift würde Lion schon erkennen. Sie wusste, dass die Häftlinge nachmittags an den Fluss gingen, wo sie nicht bewacht wurden. Der

Vizekonsul nahm seine Frau mit, damit es wie ein Ausflug wirkte. Lions Notizen zufolge kam er aus dem Landgasthaus neben dem Gard, in dem er mit Golo Mann und E. A. Rheinhardt gegessen hatte. Und auch Nanette Lekisch spielte eine Rolle, die Standish in Nîmes abgeholt hatte, denn sie übergab ihm den Zettel, auf dem nach seiner Erinnerung stand: »Tu, was man dir sagt.« Lion war schlecht und spärlich gekleidet, er trug sein letztes Hemd, eine dünne Leinenhose und Gummisandalen. Er folgte Frau Lekisch zur Straße und sah dort Miles Standish neben einem eleganten Wagen mit Diplomatenplakette stehen. In seinem weißen Anzug und mit Netzhandschuhen sah er aus wie ein Gigolo aus einem zweitklassigen Film. Lion und Frau Lekisch stiegen ein (deren Rolle Marta nicht erwähnt, aber sie war ja nicht dabei). Lion hatte noch Zeit, Bernhard Wolf zu bitten, seine Sachen nach Sanary zu schicken, was dieser auch tat. So blieben Lions Aufzeichnungen erhalten. Sobald er im Auto saß, gab man ihm einen dünnen Mantel mit einem englischen Abzeichen darauf, eine dunkle Brille und einen bunten Schal. Man konnte ihn für eine ältere englische Dame halten. Nanette Lekisch stieg in Nîmes aus. Auf der Fahrt nach Marseille wurde der Wagen mehr als einmal kontrolliert, wobei Standish die »Dame« auf dem Rücksitz als seine Schwiegermutter ausgab. In dieser Verkleidung muss Lion sehr überzeugend gewirkt haben.

Das waren komplizierte und verwirrende Umstände, und es war noch lange nicht das Ende. An Kleinigkeiten und Zufällen konnten sich Schicksale entscheiden. Das Überleben hing oftmals davon ab, dass man nicht zur falschen Zeit am falschen Ort war oder die falschen Leute traf. Inmitten dieser dramatisch-grausigen Umstände findet man in Lions Papieren Spuren tiefen Nachdenkens. Die Ereignisse hatten ihn gehörig durcheinandergeschüttelt. Erhalten ist das Fragment eines Briefes, in dem er Marta Mut zuspricht: »Adieu mein Liebes. Verlier nicht die Nerven. Jetzt ist so oft Schwarz gekommen, dass Rot sehr bald kommen muss. Ich bin sehr bei Dir. L.« Er sah sich als Spieler im »Roulette des

Schicksals«, das er schon in seinem Roman *Erfolg* beschwo-
ren hatte. Der Zufall bestimme das Leben mehr als irgendein Schicksal, schrieb er nun. Dennoch glaubte er daran,
dass ein geheimes Gesetz sein Leben leite: Er habe immer
Glück in den großen, entscheidenden Dingen und müsse
Ungemach nur im Kleinen ertragen. Alles in allem hatte sich
das Leben gelohnt, er hatte erreicht und erlebt, was er erhofft hatte. Und was den neuen Schicksalsschlag anging, so
dachte er an einen Spruch aus dem Talmud, den er schon als
Knabe in München gelernt hatte: »Auch das zum Guten.«
Das Unglück hat seinen Nutzen, wenn man es recht be-
denkt. Die Lagererfahrung hatte ihn dazu gebracht, seine
Freiheit und deren Grenzen zu bedenken. Das ist die heimliche Botschaft seines späteren Berichts über die Erlebnisse
im Unheilsjahr 1940. Denn nur das Land, das ihm das Beste
gegeben hatte, konnte ihn so prüfen und enttäuschen. Das
sollte ihm mit Amerika nicht anders ergehen.

Über Grenzen

»Ganz Frankreich war ein Haufen kläglicher, vor
Elend halb verrückter Flüchtlinge.«

L. F., *Simone*

»Die Stadt der Gangster und der falschen Pässe«, wie
Hans Sahl Marseille in einem Gedicht nannte, war im Sommer und Herbst 1940 voller Flüchtlinge, zeitweise bis zu
50 000 Menschen, die auf ein Schiff nach Nordafrika oder
Amerika hofften oder zumindest auf einen Zug nach Spanien. Die französische Polizei, aber auch die Vertreter der
deutschen Besatzungsmacht bedeuteten eine große Gefahr
für die Emigranten, vor allem wenn sie keine oder nur gefälschte Papiere besaßen. Alle diese Schicksale und Nöte
waren eingebettet in den gewöhnlichen Alltag von Handel
und Wandel, Betrug und Verbrechen.

»Das Erdbeben hat sich noch nicht bis hierher ausgebreitet. [...] Marseille, üppig und sorglos, mit seinen vollbesetzten Bars, seinen mit Lumpen beflaggten Gässchen am
alten Hafen, seinen alten bürgerlichen Straßen mit vergitterten Fenstern, seinen toten Kais, seinen leuchtenden Seelandschaften, ist im Prinzip eine ›rote Stadt‹, aber das Rot
ist etwas dunkel – wegen der vielen dunklen Geschäfte, die
hier getätigt werden. [...] Wie viele Emigranten mögen sich
am Ende ihrer Kräfte in die kleinen Hotels verkrochen haben?« So erinnerte sich der belgische Trotzkist Victor Serge
an diese Zeit, der – aus Stalins Kerkern freigekommen –
später auf demselben Schiff aus Marseille entkam wie Anna
Seghers, deren Roman *Transit* diese wirre Zeit widerspiegelt. Doch die Seeverbindung von Marseille in die neue Welt
wurde von September bis Frühjahr 1941 unterbrochen.

In dieser schwierigen Lage gab es einen Hoffnungsschimmer: Ein amerikanisches Hilfskomitee kümmerte sich um die Ausreisewilligen. Drei Tage nach dem Waffenstillstand in Frankreich wurde in New York das Emergency Rescue Committee gegründet (ERC). Man wusste dort, dass viele Emigranten durch den Artikel 19 des Waffenstillstandsabkommens gefährdet waren, und man war sich auch bewusst, dass die offizielle amerikanische Flüchtlingspolitik nicht ausreichte. Zwischen 1940 und 1945 erhielten lediglich 35 000 europäische Juden ein Visum für die USA; im Zeitraum von 1933 bis 1940 waren es 90 000 gewesen. Das ERC brauchte jemanden, der Rettungsaktionen für gefährdete Künstler in Frankreich leiten konnte, und schickte den Politologen und Journalisten Varian Fry. Am 15. Oktober 1907 in New York geboren, hatte er in Harvard studiert und war im Sommer 1935 als Redakteur einer Bostoner Zeitung nach Deutschland gereist. In Berlin gewann er Einblick in die grausame Realität des NS-Regimes. Bis zum Krieg war er als Herausgeber und Redakteur außenpolitischer Magazine tätig. Vor seiner Abreise hatte ein Spendenaufruf 3 000 Dollar erbracht, die Fry in bar mitnahm. Am 8. August 1940 flog er nach Lissabon und von dort nach Marseille, wo er am 14. August 1940 eintraf. Man hatte ihm eine Liste mit zweihundert Namen von Gefährdeten mitgegeben. Erst in Marseille wurde ihm klar, wie schwer seine Aufgabe und wie unzureichend seine Mittel waren. Fry versammelte eine bunte Truppe von Helfern um sich, Deutsche, Franzosen, Amerikaner, die in gemieteten Büroräumen arbeiteten. Sie verschafften den Flüchtlingen Papiere, legale oder gefälschte, und sie kümmerten sich darum, dass sie sicher aus dem Land kamen. Das größte Problem bestand darin, Frankreich mit oder ohne Erlaubnis zu verlassen, die Einreise nach Spanien und die Weiterfahrt bis Lissabon waren nicht so riskant. Franco-Spanien verhielt sich neutral im Weltkrieg, half sogar immer mehr den westlichen Alliierten; gefährlich wurde es in Lissabon, wo es von Geheimagenten nur so wimmelte, auch von deutschen, die vor Entführungen nicht zurückschreckten.

Im September 1940 gab es drei vordringliche Fälle für Fry: die Feuchtwangers, die Werfels sowie Heinrich und

Nelly Mann. »Feuchtwanger war ein kleiner, verhutzelter Mann, aber er sprühte nur so vor Energie und Ideen. Er trauerte vor allem den guten Weinen nach, die er im Keller der Villa Valmer zurückgelassen hatte.« So erinnerte sich Varian Fry später. Lion dürfte aber nicht nur um die Weine getrauert haben. Abermals hatten Marta und er ein schönes Haus verloren, selbst wenn es dieses Mal nur gemietet war. Die Jahre in Sanary hatten sie stärker geprägt als die Zeit in Berlin. In seinem späteren Bericht über die Schreckensmonate von 1940 hat Lion mit Kritik an Frankreich nicht gespart; Sanary hat er davon ausgenommen. »Was mich hielt, war die innere Behaglichkeit des Lebens dort, die Schönheit des Ortes, mein wohleingerichtetes Haus, meine geliebte Bibliothek.« Und natürlich Martas Garten – doch es war nur ein flüchtiges Paradies gewesen.

Da Lion keine gültigen Papiere hatte und aus dem Lager geflohen war, brauchte er in Marseille eine Unterkunft, in der er vor dem Zugriff der französischen Polizei sicher war. Bingham bot ihm sein Privathaus am südlichen Stadtrand an, No. 64, rue du Commandant-Rolland, »ein angenehmes, stilles Haus mit großer englischer Bibliothek und mit Garten und mit swimming pool«, wie Lion an Eva Herrmann schrieb. Die ersten Nächte verbrachte er gemeinsam mit Marta, dann allerdings fuhr sie zurück nach Sanary, weil sie sich um die Bücher und Manuskripte in der Villa Valmer kümmern wollte. Lola Sernau und Lilo Dammert waren zu dieser Zeit noch in Sanary.

Lion durfte das Haus nur selten verlassen. Einmal verlief er sich dabei und fand erst nach Stunden zurück. Über seinen Gastgeber urteilte er so: »Bingham selber ist ein ungeschickter, gutwilliger, puritanischer, pflichttreuer, etwas trübseliger Neu-Engländer, der von seiner Frau sehr abhängig ist. […] Er ist immer müd' und abgespannt.« An Marta schrieb er, er komme mit Standish und Bingham sehr gut aus. Er schrieb auch: »Ich bin viel mehr für Dich, als dieser Brief ahnen lässt. […] Die letzten Ereignisse haben gezeigt, dass wir noch viel mehr zusammengehören, als ich glaubte.

[...] Ich denke immerzu an Dich, beim Turnen im Garten ist es so, als wärst Du dabei und schimpftest.« Das lässt einiges an schlechtem Gewissen ahnen. Immerhin hatte er an seinem Manuskript nach ihren Vorschlägen wesentliche Änderungen vorgenommen, denn er hatte sich gleich wieder an den dritten Band des Josephus-Romans gesetzt. Das Manuskript hatte Lola gebracht, die genau wie Lilo Dammert zwischen Marseille und Sanary pendelte.

Binghams komfortables Haus, in dem Lion eine Dachkammer bewohnte, hatte nicht nur einen Swimming Pool, sondern zu Lions Freude auch eine große Auswahl an englischen Büchern. Eine alte Schweizer Köchin gab sich oft sehr grantig, doch sang sie bei ihrer Arbeit ein Lied, das Marta besonders gefiel. Lions Koffer aus Les Milles war in Sanary eingetroffen. Der nette Herr Wolf hatte sein Versprechen gehalten, im Lager aber geriet er in Verdacht, Lion mit Hilfe der Nazis entführt zu haben. Später kam Wolf mitsamt seinem Sohn nach Marseille und nahm Kontakt zu Lion auf. Sein Sohn war gut im Organisieren und wusste auch, wie man günstig an Dollars kam.

Der Aufenthalt in Binghams Haus war ein langes nervöses Warten auf den Tag der Flucht. Und der hing von Varian Fry ab, nachdem einige Pläne schon gescheitert waren, etwa die Idee, mit einem gecharterten italienischen Schiff von La Ciotat aus das Weite zu suchen. Bei dieser riskanten Fahrt wären Heinrich und Nelly Mann dabei gewesen, ferner Golo Mann und auch die Werfels, die sich nach einer unglaublichen Odyssee über Bordeaux und Lourdes in Marseille einfanden und dort unter falschem Namen – aber leicht erkennbar – in einem Hotel logierten. Sie alle waren jetzt auf Fry und dessen Helfer angewiesen.

Golo Mann berichtete, dass die Militärbehörden in Nîmes über Lions Flucht sehr aufgebracht seien. Er selbst hatte sich aus dem Zeltlager bis zum US-Konsulat durchgeschlagen und wurde auf Martas Betreiben ebenfalls in Binghams Haus einquartiert, was Lion gar nicht recht war. Politisch verstanden sie sich überhaupt nicht, und Lion fand ihn »ein bisschen frech«. Er beschwerte sich allerdings auch über die »vielen kleinen geschäftigen Torheiten Martas« (3. 9. 1940). War das nicht auch ein bisschen frech? Bingham geriet immer wieder in Konflikt mit dem Generalkonsul. Die Emigranten wiederum ärgerten sich über Fry, der seine Pläne jeden Tag änderte, ohne zu sagen, warum, doch er allein konnte die Risiken abschätzen. Die Situation zerrte an den Nerven aller Beteiligten. Seit Ende Juli war Lion nun schon in Marseille, aber das Warten zog sich bis weit in den September hinein. Mit Schreiben und der Lektüre von Saint-Exupéry, der wie Platon den Mut als minder bedeutsame Tugend einschätzte, baute er sich moralisch auf. Auch Lion glaubte, es gebe viel physischen Mut in der Welt, aber zu wenig Zivilcourage.

Aus Amerika meldete sich Ben Huebsch, der sich redlich mühte, Lions Überfahrt zu erleichtern. Marta erledigte derweil Botengänge, holte Visa vom spanischen und vom portugiesischen Konsulat ab, wo sie oft stundenlang warten musste. Der Polizeipräfekt hatte nach einem Anschlag auf die Besatzer diesen seinen »guten Willen« beweisen wollen und deutsche Frauen von der Straße weg verhaften und den Nazis ausliefern lassen. Marta hatte davon erfahren. Einmal war sie mit der Tram unterwegs und stand wie immer auf dem hinteren Perron. Da legte sich eine Hand auf ihre Schulter, sie schreckte zusammen, aber es war nur der Schaffner, der ihr den Fahrschein verkaufen wollte. Die Angst saß dicht unter der Haut.

Varian Fry fasste den Entschluss, die Feuchtwangers nicht zusammen mit den anderen über die Grenze zu bringen. Allen fehlte das französische Ausreisevisum. Sie würden zu Fuß über die Berge müssen, während ihr Gepäck von den Amerikanern mit dem Zug durch den Grenztunnel gebracht würde. Die Werfels und die Manns einschließlich Golo brachen am 12. September von Marseille auf – Marta hatte Golo geweckt, als es noch finster war –, übernachteten in Cerbère und gingen am Freitag, dem 13. September, über den Berg. Deutsche Schriftsteller waren zum Schmuggelgut geworden.

Varian Fry reiste mit sämtlichem Gepäck, davon allein zwölf Koffer von Alma, über die Grenze und begleitete später seine Schützlinge bis nach Lissabon. So konnte er sich ein Bild von den Fluchtbedingungen machen. Mit einiger Mühe, gelegentlichen Schreckmomenten und in höchster nervlicher Anspannung erreichten sie die portugiesische Hauptstadt. »Harry kann seine Freunde schicken«, telegrafierte Fry nach Marseille, womit gemeint war, dass die bei Bingham untergebrachten Feuchtwangers aufbrechen sollten. Während Fry auf dem Rückweg nach Marseille war, wo man einige Emigranten verhaftet hatte, lief die nächste Rettungsaktion ohne ihn. Denn für Lion und Marta war nun keine Zeit zu verlieren.

Marta hatte schon von der Villa Valmer Abschied genommen und war zu Lion gezogen. Sie schimpfte auf Lola und war auch etwas eifersüchtig auf Lilo, die Lion nach ihrem Geschmack zu oft besuchte. Zudem tauchte die Frage auf, ob sie gemeinsam oder einzeln flüchten sollten. Lion schrieb von der »Bürde Marta« und notierte: »Die Aussicht auf die bevorstehende Flucht hebt meine Laune. […] Sorge, ob ich Marta mitnehmen kann. Aber Bingham hält es für selbstverständlich und tut das Seine.« Marta war einer Depression sehr nahe, nachdem die Manns und die Werfels aufgebrochen waren. »Marta meint, vor allem ihre Existenz sei daran schuld, dass ich nicht mit den andern über die Berge entkommen sei.« (13. 9. 1940) Sie fühlte sich immer für ihn verantwortlich.

Bingham schlug vor, Lions Visum auf einen Decknamen auszustellen. Lion erinnerte sich an sein Pseudonym aus Berliner Tagen – nie war sein »amerikanischer Name« so nützlich und so passend – und reiste als Mister James Wetcheek, wobei keine Zeit blieb, das Notvisum von Washington bestätigen zu lassen. Marta hingegen reiste unter ihrem echten Namen, denn sie hatte noch ihre französische »carte d'identité« (No. 37HA37842). Daher sollte sie die Grenze nicht gleichzeitig mit Lion passieren.

Um die Rettung abzusichern, gab man ihnen einen Geistlichen der Unitarier, Reverend Waitstill Hastings Sharp, und dessen Frau Martha, eine erfahrene Sozialarbeiterin, als Begleiter mit. Sharp war sehr effizient, robust und energisch, anders als Bingham, der sich betont aristokratisch gab. Zu diesem Zeitpunkt hatten sich beide Sharps schon als Lebensretter bewährt. Als die amerikanischen Unitarier im Frühjahr 1939 ihrer Schwestergemeinde in Prag helfen wollten, vertrauten die Sharps ihre kleinen Kinder Freunden an und reisten, ohne zu zögern, nach Europa. In Prag retteten sie mehrere gefährdete Personen, darunter Dutzende jüdische Kinder, die sie nach England begleiteten. In London gründeten sie ein Hilfsbüro und kehrten nach Prag zurück. Noch bis August 1939 wirkten sie in dem besetzten Land, die Gestapo fahndete nach ihnen, doch sie konnten entkommen.

Nach einer kurzen Zeit in den USA sollten sie im Mai 1940 auch in Paris ein Hilfsbüro einrichten, aber die Wehrmacht war schneller, und so schufen sie Mitte Juni eine Anlaufstelle in Lissabon. Von dort aus hielten sie Kontakt zu Varian Fry in Marseille. Im Herbst 1940 kamen sie nach Südfrankreich, um Kinder von Spanienflüchtlingen in Pau zu betreuen. In Marseille nahmen sie ein Zimmer im Hôtel Terminus, das quer zum Bahnhofsgebäude stand. Martha Sharp hatte herausgefunden, dass die Bahnsteige mit dem Hotel durch einen kleinen Tunnel verbunden waren, durch den man das Gepäck der Hotelgäste transportierte. Durch diesen niedrigen Gang erreichten die Feuchtwangers und ihre Begleiter unbehelligt den Zug zur spanischen Grenze. Martha Sharp war wie ein Marktweib gekleidet, man hätte nie die feine amerikanische Lady geahnt, die Jahre später Marta Feuchtwanger in Los Angeles aufsuchte.

Am 21. September 1940, dem Tag des Grenzganges, war das Wetter günstig. Frys Mitarbeiter Richard Ball, der schon die vorige Gruppe begleitet hatte, erklärte ihnen den Fußweg, und die erfahrene Skifahrerin und der geübte Bergwanderer fanden ihn ohne Probleme. Sharp und seine Frau fuhren mit dem Zug auf die spanische Seite und warteten auf die beiden Deutschen. Marta und Lion gingen nicht wirklich über die grüne Grenze, sondern passierten ein abgelegenes Zollhäuschen auf dem Gipfel, das man unbedingt finden musste, denn illegale Grenzgänger hätten die Polizisten als Schmuggler erschießen können. Das erste Stück des Weges gingen sie gemeinsam. Dann ließ sie ihn vorangehen, denn wegen der unterschiedlichen Namen in ihren Ausweisen sollten sie einzeln passieren. Sie verabredeten sich in Port Bou im Reisebüro Cook, das ihnen Sharp genannt hatte.

Als Marta im Zollhäuschen eintraf, leerte sie ihre Hosentaschen und den kleinen Rucksack: Bingham hatte ihr viele Schachteln Zigaretten mitgegeben. Sie sagte: Eigentlich wollte ich sie mit nach Amerika nehmen, aber da die Zollgebühren so hoch sind, lohnt sich das nicht, ich lasse alles hier. Sie warf die Päckchen auf den Tisch, und die Zöllner stürzten sich darauf, stempelten rasch ihr Papier ab, ohne hinzusehen; der Name Camel war ihnen vertrauter als der Name Feuchtwanger. Marta musste selbst die Tür öffnen, so beschäftigt waren die Spanier. Noch nie war sie so schnell einen Berg hinuntergerannt. Lion traf sie nach langem Suchen in einem Restaurant, wo er es sich gemütlich gemacht hatte. Er hatte den Treffpunkt vergessen. Als Marta eintrat, sagte er nur: »Setz dich hin und iss.«

Mit dem Zug fuhren sie von Port Bou nach Barcelona. Um an spanisches Geld zu kommen, brauchten sie die Hilfe des amerikanischen Konsuls, aber es war Sonntag. Sharp fand endlich dessen Privatadresse heraus und erhielt Geld für die Weiterfahrt. Er sagte auch, Lion brauche einen Schlafwagen erster Klasse, weil man nach ihm fahnde und er dort sicherer sei. Da das Geld nicht reichte, fuhr Marta allein in der dritten Klasse. Es war so voll, dass sie stehen musste, obwohl sie sich schwach fühlte. Ein älterer Herr bot ihr auf Französisch einen Platz an. Er sprach sehr laut, aber da sie nicht weiter auffallen wollte, folgte sie ihm durch den Zug. Er führte sie in ein völlig leeres Abteil, was ihr unbehaglich war. Nach einer Weile kamen Polizisten und forderten sie auf zu gehen, denn es war ihr Dienstabteil. Zum Glück fragten sie nicht nach den Papieren. Aber da begann Martas Kavalier laut auf Deutsch zu schimpfen – er sprach mit Schweizer Akzent, was die Spanier nicht erkannten. Vor den Deutschen hatten sie Respekt, und so durfte Marta noch etwas sitzen und schlafen. Schon wieder so ein guter Geist unterwegs, wie im Märchen. Lion hatte derweil von Sharp eine Aktenmappe erhalten, wie sie Mitarbeiter vom Roten Kreuz benutzten. Er solle sie immer bei sich tragen, schärfte er ihm ein. Lions Abteil grenzte an einen Waschraum, der von zwei Seiten her zugänglich war. Als er es betrat, kam gerade von der anderen Seite ein deutscher Offizier. Er sagte auf Englisch mit starkem Akzent: »Ach, you are from the Red Cross.« Und Lion antwortete: »Yes, I am.«

An der portugiesischen Grenze mussten alle Reisenden aussteigen und ihre Pässe abgeben. Dann hieß es lange warten in einem großen Saal. Marta hielt Abstand zu den anderen, Lion saß ihr gegenüber neben Sharp. Da betrat eine Frau den Raum und fragte laut: »Stimmt es, dass Lion Feuchtwanger in diesem Zug ist?« Marta: »Wer soll das sein?« Die Fremde: »Wie kann man nur so unkultiviert sein, den nicht zu kennen?« Marta: »Tut mir leid.« (Doch wie gut kannte sie ihn eigentlich? Und wir nachgeborenen Neunmalklugen, die wir Akten, intime Aufzeichnungen und historische Bücher gelesen haben und sowieso alles besser wissen, wir können doch nur mutmaßen, wie unberechenbar alles war, wie wenig man ahnen konnte, wo die Gefahren lauerten. Wir wissen nicht, wie sich die Erlebnisse anfühlten, solange das Drehbuch des Lebens noch nicht geschrieben war.) Sharp trat hinzu und fragte die Fremde: »Was wollen Sie von der Dame?« – »Ich bin Journalistin und brauche eine Story, ich will meiner Zeitung ein Telegramm schicken.« – »Shut up! Halten Sie das nicht für gefährlich? Sie als Amerikanerin müssten doch wissen …« – »Aber ich will doch nur meinen Scoop«, sagte sie kleinlaut. (In der *New York Times* wurde allerdings am 20. September Lions Ankunft in Portugal gemeldet.) Erst nach Stunden kam der Anschlusszug, alle Reisenden erhielten ihre Papiere zurück und konnten einsteigen. Mit dem

Nachtzug erreichten die Flüchtlinge Lissabon, die Hauptstadt der Melancholie.

»Was ist los in Lissabon?«, fragt Rick in *Casablanca*, als man ihm ein Ticket dorthin anbietet. Im Herbst 1940 war dort in etwa das los, was der Film aus dem Jahr 1942 suggeriert: Chaos, Tausende Flüchtlinge auf engstem Raum, ein Nebeneinander von Geheimdiensten aus verschiedenen Staaten, Geschäfte, Gaunereien, Glücksspiele, Elend, Not, Verzweiflung – und trotz allem Hoffnung. Und in der Tat schildert der Film eher die Verhältnisse in Lissabon (und in Marseille); Casablanca blieb vergleichsweise ruhig, war nur Zwischenstation für die französischen Schiffe auf ihrer Route von Marseille in die Karibik. Einige Emigranten wurden allerdings in der Nähe von Casablanca interniert, in einem grausam heißen Lager in der Wüste, und nicht alle haben es überlebt.

Ganz anders Lissabon, die weiße Stadt an der Mündung des Tejo, deren Häuser auf Hügeln ausgestreut liegen wie auf hohen Wellen. »Für jemanden, der diese Stadt von früher kennt, ist es geradezu unvorstellbar, wie sie sich innerhalb ganz kurzer Zeit verändert hat. Das Leben, das hier herrscht, steigert sich von Tag zu Tag. Immer neue Emigranten aus Frankreich und den von den Deutschen okkupierten Gebieten kommen an. Am Rossio-Platz, im Zentrum der Stadt, hört man kaum ein Wort Portugiesisch. Hingegen vernimmt man so ziemlich sämtliche Sprachen und Idiome, die es gibt, vor allem aber Französisch, Englisch und Deutsch. Doch auch Polnisch, Holländisch und Flämisch klingt einem entgegen. Lissabon ist ausverkauft. [...] Die Hotels sind überkomplett, man vermietet Badezimmer und legt Matratzen in die Korridore. Cafés und Restaurants sind überfüllt. [...] Gewaltige Summen ausländischen Geldes sind ins Land gekommen und werden von den Fremden in Umlauf gebracht. Die Portugiesen wissen das aber auch zu schätzen und sind gegenüber den Fremden von einer bezaubernden Zuvorkommenheit. Offiziell ist man streng neutral. Die Neutralität wird sogar in den Zeitungskiosken beachtet; die englische und deutsche Presse, Tageszeitungen und Magazine hängen nebeneinander, und zwar immer in Parität: zehn Tageszeitungen aus London müssen neben zehn Tageszeitungen aus Berlin hängen.« Das schrieb ein Augenzeuge jener Tage später in der New Yorker Zeitung *Aufbau*.

Die Sicherheit in Lissabon war trügerisch, schrieb der Dichter Hans Sahl, der auch diese Route nahm, nachdem er in Marseille eine Weile für Varian Fry gearbeitet hatte. In Portugal herrschte seit 1928 der Diktator Salazar und dessen faschistische Partei, die Falange. Offiziell war das Land im Krieg zwar neutral, verhielt sich aber im Gegensatz zu Spanien den Deutschen gegenüber eher wohlwollend. Deren Händler und Agenten stellten eine ernste Gefahr für die Emigranten dar, die ein Ticket in die Freiheit ergattern wollten. Oft warteten sie Wochen und Wochen auf Schiffe aus Amerika oder aus neutralen Staaten. Plätze an Bord der wenigen Clipper waren kaum zu bekommen. Dabei war Lissabon nicht nur der Umschlaghafen für Amerika, auch der Weg nach London führte über die Stadt – für Agenten, Flüchtlinge und begehrte Waren. Manche Emigranten verbrachten den ganzen Krieg in Portugal, mit Zwangsaufenthalt in kleinen Hafenstädten wie Ericeira.

Die Feuchtwangers und ihre Helfer begriffen sofort, dass Lion möglichst schnell weiterreisen musste. Eine Unterkunft zu bekommen war ohnehin schwierig. Die Manns und die Werfels, die sie hier wieder trafen, zogen es vor, außerhalb der Stadt im Küstenort Estoril abzuwarten. Waitstill Sharp verhandelte lange in einem Reisebüro und bekam tatsächlich zwei Schiffsplätze. Marta glaubte, er habe die Angestellten bestochen, doch verfügte er wohl bereits über zwei Tickets, eins für sich und eins für seine Frau, das nun an Lion ging. Immerhin musste der sich nicht wieder als Frau verkleiden. So wurde beschlossen, dass Lion und Sharp sofort nach New York fahren, während Marta in Lissabon auf ein späteres Schiff warten sollte. Und so vollzogen sie den letzten Teil der Flucht abermals getrennt.

Lion legte großen Wert darauf, dass ihm auch Lola Sernau in die USA folgte. Bevor er in Alcântara an Bord der *SS Excalibur* ging, schrieb er ihr einen ausführlichen Brief nach Sanary. »Liebste Lola, ich bin todmüde und sehr glücklich. Es war sehr anstrengend, Flugzeugplätze gab es nicht, man musste wieder einmal 5 Nächte sitzen, aber es war trotz allem relativ einfach. [...] Die Stadt ist überfüllt, wir kamen um 4 h morgens an und mussten bis 7 herumfahren, um Unterkunft zu finden, in einem schrecklichen Loch ohne Waschgelegenheit. Auch sonst gibt es noch viele Komplikationen. Aber es besteht die Möglichkeit, dass ich schon morgen nach New York fahre. [...] Marta wird noch einige Zeit bleiben müssen; sie hat sich sehr wacker gehalten. [...] Geld habe ich überhaupt keines. Man kann sich nichts schicken lassen, das ist ein ernstliches Problem, und das amerikanische Konsulat hier ist nicht so angenehm wie das in Marseille.« Dann erteilte er Ratschläge, wie sie sich mit Hilfe des Konsulats in Marseille um eine Überfahrt bemühen sollte. »Betonen Sie überall [...] die Wichtigkeit Ihrer Mitarbeit für mein Werk.« Aber Lola, die seit ihrer Heirat Schweizer Staatsbürgerin war, konnte die US-Behörden nicht überzeugen. Sie sollte ihn erst 1957 in Los Angeles wiedersehen.

Lion reiste ohne Gepäck, ohne Geld, hatte nur einen kleinen Rucksack und trug einen ungeheuer alten Sportanzug. Fast sah er aus wie Chaplins *Immigrants* auf ihrem Dampfer, doch war er hoffnungsfroh und glücklich und schaute ohne Wehmut zurück auf das »Festland, mit dem schwindet / alles, was Europa war. Sprache und Musik der Landschaft, / Weltentrücktheit, Schwärmerei, / und, in grässlicher Verwandtschaft / dunkle Todesraserei« (Hans Sahl).

Es sei ein »grosser trost, dass sich sehr mächtige leute sehr intensiv für mich eingesetzt haben«, hatte Lion schon aus Marseille an Eva van Hoboken geschrieben. In der Tat konnte sich das Personal seines Lebensromans sehen lassen. In New York angekommen, zählte Lion die ansehnliche Reihe seiner Helfer auf: Standish, Bingham, Fry, Sharp,

Huebsch, sowie Präsident Roosevelt. Seine Manuskripte reisten ihm mit der Diplomatenpost nach. Varian Fry wie auch das Ehepaar Sharp haben noch viele Rettungstaten vollbracht. Bis ihr Andenken öffentlich geehrt wurde, vergingen allerdings viele Jahre. Postum wurden alle drei in Yad Vashem als Gerechte unter den Völkern anerkannt.

Die Wartezeit in Lissabon vertrieb sich Marta durch Tourismus und Besuche. Ausgiebig erkundete sie die Stadt, zu Fuß oder mit der Tram. Immer wieder traf sie frühere Gäste der Villa Valmer. Weil sie nur noch wenige Francs besaß, nahm sie ein Zimmer in einer bescheidenen Pension in der Altstadt. Wasser gab es drei Treppen tiefer. Das erinnerte an Lions Bude einst in München. Sie schrieb ihm: »Mein liebes Lionle, immerfort muss ich an Dich denken, ob Du wohl sehr geschaukelt wirst, und ob es auf dem Schiff so kalt ist wie hier vor zwei Tagen. [...] Gestern Sonntag nachmittag war ich in Estoril, Manns und Werfels besuchen, traf auch Frau Stefan Zweig. Ich fürchte, ich habe Heinrich Mann etwas gekränkt, weil Werfels mich zu sehr in Beschlag legten.« Sie verschwieg aber, dass der Ausflug beinahe tragisch geendet hätte.

Estoril, berühmt für seine ganzjährig warmen Temperaturen und den malerischen Strand Tamariz mit seiner Burg, war im Herbst 1940 zu einem Ersatz-Sanary geworden. Doch auch dort mussten die Emigranten auf der Hut sein, denn die Falange hatte ihr Hauptquartier im benachbarten Cascais, von wo aus man die Küste überwachte. Für die Kontrolle der Fremden war seit 1933 die Polizeieinheit PVDE zuständig, alle Gäste mussten gemeldet werden, die Meldezettel der Hotels sind erhalten. Im Grande Hotel d'Italia auf dem Monte Estoril logierten im September 1940 die »tschechoslowakischen Staatsbürger« Alma und Franz Werfel. »Die ersten Tage einer paradiesischen Ruhe in einem paradiesischen Lande sind unvergesslich, nach der Qual der letzten Monate«, erinnerte sich Alma später.

Marta nahm die Küstenbahn bis Estoril, sie war entspannt und bester Laune. Alles war bisher gutgegangen. Die schöne

Küste hinter der breiten Mündungsbucht des Tejo war zu verlockend, so lange hatte sie schon kein Bad mehr genommen. Sie hatte einen kleinen Rucksack dabei, unter ihrem Kleid trug sie einen zweiteiligen Badeanzug. Sie ging an den Strand und legte ihr Kleid ab. Da tauchte ein Polizist auf und sagte zu ihr auf Portugiesisch und dann auf Spanisch, so ein unzüchtiger Badeanzug sei verboten. Marta erwiderte nur: »Das wusste ich nicht.« Nach mühseliger Verständigung begriff sie, dass sie ein Bußgeld von fünf Francs entrichten sollte. Als sie dem Polizisten den Betrag aushändigen wollte, wurde dieser wütend, schrieb einen Strafzettel und gab ihr zu verstehen, sie solle sich am nächsten Tag auf dem Marineamt melden. Marta verzichtete auf ihr Bad und ging weiter zum Hotel. Die Werfels kehrten gerade von einem Spaziergang zurück. Alma sah Marta in abgerissenen Kleidern und sagte, ehe noch ein Gruß oder ein Wort gewechselt werden konnte: »Wie viel brauchen Sie?« Dann griff sie in ihre Strümpfe, zog ein paar Scheine heraus (es waren 600 Escudos), übergab sie Marta und wollte keine Quittung dafür.

In ihrer Pension erzählte Marta von ihrem Missgeschick, und alle mussten darüber lachen. Der Wirt sagte: »Ich rufe an, das kann nur ein schlechter Scherz sein.« Danach sagte er betreten: »Sie meinen es ernst.« So fuhr Marta um sieben Uhr in der Frühe zum Marineamt und fand zum Glück einen Offizier, der Französisch sprach. Ja, es gebe ein Gerichtsverfahren gegen sie, bestätigte er. Das Urteil hänge von ihrer Aussage ab. – »Aber ich wollte doch die Strafe bezahlen!« – »Ach so, und wir dachten, sie wollten den Polizisten bestechen. Es war also nur ein Missverständnis.« Sie setzte sich hin und schrieb auf Französisch einen Bericht, in dem sie den Vorgang aus ihrer Sicht schilderte. Nach langer Beratung und bangem Warten verkündete der Offizier, dass man sie freigesprochen habe. So ging es noch einmal glimpflich aus, es hätte aber auch bürokratische Verwicklungen mit fatalen Folgen geben können, bis hin zur Abschiebung nach Deutschland.

Mitte Oktober kam ihr Schiff, die *SS Exeter*. Marta gab zuvor noch ihr restliches Geld für Winterkleidung aus, sie wusste, dass es in New York sehr kalt werden konnte. An Bord begrüßte sie ein deutscher Steward. Es war ein Schock. War er ein Spion? Nein, er habe Deutschland verlassen, sagte er. Er gab Marta die beste Kabine und brachte ihr jeden Abend eine Sonderration Obst. An Bord hielt sie sich von den anderen Reisenden fern, sprach wenig, misstraute allen. Und doch flirtete ein junger Arzt mit ihr. Wie immer beließ sie es in ihren Erinnerungen bei Andeutungen, erwähnte allerdings, dass sie ihn Monate später an der mexikanischen Grenze wiedergesehen habe. Andere Passagiere bekamen gar keine Kabine, schliefen in den Fluren oder auf Billardtischen, wie Leonhard Frank, einst Gast in der Villa Valmer. Jeder Weg in die Freiheit ist der beste.

ANKÜNFTE

Annäherung

>»Ein Knecht ist, wer sich festbindet an ein einziges
Land.«

L. F., *Psalm des Weltbürgers*

Als Marta Feuchtwanger Mitte November 1940 zum
zweiten Mal in ihrem Leben mit dem Schiff nach New York
kam, nun aber, um in Amerika zu bleiben, konnte sie zunächst das Hochgefühl der Ankunft unter der Skyline aus-
kosten. Journalisten waren an Bord erschienen, interview-
ten und fotografierten sie und andere Passagiere. Über
prominente Flüchtlinge wurde in den Zeitungen der Stadt
groß berichtet; bei Lion, bei den Werfels und bei Heinrich
Mann war es so gewesen. In Palästina erfuhr Arnold Zweig
durch Radio Jerusalem von der Rettung seines Freundes.
Plötzlich aber wurde Marta bedeutet, dass sie das Schiff
nicht verlassen dürfe. Sie wartete allein an Deck, das sich
schon geleert hatte. Ein älterer Offizier erklärte, ihr Not-
Visum laufe in zwei Tagen ab, damit könne man sie nicht
einreisen lassen. Marta antwortete nur knapp, ihr Mann
warte am Kai und werde das Nötige veranlassen. Minuten-
lang stand sie dem Amerikaner schweigend gegenüber. Die
Flucht hatte sie für solche Situationen geschult. Sie würde
sich nicht demütigen lassen. Endlich hörte sie Stimmen.
Lion und Ben Huebsch hatten eine Stunde lang im Hafen
ausgeharrt und schon befürchtet, sie habe das Schiff ver-
passt, sich dann aber Zutritt verschafft. Nach kurzer Ver-
handlung durfte Marta amerikanischen Boden betreten. Ben
Huebsch hatte im Hotel St. Moritz ein schönes Zimmer mit
Blick auf den Central Park reservieren lassen.

Über Martas Ankunft wurde überall berichtet außer im
Wochenblatt *Time*. In dessen Ausgabe vom 11. November
1940 stand ein scharfer Angriff gegen Lion, verfasst von

William S. Schlamm. Er warf ihm nicht nur seine kommunistischen Sympathien vor, sondern auch Äußerungen über die Umstände seiner Flucht, die am 6. Oktober auf der Titelseite der *New York Times* abgedruckt worden waren, was alle gefährdete, die noch in Frankreich warteten. Tatsächlich ließ Varian Fry nach Erscheinen des Interviews die Route über die Pyrenäen mehrfach ändern. Vor allem aber führten Spanien und Portugal Transitvisa ein, was erhebliche Komplikationen bedeutete. Zudem war in New York ein Streit ausgebrochen, weil sich eine kommunistisch gelenkte Organisation das Verdienst an Lions Rettung zuschrieb. Das empörte Frank Kingdon, den Vorsitzenden des ERC, für das Varian Fry arbeitete. Mit seinem gewohnten Talent war Lion längst mitten im Trubel von Empfängen, Reden, Artikeln und Polemiken. Achtzehn Jahre blieben ihm in Amerika. Es wurde eine kreative Zeit, in der mehrere Theaterstücke und umfangreiche Romane entstanden, von denen einige zu seinen besten gehören. Es wurde eine politisch ungemütliche Zeit, wenn auch, dank Marta, in schönsten Wohnverhältnissen. Martas amerikanische Epoche sollte siebenundvierzig Jahre umfassen, fast die Hälfte ihres Lebens, das noch einmal von vorn begann. So dramatisch wie zwischen 1912 und 1940 wurde es nicht mehr, dennoch boten die nächsten Jahre allerlei Höhepunkte.

Ihr Winter 1940 in New York bestand aus einer Serie von Partys und Begegnungen. Auf die Monate der Angst und der Gefahr, auf Abgeschlossenheit und Strapazen folgte gesellschaftlicher Glanz. Marta konnte plötzlich wieder ihre Rolle als Grande Dame auf internationaler Bühne spielen. Eine Liste großer Namen ließe sich aufstellen, mit denen die Feuchtwangers in New York zusammentrafen, darunter vermutlich bedeutende Leute, die Marta nicht kannte, deren Namen sie vergaß oder nicht zu erfragen wagte. Lion sah seinen Bruder Fritz wieder, der Deutschland noch vor dem Krieg verlassen konnte, und auch seine Schwester Franziska.

Im großen Haus von Jules Romains wurde ihnen ein Herr Hitler vorgestellt. Ein übler Scherz? Nein, ein angeblicher Verwandter des Führers, der nach Irland ausgewandert und stramm antifaschistisch war. Marta riet Lion, sich nicht mit dem Mann zusammen ablichten zu lassen. Dann entdeckte sie plötzlich Kurt Weill, den sie zuletzt in Berlin vor 1933 gesehen hatte. »Ist Ihre Frau auch da?«, fragte sie. Kurt Weill: »Sie steht neben Ihnen.« In der Tat – nur war Lotte Lenya jetzt blond und nicht mehr brünett. Zu den Gästen gehörte auch der aus Belgien stammende Dichter Maurice Maeterlinck, der zuletzt bei Nizza direkt am Meer gewohnt hatte. Als Marta ihn ein paar Tage später in der Oper traf, trug sie ein Cape aus schwarzem und weißem Samt. Maeterlinck machte ihr Komplimente und nannte sie »Monna Vanna«, nach der Figur aus seinem Stück, die – nur von ihrem Haar bedeckt – geschwind dahinreitet, um eine Stadt zu retten. Marta antwortete: »Aber ich habe mehr an als Monna Vanna!« Marta als symbolistische Frau – keine schlechte Intuition! Vor allem hatte sie ihren Witz wiedergefunden.

Sie wurde mehrmals gebeten, von ihrer Flucht zu erzählen, vor Studenten oder in Synagogen. Lion musste in New York zunächst zum Zahnarzt, die letzten Monate waren seinem Gebiss überhaupt nicht bekommen. Er hatte einige unangenehme Operationen durchzustehen. Dann aber zog er sich für ein paar Wochen in sein Hotelzimmer zurück, um *Unholdes Frankreich* zu diktieren, das später umbenannt wurde in *Der Teufel in Frankreich*. Die Erinnerung war noch frisch, und er konnte sich auf sein Tagebuch stützen; nur bei der Beschreibung des Fluchtwegs blieb er jetzt vage, bedingt durch die schlechte Erfahrung nach seinen ersten öffentlichen Erklärungen. So blieb manches Detail etwas ungenau. Dennoch wurde es eines seiner besten Bücher, anschaulich, lebendig, packend, voll interessanter Porträts und dramatischer Situationen. Den manchmal etwas fragwürdigen Lebemann der späten dreißiger Jahre hatte das teuflische Erlebnis aufgerüttelt und gezwungen, seine moralische und literarische Kraft zu beweisen. Als Brecht im Dezember 1941 den Text las, lobte er ihn in seinem *Arbeitsjournal*: »lese im deutschen manuskript feuchtwangers UNHOLDES FRANKREICH. wahrscheinlich sein schönstes buch. merkwürdiger epikureismus zwischen pinien, stacheldraht, exkrementhäufchen. [...] er bleibt auch in der zusammengetriebenen horde der herr, mit ein bis zwei dienern, und bei einem gelegentlichen durchbrennen unter lebensgefahr vergisst er nicht, den tafelwein sorgfältig auszusuchen. sein humanismus hat eine gesunde grundlage.« Und auch Lions Zivilcourage erkannte er an.

Um seinen Bericht zu diktieren, hatte Lion eine Emigrantin aus Berlin als Sekretärin angestellt, die ihm ein amerikanischer Journalist empfohlen hatte. Hilde Waldo war ein verwöhntes Mädchen aus gutem Hause, hatte sich in Frankreich und England aufgehalten und dann eine Stelle bei einer Zeitschrift gefunden. 1933 wurde ihr gekündigt, und sie konnte nur noch Englischunterricht bei der Jüdischen Gemeinde geben. 1939 wurde sie angezeigt, weil sie Umgang mit einem »arischen« Freund hatte. Es war ein wirklich guter Freund, denn er besorgte für sie und ihre Mutter Charlotte ein Visum nach England. Später fuhren sie weiter nach New York, wo Hilde keine Stelle fand, weil sie Jüdin war; man riet ihr, das nicht zu erwähnen und sich die Haare blond zu färben. Bei Lion Feuchtwanger im Hotel St. Moritz war sie willkommen, wie sie war. Sie fand ihn nicht so erschöpft von der Flucht, wie sie vermutet hatte, und er lächelte sie blauäugig und ironisch an. Er war so zufrieden mit ihrer Arbeit, dass er sie im April 1941 von Los Angeles aus bat, dort weiterhin für ihn tätig zu sein. Im Oktober 1941 kam Hilde Waldo der Bitte nach. Sie wohnte, keine zwanzig Autominuten entfernt, in der Idaho Street in Santa Monica. Ihr Gehalt war nicht üppig, aber bei Erfolgen erhielt sie stets eine Prämie. Sie machte den Führerschein, chauffierte Lion zu seinen Terminen, gab ihm die Spritzen gegen den Heuschnupfen und arbeitete täglich von zehn Uhr morgens bis acht Uhr abends, tippte auch noch zu Hause für ihn. Sie fertigte

Personenverzeichnisse der Romane an, damit er die Übersicht behielt, sie kümmerte sich um die Korrespondenz. Die einzelnen Textfassungen wurden immer noch auf verschiedenfarbigem Papier getippt. Für Marta war das Leben mit der neuen Sekretärin zunächst nicht so einfach, denn sie hatte ihre Erfahrungen mit Lola gemacht. Aber sie wusste, dass Lion diktieren musste, und Hilde Waldo wurde mehr als ein Ersatz für Lola Sernau; sie gehörte bald zum Haus und hat nach Lions Tod auch für Marta gearbeitet.

Während Lion und Marta Feuchtwanger die ersten Wochen ihres amerikanischen Exils in New York verbrachten, wartete Eva Herrmann etwas ungeduldig in Los Angeles auf ein Wiedersehen. Er bleibe wohl nur wegen Marta in New York, schrieb sie. Lion antwortete ironisch und verwies auf seine Zahnprobleme: Wenn sie ihn hätte liegen sehen, so ohne Zähne und in jeder Hinsicht *down*, dann hätte sie keine »ungereimten Vermutungen aufgestellt wie die, dass ich hiergeblieben sei, um mit Marta Weihnachten zu feiern«. Nachdem man ihm sämtliche Zähne des Oberkiefers gezogen habe, sehe er aus wie »eine Kreuzung zwischen Voltaire und einer alten Bäuerin«. Das englische th könne er nun besser aussprechen, auch wo keins hingehöre. »Angenehme Frauen gibt es eine Fülle um mich. Aber die einzige Frau, die ich ernstlich um mich haben möchte, sitzt 5 000 Kilometer entfernt und schreibt unliebenswürdige Briefe.« Er war wieder ganz der Alte.

Marta vergaß keineswegs ihr jährliches Rendezvous mit dem Schnee. Und so fuhr sie in den Nationalpark Yosemite Valley nach Kalifornien, nur ein Jahr nach ihrem letzten Wintervergnügen. Aber welch eine Zeit lag dazwischen! Sie musste sich gut erholen, denn sie wusste, welche Arbeit vor ihr lag: »to make a house for Lion«. Das war ihr Hauptberuf. Im Schnee feierte sie, allein, ihren 50. Geburtstag. Wir sehen uns doch das ganze Jahr noch, hatte sie zu Lion gesagt, als der sie bat, wenigstens bis zum 21. Januar 1941 in New York zu bleiben. Immerhin schickte er ihr ein Glückwunschtelegramm. Man musste aber auch den amerikanischen Vorschriften genügen. Lion und Marta waren mit einem Not-Visum gekommen. Ein Anwalt in New York beriet sie über das Verfahren der formellen Einreise und bereitete die nötigen Papiere vor. Um die (widerrufbare) Duldungserlaubnis zu erhalten, musste man das Land verlassen und über Mexiko oder Kanada wieder einreisen. Sie vollzogen die Prozedur im Februar 1941. Lion reiste aus New York an, und Marta kam direkt aus den Skiferien nach Nogales, der Grenzstadt südlich von Tuscon, Arizona, die in eine amerikanische und eine mexikanische Hälfte geteilt war. Sie wohnten in einem Hotel auf der amerikanischen Seite und gingen zum amerikanischen Konsulat auf der mexikanischen Seite. Man hatte ihnen gesagt, die Warteliste sei lang, es könne bis zu einem Monat dauern. Sie kamen sofort an die Reihe, wie gewohnt. Da so oft von den Schikanen die Rede ist, die Marta und Lion in den USA zu erdulden hatten, muss auch erwähnt werden, wie oft sie begünstigt wurden, abgesehen davon, dass Amerikaner ihnen das Leben gerettet hatten.

Der Konsul gab sich als Bewunderer von Lions Romanen zu erkennen und lud die Einwanderer zum Lunch ein. Zugleich wies er seine Mitarbeiter an, die nötigen Papiere sofort auszustellen. Er gab eine große Fiesta auf seiner Ranch, »ein gigantisches Steinicke-Fest« in gelöster Stimmung, wie Lion Eva van Hoboken berichtete, mit mexikanischen Musikern und texanischem Barbecue. Die Feuchtwangers erhielten Dauervisa, ausgestellt am 8. Februar 1941, und Marta konnte zurück zum Skifahren. Fünfundzwanzig Jahre später, als sie zur Hochzeit eines Sohnes von Arnold Schönberg eingeladen war (»weil ich immer so viel Farbe in alles bringe«), erkannte einer der Gäste sie wieder: Als Kind habe er damals bei der Fiesta in Nogales zuschauen dürfen. Er wusste sogar noch, was sie damals getragen hatte: einen weißen Hosenanzug, wie er ihn noch nie bei einer Frau gesehen hatte, dazu einen großen Hut.

Zwar hatte Lion noch 1938 in Briefen an Eva van Hoboken von Santa Fé geschwärmt, das er bei seiner USA-Reise 1932 kennengelernt hatte. Doch als neuer Wohnort kam nur Los Angeles in Frage. Nach dem ersten Bad im Pazifik und den ersten Fahrten an der Küste entlang wurde ihnen klar, dass hier ihre neue Heimat sein müsste. So vieles erinnerte sie an die Côte d'Azur, das Klima, der Küstenverlauf, die Blumen und Palmen, das Leben an der frischen Luft. Sanary war bunter, das Mittelmeer blauer (und vor allem roch es nach Meer), die Sonnenuntergänge über der Bucht von Bandol waren von tieferem Rot. Die Sommer waren heißer und die Winter kälter. Vielleicht war die Riviera mondäner und gewiss von anderer Dimension durch die kleinen Fischerorte mit ihren Kuttern und Yachten. Und Los Angeles war überhaupt nicht mit Marseille oder Nizza zu vergleichen. Lion nannte es »eine Mischung zwischen einem gigantischen Sanary und einem Berliner Kostümfest«. Doch von Fest konnte vorerst keine Rede sein.

Die modische Revolution des Jahres 1940 war die Einführung der Nylonstrümpfe und des zweiteiligen Badeanzugs, und man sah viel mehr Frauen in Uniform als zuvor. Doch in Kalifornien vollzogen sich viel bedeutsamere Veränderungen, der Staat erlebte eine gesellschaftliche und industrielle Umwälzung. Das Kalifornien, in das die Emigranten kamen, war nicht mehr der verträumte Staat weit hinten im Westen, der Sonne, Pampelmusen und Filmstars zu bieten hatte. Als der Krieg Ende 1941 auch die USA erfasste und die kalifornische Küste gleichsam zur Front machte, siedelten sich hier kriegswichtige Industrien an, allen voran der Flugzeugbau und die Automobilproduktion. Das wiederum zog viele Arbeitskräfte ins Land, mexikanischstämmige, aber auch schwarze, die zuvor nur einen kleinen Teil der Bevölkerung ausgemacht hatten. Der Rassismus war allgegenwärtig, denn Kalifornien war bis dahin eine sehr homogene Gesellschaft gewesen. In Los Angeles kam es wiederholt zu Rassenunruhen, meist von weißen Matrosen angezettelt. Nach dem Zweiten Weltkrieg, in dem 20 000 Kalifornier ihr Leben verloren, war die Filmindustrie nur noch ein Wirtschaftsfaktor neben anderen. Zugleich versuchte Holly-

wood in den Kriegsjahren, durch engagierte Filme ein aner-
kannter Teil des Establishments zu werden, aber in der
McCarthy-Ära bezahlte es für diese Politisierung.

Durch die Zuwanderung von Arbeitskräften und durch
geburtenstarke Jahrgänge hatte Kalifornien bald mehr Einwohner als der Staat New York und war genauso bunt in seiner ethnischen Zusammensetzung. Die Region von Los
Angeles wurde zum zweitgrößten Industriegebiet der USA.
Erst durch den kriegsbedingten Boom wurde »LA« zum
(zweifelhaften) Paradies der Autofahrer, zugleich wurde der
Strand als neuer urbaner Ort entdeckt. Die über 10 000 ein-
gewanderten Europäer brachten neue Formen und Inhalte
ins kulturelle und gesellschaftliche Leben. Jede Universität
im Staat beschäftigte Emigranten: Philosophen, Architekten, Ärzte, Musiker, Autoren – der größte Talenttransfer
seit dem Fall von Konstantinopel. Zugleich war es für die
europäische Kulturelite leichter, sich in die offenere Atmosphäre von Los Angeles zu integrieren und dort zu profilie-
ren als im etablierten Kulturbetrieb von New York. Doch
vor den meisten Emigranten lagen zunächst schwere Zeiten.
Hinzu kamen die immer schlimmeren Nachrichten vom
Kriegsschauplatz in Europa. Trotz aller Schönheit von
Landschaft und Klima litten viele an Heimweh und hatten
große Schwierigkeiten, sich an die anderen Sprach-, Ess-
und Umgangsweisen zu gewöhnen, und nur wenige konnten in den USA eine vergleichbare Stellung wie in Europa
erreichen. Auch in dieser Hinsicht waren die Feuchtwangers in einer besseren Lage, obwohl auch ihr Leben eine
ständige Anstrengung blieb.

Der Bahnhof von Los Angeles war gerade renoviert worden. Von außen wirkte die Union Station, unterhalb von
Downtown und ganz nah an Chinatown gelegen, fast wie
eine schlichte Kirche mit weißem Turm und klaren Linien.
Dort kamen die Emigranten an, die es von New York hier-
hergezogen hatte, so auch Lion Feuchtwanger Anfang Februar 1941. Marta blieb noch im Schnee, während Lion
einen »ruhigen Monat« mit Eva Herrmann genoss. Als auch

Marta in Los Angeles eintraf, fuhr Eva zum Wintersport. Marta und Lion hatten wieder eine Heimat, aber auch diese war eine problematische Zuflucht.

Da ihr letztes Heim so berühmt geworden ist, sei erwähnt, dass sie zwei Jahre in Provisorien unterkamen und dass es einiger Zufälle bedurfte, bis sie das richtige Haus fanden. Erst die sechste Adresse sollte die endgültige sein, doppelt so viel Versuche wie in einem ordentlichen Märchen.

Ihre erste Adresse war Eva Herrmanns Haus: 2088 Mandleville Canyon Road, West Los Angeles. Lion überwies der Geliebten 1 500 Dollar, was wohl nicht nur als Miete gedacht war. Von hier aus knüpften sie Kontakte zu anderen Zugewanderten im Umkreis von Hollywood. Als Eva Herrmann aus dem Skiurlaub zurückkehrte, fanden die Feuchtwangers mit Hilfe der Drehbuchautorin Salka Viertel ein Quartier in 1650 Amalfi Drive. Dort konnten sie sechs Monate bleiben, bis der Besitzer, der Filmproduzent Dudley Murphy, von einer längeren Reise zurückkam. Thomas Mann wohnte ganz in der Nähe zur Miete, im feinsten Viertel von Pacific Palisades.

Dann zogen Lion und Marta in das Haus 1744 Mandleville Canyon Road, das einem Anwalt namens Elliot gehörte. Es war in spanischem Stil gebaut und lag auf einem Hügel. Der große Garten wirkte wie eine Pflanzung von Avocadobäumen und Dattelpalmen. Eines Tages kam Marta vom Einkaufen zurück und entdeckte einen Mann, der sehr theatralisch vor Lion kniete. Es war der Schauspieler Alexander Granach, den sie aus München und Berlin kannte. Einmal, in der Münchner Maximilianstraße, hatte er ihnen hinterhergerufen: »Herr Feuchtwanger! Herr Feuchtwanger! Ich bin der berühmte Schauspieler Alexander Granach. Ich weiß viel von Ihnen, kenne Ihre Bücher. Sie müssen in meine Vorstellungen kommen.« Er spielte damals in *Kabale und Liebe*, und Lion war sehr beeindruckt.

1933 war Granach nach Moskau geflüchtet (er stammte aus Galizien und sprach sehr gut Russisch), wo er Erfolge als Schauspieler feierte, aber auch als Lebemann. Er verstrickte sich in Liebeshändel und wurde von einer eifersüchtigen Freundin als Spion denunziert. Von einem Tag auf den andern verschwand er. Doch man ließ ihn wieder frei, weil die Häscher in seiner Jackentasche einen Zettel mit Feuchtwangers Telefonnummer gefunden hatten. Da sie sich daran erinnerten, dass jener vor kurzem von Stalin empfangen worden war, hielten sie es für ratsam, von ihrem Opfer abzulassen. Als Alexander Granach 1941 in Los Angeles eintraf, ging er schnurstracks zu Lion Feuchtwanger, um ihm auf Knien zu danken. Aber der wusste zunächst nicht, wie ihm geschah. Zu den anderen Besuchern in diesem Haus gehörte Emil Ludwig, der ausgiebig mit Lion diskutierte, genau wie Monate zuvor in Sanary. Ludwigs Biographien über Goethe, Bismarck, Schliemann und Napoleon waren Weltbestseller geworden, er selbst konnte als deutscher Nationalist gelten. Nun entwickelte sich dieser Breslauer Jude zum unnachsichtigen Kritiker der Deutschen, die er hart bestrafen und völlig umerziehen wollte.

Das nächste Haus der Feuchtwangers, 13 827 Sunset Boulevard, mit großem Garten und schönem Innenhof, wurde im Herbst 1942 bezogen. Das Gelände war so groß, dass Lion und Marta auf ihm ihr tägliches Laufprogramm absolvieren konnten. Marta legte Gemüsebeete an. Der Besitzer des Hauses, ein Anwalt, der im Ölgeschäft tätig war, wollte Feuchtwangers das Anwesen verkaufen. Marta wohnte gern dort, aber sie befürchtete, der Verkehr auf dem Sunset Boulevard könnte eines Tages stark zunehmen (und hatte damit recht). Über Nacht wurde ihnen gekündigt. Ein kleiner Rechtsstreit war die Folge, über den sogar die lokale Presse berichtete. Eigentlich waren Kündigungen in Kriegszeiten nicht erlaubt, aber der Richter war parteiisch und sagte: »Das wäre ja noch schöner, wenn ein Amerikaner nicht sein eigenes Haus von Einwanderern zurückerlangen könnte.« Marta begriff, dass sie nicht erwünscht waren, und wollte den Streit beenden. Sie suchte in der Nachbarschaft und fand ein leeres Haus am South Amalfi Drive. Es gehörte einem Major, der für den Geheimdienst arbeitete, weshalb ihnen kein Telefon erlaubt wurde – so erklärte es Marta. Telefonieren konnte man nur, auf einer Leiter stehend, durch das Fenster des Nachbarhauses, was Züge von Slapstick hatte. Der Major wohnte im Gartenhaus nebenan. Das war ein sonderbar improvisiertes Logis, aber eine Alternative fand sich nicht. Ein Arbeitstisch für Lion musste erst noch besorgt werden. Auch hier empfingen sie Besucher wie Arnold Schönberg und Hanns Eisler. Kaufen wollten sie das Haus nicht, obwohl es seinen kuriosen Charme hatte.

Traumschloss

>»Siehe, da ging die Morgenröte auf. Mit glänzenden
Augen sprang sie hervor [...] und sprach zu ihm wie
ein Engel auf den Hügeln: ›[...] Ich riss dich hervor
aus dunkler Nacht; aus grauenvoller Finsternis ward
Morgen.‹«
>
> Johann Gottfried Herder, *Die Morgenröte*

Viele europäische Künstler kamen schon vor 1933 nach
Hollywood. Zu den Ersten gehörten Salka und Berthold
Viertel; sie war die Drehbuchautorin vieler Garbo-Filme, er
arbeitete als Regisseur, aber zumeist in Europa. In London
hat er mit Christopher Isherwood zusammengearbeitet, der
ihm die schöne Exilnovelle *Praterveilchen* widmete. Ihr
meernahes Haus in Pacific Palisades, 165 Mabery Road, war
ein gutbesuchter Salon. Vor allem Salka Viertel war den
Emigranten nach 1933 eine große Hilfe. Der aus Wien stammende Komponist Ernst Toch lebte seit 1936 in Pacific
Palisades; er verdiente gut in Hollywood und stellte für viele
Emigranten die benötigten Bürgschaften aus (»Affidavit of
support«), die sich pro Person auf 5000 Dollar beliefen.
Aldous und Maria Huxley bewohnten ein seltsam verwin-
keltes Haus, 701 Amalfi Drive. Christopher Isherwood, der
von London 1939 nach Pacific Palisades gezogen war, fand
es reichlich dekadent, aber die Huxleys liebten es. Die engen
Innenräume waren voller Frauenstatuetten und kitschiger
Gemälde und Objekte; im paradiesischen Garten hingegen
standen wie einst in Sanary zahllose Obstbäume, und man
hatte einen herrlichen Blick in die Landschaft. Zu den berühmten »Palisadians« gehörten Charlie Chaplin, Greta
Garbo, Paulette Goddard, aber auch der Schauspieler und
Politiker Ronald Reagan und seine Frau Nancy.

Die ersten Monate der Feuchtwangers in Los Angeles waren reichlich nomadenhaft, immerhin war es Nomadentum

mit festen Häusern. Für die weitere Suche schaltete Marta einen englischen Makler ein, der in Italien gelebt hatte und mit den Wünschen europäischer Künstler etwas anzufangen wusste: ein Haus mit Meerblick und viel Platz für einen Garten. Der Makler fuhr mit ihr kreuz und quer durch Pacific Palisades, das erst vor zwanzig Jahren erschlossen worden war.

Wenige hundert Meter bevor der Sunset Boulevard auf die Küstenstraße stößt, zieht sich rechter Hand eine schmale Serpentinenstraße einen Berg hinan. Am Paseo Miramar standen in jenem Jahr 1943 höchstens zehn Häuser, fast alle im spanischen Stil, davon die meisten unbewohnt. Da in den Kriegsjahren das Benzin rationiert war, wollte kaum jemand dort wohnen, so weit vom Stadtzentrum entfernt. Die nächste Tankstelle und die nächsten Geschäfte lagen im Zentrum von Pacific Palisades, einige Kilometer den Sunset Boulevard hinauf. Marta gefiel das Haus mit der Nummer 846. Ein Vertrag wurde geschlossen und eine Anzahlung geleistet, aber der Besitzer, ein Geschäftsmann aus Downtown, ließ die Vereinbarung platzen, weil er sein Haus in der Stadt nicht mehr halten konnte und selbst nach Pacific Palisades ziehen wollte. Wieder wurde die Justiz bemüht, doch dieses Mal ging es gut aus, gemäß Lions Lebensmotto.

Ihr englischer Berater zeigte Marta das Haus 520 Paseo Miramar. Es stand seit vier Jahren leer, wurde nur von einem *housekeeper* bewohnt, der seinen Namen kaum verdiente, denn alles war heruntergekommen, der Garten war verwildert, es gab kaum heile Fenster, manche Räume starrten vor Schmutz, im Keller waren die Spinnweben so dick, dass man sie zerschneiden musste, im Salon stand der getrocknete Schmutz einen Fuß hoch. Die Stromleitungen waren allerdings in Ordnung, das Baumaterial erste Güte. Herrlich war die Aussicht auf den Ozean und den Strand von Santa Monica, und in dieses Panorama verliebte sich Marta sofort. Sie hatte einen Blick dafür, was mit und in einem Haus möglich war. Andere Interessenten hatten sich entsetzt abgewandt, darunter Peggy Guggenheim und auch Thomas Mann, der den Feuchtwangers »das hübsche spanische Haus« noch neiden sollte. Die Feuchtwangers erwarben das Anwesen für 9000 Dollar, von denen 4000 sofort beglichen werden konnten, da Lion gerade an *Collier's Magazine* den Roman *Die Gebrüder Lautensack* verkauft hatte. Die Geschichte über politische Betrüger hatte eine solide Grundlage für den Neuanfang geschaffen. Da sich plötzlich auch eine Versicherungsgesellschaft für das Anwesen interessierte, war zuletzt sogar Eile geboten und das erneute Eingreifen eines Anwalts. Es schien, als wolle jemand ihnen das Fußfassen besonders schwermachen. Nach einer erneuten Zahlung war der Kauf gesichert.

Erst im Jahr 1916 war die Gegend zwischen Santa Monica Canyon und Sullivan Canyon von Los Angeles eingemeindet worden, ein Hochplateau, das ein paar hundert Fuß über dem Ozean lag, durchschnitten von einzelnen Canyons. Zum Inland hin bildeten die Gipfel der Santa Monica Mountains die natürlich Grenze dieser Wildnis, die seit 1860 ein beliebtes Ausflugsgebiet der Angelenos war, voller Rotwild, Füchsen, Kojoten, Klapperschlangen, und auch Pumas jagten dort. Der kleine Ort Santa Monica, der eine Zeitlang als Hafen vorgesehen war, es aber nur zu einem hölzernen Pier brachte (bis dann ein großer Hafen im südlicher gelegenen San Pedro geschaffen wurde), warb seit 1900 mit dem Spruch »Where the Mountains Meet the Sea«. Später wurde dieser Slogan von Pacific Palisades übernommen, das nach dem Ersten Weltkrieg fünfzehn Meilen westlich von Downtown gegründet und erschlossen wurde.

Die Wildheit dieser Gegend lockte die Filmpioniere an. Im Santa Ynez Canyon betrieb Thomas Ince zwischen 1911 und 1919 eine kleine Studiostadt; der »Vater des Westerns« beschäftigte ganze Truppen berittener Cowboys und Indianer. In Inceville begann auch Charlie Chaplin seine Karriere, der hier seinen Look als Tramp kreierte. 1917 ließ Ince ein schottisches Dorf nachbauen, rechts und links des jetzigen

Pacific Coast Highway. Künstliche Gebilde der Traumfabrikanten standen am Anfang von Pacific Palisades; danach kamen die religiösen Erwecker.

Nach dem Ersten Weltkrieg bemühte sich eine Maklerfirma um den Verkauf von Grundstücken. Ihre ersten Klienten waren Methodisten aus der Chautauqua-Bewegung. Sie planten eine symmetrisch angelegte Idealsiedlung mit einem Tempel auf dem höchsten Punkt. Reverend Dr. Charles Holmes Scott hatte die Wildnis gefallen, und sein Kollege Dr. Merle Smith soll beim Anblick der Küste gesagt haben: »This is indeed Pacific Palisades.« So kam der Ort zu seinem Namen. Die Gründungsurkunde wurde im August 1921 unterschrieben, die Besiedlung begann Anfang 1922 rechts und links des Temescal Canyons. Die Idealstadt wurde nur in Teilen realisiert, dafür wuchs Pacific Palisades schnell in alle Richtungen. Zu den Förderern des Ortes gehörten die Schauspieler Will Rogers, Mary Pickford und Douglas Fairbanks. Um 1930 entstand weit vom Meer entfernt ein kleines Geschäftszentrum am Beverly Boulevard, wie die Hauptstraße noch hieß. Zu dieser Zeit kam der Begriff California Riviera auf, ein Riviera Country Club wurde gegründet, viele Straßen erhielten Namen von der italienischen und französischen Mittelmeerküste, aber auch spanische Namen waren stark verbreitet. Bis 1940 zogen viele Künstler, Professoren, Schriftsteller, Architekten, Theater- und Kinoleute hierher.

1926 war das Studio Inceville Geschichte, dafür wurde der Beverly Boulevard durch den Santa Ynez Canyon hindurch verlängert, womit eine direkte Verbindung vom Meer bis ins alte Los Angeles entstand, die den Namen Sunset Boulevard erhielt. Das machte die Erschließung des Geländes in Meernähe attraktiv, das aufgeteilt wurde in Castellamare Estates, direkt über der Küstenlinie (beworben mit monumentalen Buchstaben, genau wie Hollywoodland), und gleich daneben Miramar Estates, erworben 1926 von dem Richter Arthur A. Weber und dem Bauunternehmer George W. Ley. Der Hügel wurde für künftige Bauten terrassiert, der Serpentinenweg bis zur Spitze Paseo Miramar genannt.

Die Erschließung wurde von einer großen Werbekampagne in den örtlichen Zeitungen begleitet, insbesondere von der *Los Angeles Times*. Das Restaurant, die Casa Miramar, bot den Ausflüglern, die mit der neuen Buslinie aus der Stadt kamen, feine Speisen zu kleinen Preisen. Im September 1926 war Baubeginn für ein spektakuläres Haus, das einem Schlösschen bei Sevilla nachempfunden war und über dessen Fortschritte in allen Bauphasen in der Presse berichtet wurde. Sein offizieller Name lautete: »The Los Angeles Times Demonstration Home«. Architekt war Mark Daniels, die Bauausführung lag bei George W. Ley, die Innenarchitektur bei Rodney Benson. Im April 1928 war das Haus vollendet.

Das Haus, in Hanglage auf mittlerer Höhe des Anstiegs, war zur Straßenseite hin durch eine Mauer verdeckt, bot zur Gartenseite hin drei Etagen, von denen die unterste nur eine Art unbefestigter Keller war. Nach hinten hinaus gab es zwei schöne Innenhöfe, nach vorn hin führte vom großen Salon eine Fenstertür zur Terrasse mit Balustrade und Steinbank. Diese Terrasse, von der aus man zum Sonnenaufgang hinschaut, war und ist zu jeder Tageszeit *der* magische Ort des Anwesens. Die Wohn- und Arbeitsräume lagen in der obersten Etage, nur Küche und Essraum befanden sich, leicht erhöht, neben dem Salon. Die Möbel und die hölzerne Decke im Salon mit Balken und Schnitzereien fertigten ortsansässige Schreiner nach spanischen Ausstellungsstücken an. Das Innendesign und die Lampen schuf Berta Coler aus Pacific Palisades. Besonders die beiden Innenhöfe wurden bewundert, aber auch das Billardzimmer (heute der große Salon) mit Kamin und kostbarer Orgel. Bei der Gestaltung der Räume wurden handgemalte Fliesen und feines Holz verwendet. Die Küche erhielt den damals neuesten Komfort, einen elektrischen Kühlschrank, eine Geschirrspülmaschine und eine Maschine zum Putzen von Silberbesteck. Die Garage hatte ein Tor, das sich automatisch öffnete. Den Ziergarten, den gewundene und gepflasterte Wege durchzogen, schmückte ein aus Italien importierter Springbrunnen.

Zunächst diente die Villa nur als Musterhaus, als Prunkstück und Vorzeigeobjekt. 1931 verkaufte Arthur A. Weber sein Haus in Santa Monica und zog mit den Seinen ins »Miramar« ein, wie seine Familie die Villa mit ihren 14 Zimmern auf 600 Quadratmetern nannte. 1939 zogen die Webers zurück nach Santa Monica. Nun stand das Haus vier Jahre lang leer und verfiel langsam, bis es 1943 von Lion und Marta Feuchtwanger erworben wurde, als hätte es nur auf sie gewartet.

Ehe die Villa zu Lions letzter Schreibbastion und zu Martas drittem Gartenparadies wurde, war viel Arbeit nötig. Zuvörderst kaufte Marta Schlafsäcke, und die ersten Nächte im neuen Heim verbrachten sie im Freien, was beide sehr romantisch fanden. Vielleicht haben sie dabei auch an ihre italienische Reise gedacht, an den Anfang ihres Zusammenlebens. Marta fand niemanden, um Haus und Garten zu säubern, alle Männer waren zur Armee eingezogen oder mussten in Fabriken arbeiten. Der Anwalt Eric Scudder, der als »König von Pacific Palisades« galt und ihnen zuvor schon geholfen hatte, kannte und liebte Lions Bücher; er spielte auch eine führende Rolle im Musikleben der Stadt, half den Feuchtwangers, erste Kontakte zu knüpfen. Er schickte einen kräftigen farbigen Arbeiter, der tagsüber in einer Munitionsfabrik schuftete. Mit dessen Hilfe reinigte Marta zuerst den Salon. Er kniete an dem einen, Marta am anderen Ende. Sie schaufelten den Dreck (darunter tote Eidechsen und Mäuse) in Säcke und trugen ihn als Dünger in den Garten. Und dann wuschen und wischten sie alles, gossen das Wasser anschließend über die Terrasse. Marta arbeitete genau so schnell wie der Mann, der immerzu stöhnte: »Oh, what a night!« Die Mühsal dauerte eine ganze Nacht hindurch – was Lion inzwischen tat, ist nicht überliefert –, und dann wurde es Morgen, und Marta servierte ihrem Helfer Brote und Bier.

Etwas später klopfte eine Dame an: »Ich wollte Sie als Nachbarin begrüßen, denn ich weiß, wer Sie und Ihr Mann sind.« Ihr Mann, ein Graf Ostheim, gehörte zu den Nachfahren des Herzogs von Württemberg, der den legendären Jud Süß (Oppenheimer) beschäftigt hatte! »Verwandt sind wir aber nicht«, sagte Marta, »ich bin höchstens mit König David verwandt, nicht mit einem Grafen aus Deutschland.« Die Nachbarin bot ihre tätige Hilfe an und lud die Ankömmlinge zu einem Dinner in ihr Haus. Als die Familie nach Kriegsende nach Irland umzog, kaufte Marta ihnen einen wertvollen Perserteppich für einen günstigen Preis ab, der unter großer Mühe bis in ihre Villa transportiert wurde und noch heute den Salon ziert.

Im Garten pflanzte sie nicht nur Gemüse, sondern auch Eukalyptusbäume, Zedern, Olivenbäume, Palmen und Mimosen, dazu vielerlei Blumen, Rosenbüsche und Bougainvilleas. Ihre Orangenbäume durften von keiner fremden Hand gedüngt werden. Wie schon in Berlin machte sie sich auf die Jagd nach alten Möbeln. Sie klapperte die Geschäfte am Santa Monica Boulevard ab. Louis Seize war damals Mode, aber das mochte sie nicht, es passte auch nicht ins Haus. Im Vorbeifahren erspähte sie viele Gebrauchtmöbel an der Straße oder hinter Häusern, manches erwarb sie für wenige Dollars, Lieferung inklusive. Stühle, Sessel und Sofas ließ sie neu polstern. Ein Besucher sagte, es wäre ein nettes Haus, wenn es nur nicht so leer wäre. Aber Lion mochte es lieber so. Immer wenn er einen lukrativen Vertrag abgeschlossen hatte, konnten sie die Einrichtung ergänzen und neue Bücher anschaffen.

Das Haus war ganz auf die Bibliothek, auf kleinere Gesellschaften und auf kontinuierliches Arbeiten eingerichtet. Lion Feuchtwanger besaß keinen repräsentativen Schreibtisch wie etwa Thomas Mann, stattdessen standen vier günstig erworbene, etwas abgeschabte Pulte in der Mitte des Arbeitszimmers gegeneinander, ein Rest Improvisation in der Pracht des schlossähnlichen Gebäudes. An dem einen Tisch saß Feuchtwanger, am anderen seine Sekretärin Hilde Waldo. Meist aber diktierte er von einem Stehpult aus, mit dem Rücken zum Fenster, um nicht durch die herrliche Aussicht auf die Bucht abgelenkt zu werden.

Einen Namen hatte die Villa nicht, man sprach nur von »the Feuchtwanger-Home«. Erst um 1980 hatte einer der Anwohner des Paseo Miramar die Idee, den Häusern im spanischen Stil längs der Straße wohlklingende Namen zu geben. Da man von der Terrasse aus in der Tat schöne Sonnenaufgänge erleben kann, haben manche Besucher eher scherzhaft oder poetisch von »Villa Aurora« gesprochen. Diesen Namen hat Marta niemals verwendet, auch wenn noch zu ihren Lebzeiten ein entsprechendes Schild an der Straßenpforte angebracht wurde. Er hat sich erst nach ihrem Tod eingebürgert und war sehr nützlich beim Kampf um den Erhalt der Villa.

Nach langem Herantasten und mehreren Fehlschlägen war das ideale Haus endlich gefunden, das geradezu mythische Qualitäten besaß, weil es eine Synthese ihrer früheren Häuser bot, von München über Italien und Berlin bis Sanary. Von jedem Detail in Haus und Garten ließe sich eine Linie zu früheren Lebensstationen ziehen. Und diese Verbindung zweier Leben und Kontinente machte den besonderen Geist des Ortes aus, bereichert um all die glanzvollen Gäste, die sich einfinden sollten. Und der spätere Name »Villa Aurora« hat seinen poetischen Sinn, denn der Blick am äußersten Westpunkt ihrer Lebensreise geht nach Osten – zurück auf eine große und ungewöhnliche Geschichte, der nun weitere Kapitel hinzugefügt wurden.

Am 7. Dezember 1941, als Marta Lion den täglichen Orangensaft bringen wollte, fand sie ihn sehr verstört vor. Im Radio war gerade gemeldet worden, dass die Japaner Pearl Harbour bombardiert hatten. Der Krieg war ihnen nachgeeilt. Denn als auch Deutschland den USA den Krieg erklärte, mussten die hiesigen Emigranten Einschränkungen erdulden, galten sie doch abermals als »feindliche Ausländer«. Den Japanern, oft seit Generationen im Land ansässig und völlig integriert, erging es noch schlechter. Die Männer wurden in Lagern interniert. Erst nach Monaten wurden einige von ihnen in die US-Armee aufgenommen, wo sie sich besonders auszeichneten.

Für die Deutschen galt zunächst nur eine nächtliche Ausgangssperre; Lion war ganz froh, dass er mehr Zeit zum

Arbeiten hatte. Einmal im Monat mussten sie sich auf dem Amt melden. Österreicher hingegen galten als Hitlers Opfer und waren keinen Beschränkungen ausgesetzt. Die Feuchtwangers fürchteten, man könne sie abermals internieren. Ihre Konten waren eingefroren, wie 1940 in Frankreich. Mit dem Geld, das ihnen blieb, mussten sie auch für Hilde Waldo und deren Mutter aufkommen. Auf einer Party kam Marta mit ihrem Tischherrn ins Gespräch, dem Maler George Biddle. Er fragte, wie es ihr in Kalifornien gefalle. »Gut«, antwortete sie, »aber es wäre noch schöner, wenn ich an mein Geld käme.« Das könne nicht wahr sein, empörte sich Biddle und versprach Hilfe. Er rief sogleich seinen Bruder Francis an, der für die Regierung arbeitete. Marta erklärte ihm: »Wir gelten als feindliche Ausländer.« Darauf Biddle: »But you are friendly enemy aliens.« Er sagte noch: »Schreiben Sie an meinen Freund Henry Morgenthau in Washington und teilen Sie ihm mit, Sie seien keine *aliens*, sondern *refugees*.« Das taten sie, und siehe da, sie erhielten wieder Zugriff auf ihre Konten.

Vom Glück der Feuchtwangers profitierten auch andere Emigranten. Mit Liesl Frank und Charlotte Dieterle gründete Lion den European Film Fund. Dessen Budget stellten Filmleute bereit, allen voran Warner Bros., die sich für die Emigranten engagierten, aber auch die wenigen deutschen Autoren, die in den USA erfolgreich waren: Thomas Mann, Franz Werfel, Erich Maria Remarque und Lion Feuchtwanger. Auch Chaplin beteiligte sich diskret. Lion Feuchtwanger, der regelmäßig Geld an Arnold Zweig in Haifa überwies, hielt es ebenso, redete nie darüber und ließ allerlei böse Nachrede unkommentiert.

In den Tagen der Schlacht von Stalingrad rief Alma Mahler-Werfel an, die Antikommunistin, und sagte: »Ihr Stalin ist ein Genie.« Mit Marta vereinbarte Alma, dass Lion nicht mehr so oft zu ihnen käme, weil er dann mit Werfel über Politik stritt, und das sei nicht gut für dessen krankes Herz, denn er rege sich so leicht auf. Werfel starb 1945 an Herzversagen, sein letzter großer Roman, *Stern der Un-*

geborenen, eine verrätselte Kalifornien-Utopie, blieb unvollendet. Alma war auch im Alter schön, sagte Marta. Sie war etwas korpulent geworden, trat aber immer noch auf wie eine Königin und hatte noch viele, auch junge Verehrer. Einer ihrer Freunde sagte nach Almas Tod: »Sie hatte die Gabe, einen glücklich zu machen durch ihre pure Anwesenheit.« Ihre böse Zunge ging mit Alma manches Mal durch, auch noch in ihren Erinnerungen (von anderen vielfach bearbeitet und abgemildert), das gehörte zu ihr, einschließlich gelegentlicher antisemitischer Bosheiten. Wenn man die soziale Stellung und ihr Wirken vergleicht, steht Marta Feuchtwanger irgendwo zwischen Alma Mahler-Werfel und Katia Mann, als ganz anders geartete Persönlichkeit, aber nicht minder beispielhaft.

Lion Feuchtwanger war als Büchersammler bekannt und erhielt Kataloge aus aller Welt. Sein bevorzugtes Antiquariat war Dawson's, an der Ecke von Wilshire Boulevard und Grand Avenue in Downtown. Es war ein schmales, hohes, schon etwas verfallenes Haus mit bemalten Wänden. Ernest Dawson, der englische Inhaber, freute sich, als Lion zum ersten Mal kam; er habe alle seine Bücher gelesen, versicherte er ihm. Wenn er eine neue Lieferung erhielt, rief er zunächst Lion an, und der hatte die erste Wahl. Zu den Schätzen der Feuchtwanger-Bibliothek gehörten die Nürnberger Weltchronik von 1454, mehrere Frühdrucke aus der Zeit vor 1500, ein Buch mit handschriftlichen Notizen von Michelangelo, Erstausgaben von Shakespeare, Corneille, Balzac, die vollständige Voltaire-Ausgabe, die Beaumarchais herausgegeben hatte, ein Rousseau-Band aus der Bibliothek Benjamin Franklins, Goethes *Faust II* in der Ausgabe letzter Hand, aber auch signierte Bücher von Zeitgenossen. So überbrachte Thomas Mann ein Exemplar seines Romans *Doktor Faustus* mit der Widmung: »Für Lion Feuchtwanger, der ebenfalls immer noch auf Deutsch schreibt, von Burg zu Burg.« Im Januar 1945 waren endlich die vierzig Kisten mit Büchern, Bildern, Plastiken und Fotos aus Sanary und Lissabon eingetroffen.

Lion Feuchtwanger befand sich im Mai 1945 mit seiner Sekretärin und Chauffeurin Hilde Waldo bei Dawson's, als plötzliches Glockenläuten das Ende des Krieges in Europa verkündete. Während der Kriegsjahre hatte die Zensur nur ein unvollständiges Bild der Ereignisse zugelassen. Über die deutschen Konzentrationslager wurde jedoch berichtet. Aus Lions Verwandtschaft starben fünfzig Personen im Konzentrationslager, darunter zwei Schwestern. Marta erfuhr erst in den siebziger Jahren, dass einige entfernte Verwandte umgekommen waren.

»Mit meinem haus habe ich glück gehabt«, schrieb Lion an Eva van Hoboken in die Schweiz. Es sei so groß, dass man es nur mit einem Heer von Dienern bewirtschaften könne. All die Riesenarbeit habe Marta allein bewältigt, heißt es in dem Brief vom 1. September 1945: »sie schindet sich also furchtbar ab, schläft zu wenig und ist nervös. raten kann man ihr schwer, du weißt, wie eigenwillig sie ist.« Mit Hilde komme sie besser zurecht als einst mit Lola. Im Garten mit seinen Blumen und Bäumen, den Kakis und den Avocados fühle sie sich am wohlsten. Als Hilfe komme dann und wann ein Gärtner, 72 Jahre alt, taub, betrunken und ungeniert antisemitisch. »eva herrmann wohnt in der nähe. sie pflegt einen sehr sublimierten, aber immer noch reichlich absurden spiritismus. auch döblin ist religiös geworden. das ist wie eine epidemie.« (1. 9. 1945)

Lions Beziehung zu Eva Herrmann war nach ihrem Wiedersehen in Los Angeles distanzierter geworden. Als er sich über ihre mystischen Neigungen mokierte, verteidigte sie sich; sie bleibe ein analytisches Köpfchen und verzweifle nicht an ihrer Malkunst, sie habe sich immer nur für eine Malerin der zweiten Reihe gehalten. Im Mai 1943 ist in Thomas Manns Tagebuch die Rede von Evas französischem Liebhaber. Nachdem sie (um 1949) die Sowjetunion kritisiert hatte – die Prozesse in Moskau, den Hitler-Stalin-Pakt, den russischen Überfall auf Finnland –, fragte Lion, wie es weltanschaulich bei ihr aussehe. Für ihn komme es darauf an, in welchem Verhältnis das Kritikwürdige am Sozialismus zu dem »Positiven« stehe (an das er also weiter glaubte). Dies ist eines der seltenen Indizien dafür, dass Politisches in dieser Beziehung sehr wohl eine Rolle gespielt hat. Als Eva Herrmann 1957 eine Europa-Reise unternahm, schrieb sie so anschaulich aus dem Schwarzwald, dass Lion beim Lesen des Briefes Heimweh nach Deutschland bekam. Ihre letzte Post war eine Ansichtskarte aus Sanary. Endgültig ins Jenseitige abgedriftet war Eva Herrmann in ihrem zweibändigen Buch *Von Drüben* (1976). In den »Gesprächen« mit verstorbenen Schriftstellern kamen Thomas Mann, Franz Werfel und Aldous Huxley vor, aber nicht Lion Feuchtwanger. Auch Marta erhielt ein Exemplar mit Widmung und antwortete vorsichtig, das Buch sei fremd und unerwartet, vielleicht sei sie einfach zu skeptisch. 1978 ist Eva Herrmann nach langer, schwerer Krankheit in Santa Barbara gestorben.

Lions Einstellung zur Sowjetunion blieb ambivalent. Öffentlich distanzieren mochte er sich nicht, aber privat äußerte er sich immer wieder kritisch. Unter russischer Herrschaft leben möchte Lion Feuchtwanger trotz aller Sowjet-Verehrung nicht, notierte Thomas Mann nach einer Diskussion in seinem Tagebuch. Zehn Jahre später, im Juni 1952, sagte Lion, in Russland tue man das Richtige in scheußlicher Manier, in den USA hingegen das »Scheußliche auf eine uns relativ erträgliche Manier«.

Für Marta waren die ersten Jahre in Amerika arbeitsreich gewesen. 1946 musste sie sich zwei gynäkologischen Operationen unterziehen, nach denen sie mehrere Monate Erholung benötigte. In ihrer Abwesenheit sorgte sie sich sehr darum, ob Lion seinen täglichen Orangensaft bekam. Um ihn kümmerten sich eine junge Japanerin, eine ältere Schwarze und der antisemitische Gärtner.

Marta war mehr denn je Lions Ernährungsberaterin und Trainerin. Der Tag begann mit Frühsport, Gymnastik auf der Terrasse oder im Garten, jeden zweiten Tag liefen sie den Paseo Miramar hinauf und dann hinunter ans Meer zum Baden. Nach einem leichten Frühstück ging Lion die am

Vortag diktierten Passagen durch, und gegen zehn erschien Hilde Waldo zur Arbeit. Martas jährliche Winterferien wurden beibehalten, zunächst wieder im Yosemite National Park, später in den nur 120 Kilometer entfernten San Bernardino Mountains, deren schneebedeckte Gipfel man bei guten Sichtverhältnissen von Los Angeles aus sehen kann, auch vom oberen Ende des Paseo Miramar. Aus dem Urlaub schickte Marta Ratschläge für Lions Ernährung (»nicht zum Essen trinken«). Sie selbst war großartig in Form: »Ich nehm's immer noch mit den jüngsten Männern auf.« Der Skilehrer mache ihr Komplimente und meine, sie müsse Rennen fahren. Erst 1961, mit siebzig Jahren, gab sie das Skilaufen auf, weil die Unfallversicherung »mich wegen meines Alters herausschmiss«, wie sie an eine Freundin schrieb.

In Los Angeles fand Marta wieder eine Bühne für gesellschaftliche Auftritte. Ihrem Interesse gemäß wurde nun die Musik immer wichtiger. Und sie lernte viele bedeutende Komponisten, Dirigenten und Solisten kennen, Strawinsky, Schönberg, Toch, Eisler, Walter, Klemperer, Rubinstein, Solti, John Cage. Lion verließ sein Haus nur selten, und er sprach nur ungern vor vielen Leuten. Umso lieber las er in der Villa vor ausgewählten Gästen. Lesungen fanden etwa alle drei Monate statt, mit höchstens 44 Personen, denn mehr Stühle gab es nicht. Unterstützt von Hilde Waldo, servierte Marta Heringssalat oder Thunfisch auf Schwarzbrot, Bretzeln oder Apfelstrudel mit Sahne. Nach der Lesung wurde diskutiert, und im Allgemeinen war es an Thomas Mann, als Erster Stellung zu beziehen. Nachdem sich Brecht einmal erdreistet hatte, vor ihm das Wort zu ergreifen, wurde er nicht mehr eingeladen, wenn der Nobelpreisträger kam. Wie einst in Sanary fühlte sich Thomas Mann bei den Feuchtwangers wohl; »gemütlich und wohl verpflegt«, notierte er am 15. April 1949 in sein Tagebuch, was ein Kompliment für Marta war. Er las in der Villa aus seinen Romanen, Lion wiederum las im Haus der Manns am San Remo Drive.

Bei den Leseabenden trat Marta als hilfreiche und diskrete

Gastgeberin in Erscheinung; für Lions Arbeit hatte sie eine ganz andere Bedeutung. Sie war nicht nur seine erste Kritikerin, sie wertete für ihn Zeitungen aus und sammelte interessante Artikel aus *Time* oder *Newsweek*. In den USA blieb Lion ein Erfolgsautor. Hohe Einnahmen hatte er vor allem, wenn ein neuer Roman vom Book-of-the-Month-Club angenommen wurde. Dann war er auch zu Kürzungen bereit, immerhin war eine Auflage von 600 000 Exemplaren garantiert. Filmrechte für einen Roman brachten bis zu 350 000 Dollar ein. Allerdings waren die Steuern erheblich, hinzu kamen die 10 Prozent für den Agenten. Lion neigte zu Verschwendung, doch Marta hielt die Ausgaben in Grenzen. Sie kaufte weder Juwelen noch Pelze, nicht einmal neue Autos. Meist fuhr sie gebrauchte Buicks – in Erinnerung an den Wagen, den ihr Hitler in Berlin gestohlen hatte. Anschaffungen galten in erster Linie Büchern und Regalen, neuen Blumen und Bäumen. »Ich pflanze Bäume«, sagte sie, »weil Papier aus Bäumen gemacht wird.« In den Beeten wuchs sogar Papyrus. Ein Rundgang durch den Garten dauerte zwanzig Minuten, und alles war so angelegt, dass man dabei nicht gesehen wurde. Zum Paradies fehlte wenig, denn es gab Obstbäume und sogar Schlangen.

Mit der abgelegenen Wohnsituation der Feuchtwangers war nur Brecht unglücklich. Er meinte, Pacific Palisades gebe es gar nicht, das seien doch nur Hügel und Bäume. Am 21. Juli 1941 war er mit den Seinen im Hafen von Los Angeles eingetroffen. Außer Marta war auch Erna Budzislawski, Lions Sekretärin, bevor Hilde Waldo aus New York übersiedelte, zum San Pedro Pier gekommen. Mit zwei Autos brachten sie Brecht, zwei seiner Kinder, Helene Weigel und Ruth Berlau samt dem großen Gepäck in die Stadt. Es war ein sehr heißer Sommer. Brecht wollte als erstes amerikanische Eiscreme essen, und so hielt Marta an einem Laden. Sie hatte in Santa Monica schon eine Wohnung für den Tross gefunden.

Brecht war in Moskau zu Lions Verlag gegangen und hatte sich von dessen Tantiemen das Geld für das Ticket nach Amerika auszahlen lassen. Er bekam auch die hohe Summe, die er verlangt hatte. Dann nahm die kleine Gruppe den Zug nach Wladiwostok, wo sie das letzte Schiff nach Los Angeles bekamen. Die Bürgschaft für die USA hatte Lion ausgestellt. In Los Angeles arbeitete Brecht mit Lion zusammen, freundschaftlich und heftig streitend wie eh und je, und er verdiente bald eigenes Geld. So konnte er das Haus Nummer 1065 in der 26. Straße am Ostende von Santa Monica kaufen, unweit von Heinrich Manns letzter Adresse. Ruth Berlau kam bei Salka Viertel unter. Jedes Jahr zu Weihnachten aßen Marta und Lion nun wieder bei Brechts und genossen die ausgezeichneten Wiener Gerichte von Helene Weigel.

Das Heim der Feuchtwangers wurde zum Künstlertreffpunkt, wie schon die Villa Valmer in Sanary. Unweit der Feuchtwanger-Villa lebte der Schauspieler Charles Laughton, der mit Brecht zusammenarbeitete, mit dem er sich auf Französisch verständigte; in Martas Garten rezitierte er gelegentlich Shakespeare. 1948, als sie noch ein Skandalpaar in Hollywood waren, kamen Roberto Rosselini und Ingrid Bergmann zu Besuch. Als Mstislaw Rostropowitch im März 1956 ein Konzert in Los Angeles gab, konnte Lion die Villa nicht verlassen, weil er krank war. So fuhr Rostropowitch mit seinem Cello und einem Pianisten zur Villa und spielte im Salon Bach-Suiten. Als er nach einer Stunde fertig war, signierte er den Stuhl, auf dem er gesessen hatte. Nach Lions Tod kam er noch zweimal zu Konzerten nach Los Angeles, jedes Mal rief er Marta an und lud sie ein. Eine herzliche Beziehung mit gegenseitigen Besuchen verband Feuchtwangers um 1950 mit Charlie Chaplin und dessen Frau Oona. Bei Tisch spielte Chaplin Pantomimen aus seinen Filmen vor. Er konnte Sprachen lautmalerisch nachahmen, die er gar nicht beherrschte, etwa Chinesisch oder Italienisch. Bei einer Party von Walter Mattau begrüßte Chaplin Marta ganz theatralisch: Er kam durch das Spalier der anderen Gäste pathetisch auf sie zugeschritten, umarmte und küsste sie mit Tränen in den Augen, als wäre es eine Szene am Set.

Henry Miller, der nicht ganz so bescheiden und vornehm war wie Rostropowitch, begegnete Marta im Jahr 1941. Auf einer der zahllosen Partys saß sie ihm gegenüber, und Miller sagte zu ihr: »You know, I want to know more about you. You intrigue me. You have to tell me more about you.« – »Aber ich tat es nicht«, erzählte Marta, »warum sollte ich mit ihm quer über den Tisch von mir reden? Da wurde er böse und machte eine obszöne Bemerkung. Ich ignorierte es. Ich war zu alt, um mich aufzuregen.«

Die Feuchtwangers dinierten nun häufiger mit Thomas und Katia Mann. Die Manns hatten sich am San Remo Drive ein wunderbares zweistöckiges Haus in modernem Stil bauen lassen, das noch heute zu den architektonischen Sehenswürdigkeiten der Stadt gehört, mit herrlichem Palmengarten, einem Arbeitszimmer hinter großen Glasfassaden.

Liebevoll kümmerte sich Marta um Heinrich Mann, vor allem nach Nellys Selbstmord im Dezember 1944. Sie hatte viele seiner Geburtstage miterlebt, den 50. in einem koscheren Restaurant in München (Thomas sprach), den 60. in Berlin beim Akademie-Empfang (ohne Thomas, dort sprach Lion), den 70. in Los Angeles bei Salka Viertel, bei dem wieder Thomas eine Rede hielt. Nach Thomas' Preis- und Heinrichs Dankrede stand Marta auf und improvisierte eine Huldigung, die nicht dem Jubilar, sondern Nelly galt: Sie habe ihrem Mann auf der Flucht über die Pyrenäen das Leben gerettet – »Sie zog die Dornen aus seinen blutigen Händen und trug ihn praktisch auf ihren Armen über die Pyrenäen.« Nelly war ganz rot geworden und verbarg ihr Gesicht in den Händen. Als die andern ihr zuprosten wollten, lachte sie plötzlich laut auf, denn ihr rotes Samtkleid war aufgeplatzt und der Spitzenbüstenhalter kam zum Vorschein, hinter dem ein königlicher Busen wogte.

Nur Marta hatte es gewagt, Heinrich Manns peinliche Gefährtin öffentlich zu würdigen. Dabei mag sie auch an ihre eigene Rolle gedacht haben, für die niemand lobende Worte fand. Marta mochte Nellys offenes Gesicht, ihr blondes Haar, ihre schönen Zähne, ihre klare, helle Haut. Sie war nur etwas zu dick. Und sie trank. Nelly hatte immer getrunken, auch in Frankreich, wo sie sich wohl einen Liebhaber hielt, was Heinrich duldete. In Los Angeles konnte sie sich nur schwer einleben. Ihre einzige Freundin war eine ältere französische Dame. Diese Beziehung wirkte etwas lesbisch, meinte Marta. Lion half Heinrich Mann finanziell, aber Nelly, die die Schecks vom Film Fund abholte, vertrank zuweilen das Geld. Einmal kam sie zu Lion und schimpfte: »Diese Saujuden haben mir den Scheck nicht gegeben.« Lion sprach mit Heinrich Mann über Nellys Krankheit, aber der wollte die Wahrheit nicht hören.

Einmal erschien Nelly unangemeldet bei den Feuchtwangers. Sie wollte etwas zu trinken. Marta versuchte sie zu beruhigen: »Ich gebe Ihnen etwas mit Alkohol, wenn Sie mir versprechen, nicht selbst zu fahren.« – Darauf Nelly: »Ich verspreche Ihnen gar nichts, Sie jüdische Kuh. Sie lassen mich hier im Kalten sitzen.« Sie hatte wieder einen ihrer großen alkoholischen Auftritte. Doch sie konnte auch ganz anders sein und zu Marta sagen: »Sie sind hier die Einzige, die mich mag.« Nach einem wiederholten Autounfall in Trunkenheit nahm sich Nelly Mann im Dezember 1944 das Leben. Als Heinrich Mann Mitte März 1950 im Sterben lag, war Marta noch einmal zu ihm gefahren, er war aber nicht mehr bei Bewusstsein. Sie nahm viele Briefe und vor allem seine erotischen Zeichnungen an sich. Er hatte sie zuvor darum gebeten aus Angst, Thomas oder Katia könnten sie vernichten.

Der Freundeskreis aus alten Zeiten wurde immer kleiner. Als Gäste kamen noch Ludwig Marcuse, der inzwischen Philosophie-Dozent war, Erich Maria Remarque und die mit ihm befreundete Elisabeth Bergner. Bruno Frank war genau wie Franz Werfel 1945 gestorben. In einem Nachruf von Thomas Mann hieß es: »Das deutsche Elend währte zu lange, fraß zu tief, es zehrte an ihm wie an uns allen. [...] Sie starben an überanstrengtem Herzen, einer nach dem anderen, die Genossen der Emigration.«

Alpträume

Sehr unamerikanische Umtriebe prägten die Politik in den Vereinigten Staaten zu Beginn des Kalten Krieges. Wirkliche und vermeintliche Sympathisanten der Sowjetunion oder des Kommunismus wurden öffentlich geächtet, verhört, verurteilt. Diese Hexenjagd ist verbunden mit den Namen zweier Senatoren, Richard Nixon und »dem wilden Mann McCarthy«, wie ihn Thomas Mann nannte, und sie betraf Beamte, Schriftsteller, Künstler und Filmleute. Die Emigranten, soweit sie sich nicht ausdrücklich antikommunistisch gaben, saßen zwischen allen Stühlen, wie schon 1939 beim Hitler-Stalin-Pakt. Zwischen 1941 und 1945 war die Sowjetunion ein Verbündeter der Westalliierten gewesen, hatte beim Sieg über Hitlerdeutschland eine entscheidende Rolle gespielt und die größten Opfer gebracht, war auch von den USA materiell unterstützt worden. Doch spätestens seit 1947 galt ihr gegenüber die schärfste Abgrenzung, wobei nicht nur bedenkliche Kontakte suspekt machten, sondern auch frühere antifaschistische Stellungnahmen. Die Emigranten fühlten sich an die Bedrohungen und Internierungen in Frankreich 1939/40 erinnert, wenn nicht sogar an Deutschland nach 1933. Auch wenn für sie keine vergleichbare Gefahr bestand, kann man ihre heftigen Reaktionen verstehen, denn bisher war ihnen der Faschismus auf allen Fluchtrouten gefolgt.

Allerdings muss man auch sehen, dass es in den USA sehr wohl kommunistisch gelenkte Gruppen und Vereinigungen gab, Atom- und Militärspionage sowieso. Eine Schlüsselrolle bei der Organisation der prosowjetischen Sympathisantenszene in den USA spielte nach 1933 Otto Katz, ein Freund von Marlene Dietrichs Ehemann Rudolf Sieber, der wie er aus dem Sudetenland stammte. Katz agierte unter wechselnden Namen (etwa André Simone). Lion und Marta hatten ihn schon in Berlin um 1930 kennengelernt, als er noch Geschäftsführer des Theaters am Nollendorfplatz war, das von Erwin Piscator geleitet wurde. Nach der spektakulären Pleite des Theaters und Unterschlagungsvorwürfen verschwand Katz nach Moskau und tauchte erst wieder im Pariser Exil als rechte Hand von Willi Münzenberg auf, verfasste die von diesem edierten Broschüren wie das Braunbuch zum Reichstagsbrand.

Marta Feuchtwanger fand Katz »charmant, kultiviert, gescheit und unbedeutend«, eher leichtsinnig und unbeschwert. Im Pariser Exil schien er ihr sehr melancholisch geworden zu sein. Lion traf ihn öfter bei seinen politischen Kontakten in Paris nach 1935, und er war wiederholt Gast in der Villa Valmer in Sanary. Katz war eine zentrale Gestalt der Komintern geworden, zog auch in Hollywood seine Fäden, wo seine Person als Vorbild des Widerstandshelden Victor Laszlo im Film *Casablanca* diente (der ja Tscheche ist), aber indirekt auch einer der Hauptverursacher der Verfolgungen in der McCarthy-Zeit wurde. In seiner tschechischen Heimat, in die er 1945 zurückging, wurde er, nach einer kurzen Karriere in der ersten kommunistischen Regierung, selbst verfolgt. Im Prager Prozess von 1952 (gegen Slánský und andere) wurde er von seinen Genossen als »zionistischer Agent« verurteilt und hingerichtet.

Es blieb nicht bei Verdächtigungen und Anhörungen und Schikanen aller Art. Die Akten des FBI zeugen vom Umfang der Überwachung, einem schier totalitären Ausmaß, wobei Lion Feuchtwanger zu den am meisten Gequälten gehörte. Die Freude an Amerika wurde ihm auf diese Weise vergällt, sein Urteil über das Gastland notwendig getrübt. Zu den Romanen von Kafka habe er kein Verhältnis, schrieb Lion einmal. In Amerika erlebte er einen. Man kann das Leben dieses scheinbar verwöhnten Mannes auch aus der Perspektive seiner Torturen erzählen, von Tunis bis Los Angeles. Und nun hatte er Geheimdossiers in Moskau wie in Washington.

Schon im November 1940 wurde ein Dossier über Lion Feuchtwanger angelegt. Und noch lange nach 1945 wurde er engmaschig überwacht, unter der Aufsicht von Special Agent R. B. Hood. (Marta Feuchtwanger wird in den Akten immer nur am Rande erwähnt.) Bis zu 15 000 Aktenstücke sammelten sich an, darunter denunziatorische Briefe von Mitemigranten, die ihm sein Moskau-Buch von 1937 nicht verzeihen konnten. Im Dossier liegt aber auch ein Brief von Richard Nixon, der Lion im Jahr 1952 bekundete, wie sehr ihm sein letztes Buch gefallen habe. Auch sein Alltag wurde ausspioniert. Man notierte alle Autos, die in der Nähe des Hauses parkten, Briefe und Telegramme wurden abgefangen, auch Bücher und Zeitschriften aus Moskau. Über die Kontobewegungen bei der Manhattan Chase Bank in New York, der Security First National Bank in Pacific Palisades sowie der Bank of America in Westwood war man informiert. Es wurden sogar die Mülltonnen der Nachbarhäuser durchwühlt.

Lions Personenbeschreibung durch das FBI lautete so: »Age 62, born 7/7 84, Munich, Germany, 5'3", 135 lbs., blue eyes, wears glasses, dark brown hair; light complexion, Jewish, speaks German and English with accent, Novellist, works at home – married to Marta Feuchtwanger, 5'6", 125 lbs., green eyes, black hair, combed straight back, dark complexion.« Auch das FBI hatte also ihren dunklen Teint und ihre exotischen Anmutung bemerkt. An den grünen Augen darf man zweifeln, aber immerhin ist hier amtlich beglaubigt, dass sie Lion um drei Zoll überragte. Eva Herrmann wurde mindestens einmal zu Lion Feuchtwanger verhört. Der Agent, der sie vernahm, war von ihrer Schönheit und Intelligenz hingerissen. Besonders scharf wurde Lions Sekretärin Hilde Waldo observiert, wenn sie für Post- und Bankgeschäfte in die Stadt fuhr. Auch sie wurde direkt angehört und musste mindestens einmal nach Washington reisen, um Aussagen zu machen und Dokumente zu erläutern. Ob Lion und Marta davon erfahren haben, ist nicht klar. Beim FBI wurde Hilde Waldo gefragt, ob sie Hegel gelesen habe und ob das Geld, das Lion an Lola Sernau in die Schweiz überwies, für den Aufbau kommunistischer Strukturen gedacht war. Auch wenn Frau Waldo in die Stadt fuhr, um ein Sandwich zu essen, wurde dieser verdächtige Vorgang genauestens protokolliert. In der Sache furchtbar, im Detail grotesk, so nahm sich die Überwachung aus.

Die Belästigung durch das FBI weckte in Marta wieder die Ängste aus dem Jahr 1940. Jedes Mal, wenn es läutete, fürchtete sie, dass nun die Vorladung nach Washington komme. Die bange Frage tauchte wieder auf, wer einen im Zweifelsfall schützt. Aus Amerika wieder vertrieben zu werden, das wäre unser Ende gewesen, sagte sie später. Ihr Haus war die Ersatzheimat, die geschützte Zone, ein eigenes Land.

Mindestens vier Mal wurde Lion verhört, etwa über Kontakte mit Amerikanern, die man der Spionage für die Sowjetunion verdächtigte. Dazu gab es immer wieder Versuche der Einschüchterung. Einmal standen zwei Männer vor der Tür der Villa und sagten: »Wir sind vom FBI.« Aber Marta ließ sie nicht ein: »Wenn Sie mich sprechen wollen, müssen Sie zuerst anrufen und sich anmelden.« Die Männer gingen um das Haus herum, versuchten, von der Gartenseite her mit ihr zu sprechen, was Marta ablehnte. »Können wir mit Ihrem Mann reden?« – »Er ist im Krankenhaus, er wurde gerade operiert.« – »Das wissen wir.« – »Warum fragen Sie dann?« Da lachten sie und verschwanden endlich.

Brecht mit seiner natürlichen Frechheit kam da leichter durch (Marta nannte ihn »hinterfotzig«). Bevor er sich nach Washington zur Anhörung begab, suchte er die Freunde noch einmal auf und wusste schon, dass es der Abschied war. Er schenkte Marta eine zweihundert Jahre alte Brosche mit französischen Königslilien als weißen Intarsien auf schwarzem Grund. Das gute Stück stammte aus Helene Weigels Familienbesitz. Die Feuchtwangers hatten ihm so oft geholfen, und nun gab er Marta diese Brosche einer anderen! Später saßen Lion und Brecht noch einmal auf der Steinbank auf der Terrasse (sie steht noch immer da), sprachen ausnahmsweise friedlich miteinander, und bei dieser Gelegenheit machte Ruth Berlau das berühmte Foto der beiden

Emigranten. Brecht war traurig, dass er Lion nicht mehr sehen würde. Mit wem sollte er nun so produktiv streiten? Nach einer Anhörung in Washington reiste er schnell weiter nach Europa.

Während dieser Vorgänge, die Amerikas unwürdig waren, wurde Lion in der Sowjetunion gar nicht mehr geschätzt. Die englische Presse schrieb, er sei dort in Ungnade gefallen. Ausgerechnet sein Moskau-Buch, das ihm letztlich die Einbürgerung in Amerika verhagelte, missfiel dort: In einem derart abwägenden Stil durfte man sich nicht über den großen Führer Stalin äußern. Überdies kritisierte man seinen Romantitel *Waffen für Amerika*, der im Kalten Krieg missverständlich war, auch wenn er sich auf das 18. Jahrhundert bezog, auf die französische Unterstützung für den amerikanischen Unabhängigkeitskrieg. Lion änderte den schönen Titel in das schwerverständliche biblische Gleichnis *Die Füchse im Weinberg*. Für Hollywood und für Moskau zugleich zu schreiben war nicht leicht.

Wiederholt hatten Lion und Marta die US-Staatsbürgerschaft beantragt, doch eine Entscheidung wurde immer wieder verzögert. Als Anwalt vertrat sie in dieser Sache seit 1950 Milton S. Koblitz. Lion hatte die Vorstellung, er könne die eine Hälfte des Jahres in den USA und die andere in Deutschland leben. Doch er hat die Vereinigten Staaten nie mehr verlassen, denn er befürchtete, dass man ihn nicht wieder ins Land hineinließe, wie Chaplin nach 1952. Er war frei und doch gefangen im goldenen Käfig seiner büchertapezierten Villa über dem Pazifik. Ein wenig Genugtuung erfuhr er, als im Februar 1952 sein Stück *Wahn oder Der Teufel in Boston* in Los Angeles aufgeführt wurde. Die Botschaft dieses Stücks über Hexenverfolgungen wurde sehr wohl verstanden von dem Publikum, darunter illustre Gäste wie Thomas Mann, Aldous Huxley, Christopher Isherwood.

Lions letztes Verhör im Zusammenhang mit der Einbürgerung fand am 20. Oktober 1958 statt, kurz nach einer schweren Operation und zwei Monate vor seinem Tod. Es war eine makabre, geradezu bühnenreife Sitzung, die Marta miterlebte. Man fragte ihn, warum er so viel in Ostdeutschland verlegt werde, wie gut und seit wann er Thomas Mann kenne, ob dieser ein Kommunist sei. Noch grotesker wurde es, als die FBI-Leute Lion nach seinen religiösen Überzeugungen fragten – wozu sie laut Verfassung kein Recht hatten. Gretchenfrage an einen Todgeweihten: »Herr Feuchtwanger, glauben Sie an Gott?« –»*Gott* ist ein so vieldeutiges Wort, dass ich nicht ja sagen kann. An einen persönlichen Gott glaube ich nicht. Ich glaube an den Gott der Unitarier, an den Gott von Spinoza, der in allen Dingen ist, und ich glaube, dass die Welt einen Sinn hat.« Es gäbe verschiedene Richtungen im Judentum, alle nähmen die Existenz eines übernatürliches Wesens an. Deshalb hätten sie auch Spinoza verbannt. »Ich bin für Spinoza. Ich bin für Einstein.« Und dann versuchte er, ihnen Spinoza zu erklären. – »Und was halten Sie von der Eidesformel ›So help me God‹?« – »Als Schriftsteller halte ich solch einen Satz für unglücklich, denn es ist meine Pflicht, nichts zu sagen oder zu schreiben, woran ich nicht glaube.« – »Könnten Sie denn einen Eid ablegen mit der Formel ›So help me God‹?« – »Ja, schon, ich weiß ja, was er bedeutet, auch wenn ich das als Autor besser formulieren würde.« – »Haben Sie noch etwas zu sagen?« – »Ich war nie politisch aktiv, weder früher noch jetzt, alles was ich zu sagen hatte, habe ich in meinen Büchern gesagt. Ich fühle mich als Historiker, nicht als Politiker.«

Auch die Todesursache von Lion vermerkte das FBI genau: Er starb am 21. 12. 1958 im Mount Sinai Hospital, 8720 Beverly Boulevard, Los Angeles, der Todesschein hat die Nummer 23929. Sein hinterlassenes Vermögen wurde auf $ 22,661.28 geschätzt. Der Tote vermache alles seiner Frau, das Testament sei in London hinterlegt. Aber das stand auch in der Zeitung, dazu brauchte man kein FBI!

Am Tag nach Lions Tod rief ein Beamter der Einwanderungsbehörde bei Marta an und teilte ihr bedauernd mit, man habe gerade seinen Antrag genehmigen wollen; bei ihr sei es in einem Monat so weit. Marta war wütend, wollte sich nun nicht mehr einbürgern lassen, fand das alles grausam und sinnlos, aber dann besann sie sich anders. Am 30. Januar 1959 wurde sie in Gegenwart von zwei Zeugen angehört, Hilde Waldo und ihrem Anwalt. Als man sie fragte: »Are you for communism?«, antwortete sie zornig: »Yes!« Der Richter wies seine Sekretärin an, das nicht ins Protokoll aufzunehmen. Marta wurde vereidigt und war nun Bürgerin der Vereinigten Staaten von Amerika. Sie war froh, einen amerikanischen Pass zu haben, das war doch sehr praktisch. »Ich bin dankbar, dass ich ihn habe, dankbar auch, dass ich ins Land durfte, gerettet wurde, aber ich bin dadurch keine andere Person geworden. Ich war zu lange eine Deutsche. Später habe ich Amerika lieben gelernt. Die amerikanischen Regierungen mochte ich nicht immer, aber ich liebe die Menschen hier, weil sie umgänglich sind. In Deutschland ist jeder Nachbar dein Feind.« So sah sie die Sache Jahre später. Amerika habe sie verstanden, als ein Verkäufer auf ihren Scheck schaute, den Namen Feuchtwanger las und sagte: »Good to have you here, folks.« Diese Art demokratische Gleichheit und Lockerheit gefiel ihr. Allerdings passten sich nicht alle Emigranten so an wie sie, wie schon in Frankreich gab es auch die »Bei-uns-Leute«, die dauernd Kritik an den Usancen des Gastlandes übten und daheim in Deutschland alles besser geregelt fanden – abgesehen davon, dass sie dort nicht mehr gelitten waren. In Amerika sei die soziale Mischung bunter, hier habe sie sich schneller zu Hause gefühlt als in Frankreich, sagte Marta. Dort fühle man sich wie in einem Kurort, auch nach sieben Jahren noch als Gast aus der Fremde, den man sehr förmlich behandelt.

Bis ins Jahr 1957 war Lion trotz gelegentlicher Beschwerden gut in Form. Aber im Jahr 1958 ging es rapide abwärts mit ihm. Er musste operiert werden, eine Niere wurde entfernt. Dass er an Krebs litt, der auch Leber und Milz angriff, hat man ihm wohl nie gesagt. Er dachte, es sei sein altes Magenleiden. Als er ein zweites Mal operiert wurde und eine Bluttransfusion erhielt, glaubte er danach, er sei bereits gestorben. Die tägliche Gymnastik stellte er auf Martas Rat hin ein. Ein Brief an Eva van Hoboken vom 10. Dezember klang trotz der beruhigenden Auskünfte schon nach letzten Worten. Es drohe auf Monate keine Gefahr mehr, den Plan eines Romans über Simón Bolívar habe er aufgegeben. Der Verzicht bedeute Geldverlust, aber auch die Erleichterung, nicht mehr unter dem Druck eines Verlagsvertrages zu stehen. Die Geschichte des Befreiers blieb ungeschrieben.

Nach mehreren Bluttransfusionen und Cortisonspritzen fühlte er sich zwar noch geistig frisch, ermüdete aber schnell. Wenn er nicht durch Martas Garten spazierte, nahm er sich Zeit, seine Bibliothek neu zu ordnen. Es wurde seine letzte Tätigkeit. Am Nachmittag des 20. Dezember 1958 wollte er sich nicht wie sonst im Garten ausruhen: »Heute werde ich nicht an die Sonne gehen, ich lege mich ins Bett. Vielleicht kann ich etwas schlafen, denn ich möchte hinterher arbeiten.« Marta saß unten, hörte plötzlich einen Plumps. Sie rannte nach oben: Lion lag neben dem Bett und hatte eine Magenblutung. Das kannte sie ja; nicht bewegen, bequem am Boden liegen bleiben, riet sie ihm und legte eine Decke über ihn. Sie gab ihm Eiswürfel zu lutschen, das half meistens.

Es war Samstag, Lions Hausarzt Erich Wolff weilte in Palm Springs. Erst nach vielen Telefonaten konnte Marta einen Arzt aus Pacific Palisades erreichen, der zur Villa kam und riet, Lion sofort ins Hospital bringen zu lassen. Marta durfte im Krankenwagen neben ihm sitzen. Er wurde ins Mount Sinai Hospital in Beverly Hills eingeliefert. Es hieß, es sei noch eine Operation nötig, aber Marta bat, darauf zu verzichten, er sei zu schwach. Lion sagte zu ihr: »Leg deine Hand auf meinen Magen.« Wenn sie das tat, fühlte er sich besser. Schließlich gab man ihm etwas Wasser mit Milch. Nach einer Bluttransfusion schien er sich zu erholen und sagte: »Ich nehme die Sache nicht zu ernst, werde Mittwoch wieder zu Hause sein.« Den nächsten Tag schildert Hilde Waldo in einem Brief an Lou Eisler: »Am Sonntag früh fühlte er sich noch besser, schlief eine kurze Zeit, wachte etwa um 12 Uhr auf, fühlte Übelkeit, und dann kam die zweite Blutung, auch innerlich, gegen die die Ärzte selbst mit vierfacher Bluttransfusion [nicht] aufkommen konnten. Sie kämpften Stunde um Stunde. Feuchtwanger starb um 5 Uhr 30.« Es war Sonntag, der 21. Dezember 1958.

Am Tag nach Lions Tod ließ sich Marta vor ihrem Haus fotografieren; sie schaute zu seinem Arbeitszimmer hinauf, wie sie ein Leben lang zu ihm aufgeschaut hatte. In ihrem Garten standen die Rosen in voller Blüte, auf den Rasenstücken bildeten die vielen Blumen einen bunten Teppich. Beigesetzt wurde Lion auf dem Woodlawn-Friedhof in Santa Monica, unweit des Grabes von Heinrich Mann. Es gab eine kleine Feier, bei der ein Mozartquartett gespielt wurde. Es waren viele Freunde erschienen, auch Kollegen und Vertreter jüdischer Organisationen, dazu viele Unbekannte. Max Nussbaum sprach, aber als Freund, nicht als Rabbiner, ferner Stephen Fritschman von den Unitariern, die sein sicheres Ankommen in Amerika gewährleistet hatten. Auch im Amtsblatt der fränkischen Stadt Feuchtwangen erschien ein ausführlicher Nachruf.

Tagelang wollte Marta niemanden sehen, mochte sich auch nicht mehr im Garten aufhalten. Selbst im leeren Haus wurde es ihr zu eng. Lieber ging sie hügelan, aber einmal sackte die rötliche Erde unter ihren Füßen weg, sie strauchelte, glitt nur ein kleines Stück hinab, spürte aber, dass sie am liebsten weiter und weiter in die Tiefe gerutscht wäre. Sie blieb einen Augenblick liegen, stand dann auf, ging zum Ozean und schwamm, bis sie müde war.

Prophet und Spieler

> »Sie betreiben Ihre Dinge intensiv [...]: Aufrührer,
> Soldat, Agitator, Priester, Büßer, Hurer, Prophet.«
>
> L. F., *Der jüdische Krieg*

Im Hause Mann ging es zuweilen lustig zu. Welchem
Schriftsteller die Palme der Minderwertigkeit zu reichen sei,
hieß das Spiel. Wenn die Namen Feuchtwanger oder Werfel
fielen, freute es den Papa Nobelpreisträger. »Feuchtwanger«, scherzte Thomas Mann, »nie war ein Name namhafter
und unaussprechlicher.« Ja, der hatte gut lachen, der hatte
Glück mit seinem Namen, selbst im Sprachexil. Und wie
sprechen die Amerikaner oder Engländer diesen Namen
aus? »They simply can't do it«, sagt einer, der ihn trägt und
in England lebt. Will heißen: irgendwie. Nach dem Misserfolg seines Theatererstlings *König Saul* (1905) riet ein
Onkel, Lion möge sich in Zukunft unter einem Pseudonym
blamieren. Dabei sollte er ihren Namen in ungeheure
Höhen tragen.

Es gibt keinen Grund, sich über Lion Feuchtwanger zu
mokieren. Er war in seiner Zeit einer der wenigen deutschsprachigen Autoren von Weltrang, was Ansehen und Erfolg
betraf, insbesondere in der angelsächsischen Welt. Drei
Dinge machen sein Werk weiterhin bedeutsam: die engagierte Zeitgenossenschaft des Autors; die Widerspiegelung
jüdischer Existenzen im Zeitalter der Katastrophe; die blei-
bende Aktualität, etwa im Roman *Die Jüdin von Toledo*,
einer zeitlosen Parabel über das Mit- und Gegeneinander
der Kulturen und Religionen. Gleichwohl konnte und kann
man an der Persönlichkeit Lion Feuchtwangers wie an seinen politischen Ansichten auf mancherlei Weise Anstoß
nehmen. Doch wenn man versucht ist, an ihm zu verzwei-
feln, genügt der Blick in sein Werk, das gerade aus biogra-

phischer Perspektive an Substanz gewinnt. Seine Erzähl-
weise ist sachlich, direkt, unterhaltsam; er experimentiert
nur selten mit der Form. Sein kompakter, temporeicher Stil
wird nur hier und da getrübt durch Archaismen, durch
Partizipialkonstruktionen wie aus dem Lateinunterricht,
durch zu viele Zitate aus seinem Bildungsfundus, durch un-
zulängliche Verseinschübe. Lion Feuchtwanger hat nicht
nur effektvolle historische Romane geschaffen und kritische
Zeitmomente grandios eingefangen, er hat vor allem versucht, die Emanzipation der deutschen Juden zu vollenden
– als Autor und als Schöpfer von Figuren. Doch seine
Epoche zwang ihn, der Passion des jüdischen Volkes neue
Kapitel hinzuzufügen.

Der Schriftsteller ist nicht da, um seinen Zeitgenossen zu
schmeicheln. Er muss ein nützliches Ärgernis bleiben, denn
nur Widerspruch fördert die Erkenntnis. Ästhetisches Vergnügen ist dabei nicht ausgeschlossen. Lion Feuchtwanger
war und ist eine Provokation, eine Herausforderung. Schon
die Geschichte seiner Buchtitel zeigt, dass er leicht miss-
deutet werden konnte – von *Jud Süß* über *Der jüdische Krieg*
bis *Waffen für Amerika*. An der Person des Autors befrem-
det die Fieberhaftigkeit und große Überspanntheit, die per-
manente Erregung, in der er gelebt hat, doch sie war die
Voraussetzung seines Gespürs für Zeitströmungen. Er war
ein lebender Seismograph. Was im Privatleben als Untugend
erscheinen mag, machte ihn groß als Autor, war die Voraussetzung seines Erzählens und die Quelle seines prophe-
tischen Elementes. Der Autor von *Erfolg* und *Die Geschwister Oppermann* hatte schon verstanden, worauf die deutsche
Entwicklung hinauslief, auch wenn er im politischen Urteil
als Bürger hinter seinen Einsichten zurückblieb, sowohl in
seiner Einschätzung von Hitler, den er als Münchner Hans-
wurst erlebt hatte und nicht wirklich ernst nahm, wie auch
von Stalin, der ihn leicht blenden konnte. Den Hitlerismus
kennzeichnete er als »organisierten Sadismus, das raffiniert
ausgeklügelte System von Demütigungen, die bürokrati-

sierte Zerschlagung der Menschenwürde«; dass für den Stalinismus ein Gleiches galt, konnte er nicht denken. Die Vulgärsprache in seinem Tagebuch mag schockieren, aber sie weiß nichts von seinem Werk, so wie Mozarts Briefe nichts von dessen Musik wissen. Sein Geschichtsbewusstsein, das auf einer profunden Bildung gründete, paarte sich mit moderner Nervosität.

Lions Mutter kam einmal zu Marta und fragte, warum ihr Sohn immerzu über jüdische Themen schreibe. Weil er darin sich selbst und seine gesellschaftliche Situation spiegeln konnte, lautet die Antwort auf diese gute Frage. Dabei musste er nicht beschönigen oder idealisieren, er konnte seine Figuren um der Deutlichkeit willen zum Extrem treiben, wie es ein Romancier tun muss. Ihm deshalb Selbsthass zu unterstellen oder gar antisemitische Wirkung, wie es manche Kritiker taten, heißt ihn völlig verkennen. Niemals hat er seine jüdischen Figuren (ob archaisch, historisch oder zeitgenössisch) verklärt, um irgendwelche Vorurteile zu widerlegen. Er schildert sie in ihrer Vielfalt und Widersprüchlichkeit, genau und gerecht und mit liebevoller Einfühlung.

Nachdem er *Jud Süß* geschrieben hatte, wurde ihm selbst bewusst, was seine Figuren umtreibt: Macht, Geltungsbewusstsein, schrankenlose individuelle Entfaltung, der »Trieb des Menschen«. Über Josef Süß heißt es im Roman, es brannte in ihm: »Mehr Geld, mehr Länder, mehr Frauen.« Streben nach Macht und Liebe als Methode der Integration in eine Gesellschaft, die ihn nie akzeptierte, um ebendiese Ablehnung zu überspielen, was misslingen musste. So sind seine Helden gebrochene Gestalten und leicht zu erschüttern, trifft man ihre wunden Stellen. Dann tritt an die Stelle des Machtrausches der Sog des Nirwana. »Mit einem matten Verlangen wünscht sie nur eines: immer so bleiben, immer so dahindämmern in den brütenden Sommer, schlaff, still verdunsten, wie das besonnte Wasser«, heißt es von der Herzogin Maultasch. Am Ende sind es Geschichten misslingender Verwandlung; Flavius Josephus ist zuletzt weder Römer noch Jude, und die Welt verlangt eindeutige Zugehörigkeit, klare Identität. Feuchtwanger aber wollte, wie seine Figuren, sich als Weltbürger aus allen auferlegten Bestimmungen lösen. Aber welches wäre die »Heimat« eines jüdischen Intellektuellen aus dem München der ersten Hälfte des 20. Jahrhunderts? Die letzte Geschichte, die Lion Feuchtwanger erzählt, ist ein Stück aus der Bibel, die Geschichte des Richters Jefta, der seine Tochter dem unsichtbaren Gott opfert und später eine neue, gerechte, friedliche und gläubige Gesellschaft errichtet. Diese Gotteserfindung und Staatsgründung kann als Verteidigung des Judentums und des jüdischen Selbstbewusstseins und letztlich auch des Staates Israel gelesen werden, als Erfüllung einer utopischen Hoffnung, eines bewahrten Glaubens, um den Preis unsagbarer Opfer.

Lions Heimat und sein ganz eigener geistiger Raum waren die von Marta eingerichteten Häuser und Gärten. Vor allem auf diesem Wege hat sie sein Leben verändert. Ohne sie wäre er im Dunstkreis des Hofbräuhauses geblieben, eine Dilettantenfigur wie manche seiner Romanhelden, aber keiner, der Geschmack an der Freiheit hat, der Welt etwas entgegensetzen kann, sich auf die Herausforderungen seiner Zeit einlässt und mit jedem Werk sein Leben aufs Spiel setzt. An diesem großen Abenteuer hatte Marta ihren Anteil, auf dieser gefahrvollen Lebensreise war sie seine Partnerin, als Hilfe und als Widerpart.

Allerdings muss man zugeben: An ihm war nichts Romantisches, auch nichts Verführerisches. Er war etwa 165 Zentimeter groß, wog um die 65 Kilo, hatte dichtes dunkelblondes gewelltes Haar, hatte lange Zeit ein eher kindliches Gesicht und war stark kurzsichtig. Mit den Jahren wurde sein Gesicht faltig, seine Stimme klang sehr hell, wurde oft als unangenehm empfunden. Er selbst sprach von seiner kindischen Befangenheit und Unbeholfenheit. Hinter solchen Äußerungen steckt auch der Unwille, sich zu verändern, denn seiner Schwächen war er sich wohl bewusst. Nichts an seiner Person blendete oder bestach, sein Gehabe war zittrig, unsicher, unscheinbar. Aber er behauptete die größtmögliche Freiheit und Unabhängigkeit, er war ein Bündel an Energie und Willen, und diese Intensität verblüffte und überzeugte, im forschen Reden wie im Schreiben. Für alle »Anklagepunkte« gegen ihn lieferte er selbst die Argumente. Mit Pascal hätte er sagen können: Das Ich ist hassenswert. Es muss überwunden werden. Er überwand es im Schoß der Frauen.

Sein Leben war eine sonderbare Mischung aus Kampf und Genuss. Und ein Wanderleben. Ein jüdisches Schicksal – wenn man denn wüsste, was das ist. Für ihn waren die Juden das erste Volk, das Geschichte schrieb. Das Volk des Buches und der Bücher, der erinnerten und bedachten Geschichte. In dieser Tradition steht auch sein Werk. Hatte er noch in *Der tönerne Gott* und in *Erfolg* versucht, jüdische Normalität zu zeigen, so schilderte er schon 1933 in *Die Geschwister Oppermann* das Ende der Assimilation und Integration. »Ihre Heimat, ihr Deutschland, hat sich als Betrügerin erwiesen.« Ohne Lion Feuchtwangers Werk zu kennen, kann man nichts Gültiges über Leben und Denken und Tragik der deutschen Judenheit vor und nach 1933 sagen. Dazu muss man den ersten Band der Josephus-Trilogie lesen, *Der jüdische Krieg*, das er laut Marta für sein wichtigstes Buch hielt. Dieses letzte Nachdenken über jüdische Fragen vor der Katastrophe ist mehr als ein historischer Roman, es ist eine Metapher für jüdisches Leben im »römischen« Europa überhaupt, mitsamt Visionen des Untergangs.

Erstaunlich ist dabei, wie eindringlich er Tradition und Gläubigkeit seiner Gestalten schildert. Er hat eine klare Vorstellung über die Funktion von Religion in verschiedenen Epochen. Aber war er selbst so frei von religiösen Einflüssen, wie er von sich behauptete? Lions Neffe Edgar Feuchtwanger schrieb in einem Brief an Marta: »Die Beziehung Lions wie überhaupt der intellektuellen Feuchtwangers zu ihrem orthodox-jüdischen Familienhintergrund war natürlich aus Hass und Liebe gemischt. Auf der einen Seite revoltierten sie gegen die Enge der Orthodoxie, und das verquickte sich mit ihrem radikalen Gegensatz zur ganzen bürgerlichen Gesellschaft. Auf der anderen Seite blieb das Jüdische in ihnen etwas so Starkes, dass es in späteren Jahren die agnostische Grundeinstellung manchmal durchkreuzte.«

Bis 1933 stand Lion dem Zionismus skeptisch gegenüber, und er hatte sich schon früh vom observanten Leben abgewandt, aber das Schicksal der Juden war ihm ein zentrales Anliegen. Sieben seiner fünfzehn Romane haben ein jüdisches Thema. 1942 schrieb er: Mit der Emanzipation schwand das Bewusstsein, immer in Gefahr zu sein. Lion glaubte aber auch, ein großer Autor müsse als gesellschaftliche Macht auftreten, wie einst Voltaire, der mit Monarchen korrespondierte; aber der war auch Skeptiker und Spötter. In dem Sinne war Lion Feuchtwanger eine Großmacht, auf seine Art ein Souverän, der noch aus seiner Isolierung heraus die Massen bewegte, eigentlich ein Wunder. Der in den ersten Wochen des Exils schnell geschriebene Roman *Die Geschwister Oppermann* stand bereits ein Jahr später auf den amerikanischen Bestsellerlisten.

In der Zeit des erzwungenen Nachdenkens im Lager von Les Milles ging ihm auf, dass er kein aktiver Mensch und an Politik eigentlich nicht interessiert sei. Auch zu demonstrativen Engagements und öffentlichen Auftritten tauge er nicht. Andererseits war es nach 1933 besonders schwierig, untätig zu bleiben. Was er eigentlich war, wurde durch ein neues Vorhaben definiert, das er Anfang September 1940 in Marseille unter den noch zu schreibenden Romanen und Drehbüchern festhielt: »Der letzte Individualist.« Dies war nicht nur die Idee zu einer Autobiographie, die nie zustande kam, es war eine Selbstdefinition, mit der er seine Lebensweise rechtfertigte. Sein radikaler Individualismus färbte auf Marta ab, prägte auch ihr Dasein, nur ohne seine Exzesse. Seine Ungebundenheit bedingte auch ihre Freiheit. Keine vorbestimmte Identität, kein Rollenbild (und ihre Zeit hatte einige davon im Angebot) zwang sie in ein Muster.

Lion war ein radikaler Selbst-Mensch, keinem gesellschaftlichen Zwang hätte er sich unterordnen können. Seine prosowjetischen Sympathien waren vielleicht nur das verschobene Bewusstsein davon, dass es ihm in persönlicher Hinsicht an Selbstkontrolle fehlte. Da viel Irrationales in seine politische Haltung einfloss, kann man sich auch vorstellen, dass die strenge Realität des fernen und fremden Regimes bei diesem Trieb- und Lustmenschen eine Art Wiederkehr der verdrängten Welt seiner Kindheit war, der regelgeleiteten und traditionsverhafteten Welt der jüdischen Orthodoxie, als inneres und äußeres Gegenwicht zur tatsächlichen Anarchie seines Lebens.

»Deutschland, in seinen entscheidenden Stunden, hatte einen Narren zum Führer gehabt.« Das steht schon in *Erfolg* 1930. Lion hat vieles vorweggenommen, was sich erst noch bestätigen oder ereignen sollte, auch in seinem Privatleben. So lässt er seinen Helden Dr. Geyer schon lange vor 1930 Zuflucht in einem Fischerdorf an der Côte d'Azur suchen, während sein Alter Ego Jacques Tüverlin einen Filmauftrag erhält. Noch deutlicher ist die prophetische Dimension, wenn man auf *Der tönerne Gott* schaut. Viele Motive, Figuren, Orte, die später in seinem Leben eine Rolle spielten, sind hier vorweggenommen, auch ein totes Kind, das in fremder Erde bestattet wird – zwei Jahre vor Marianne. Formuliert ist auch ein Frauenideal, das man als ein Bild von Marta sehen mag, die er noch gar nicht kannte: »Lotte empfing [Heinrich] mit heiterer, vertrauter Herzlichkeit. Sie hatte sich mit größtem Gleichmut in die neue Lage gefügt. [...] Als das Unglück hereinbrach, hatte sie ohne viele Worte [...] ihren Schmuck und ihre kostbare Garderobe veräußert, um seiner Not beizusteuern.« Nun bewähren sich ihre »bürgerlich hausfraulichen Tugenden«. Und »seinem Unmut, seinen Launen, seiner Tyrannei begegnete sie mit heiter glättender Gelassenheit; mit größter Gewissenhaftigkeit sorgte sie, dass ihm jede nur mögliche Bequemlichkeit bereitet war [...], und lächelnd und mit Scherzen nahm sie die Vorwürfe hin, die er ihrer Einfachheit machte.« Lotte liebte Heinrichs Morbidität und Verspieltheit. »Diese animalisch sicheren, in sich ruhenden, geschlossenen Frauen verlangten ja nach einem Menschen, dem sie sich opfern könnten, nach einem blassen, verzärtelten Selbstsüchtling, ihn zu warten und zu umsorgen.« Es liest sich wie eine vorweggenommene Karikatur seines Verhältnisses zu Marta, wobei man den selbstironischen Ton nicht übersehen sollte. Auch die Figur der Anna in diesem Roman hat Züge von Marta: »Hier war ein Weib, das er wahllos genommen, von irgendeinem Zufall, einer Laune geleitet. [...] Und nun reckte sich diese Frau des Zufalls, die er immer nur als eine willkommene Beigabe, als eine verwertbare Statistin seines Lebens betrachtet hatte, zu einem singulären Menschen empor, dem [...] keine Alltagsbeleuchtung anstand.« Dieses Bild vorausgesetzt, war die reale Marta dann keine »Frau des Zufalls«.

An einem Vorhaben ist er gescheitert: Er hat aus Marta keinen literarischen Mythos gemacht. Mehr als einmal hat er versucht, einen Roman über sie zu schreiben; einzelnen Frauengestalten hat er ihre Züge verliehen, aber ein fiktives Porträt im Ganzen gelang ihm nicht. Er konnte mich nicht objektiv sehen, sagte Marta zu dieser Frage. Lion habe auch gemeint, sie sei zu kompliziert, um eine einzige Figur aus ihr zu machen. Als er an dem Roman *Erfolg* arbeitete und sie aus dem Winterurlaub nach Berlin zurückkam, gab er ihr ein Manuskript und sagte: »Das habe ich Dir zu Ehren geschrieben.« Der Heldin Johanna Krain war ein ganzes Ski-Kapitel gewidmet. Marta fühlte sich geschmeichelt, aber nachdem er es ihr vorgelesen hatte, musste sie ihm sagen: »Es ist nicht gut. Du hast keine Ahnung vom Skifahren. Außerdem ist es zu gewöhnlich. Über Berge kann doch jeder schreiben. Es passt auch nicht in die Geschichte, ist zu aufgesetzt.« Dieser Ratschlag habe sie Überwindung gekostet. Er ließ sich überzeugen und nahm es wieder heraus. Ein kleiner Rest des Versuchs überlebte im Kapitel »Ein Brief im Schnee«. Marta bremste auch Lions Drang, zu viele Figuren einzuführen, und sie hielt ihn davon ab, Menschen, über die er sich geärgert hatte, zu verewigen, und er neigte durchaus zu dieser Form der literarischen Rache.

In einem Brief an Ingrid Zwerenz schrieb Marta am 23. August 1981: »Vielleicht interessiert es Sie, dass L. F. oft sagte, er könne mich nicht in seinen Büchern gestalten, weil ich ihm zu nahe stehe. Aber er hat oft angedeutet, dass gerade im *Josephus* alle Frauen Züge von mir tragen. Und als ich den schweren Autounfall im Jahre 1933 in Sanary hatte, und die Gefahr bestand, dass man mir das linke Bein abnehmen müsse, machte er sich – der sonst nie abergläubisch war – Vorwürfe, dass er bei der Schilderung der Königin Berenike, bei ihrem Gang, wie sie die Treppen herunterschreitet, an mich gedacht habe. [...] Auch die beiden andern Frauen tragen Züge von mir. Er schilderte Dorion, Josephus' zweite Frau, nach meinem Aussehen. Vor allem ihren Eidechsenkopf. Aber am meisten dachte L. F. an mich, als er Mara, die erste Frau beschrieb, wenn sie Josephus berät, ja viel Salat zu essen. Ich sehe noch heute, wie er schmunzelte, als er mir die Stelle vorlas. Ansonsten meine Hartnäckigkeit, der es gelang, L. F. zweimal aus der Gefangenschaft zu befreien, gibt der Johanna in *Erfolg* den Antrieb. Obwohl ich mich mit dieser Figur am wenigsten decke.« Mara in *Der Jüdische Krieg* spricht nicht von Salat, sie rät Josef, keinen Palmkohl zu essen. Dorion hingegen, mädchenhaft und von wilder Anmut, deren Vater ein Maler und Judenfeind ist, dürfte nach Eva Boy gestaltet sein.

Die Frage, ob sie das Vorbild der unglücklichen Anna Trautwein aus *Exil* war, verneinte Marta im Interview von 1975 heftig. Sie habe wenig mit ihr zu tun, das sei nicht autobiographisch. Als Vorbild des Komponisten Trautwein hatte wohl der Statistiker und Pazifist Emil Julius Gumbel gedient, dessen Frau im Pariser Exil an Krebs starb. Lola Sernau hingegen war überzeugt, dass Lion mit dieser Gestalt auch Marta gemeint hatte. Als sich Anna (mit dem Gas des Küchenherdes) das Leben nimmt, heißt es: »Fast wollüstig merkte sie, wie ihre Energie zusammenbricht. Es war eine künstliche Fassade, und was dahinter ist, das ist eine Frau, hilflos, keiner Anstrengung mehr fähig, weinend, verströmend.« Marta war genau das Gegenteil, sie neigte nicht zu Resignation. Eher passt schon auf sie, was Lion seinen verwitweten Helden im Nachruf über Anna denken lässt, als er all dessen gewahr wird, »was sie für ihn getan hat, ihre ewig große Liebe und ihre tägliche kleine Fürsorge, und was sie alles für ihn gelassen, wie sie sich ganz für ihn aufgegeben hat«.

In seinen Josephus-Roman hat Lion manch Bekenntnis eingeflochten, in den dritten Band (*Der Tag wird kommen*, geschrieben in den kritischen Monaten 1940) sogar eine kurze Geschichte seiner Ehe: » […] sie leben nun seit fünfundzwanzig Jahren mit kurzen Unterbrechungen zusammen, sie ist schwieriger geworden während dieser Zeit, er gibt gerne zu, dass er es ihr auch manchmal sehr schwer gemacht hat. Es hat sehr lange gedauert, ehe die blinde Verehrung schmolz, mit der sie an ihm hing, und früher hätte er oft gewünscht, dass sie selbständiger denken lerne, auch über ihn. Nun freilich, […] da sie seine Schwächen […] durchschaut, wäre es ihm lieber, es wäre wie zuvor.«

Feuchtwangers Frauenfiguren sind zumeist beherzt, zupackend, energisch, von erfrischender Vernünftigkeit; oft sind es unabhängige Frauen, sehr selbständig im Handeln und Status. So ließe sich Lions Werk durchgehen auf biographische Reflexe seiner diversen Geliebten in seinen Frauenfiguren, insbesondere der Roman *Goya*, das erotische Fazit seines Lebens. Aber die reale Gestalt von Marta Feuchtwanger überragt all diese Bilder. Sie lebte in der Sonne und nicht im Schatten seines Ruhms. Sie wurde ein unverzichtbarer Teil seines Lebensarrangements, sie war nicht nur Partnerin, sondern Teil der Firma. Sie war da, eine sanfte Gewohnheit, eine zuverlässige Seele, eine Frau. Und doch war es für sie eine tägliche Zumutung, für die es keine Kompensation gab oder erst nach seinem Tod. »Ich war seine Heimat«, sagte sie selbst. »Mich konnte er mit sich nehmen. Mit mir war er in der Wirklichkeit, und zugleich jenseits der Zeit.« – Und die vielen Affären? Lion habe stets gesagt: »Mach dir keine Gedanken, du bist die Einzige.« Er wiederholte es noch in seinen letzten Tagen: »Weißt du denn nicht, was zwischen uns ist?«

Partylöwin

>Sein Buch wird ihr den Platz und Rang unter den
Herrschenden verschaffen.«

L. F., *Der jüdische Krieg*

»Heute habe ich von Lion geträumt. Ich hörte Musik auf
der Straße neben dem Eingangstor. Rotes Licht schien
durch die Bäume und Sträucher. Leute tanzten. Eine Tür fiel
zu. Es wurde dunkel und still. Ich rief leise, verschlafen:
Lion, bist du's? […] Ich stand auf und öffnete meine Türe.
Da sah ich Lion aus seinem Arbeitszimmer kommen. Er
stand auf der oberen von zwei Stufen. Ich lief zu ihm, rief
angstvoll: Lion! Ich küsste seine Hände, sie waren sehr
schwach und sehr weiß. Dann wachte ich auf.« Diesen
Traum notierte Marta auf einem roten Zettel, vermutlich
zwei Wochen nach seinem Tod. Die Sorge für Lion hörte
auf, die Verbundenheit blieb, das Leben ging weiter.

»Ich wundere mich heute, wie lange ich geglaubt habe, dass
Männer begabter seien«, gestand Marta Feuchtwanger in
einem ihrer letzten Interviews. Diese Einstellung hat sicher
auch ihr Leben mit Lion bestimmt. Nach seinem Tod aber
zeigte sich, dass sie auch ohne ihn bestehen konnte.

Sie sei keine Feministin, heißt es in Notizen für eine Stellungnahme zur Abtreibungsfrage. Sie habe nämlich ihr ganzes Leben in dem Glauben verbracht, dass Männer in vielerlei Hinsicht überlegen seien, vor allem intellektuell und
körperlich. Sie habe sich aber dennoch niemals minderwer-
tig gefühlt, sondern immer geglaubt: Es lebe der Unterschied! Allerdings sei sie stets vom Recht auf den eigenen
Körper überzeugt gewesen. Abtreibung sei ein minderes
Vergehen als die lieblose Aufzucht von Kindern. Die Frage
sei aber komplex, mit vielem Pro und Contra. Jede Frau

müsse ihre eigene Wahl treffen. In der Zeit um 1947 habe sie einer Freundin nach einer missglückten (und verbotenen) Abtreibung geholfen, fuhr sie blutend ins Krankenhaus. Auch in Sanary hatte sie einer Frau geholfen. In Los Angeles gebe es verdächtig viele »Blinddarmentzündungen«. Selbst noch einmal Kinder zu haben sei nach dem Verlust ihrer Tochter nie in Frage gekommen. Es wäre eine zu große Verantwortung gewesen, und sie musste sich ja vor allem um Lion kümmern. Sie hätte das Thema aber nie mit ihm erörtert.

Fast fünfzig Jahre lang hatte sie Lion bemuttert, nun war sie, ohne ihn, die Erbin seines Ruhms und seine Stellvertreterin im Diesseits. Sie war von ihm abhängig gewesen, sein Erfolg, seine Geltung, seine internationalen Verbindungen hatten auch ihr Dasein bestimmt, dessen Rahmen und Niveau definiert. Aber sie hatte stets ihr eigenes Leben geführt, besaß ihre eigenen Kraftquellen. In der ersten Zeit nach seinem Tod hat sie das gemeinsame Haus eher gemieden, sie floh es geradezu, auch das eine gesunde Reaktion.

Zunächst war unklar, was mit der Villa, dem Nachlass und der Bibliothek geschehen sollte. In seinem Testament vom 22. September 1952, hinterlegt bei der Anwaltskanzlei Scudder & Forde, hieß es eindeutig: »I give, devise and bequeath all the property and estate of every kind and description [...] to my wife, Marta Loeffler Feuchtwanger.« Weitere Erben waren ausdrücklich ausgeschlossen. Hilde Waldo sollte noch achtzehn Monate nach seinem Tod ihr bisheriges Gehalt beziehen. In den schwierigen Monaten, die nun folgten, war sie eine effiziente Helferin, auch bei der Bearbeitung der englischen Textfassung für eine Aufführung des Stückes *Die Gesichter der Simone Machard* in New York, die noch von Lion begonnen worden war. Nachdem sie an einer Universität zur Bibliothekarin ausgebildet worden war, blieb sie in Martas Dienst bis an deren Lebensende.

Lions Schwestern meldeten sich in der Hoffnung, dass ihnen etwas von dem Erbe zufallen könnte. Martha (Medi) plädierte dafür, Bibliothek und Archiv nach Israel zu überführen, wo Lion eine große Leserschaft hatte. Franziska mochte nicht glauben, dass ihr berühmter Bruder nicht sehr reich gewesen war, nachdem ihr Hilde Waldo mitgeteilt hatte, dass er kein Vermögen angehäuft, keine Aktien und keine Lebensversicherung besessen hätte. Zu der Korrespondenz mit Verwandten, die nach Lions Tod einsetzte, gehörten auch die vielen Briefe, die Marta mit Walter Feuchtwanger tauschte, einem Vetter von Lion. Er war der Sohn von Sigbert Feuchtwanger, dem ersten Feuchtwanger überhaupt, den Marta kennengelernt hatte. Sigbert und dessen Bruder Igo waren Lion die liebsten Verwandten gewesen, schrieb Marta. Sein Sohn Walter, Jahrgang 1916, hatte noch eine Lehre in der J. L. Feuchtwanger Bank in München absolviert, den Krieg in Palästina überlebt und war später nach München zurückgekehrt, wo er die Tradition der Feuchtwanger-Bank wieder aufnahm, als Kunstmäzen wirkte und Oberbürgermeister Vogel bei der Planung der Olympischen Spiele half. Besonders in den 80er Jahren, als Marta auch in Deutschland eine bekannte Persönlichkeit wurde, intensivierte sich der Briefwechsel mit Walter, der ihr viel von dem Echo in der alten Heimat berichten konnte. Er vertrat sie auch, als im Jahr 1982 ein neu gegründetes Gymnasium in München nach Lion Feuchtwanger benannt wurde.

Im Laufe des Jahres 1959 fand sich eine Lösung für Villa und Bibliothek. Der Germanist Harold van Hofe vermittelte den Kontakt zur University of Southern California (USC). Es wurde vereinbart, dass Villa, Archiv und Buchbestand in den Besitz der USC übergingen, Marta Feuchtwanger auf Lebenszeit in der Villa wohnen bleiben sollte und als Kuratorin angestellt wurde, dafür sogar ein kleines Gehalt bezog, ihre erste und einzige bezahlte Arbeit überhaupt. Die Universität trug alle Kosten für Versicherung und Unterhalt des Hauses. Der wertvollste Teil der Büchersammlung (etwa 35000 Bände) wurde in die Doheny Library auf dem Universitätscampus überführt, wo ein Feuchtwanger-Archiv entstand, das auch Nachlässe anderer Emigranten aufnahm. An Medi Feuchtwanger schrieb Marta Ende Dezember

1959: »Es ist mir eine große Genugtuung, dass ich nicht gezwungen bin, das Haus zu verkaufen und die Bücher in alle Winde zu verschleudern, nur um die ungeheuren Steuern und Ausgaben bezahlen zu können.«

Resolut nahm sie Lions Erbe an, verwaltete mit der treuen Hilfe von Hilde Waldo den Nachlass, die Bibliothek, das Haus und empfing Besucher aus aller Welt. Höhepunkt der Besichtigungen, die stets auf den frühen Nachmittag gelegt wurden, war das von ihr mit großer Bestimmtheit gelenkte Eintauchen in Lions riesige Bücherwelt. Jeder Gast fühlte sich ganz persönlich geehrt, aber einige verstanden doch, dass dies für Marta alltägliche Routine war. Marta prägte das Bild Lions entscheidend mit, da sie sich auch um Verlagsdinge kümmerte, mit Germanisten und Journalisten aus aller Welt korrespondierte, zu literarischen und biographischen Fragen Stellung bezog. Sie verwaltete die Buch- und Filmrechte, ließ sich zu Symposien über Lions Werk oder das Exil einladen.

An den Leipziger Germanisten Hans Dahlke, um nur ein Beispiel zu nennen, schrieb sie noch im November 1983 über Lions Behandlung indischer Stoffe nach 1914: »Die Wirkung der indischen Weltanschauung auf L. F. war durch den Ersten Weltkrieg bestimmt, durch die tiefe Erschütterung, unter der er, der Pazifist, litt und deshalb einen Ausweg suchte. Der Anblick der jungen Männer, wie sie singend auf laubgeschmückten Leiterwagen zum Bahnhof gebracht wurden – in den sicheren Tod geschickt – hat sein ganzes damaliges Weltbild zerstört. L. F. wurde zum Moralisten in einer noch vom Fin de Siècle beherrschten Welt.«

Wenig erfreulich verlief ihr Versuch, den NS-Films *Jud Süß* verbieten zu lassen. Marta hat immer angenommen, der Film sei nach Lions Roman entstanden, was aber nicht zutraf. Erich Maria Remarque hatte ihr gesagt, dass der Film technisch und schauspielerisch gut gemacht sei – eben darum sei das Propagandastück so gefährlich. Angeblich hatte Regisseur Veit Harlan alle Kopien zerstört. Er lebte zuletzt in der Schweiz, wo dennoch Filmrollen auftauchten. Marta

361

erhielt in Pacific Palisades einen Brief: Gegen 100 000 Dollar könne sie alle Kopien erwerben, andernfalls würden sie nach Ägypten verkauft. Ihr Agent Felix Guggenheim riet ihr: Schreiben Sie, ohne Zusagen zu machen, wir wollen das genauer wissen. Sie schrieb und bat um mehr Details, doch kam keine Antwort mehr. Später tauchte in Stuttgart eine Kopie auf. Marta schrieb an die Bundesregierung: Man habe ihr versprochen, alle Kopien seien zerstört und der Film verboten, nun werde er aber doch verschiedentlich gezeigt. Ihr Vorstoß blieb ohne Erfolg. 1978 bemühte sich Continentalfilm (München) um die Rechte für eine Jud-Süß-Verfilmung, bot Marta hohe Summen an und prunkte mit Namen von Hollywood-Größen, die für die Hauptrolle und die Regie in Frage kämen, doch das Projekt verlief im Sande.

Bei einem Gedenkkonzert für Erich Wolfgang Korngold im Frühjahr 1958 begegnete Marta dem Komponisten Ernst Toch. 1941 hatte er Lion und sie zu seiner *housewarming party* eingeladen, aber damals war kein enger Kontakt entstanden. Nun freuten sie sich, einander wiederzusehen, und Marta sagte dem Komponisten, seine Musik sei ihr lieber als die von Korngold. Sie erinnerte sich: Ein paar Wochen vor Lions Tod stand sie in der Küche und bereitete ein leichtes Essen für ihn vor. Da rief er: »Lass alles liegen und komm zuhören!« Im Radio übertrug man ein Konzert mit Musik von Ernst Toch. Die Klänge gingen ihnen seltsam nahe, sie hatten plötzlich das Gefühl, in einem großen Moment der Klarheit und Eintracht ihr ganzes Leben zu spüren, vor allem Qual und Triumph der Jahre des Exils, genau wie es Lion mit der »Wartesaal-Sinfonie« in seinem Roman *Exil* ausgemalt hatte. Darüber ließ Marta das Steak in der Pfanne anbrennen.

Diese Erinnerung schwang mit in ihrer Freundschaft zu Ernst Toch und dessen Frau. Denn es wurde eine Freundschaft. Lilly Toch lud Marta immer wieder zu sich ein, was dieser guttat, zumal die Gesellschaft, das Essen und die Musik stets vorzüglich waren. Das brachte Marta zurück ins

Leben. Nun wurden die Musiker ihre Familie. Bei Tochs feierte Marta im Jahr 1961 ihren 70. Geburtstag. Später konnte sie helfen, dass Toch Ehrendoktor des Hebrew Union College wurde. Toch wollte eine Oper nach Lions Roman *Jeftas Tochter* schreiben, aber seine Krankheit erlaubte nur die Komposition einer Sinfonie mit Motiven aus der geplanten Oper (*Symphony No. 5. Jephta. Rhapsodic Poem. In Memory of Lion Feuchtwanger*). Ernst Toch starb 1964 im selben Krankenhaus-Zimmer wie Lion. Heute stehen eine Büste von Ernst Toch und sein Blüthner-Flügel im großen Salon der Villa Aurora.

Marta Feuchtwanger wurde Mitglied in einem Verein zur Förderung junger Musiker. In ihrer Schulzeit hatte sie durch Klavier- und Gesangsstunden eine gewisse musikalische Bildung erhalten. Einmal im Jahr besuchte sie die Schüleraufführung der *Zauberflöte* im Shrine-Auditorium. Sie war dann unter 6 000 jungen Zuhörern neben den Lehrern die einzige Erwachsene. Dirigiert hat dort jahrelang Carl Ebert, der in Malibu lebte und ein guter Freund wurde. Marta kannte auch den Dirigenten Mehli Mehta sowie dessen Sohn Zubin. Der Vater war dessen erster Lehrer und legte Wert darauf, dass man alles auswendig dirigiere, sonst sei man es nicht wert, vor einem Orchester zu stehen. All das hat Zubin Mehta später Marta erzählt, die allen seinen Konzerten in Los Angeles beiwohnte. Besondere Musikabende erlebte Marta bei Chester und Jon Lappen, die das Haus von Thomas und Katia Mann am Rodeo Drive erworben hatten. Jon Lappen war Bildhauerin und hat mehrere Statuetten von Marta geschaffen. Denn die machte nun Karriere als Modell. Einmal stand sie mehrere Stunden für eine Klasse von Amateur-Künstlern Modell und ließ sich dafür bezahlen. Das Stillsitzen machte ihr Spaß, sie konnte dabei ungestört nachdenken. Ihre Gage spendete sie für den Erhalt der Watts Towers, eines naiven Kunstwerks in einem südlichen Problemviertel von Los Angeles.

In Los Angeles erwachte die Alt-Münchner Feierlaune wieder, was nicht hieß, dass ihr Leben ein einziger Fasching war. Ihr Haus wurde zum Anziehungspunkt für Forscher und andere Neugierige, sie selbst zum Auskunftsbüro über Lions Werk. »Immer mehr Arbeit, immer mehr Besucher, immer mehr Partys«, klagte sie schon bald, aber es missfiel ihr nicht wirklich. Sie hatte nicht nur neue Funktionen, sie entwickelte auch einen neuen Stil. Sie hatte immer schon gerne Kleider mit hochstehendem Kragen, lange Schals oder Capes getragen, hatte auch mit intensiven Farbkontrasten gespielt. In Sanary und in den ersten Jahren in Amerika bevorzugte sie weiße, betont sportliche Kleidung. Nach 1960 und bis an ihr Lebensende kleidete sie sich chinesisch. Wie oft hatte man Lion als »Chinesen« verulkt (während sie eher ägyptisch wirkte) – sollte es eine subtile Form nachträglicher Identifikation gewesen sein?

Lions chinesische Freundin Eta Lee-Thoms ließ ihre Kleidung von einer Firma aus Hongkong liefern. Sie gab einige Kleider und Blusen an Marta weiter. Und auch andere Bekannte brachten ihr dann und wann Kleidungsstücke aus Hongkong mit. Während das einst tiefschwarze Haar weiß wurde, hüllte sich Marta in Schwarz, Gold und Silber. Bei feierlichen Anlässen trug sie gern ärmellose Umhänge, offen oder am Hals von einer Brosche gehalten, seidig schimmernd und mit dezenten Blumenmustern bedruckt. Das Haar streng nach hinten frisiert, von einem kleinen Knoten gehalten, ein waches, lächelndes Gesicht mit leicht verschatteten Augen, eine warme Stimme, die nie ihren bayerischen Akzent verlor – so hat sie sich allen eingeprägt. Die asiatischen Kostüme standen ihr großartig, sie liebte schöne Brokat- und Seidenstoffe, auch indische Saris, zu denen sie eine goldbestickte Jacke trug. Auf einer Abendgesellschaft soll ein junger indischer Arzt ihr gesagt haben: »Wonderful to meet somebody from home here so very far!« Woraufhin Marta trocken zurückfragte: »Are you also from Bavaria?« Eine Variante dieser Anekdote spielt in Farmer's Market und der Gesprächspartner ist ein Indianer, der sie für eine Verwandte hält. Dazu passt wiederum, dass eine Studentin, die kurz zuvor die Villa besucht hatte, ein Foto von Marta an einen Indianerstamm schickte und behauptete, dies sei ihre Großmutter. Mit diesem »Abstammungsbeleg« durfte sie Feldstudien im Reservat jenes Stammes durchführen. Eine Squaw am Pazifik, das war die letzte exotische Inkarnation der Marta Feuchtwanger aus Schwabing.

Martas Präsenz strahlte in die Stadtkultur aus, sie wurde zu einer Persönlichkeit des öffentlichen Lebens, ging viel öfter aus, als sie es zu Lions Zeiten gekonnt hätte. An manchen Abenden besuchte sie drei Partys nacheinander. Wenn die kleine, etwas strenge, kerzengerade Person im schwarzen chinesischen Seidencape und auf hohen Sohlen den Konzertsaal in der Royce Hall betrat, dann merkte man auf. In der Exilgemeinde wunderte sich mancher über die neue Rolle von Marta Feuchtwanger. Sie kannten diese Frau, die nie studiert hatte, von den Abenden in der Villa als zurückhaltend und dienend, hatten sie mit dem hämischen Spitznamen »der Strunk« belegt, weil sie sich in der Küche aufgeopfert hatte. Vielleicht waren sie neidisch auf die Erfolge, die Marta nun einheimste. Sie konnten ja nicht wissen, welchen Anteil sie an Lions Werk hatte.

In Los Angeles wurde Marta Feuchtwanger zu allerlei offiziellen Anlässen eingeladen, auch von den Konsulaten aller Länder. Die Fotos, die bei solchen Anlässen entstanden, lassen einen denken, dass die Diplomatenfrauen von ihr noch etwas hätten lernen können in Sachen Kleidung, Haltung, Auftreten, von ihrer seltenen Synthese aus Stil und Natürlichkeit. Zu den jeweiligen deutschen Konsuln in Los Angeles entwickelte Marta gute, zuweilen freundschaftliche Beziehungen, was ihre Aussöhnung mit Deutschland gewiss unterstützt hat. Doch konnte sie auch hart und autoritär auftreten, wenn politische Ansichten geäußert wurden, die ihr nicht zusagten, oder wenn Besucher der Villa sich zu eigenständig benahmen und nicht ihren Anweisungen folgten. Von vornehmer Zurückhaltung konnte bei ihr keine Rede sein. So hat sie dem einflussreichen und gefürchteten Musikkritiker der *Los Angeles Times*, Martin Bernheimer, am Rande eines Ballettabends unverblümt die Meinung gesagt, nachdem sie sich über einen Artikel geärgert hatte. Sie kannte die Vertreter aller wichtigen kulturellen Einrichtungen der Stadt, mischte sich bei Entscheidungen ein, wie der Benennung des Chefdirigenten des Los Angeles Philharmonic Orchestra.

Jüdische Themen spielten nur selten eine Rolle, aber Marta war durchaus in Verbindung mit jüdischen Institutionen in Los Angeles. Einmal hielt sie einen Vortrag zur Frage »Why I am a Jew« und berichtete von ihren Erfahrungen als Mädchen und junge Frau in München. An Volker Skierka schrieb sie im Dezember 1981: »Wenn ich mich auch nicht als Zionistin bezeichne, so gebe ich doch jährlich meinen Beitrag für das israelische Rote Kreuz. Das Wichtigste für mich ist, dass der ›Mogen Dovid‹ allen gleichmäßig Hilfe und Pflege in den Hospitälern gibt, seien es Christen, Moslems oder Juden.«

In den sechziger Jahren beteiligte sich Marta am Kampf gegen die Stadtverwaltung, die im Verdacht der Korruption stand. Als der Demokrat Tom Bradley zum ersten schwarzen Bürgermeister von Los Angeles gewählt wurde, besserten sich die Dinge. Marta unterstützte ihn, ist ihm oft begegnet, hatte freundschaftlichen Umgang mit ihm, hat bei manchen Projekten mit ihm zusammengearbeitet. Tom Bradley kam wiederholt zu Besuch in die Villa, und dann wurde dort über kommunale Angelegenheiten diskutiert. Das Haus von deutschen Emigranten als politisches Hinterstübchen in Los Angeles – wer hätte sich das 1933 ausmalen können!

Marta war politisch nicht einseitig: So hatte sie Sympathien für den Stadtverordneten Marvin Braude, einen liberalen Republikaner, der aber ein schlechter Redner war. Sie gab ihm Unterricht im öffentlichen Auftreten, wie sie einst in München Schauspielerinnen etwas Nachhilfe gegeben hatte. Unterstützt wurde sie dabei von einem anderen Nachbarn am Paseo Miramar, dem Produzenten und Regisseur Lamont Johnson, der durch seine Science-Fiction-Serie *Twilight Zone* bekannt geworden war und über eine sehr schöne Sprech- und Singstimme verfügte. Während Johnson dem Politiker die Stimmführung erklärte, wies ihn Marta an, wie er gehen, stehen und beim Reden ins Publikum schauen müsse: »Look up!« Und das alles mit ihrem starken bayerischen Akzent. Der politischen Karriere von Braude half es sehr. Lamont Johnson schrieb zu Martas 90. Geburtstag einen neckischen Song, den er selbst vortrug: »Oh Paseo Miramarta«.

Nach wie vor lief Marta täglich den Paseo Miramar hinauf und danach zum Schwimmen an den Strand, bei jedem Wetter, Wind oder Regen, als wäre der Ozean für sie allein da, und immer noch ließ sie sich im Laufen trocknen. An ihrer Badestelle Castle Rock lagen oft zwei Robben, die sie manchmal ins Wasser begleiteten und neben ihr schwammen und sie anlachten, wie sie glaubte. Einmal geriet Marta in eine Strömung, denn so badefreundlich ist diese Küste eigentlich nicht, Strömungen und Fließsand haben ihre Tücken. Man muss sich treiben lassen, darf nicht gegen die Strömung kämpfen, wusste sie. Es war Winter und das Wasser ziemlich kalt. Sie näherte sich diagonal dem Strand an, wurde aber plötzlich wieder hinausgezogen. In den hohen Wellen schwanden ihre Kräfte. Eine Welle überrollte sie, sie sah nur noch weißen Schaum um sich, konnte nicht mehr atmen. Endlich stand sie wieder, doch schon kam die nächste Welle. Schließlich lag sie erschöpft am Strand, wahrscheinlich von einer Welle hinaufgespült. Ein junger Mann kam vorbei und sagte nur: »Pretty rough stuff today.« – »Ich hatte keine Angst«, keuchte Marta, »Sie waren ja da.« – »Aber ich kann gar nicht schwimmen«, sagte der andere, und so endete auch diese Szene mit Gelächter. Ein paar Tage später erlebte sie ein ähnliches Debakel im Wasser, ausgerechnet am Weihnachtstag. Als sie sich an Land gerettet hatte, stand ein Baywatch-Mann am Strand und rief: »Da sind Sie ja endlich, wir dachten schon, Sie wollten sich umbringen.« Er hatte gar nicht erst versucht, sie zu retten, es war einfach zu kalt. Als sie achtzig wurde, gewöhnte sie sich an, von der Terrasse aus zu schauen, ob das Meer ruhig war, ehe sie zum Strand ging. Wenn andere sagten, das Wasser sei doch viel zu kalt, lachte sie nur: »I have to warm the Ocean.« Sie brachte überhaupt viel Wärme in die Welt.

Solange sie in Form war, sah ihr Alltag so aus: aufstehen zwischen sechs und sieben, ein selbstgemachtes Frühstück, dann laufen und schwimmen, sich im Gehen trocknen lassen und am Strand Treibholz und Fossilien aufsammeln. Dann nach Hause und die Korrespondenz in alle Welt erledigen, mit Hilfe von Hilde Waldo. Nachmittags Besucher durch die Villa führen, etwas Erholung im Garten, abends Konzerte oder Partys.

An den Pulten im oberen Arbeitsraum, wo einst Lion und Hilde Waldo gesessen hatten, saßen nun Marta und Hilde nebeneinander, jede vor ihrer Schreibmaschine. Auch mit Hilde stritt sich Marta oft, aus ähnlichen Gründen wie mit Lola Sernau. Die Frauen begannen ihren Streit, in Gegenwart anderer, auf Englisch, fielen bald ins Deutsche, Berliner gegen Münchner Tonfall. Auf die Bücher war Marta stolz, aber das Haus quoll über davon, von jedem Lion-Buch gab es Kisten voller Exemplare, die über die Räume verteilt wurden, bis in die Bäder hinein. Selbst vor einigen Fenstern standen bald Regale. Schön arrangiert waren nur die wertvollen Bücher. Der große Salon war bis zur Decke mit Büchern getäfelt; heute ist er mit neuen, niedrigeren Regalen bestückt. Um das Haus kümmerte sich Marta kaum noch, alles wirkte etwas vernachlässigt.

Eine letzte Spur ihres Wirkens findet sich heute im Raum mit den Orgelpfeifen: ein schmaler, hoher Schrank, mit Wein und Sherry sowie den entsprechenden Gläsern darin. Von dort konnte man nach einer Lesung oder einem Konzert rasch den Gästen servieren. Martas persönliches Zimmer lag gleich neben der Orgelkammer, auch voller Bücher, aber ohne Fernsehgerät. Dorthin bat sie Besucher zu Gesprächen, und bevor man vom Innenhof her eintrat, rief sie stets: »Watch the stair!«, denn es lag eine hohe Schwelle davor. Das Haus hatte sich unter der Bücherlast abgesenkt.

(Nach ihrem Tod wurde es angehoben und mit neuen Fundamenten versehen.)

Der Garten verwilderte. Nur das Nötigste wurde noch getan, Bäume und Büsche gewässert und vor allem die Früchte geerntet, Orangen, Zitronen, Feigen. Dafür kultivierte Marta ihre Tierliebe, wobei Katzen und Schildkröten ihre Favoriten blieben. Im Fischteich der Villa tummelten sich Tropenfische, zunächst je drei Paare in Gold, Pink und Schwarz. Sie vermehrten sich prächtig. Aber eines Tages war der Teich leer. Die Katze war es nicht, die hatte Angst vor dem Wasser. Es war wohl ein Waschbär. Eines Nachts entdeckte Marta eine ganze Meute im Patio und fand sie so niedlich mit ihren schwarzen Masken, dass sie ihnen nicht böse sein konnte. Einer kam an die Küchentür, um Nahrung zu erbetteln. Als eine Waschbärin auf dem Ziegeldach drei Junge zur Welt brachte, beleuchtete Marta diese Szene mit ihrer Taschenlampe. Mit dem Rotwild hatte ich ein *gentlemen's agreement*, erzählte sie, sie aßen meine Chrysanthemen, sie aßen drei Pfirsichbäume und einen Feigenbaum, alle voller großer Früchte. Sie tranken morgens aus einem Wassergraben in der Mitte des Orangenhains, aber die Blumen ließen sie in Ruhe.

Ihr Kompagnon war eine große männliche Schildkröte. Mittags hob Marta sie auf den Küchentisch und teilte mit ihr genussvoll ein Stück Wassermelone. Auf die Unterseite des Panzers war die Adresse der Villa gepinselt, falls sich das Haustier jemals verlaufen sollte. Eines Tages fand Marta einen jungen Falken, der wohl aus dem Nest gefallen war. Sie fütterte ihn mit milchgetränktem Brot, das er ihr ins Gesicht spuckte, ebenso Körner. Erst das Pferdefleisch, das für die Katzen bestimmt war, schmeckte ihm. Im Nu verputzte er eine Handvoll davon. Er flatterte in der Küche von einem Stuhl zum andern. Dann setzte er sich auf ihre Schulter und begleitete sie durchs Haus. Wenn sie mit ihm in den Garten ging, flog er kurz auf, kam aber gleich zurück. Eines Tages erschreckte ihn der Bulldozer auf dem Nachbargelände, und er stieg hoch in den Himmel. Marta hatte nicht gewusst, dass er schon flügge war, er musste heimlich geübt haben. Er kehrte nicht mehr zurück, aber sie sah ihn hin und wieder von weitem. Sie stellte ihm Futter hin, und er kam es sich holen. Später hatte er eine Gefährtin, ein Nest und zwei Junge. So wurde sie eine Art Großmutter. Und manchmal, wenn sie das Haus verließ, glaubte sie, ihr Adoptivkind hoch oben kreisen zu sehen. Das war ihre Freundschaft mit Tieren. Aber auch für die Menschen in ihrer Umgebung interessierte sie sich: Wenn sie hörte, dass eine Nachbarin am Paseo Miramar schwanger war, kam sie zu Besuch und brachte Geschenke, meist Bücher von Lion. Und einmal im Jahr gab sie eine Party für alle Anwohner.

Den Autor Oskar Maria Graf kannte Marta aus München, von einem Tanzabend der Nachtwandler bei Papa Steinicke. »Ein großer, starker, wilder Mann packte mich und schwenkte mich herum, mich dabei so fest an sich drückend, dass mir der Atem verging. Er sah – groß, wie er war – über mich hinweg, offenbar wusste er gar nicht, wer ich war. Hernach bin ich ihm, so gut es ging, aus dem Weg gegangen, er war mir etwas zu stürmisch.« So schilderte ihn Marta in einem Brief an den Berliner Germanisten Gerhard Bauer im Januar 1983. Grafs Bruder Max hatte die elterliche Konditorei am Starnberger See übernommen, in der er Ludwig Feuchtwanger einmal mit der Bemerkung begrüßte: »Wir haben vielleicht Brüder!« Im amerikanischen Exil hatte es nur brieflichen Kontakt zwischen Graf und Lion Feuchtwanger gegeben.

Graf und seine Frau reisten im Auto von Arizona her an. Sie logierten unterhalb der Villa in einem Motel am Meer. Marta rief den deutschen Konsul Hans-Rolf Kiderlen an und bat, für Graf einen Leseabend zu organisieren, was auch geschah. Die Vizekonsulin lud das Paar und Marta ins Fischrestaurant *Jack's on the beach* ein. Aber Graf musste absagen, weil er einen Asthmaanfall bekam. Marta besorgte einen Arzt. Nach ihrer Mahlzeit kamen die drei Frauen mit Huhn und Wein zu Graf in das bescheidene Zimmer. Er saß auf einem Holzstuhl und war totenblass. Er hatte zwei Tage

gefastet und aß und trank mit Genuss, und schon ging es
ihm besser, er wurde munter und begann Gedichte vorzulesen. Marta wusste eben, wie man Autoren bei Laune hält.
Die Damen saßen auf dem Bett, auch die würdige Vizekonsulin aus Norddeutschland. Das hatte sie noch nie erlebt. Später sagte der Konsul zu Marta, die Vizekonsulin sei
nicht mehr wiederzuerkennen seit jenem Tag.

1975 war Marta Feuchtwanger längst zu einer Legende geworden, Journalisten versuchten sich an der Beschreibung
ihrer Person, ihres Lebens. Künstlerinnen schufen Skulptu-
ren. In diesem Jahr, sie war 84, stand sie dem jungen Lau-
rence Weschler, einem Enkel von Ernst Toch, zur Verfügung, der sie über Wochen hin ausfragte. In dieser *Oral
History* wurde sie vor allem als Zeitzeugin für andere in Anspruch genommen, Lion, Brecht, Weill, Eisler, und zu wenig
nach ihrem Leben und Denken, ihrem Fazit der Epoche befragt. Dennoch bleibt es ein unverzichtbares, großes Doku-
ment des deutschen Exils. Für dieses Projekt hatten die
Universitäten UCLA und USC zusammengearbeitet; nach
dem Abschluss organisierte man einen kleinen Empfang
und präsentierte eine gebundene Lederausgabe der Mit-
schriften, obwohl Marta meinte, ihr Englisch sei nicht gut
genug für eine Luxusedition.

Ihr Leben war in mancherlei Weise unbürgerlich gewesen,
ja das bloße Wort »bürgerlich« hatte ihr einst als Schimpf-
wort gegolten, aber nun entwickelte sie doch einige bürgerliche Rücksichten. Sie hätte Lions Tagebücher am liebsten
vernichtet gesehen, sie hat deren Existenz sogar abgestritten
gegenüber Lions erstem Biographen Lothar Kahn. Aber sie
brachte es auch fertig, einem Journalisten von der *Los Angeles Times* zu schreiben: »Dear Jack Smith, You make my
day every morning. Did it occur to you that without man a
woman is only wo?« Die alte Keckheit blitzte immer wieder
auf. Was die Vergangenheit betraf, war sie auf Vergeben und
Vergessen aus, und auch deshalb gehen bei ihr die Daten
und die Reihenfolge der Erlebnisse zuweilen durcheinander.

Und manche Episode, die sie erzählte, mag ihrer Phantasie entsprungen sein, aber auch das gehörte zu ihrer Persönlichkeit. Sie konnte über vieles lachen, sah manches milde und abgeklärt. Aber so ein Lebensroman hat seine Tücken und Abgründe. Und warum soll man es den Nachgeborenen zu leicht machen? Verziehen hatte sie fast allen, Lion ganz gewiss, nur zuweilen kamen Vorbehalte hoch, gegen Lola Sernau, gegen Liesl Frank, auch gegen die Mann-Kinder. Die Bereitschaft zur Versöhnung war für ihre Nerven bestimmt besser. Nach dem Geheimnis ihrer guten Form gefragt, antwortete sie der deutschen Journalistin Victoria Wolff: »Einfach so sein, wie man ist. [...] Alles vermeiden, was nervös macht. Sich nicht unnötig ärgern. [...] Vor allem: sich nicht wichtig nehmen. [...] Auf mich passt nicht die uralte Weiberregel: Weine dich aus, dann wird es besser. Ich komme ohne das aus.«

Aussöhnung

Nach fast dreißig Jahren in Los Angeles, aus einer repräsentativen Lebenssituation heraus und bei fortdauerndem Glanz ihres Namens hatte Marta genügend Abstand zum alten Europa und zu Deutschland, um eine Wiederbegegnung zu riskieren. Diese war nicht ohne eine größere innere Anstrengung und Überwindung von Vorbehalten möglich. Die zahlreichen Kontakte, die sich aus der Bemühung um Lions Werk ergaben, erleichterten den Entschluss. Hinzu kam, dass im Juni 1967 zwischen Berlin und Los Angeles eine Städtepartnerschaft geschlossen wurde, bei deren Ausgestaltung Marta eine kleine Rolle spielte, und zwar als Mitglied im Rat für auswärtige Besucher. So wandte sie sich an eine Person, die ihr Vertrauen genoss.

Willy Brandt war den Feuchtwangers aus den dreißiger Jahren bekannt. Im Pariser Exil hatte er die kleine linke Partei SAP vertreten bei dem Versuch, eine Volksfront der deutschen Emigration zu bilden. Nun war er Außenminister der Bundesrepublik. In ihrem Schreiben bat Marta darum, die Regerstraße, an der ihr Berliner Haus stand, wieder in Mahlerstraße umzubenennen, auch wenn das Umstände bereite. Im Übrigen habe sie nichts gegen den geschätzten Münchner Komponisten Max Reger. Willy Brandt dankte für die Anregung, doch die zuständige Senatsstelle schrieb ihr eine bürokratisch-formale Absage (in Weißensee, im Ostteil der Stadt, gäbe es schon eine Mahlerstraße). Es gab auch schon einen Gustav-Mahler-Platz im westlichen Bezirk Steglitz, aber das wurde nicht erwähnt.

Martas Versuch blieb erfolglos, jedoch führte er dazu, dass sie zu einem Besuch eingeladen wurde. Daran hatte sie noch gar nicht gedacht, und so zögerte sie mit einer Zusage. Aber dann schickte Willy Brandt einen persönlichen Freund, den Mainzer Oberbürgermeister Jockel Fuchs, nach Pacific Palisades, der die Einladung bekräftigte. Schließlich reiste Walter Huder an, der in der (West-)Berliner Akademie der Künste ein Exil-Archiv aufbaute. Man richte eine spezielle Abteilung für das Werk von Lion Feuchtwanger ein, Marta möge zur Einweihung kommen, es gäbe Lesungen, Ausstellungen, Diskussionen. Die Zeit der späten Anerkennung war gekommen, die Lion nicht mehr erlebt hatte. Marta vertrat ihn nun auch vor der Welt.

Die Rückkehr nach Deutschland nach so vielen Jahren war keine einfache Sache. Alte Ängste stiegen auf, aber auch die Befürchtung, in ein Land voller unbelehrbarer Nazis zu kommen. Ihre Unruhe überspielte Marta mit Aktivitäten, Einladungen, Zahnarztbesuchen und einer kleinen Operation am Bein. Auch die Aussicht, pausenlos Interviews geben zu müssen, missfiel ihr. »Ich bin verwöhnt durch die Amerikaner und glaube nicht, dass man in Deutschland so freundlich mit mir umspringt«, schrieb sie Lilly Toch am 10. März 1969.

Als sie dann Mitte April 1969 in Berlin eintraf, fiel eine Last von ihr. Sie fühlte sich sogar ein wenig zu Hause. Herzlichkeit und guten Willen spürte sie auf allen Seiten. Sie wohnte im Gästehaus der Akademie am Hanseatenweg und absolvierte jeden Morgen ihr Lauftraining barfuß im Tiergarten, sogar bei Regen. Bürgermeister war nun Klaus Schütz. Willy Brandt weilte in Bonn, und zu Martas Bedauern ist sie ihm nie mehr persönlich begegnet. Bei den offiziellen Anlässen traf sie eher auf Emigranten oder Widerständler als auf Personen mit dubioser Vergangenheit. Sie sah auch Herbert Ihering wieder, einen Bekannten aus Münchner Tagen. Er erschien zu dem großen Empfang in der Akademie, klein und schüchtern. In der NS-Zeit hatte er als Intendant des Wiener Burgtheaters gewiss Konzessionen machen müssen, aber ein Nazi war er bestimmt nicht, dachte Marta, immerhin hatte er einst Brecht geholfen. Auch ihr ehemaliges Hausmädchen Gertrud Rudolph kam zu Martas Akademie-Abend.

Die Feuchtwanger-Ausstellung gefiel ihr sehr. Auf Bitten Walter Huders plädierte sie in einer kurzen Ansprache für eine Aufstockung der Fördermittel für das Archiv. Die

Zeitungen gaben ihrer Bitte am nächsten Tag ein großes Echo. Der Senat organisierte auch einen Empfang für sie im Schlosshotel Gerhuis in Grunewald, gar nicht so weit weg von ihrem alten Haus, das sie aber nicht aufsuchen wollte. Allerdings zeigte man ihr das im Süden entstehende Hochhausviertel Gropiusstadt, in dem ein Lion-Feuchtwanger-Weg geplant war. Sie sah zwar nur eine Baustelle, hob aber doch einen Stein auf und nahm ihn als Andenken mit.

Ost-Berlin wurde nicht ausgespart. Die DDR legte Wert darauf, Marta Feuchtwanger ebenfalls zu empfangen, auch wenn die Initiative zu der Reise vom Westen ausgegangen war. Da sie Amerikanerin war, reiste Marta über den Checkpoint Charlie ein und musste dabei das Auto wechseln. Sie residierte im Kronprinzenpalais. Der Aufbau-Verlag, der Lions Werke edierte, ehrte sie mit einem Bankett im Ermelerhaus, einem Weinrestaurant an der Spree. Als man Marta nach ihren Wünschen fragte, sagte sie, sie hätte gern etwas Salat (wie sie es von Kalifornien her gewohnt war). Große Bestürzung, daran hatte niemand gedacht. Nach hektischen Bemühungen brachte man schließlich eine riesige Schüssel Gurkensalat. Höflich, wie sie war, nahm Marta etwas davon.

Ihr Eindruck war, in der DDR herrsche völlige Meinungsfreiheit, denn niemand schien sich Zurückhaltung aufzuerlegen. Es war wohl nicht sehr schwer, ihr etwas vorzumachen. Walter Ulbricht hatte 1958 zu Lions Tod kondoliert und gefragt, ob man etwas für sie tun könne. Marta hatte damals geantwortet, man höre von Internierungen aus politischen Gründen, etwa im Falle Walter Jankas, der zur Zeit seiner Verhaftung im Jahr 1956 Lions Verleger gewesen war. Ulbricht bedauerte, er könne nicht in ein schwebendes Verfahren eingreifen – als hätte er dies nicht selbst angeordnet! Zum Zeitpunkt von Martas Besuch war Janka längst wieder frei und versicherte ihr, man könne offen über alles reden, auch sei er im Gefängnis nicht schlecht behandelt worden. Er durfte sogar in die Schweiz zu Katia Mann reisen. Janka war gerade mit dem Drehbuch zum Film nach Lions Goya-Roman beschäftigt. Die Vergabe der Filmrechte an die DEFA hatte Marta von Jankas Mitarbeit abhängig gemacht.

Nach diesem eintägigen Abstecher kehrte Marta in den Westen zurück und besuchte in Frankfurt eine Ausstellung zur Exilliteratur. Aber vor allem wollte sie München wiedersehen und ihre Freundin Maria A. Kunz. Nach dem Krieg hatte Marta ihr Care-Pakete geschickt und dafür düstere Stimmungsbilder aus dem zerstörten Deutschland erhalten. Maria hatte eine Zeitlang als Regisseurin gearbeitet und lebte inzwischen mit einer befreundeten Ärztin in Murnau am Staffelsee. Noch in Berlin hatte eine Journalistin der Münchner *Abendzeitung* Marta interviewt und ihren Bericht überschrieben: »Die Witwe von Lion Feuchtwanger besucht heute die Geburtsstadt ihres Mannes – Doch die Stadt tut nichts!« Der zweite Teil der Überschrift prangte in riesigen Lettern. Dass es auch Martas Geburtsstadt war, wurde nicht erwähnt. In Berlin hatte Marta die Studentenrebellion begrüßt: »Endlich weht ein frischer Wind durch Deutschland!« Das mache ihr Hoffnung. München sei vergleichsweise ruhig? »Das wird schon werden, wenn ich komme.«

Am Mittwoch, dem 23. September 1969, wurde Marta auf dem Flughafen Riem von Kadidja Wedekind mit einem Blumenstrauß begrüßt. In der Pension am Hofgarten hatte diese ein Zimmer reserviert. Marta kannte die Tochter des Dramatikers aus Kalifornien; als Einzige aus ihrer Familie war sie ins Exil gegangen. »Eine zierliche Gestalt im schwarzen überlangen Mao-Kostüm, die Füße in Plastik-Überschuhen und ein asiatisch geschnittenes Gesicht« – so erschien sie einem der vielen Reporter. Die *Münchner Stadtzeitung* titelte: »Eine Münchnerin im Mao-Look.« Marta trug wie üblich chinesische Kleidung. »Sie ist so antibürgerlich revolutionär wie in hohem Maße kritisch«, urteilte die *Süddeutsche Zeitung* am nächsten Tag. Die harsche Kritik der Zeitungen an der gleichgültigen Stadtverwaltung war Marta peinlich. Sie wollte ja nur ihre Stadt und eine Freundin wiedersehen.

Nun wurde es doch noch offiziell. Der Münchner Oberbürgermeister Hans-Jochen Vogel empfing die kleine, kerzengerade Person in dem sonderbaren chinesischen »Kittel« zu einem Gespräch in seinem Dienstzimmer und schenkte ihr einen schönen Bildband über das moderne München. Ein Chauffeur brachte Marta zur Staatsbibliothek, in der Lion *Jud Süß* und die *Häßliche Herzogin* geschrieben hatte. Marta erkannte nichts wieder. Es war ja alles ausgebombt gewesen, nur ein paar Statuen griechischer Philosophen standen noch da. Es gab ein Bankett im Hotel Vierjahreszeiten. Schließlich lud man sie in das Thomas-Mann-Gymnasium ein, wo sie bei einer Feier zwischen dem Oberbürgermeister und Golo Mann saß. Auf Golos Anregung reiste Marta weiter nach Zürich zu Katia Mann, mit der sie in den Jahren zuvor viele Briefe getauscht hatte.

Im Januar 1966 hatte Katia Mann ihr zum 75. Geburtstag gratuliert: »Kaum könnte ich nachrechnen, wie lange wir uns kennen! Die enge Freundschaft brachte aber erst das gemeinsame Schicksal der Emigration. Ich denke zurück an Sanary, wo Ihr gastliches Haus der Mittelpunkt war der kleinen dorthin verschlagenen Gemeinschaft, ich erinnere mich vor allem an die Jahre in Kalifornien, die, in Hoffen und Bangen verbracht, im Grunde doch gute Jahre waren. Die vielen Abende schweben mir vor, am San Remo Drive oder in Ihrem schönen Heim oben auf dem Berg. Da walteten Sie unermüdlich und labten die Gäste, die Männer aber lasen abwechselnd vor aus ihren im Entstehen begriffenen Werken, und unvergeßlich ist mir Lions immer wache Empfänglichkeit, eine unter ›Kollegen‹ schier einzigartige Eigenschaft. [...] Ja, es waren gute Zeiten. Nun sind wir beide allein. Aber Sie – so viel jünger als ich – [...] führen ein aktives fruchtbares Leben. [...] Immer wieder höre ich staunend von Ihrem sozialen Wirken, von Ihrer vielfachen Teilnahme am kulturellen Leben der Stadt.« Das Wiedersehen in Zürich sollte das letzte sein; weitere Treffen, wie von Katia Mann gewünscht, kamen nicht zustande.

Nach ein paar Tagen bei ihrer Freundin in Murnau reiste

Marta auch nach Feuchtwangen, auf Einladung des Landrats. Dieser holte sie im Auto ab, zeigte ihr die Ortsgeschichte auf einer Tafel. Dort wurden die Vorfahren von Lion erwähnt: sie verließen die Stadt im Jahr 1555. Als Lions Geburtstagsjahr stand fälschlich 1883. Man entschuldigte sich, aber Marta machte einen ihrer Scherze: Das sei nicht so schlimm wie bei einer Frau, das hätte sie ein Jahr älter gemacht. Nun lächelte auch der Landrat, der bis dahin todernst gewesen war.

Als sie wieder zu Hause in Los Angeles war, zog Marta ein positives Fazit der Reise. Am 15. Mai 1969 dankte sie dem damaligen Außenminister Willy Brandt für die Einladung. Sie habe neues Vertrauen gefunden: »Wir, die wir durch und um Deutschland litten, können von nun an mit größerer Zuversicht nach vorwärts sehen.« Emmi Bonhoeffer, der Schwägerin Dietrich Bonhoeffers, die sie in Pacific Palisades empfangen hatte und mit der sie einen längeren Briefwechsel führte, gestand Marta im Oktober 1969, sie habe die Einladung nur zögernd angenommen, die Reise aber nicht bereut. »Die Ereignisse haben meinem guten Gefühl Recht gegeben. Es ist schön, dass ich diese Wandlung in Deutschland noch erleben durfte.« Sie vollzog die Aussöhnung mit der alten Heimat, die Lion versagt geblieben war. Dabei stand sie in Kontakt mit beiden deutschen Staaten, ohne sich in deren politische Probleme einzumischen.

Schon zwei Jahre später, kurz nach ihrem 80. Geburtstag, kehrte sie noch einmal nach Deutschland zurück, dieses Mal kam die Einladung aus Mainz. Lion hatte nach dem Krieg für den Wiederaufbau des Gutenberg-Museums gespendet, und das war der eigentliche Grund der Einladung, wie Marta erst vor Ort erfuhr. Oberbürgermeister Jockel Fuchs empfing sie auf dem Flughafen in Frankfurt. Walter Huder hielt eine Rede in der Mainzer Akademie, an der eine Arbeitsstelle zu Erforschung der Exilliteratur geschaffen und ein Lion-Feuchtwanger-Gedenkzimmer eingerichtet wurden. Für die schönen Tage in Mainz und die Verleihung der

Gutenbergmedaille bedankte sich Marta in einem ausführlichen Brief. »Es vergeht kein Tag, der mir nicht meinen Aufenthalt zurückruft in ihrer unvergesslichen Stadt. Ich denke an die stillen Schiffe, die den Rhein hinauf- und hinabziehen und an die zartgezeichneten Höhen des Taunus, an die römischen Ruinen und die alten Paläste, an die wuchtigen Türme und die himmelragenden Kirchen. Wenn ich nicht in München geboren wäre, würde ich mit Freuden Mainz als meine Heimatstadt betrachten.«

Noch in der Mainzer Akademie erhielt sie einen Anruf aus Ost-Berlin. Man wollte sie zur Premiere des Goya-Films einladen. Marta konnte nicht gleich antworten, da gerade ein Konzert begann. Nachts rief man sie noch einmal an. Eigentlich hatte sie nicht nach Berlin gewollt, fuhr nun aber doch. Den Goya-Film in der Regie von Konrad Wolf fand Marta phantastisch, nachdem sie zunächst große Bedenken gehabt hatte. Sie hielt ihn allerdings für zu lang und gab einige Ratschläge, wie man ihn kürzen könne, was auch geschah.

Die DDR verlieh Marta Feuchtwanger den Goldenen Stern der Völkerfreundschaft. Da Ulbricht krank war, wurde die Auszeichnung von Alexander Abusch überreicht, der sie im August 1938 in Sanary besucht hatte. Als Mitglied des Politbüros der SED war er nun für Kulturfragen zuständig. Anwesend waren auch der Filmregisseur Konrad Wolf und Klaus Gysi, einst Chef des Aufbau-Verlags und nun Minister für Kultur. Marta freute sich »über die guten Beziehungen, die wir haben«, den Orden selbst, erst nach vielen Mühen an ihr chinesisches Kleid geheftet, nahm sie nicht mit (wo solle eine Dame so etwas einstecken?), sondern bat um postalische Zustellung.

Alle Etappen ihres Aufenthalts wurden für das DDR-Fernsehen gefilmt, ihr Abstecher nach Sanssouci, ihr Rundgang durch das Alte Museum, der Atelierbesuch bei dem Bildhauer Fritz Cremer. In seinem Privathaus besuchte sie Hermann Budzislawski, Herausgeber der *Weltwoche*, den sie zuletzt im Oktober 1940 in Lissabon gesehen hatte, wo sie ihm und seiner Frau Erna mit Hilfe des amerikanischen Konsulats Schiffstickets nach New York verschaffen konnte. Er sähe gut aus, sagte sie entgegen dem Augenschein, sie selbst sei »doch nur ein Fossil«. Nicht gefilmt wurde das einstündige muntere Gespräch, das Marta in der Französischen Straße beim Aufbau-Verlag in genau dem Zimmer führte, in dem Walter Janka 1956 verhaftet worden war. Martas Erklärungen, soweit sie gesendet wurden, schienen sich nahtlos in die offizielle Propaganda einzufügen, aber ganz ohne kleine Konflikte ging es nicht ab.

Nun weitete sich die Reise zum Abenteuer. In Ost-Berlin erreichte sie eine Einladung aus Prag, wohin sie mit einem Mietauto fahren wollte, und zwar allein. Aber die Verhältnisse, sie waren nicht so, und das machte sie wütend. Sie musste mit dem Zug fahren und mit offizieller Begleitung. Ein Grenzbeamter, der ihren Pass kontrollierte, sagte: »Sie haben einen berühmten Namen.« Wenig später zogen viele Reisende an ihrem Abteil vorbei, um einen Blick auf sie zu werfen. Marta Feuchtwanger war zu einer Sehenswürdigkeit geworden.

In Prag lud die Akademie ein, Marta erhielt eine Suite im besten Hotel. Es war immer ein Auto für sie da, wie für einen Staatsgast. Sie speiste in guten Restaurants frische Fische aus der Moldau. Sie besichtigte den jüdischen Friedhof, die Alte Schul, das Jüdische Museum. Die Atmosphäre in der Stadt war, so kurz nach 1968, etwas trübe. Ihre Begleiterin, eine Prager Jüdin, erklärte Marta nicht ohne eine Spur von Ängstlichkeit, wie glücklich sie alle unter Dubček gewesen waren. Marta schenkte ihr zum Abschied eine Lederhandtasche.

Und dann ging es weiter nach Moskau. Auch dort tat man alles, um den Gast zu beeindrucken. Marta wurde direkt vom Flughafen abgeholt, musste kein Geld wechseln, hatte keine Formalitäten zu erledigen. Sie wohnte im Hotel Rossija mit Blick auf den Kreml. Und sie erlebte Ehrungen, wie sie einst Lion erfahren hatte. Seine Bücher waren dort in den vierziger und fünfziger Jahren nicht mehr gedruckt worden. Als man sie wieder auflegte, hatte der sowjetische Botschafter in Washington eigens Marta angerufen, um ihr die Neuigkeit mitzuteilen.

Für einen Tag reiste sie nach Leningrad. Es war Montag und die Eremitage eigentlich geschlossen, doch eine junge Frau führte die hohe Besucherin zwei Stunden lang herum. Marta wollte vor allem russische Kunst sehen, Ikonen und Samoware.

Noch vor dem Abend der Filmpremiere im Kongress-palast des Kremls wurde Marta bedeutet, dass der Goya-Film für einen Preis nominiert sei. Ihre Ankunft wurde ge-filmt und geknipst, denn zum ersten Mal seit Stalins Zeiten wurde auswärtiger Besuch mit dem Auto in den Kreml ge-fahren. Bevor der Film im brechend vollen Saal gezeigt wurde, sprach jemand auf der Bühne. Marta verstand nur immer »Feuchtwangera«, das musste also sie sein, und dann zeigte der Redner auf ihre Loge. Es wurde heftig applau-diert, man bat sie über eine Rampe hinunter. In ihrem lan-gen Cape schritt sie behutsam auf die Bühne, das Publikum erhob sich, Marta applaudierte selbst, weil sie dachte, das würde abkürzen helfen, dann erhielt sie ein großes Rosen-bukett, schließlich kamen die Darsteller zu ihr herauf. Doch bald schritt sie die Rampe wieder hinauf, denn sie wollte ja den Film sehen.

Im französischen Exil hatten die Feuchtwangers von Zeit zu Zeit Tantiemen aus Moskau erhalten, aber nie eine genaue Abrechnung. In der McCarthy-Ära bat Lion die Russen, ihm kein Geld mehr zu überweisen, es könne in Amerika als Verschwörung ausgelegt werden. Nun erfuhr Marta, dass sich dort eine hohe Honorarsumme über die Jahre angesam-melt hatte. Sie hätte länger bleiben müssen, um etwas zu be-kommen, denn man informierte sie erst am letzten Tag. Sie flog zurück nach Los Angeles – und das Geld blieb, wo es war. Sie hätte sich davon eine Datscha kaufen können oder lieber noch eine Ikone, aber Kunstexport war nicht erlaubt.

Zurück in Los Angeles, nahm Marta Feuchtwanger ihr gewohntes Leben wieder auf: Konzerte besuchen, Sport treiben und viele Briefe schreiben. Eine sehr persönliche Korrespondenz führte sie in den 70er Jahren mit dem Exilforscher Albrecht Betz, der genau wie einst Lion über Heinrich Heine promoviert hatte. Von ihm erfuhr sie, dass Hanns Eisler, den sie als höflich, schüchtern, herzlich-liebenswürdig gekannt hatte, auch ganz anders sein konnte, etwa in bösen Briefen an Arnold Schönberg. Sie erinnerte sich, dass Eisler, wenn er betrunken war, sehr wütend werden und allen Freunden drastisch seine Meinung sagen konnte. Sie begann an ihrer Menschenkenntnis zu zweifeln, wusste aber auch aus eigener Erfahrung, dass jeder Mensch seine dunklen Seiten hat. Die Nachgeborenen aber begannen, sich ihr eigenes Bild von den Persönlichkeiten des Exils zu machen.

Letzte Bilder

Am 6. November 1961 brach im oberen Topanga Canyon nahe der Gipfellinie der Santa Monica Mountains, elf Meilen westlich von Marta Feuchtwangers Villa, ein Feuer aus, das als Bel-Air-Fire in Erinnerung blieb, eines der schlimmsten in der Geschichte von Los Angeles. Die trockenen Santa-Ana-Winde, die vom Landesinneren her kommen, trieben die Flammen auf Pacific Palisades zu. Nach drei Tagen waren sie unterhalb von Martas Villa. Heiße Asche flog auf das Dach, das zum Glück aus Ziegeln war, nicht aus Holz wie bei einigen Häusern in der Nachbarschaft. Vorsichtshalber wässerte Marta das Dach, was einigen Schmutz ins Haus spülte.

Zum Glück hatte sie das Feuer um sechs Uhr früh bemerkt, als es draußen noch dunkel war. Sie rief sofort Louis Stieg an, den Bibliothekar der Universität, der weitab in Palos Verdes wohnte. Auch ihren mexikanischen Gärtner alarmierte sie, der in Begleitung seiner Frau mit einem Pick-up Truck kam. Hilde Waldo eilte ebenfalls herbei. Dann traf der Lkw ein, den der Bibliothekar geschickt hatte. Man verstaute die wertvollsten Bücher in großen Kisten. Die Feuerwehr hatte keine Zeit für eine solche Räumungsaktion. Es war Eile geboten, denn es brannte schon unten an der Lucero Avenue. Unsortiert wurden die Bücher auf den Lastwagen geworfen, der rasch davonfuhr. Alle Anwohner waren längst in Sicherheit gebracht worden. Marta war geblieben – mit ihrer Schildkröte. Wollte sie lieber mit dem Haus untergehen? Selbstaufgabe war nicht ihre Art. Sie ging hinaus und sah die Flammen auf sich zukommen wie eine Explosion. Draußen konnte man kaum atmen, es war heiß wie in einem Backofen. Sie zog sich ins Haus zurück. Im Radio hieß es: Das Feuer sei jetzt über den Mulholland Drive gesprungen, nur eine Viertelmeile entfernt, ganz

Pacific Palisades drohe verlorenzugehen. Es war inzwischen zehn Uhr, und Marta dachte: »Na, dann muss ich wohl auch weg.« Sie hatte der Feuerwehr mitgeteilt, dass sie so lange wie möglich bleiben wolle. Man war einverstanden, da es nur cine Person wäre, die man im letzten Moment herausholen müsste. Gerade als sie die Feuerwehr anrufen und sich evakuieren lassen wollte, drehte der Wind. Sobald er wieder vom Meer her weht und Feuchtigkeit bringt, kann man das Feuer niederhalten, was auch in diesem Fall gelang. Fast 500 Häuser, darunter viele teure Residenzen, wurden ein Opfer der Flammen. An den Straßen rings um Martas Villa sah es aus wie eine Mondlandschaft. Auch die Pflanzen in ihrem Garten hatten gelitten. Das Löschwasser hatte Schmutz in die Villa geschwemmt und Schäden verursacht. Draußen konnte man noch lange Zeit kaum atmen, so stark wirkte die Hitze nach.

Vier Monate dauerte es, die Bücher wieder einzuordnen. Einige waren beschädigt, manche tauchten gar nicht mehr auf, was Marta wütend machte. Deshalb wurde beim Einräumen ein Katalog angefertigt. Über dieser Arbeit verloren Marta und Hilde einiges an Körpergewicht: auspacken, aufschreiben, treppauf und treppab laufen, alles wieder richtig verteilen … In diesem Jahr hatte Marta ihren 70. Geburtstag gefeiert.

Sogar in Europa berichteten die Zeitungen über die Katastrophe, aber in Los Angeles wollte Marta keine Publizität haben, es sollte nicht zu viel von den Schätzen in der Villa die Rede sein. Sie war nur froh, dass man ihr Haus von der Straße aus kaum sehen konnte; Besuchern musste man erklären: Schaut nach 505, das ist genau gegenüber. Ein Gast, den die ungeschützte Lage der Villa beunruhigte, fragte, ob es keinen Wächter gebe. Nein, sagte Marta, nur die Schildkröte, und die bellt ja nicht.

1977 brach ein Feuer im Haus aus. Ein Nachbar rief die Feuerwehr, die aber verstanden hatte, es handle sich um einen kleinen Mülltonnenbrand. Verstärkung kam erst nach einer ganzen Weile. Martas Schlafzimmer, das abseits der

Bibliothek lag, brannte aus, das restliche Haus war dank der verstärkten Türen kaum betroffen. Aber einige wertvolle alte Möbel und Gegenstände fielen den Flammen zum Opfer. Nur der »Schildkröterich« habe nichts gemerkt, schrieb sie einem Bekannten.

Im Februar 1978 fiel sintflutartiger Regen, der Erdrutsche auslöste und am Dach der Villa Schäden verursachte. Da ein Fernsehinterview für das ZDF in der Reihe *Zeugen des Jahrhunderts* kurz bevorstand, wurden unter hohem Zeitdruck Reparaturen vorgenommen. Die Universität, die für die Instandhaltung von Haus und Garten aufkam, veranlasste auch diese Arbeiten. Dabei stolperte Marta über einen Stuhl und brach sich eine Rippe. Die Schmerzen sieht man ihr in den späteren Fernsehaufnahmen nicht an. In diesem Jahr gelang es ihr noch einmal, den Führerschein zu erneuern, aber schon bald war sie vor allem wegen ihrer Augen darauf angewiesen, dass Freunde oder Hilde Waldo sie chauffierten. Bis zuletzt hatte sie einen Kreis von jungen Männern um sich, die sie zu Konzerten in die Stadt fuhren, mit ihr kochten und feierten.

Für ihre Tätigkeit als Nachlassverwalterin, vor allem aber für die geduldige Mitarbeit an ihrer *Oral History* und für die Übergabe des gesamten Nachlasses an das Feuchtwanger-Archiv erhielt Marta am 5. Juni 1980 die Ehrendoktorwürde der USC. Neben vier anderen Geehrten schritt sie feierlich mit Hut und Talar über den Campus und genoss die Lobpreisungen und das gute Catering. Marta Feuchtwanger sei ein lebender Schatz und zugleich die Hüterin einer großen literarischen und kulturellen Tradition, hieß es in ihrer Urkunde, ihr Leben umspanne Dekaden und Kontinente, sie beeindrucke durch großartige Beiträge und vitale Gegenwärtigkeit. Zum Glück wurde keine Antwort auf die Lobreden erwartet; die Feier selbst bezeichnete Marta gewohnt ironisch als »großartiges Volksfest«. Im November 1983 flog sie nach New York zur 300-Jahr-Feier der deutschen Einwanderung in die USA. Bei dem Anlass erhielt sie von der Wayne State University in Detroit den »Distinguished Humanities Award for the most outstanding German-American Woman«.

Als Lion Feuchtwanger 1957 den Kulturpreis der Stadt München erhalten hatte, war es zu Kontroversen gekommen, weil er in jener Zeit ein Grußwort nach Moskau gesandt hatte. So endete seine München-Laufbahn wie sie begonnen hatte, mit einem Skandal. Bei den deutschen Ehrungen, die Marta galten, blieb es friedlich. Schon 1964 verlieh ihr Bundespräsident Lübke zu ihrem 75. Geburtstag das Bundesverdienstkreuz. Im selben Jahr erhielt sie eine Auszeichnung der Stadt Los Angeles. 1971 verlieh ihr Hans-Jochen Vogel zum 80. Geburtstag die Medaille »München leuchtet«. Zu ihrem 90. Geburtstag im Januar 1981 gratulierte der Bayerische Ministerpräsident Franz Josef Strauß. Die DDR organisierte für Marta einen eigenen Empfang in Los Angeles. Aus Anlass des 100. Geburtstages von Lion erhielt Marta ein Grußschreiben des Bundespräsidenten Carl Carstens im März 1984 (ein paar Monate zu früh, aber immerhin), in dem »Lion Feuchtwangers Bekenntnis zur deutschen Literatur und Kultur« gerühmt wurde, aber auch die Rolle der Villa in Pacific Palisades als Ort geistigen Lebens.

1976 übernahm Marta doch noch eine Schauspielrolle, und zwar in dem 38-Minuten-Film The *Region of Ice* (Regie: Peter Werner) über das Schicksal einer Nonne. Marta spielte eine Nebenrolle im Nonnenkostüm, das ihr ausgezeichnet stand. Als der Film mit dem Oscar für den besten Kurzfilm ausgezeichnet wurde, wohnte sie der Preisverleihung im Shrine-Auditorium bei.

Als die Berliner Akademie der Künste 1984 den 100. Geburtstag von Lion Feuchtwanger mit Großveranstaltungen und einer Ausstellung beging, wurde auch Marta eingeladen, aber aus gesundheitlichen Gründen konnte sie nicht teilnehmen. An ihrer Stelle reiste ihr 19-jähriger Großneffe Adrian Feuchtwanger, ein Enkel von Lions Bruder Ludwig, an die Spree und später auch nach Moskau. Als Hans-

Jochen Vogel 1981 Regierender Bürgermeister von Berlin war, lud er Marta Feuchtwanger ein, seine Nachfolger im Amt erneuerten die Einladung, doch für weitere Reisen war es zu spät. Dafür machte Marta Feuchtwanger großen Eindruck in Fernsehinterviews, die in Deutschland ausgestrahlt wurden und ihre Persönlichkeit in die alte Heimat zurückspiegelten. Sie selbst habe keines der in Deutschland gesendeten Interviews gesehen, schrieb Marta an Walter Feuchtwanger. Immer standen diese Auftritte im Dienst von Lions Werk, das rund um den 100. Geburtstag des Autors eine Renaissance erlebte.

Auch Martas Memoiren *Nur eine Frau*, Ende 1983 erschienen, hatten große Wirkung. Die erste Auflage wurde fast 40 000-mal verkauft, weitere Auflagen folgten bald, wenn auch manche Leser enttäuscht waren, dass sie nicht mehr von sich preisgab und die amerikanischen Jahre nur flüchtig behandelte. Sie sprach eben lieber von anderen als von sich. Es gab auch Kritik an ihrem anekdotenhaften Stil, aber das war die ihr gemäße literarische Form und zugleich eine seelische Strategie zur Entschärfung schmerzlicher Erinnerungen. Bald nach Lions Tod hatte sie mit der Niederschrift ihrer Autobiographie begonnen. Sie hatte auch einige Briefe mit Hiram Bingham getauscht, um die Umstände der Flucht aus Frankreich zu rekonstruieren. Der einstige Diplomat, der nun als Pensionär in Connecticut lebte, erinnerte sich noch gut an seine Verzweiflung, nicht allen Flüchtlingen helfen zu können. Doch die Wochen, als Lion in seinem Haus in Marseille lebte, gehörten zu seinen schönsten Erinnerungen, versicherte er Marta. Außerdem wies er sie auf das Buch von Varian Fry hin, das ihr noch unbekannt war. Erst bei dessen Lektüre wurde ihr bewusst, in welcher Gefahr sie 1940 geschwebt hatten. Martas Memoiren erlangten erst nach der *Oral History* von 1975 ein druckreifes Stadium, aber mit der Veröffentlichung wartete sie noch einige Zeit.

Den Titel ihres Buches erklärte sie in einem Brief an Walter Feuchtwanger: »Den Ausdruck ›Nur eine Frau‹ hat der Kritiker Marcel Reich-Ranicki geprägt, als er sich lobend über mein Interview geäußert hatte.« In der Tat hatte Reich-Ranicki (auch er war einmal Gast in Martas Villa) in der *Frankfurter Allgemeinen Zeitung* das zweiteilige Interview, das Reinhart Hoffmeister für das ZDF geführt hatte, unter dem Titel »Wirklich nur eine Ehefrau?« lobend besprochen. In derselben Zeitung schrieb Hilde Spiel, eine emigrierte Wienerin, schon im Juli 1983 über Martas Erinnerungen, der Titel könne ebenso gut bescheiden wie auftrumpfend gedeutet werden. Darin kündige sich die ganze »listige Vertracktheit dieser Bayerin jüdischer Herkunft« an: »Selten hat es so eine merkwürdige Mischung zweier so verschiedener Wesensarten gegeben. So naiv wie bauernschlau, so sportlich wie bildungshungrig und von ehrfürchtiger Bewunderung für alle Manifestationen des Geistes.«

Marta verfolgte aufmerksam die politische Entwicklung in Deutschland, von wo sie nun häufig Post erhielt. Ende Oktober 1969 gratulierte sie Willy Brandt »in Stellvertretung von Lion Feuchtwanger« zur Wahl als Bundeskanzler: »Die gute Wendung in der Geschichte Deutschlands hat mich sehr glücklich gemacht. Und ich habe es noch erleben dürfen.« Ab 1970 setzte sie sich in Briefen an Persönlichkeiten in aller Welt dafür ein, dass Brandt den Friedensnobelpreis erhalte. Und als er ihn 1971 schließlich bekam, gehörte sie zu den Gratulanten.

Alle ihre Wünsche wurden aber nicht erfüllt. Im Jahr 1976 regte Marta in einem Schreiben an den Regierenden Bürgermeister Klaus Schütz an, in Berlin eine Straße oder einen Platz nach dem Regisseur Fritz Lang zu benennen, der gerade gestorben war. Als Antwort kam von der zuständigen Behörde ein gewundenes Schreiben, in dem sie über bürokratische Hindernisse bei Straßenumbenennungen belehrt wurde. Der Kontakt mit Fritz Lang war sporadisch gewesen, und nur einmal, Ende August 1971, kam er als Gast in die Villa. Danach schrieb er Marta einen entzückenden Dankesbrief, in dem er sich fragte, was wohl den Abend so außergewöhnlich gemacht habe. Zunächst sei er überwältigt gewesen »von der geheimnisvollen Schönheit von Haus und

Garten; es sieht wirklich verwunschen aus«. Und dann werde man »empfangen mit zärtlichen Beschimpfungen und aromatischen Krabben, und das Ganze überhöht von Paprikahühnchen und Schokoladenmousse. Außerdem zeigten sich alle Eingeladenen den kulinarischen Genüsse ebenbürtig.«

1982 äußerte sich Marta glücklich über die große Friedensbewegung. Zu Hildegard Hamm-Brücher, die sie in Pacific Palisades besuchte, sagte sie, »nun werde Deutschland wegen seines Friedenswillens kritisiert, das sei ja eine völlig neue Rolle«. In einem Brief an Volker Skierka hieß es im März 1984: »Lions Haltung in den Friedensdiskussionen und seine Stellungnahme der jungen Generation gegenüber hat nie eine Schwankung gezeigt. Er wäre auch heute noch an der Seite der demonstrierenden Jugend – für den Frieden und für Entmilitarisierung.« Schon 1982 hatte sie geschrieben: »Ich fange an, stolz auf Deutschland zu sein.«

Betrachtet man die Fotos aus ihren letzten Lebensjahren, versteht man, wie Marta Feuchtwanger zur Symbolgestalt werden konnte – wie jene Märchenfigur, an der bei jeder Begegnung etwas hängenbleibt und auf sie übergeht. Der Gesichtsausdruck aber, eine Mischung aus Stolz und Skepsis, aus Ironie und Unglauben, scheint zu sagen, es passiert mir ja nicht, ich lebe es bloß, weil mir jemand diese Rolle zugedacht hat. »So feiert man sich langsam durch«, schrieb Marta im Februar 1976 an Blandine Ebinger nach einer Ehrung, aber: »Ich habe mich gewundert, ob ich wirklich gemeint war. Ich hab mich gar nicht wiedererkannt.« An Ingrid Zwerenz schrieb sie 1980, ihr Leben sei eine einzige Hetze, ständig müsse sie Interviews geben, nachts könne sie kaum schlafen, so viel gehe ihr durch den Kopf: »Und das nennt man ein geruhsames Alter.« Erst die Aufnahmen nach ihrem 90. Geburtstag zeigen einen leichten Schleier von Müdigkeit und Überdruss in ihren Augen.

Anfang der achtziger Jahre begann sie eine längere Korrespondenz mit dem Hamburger Journalisten Volker Skierka, der zu Lions 100. Geburtstag eine Biographie vorbereitete.

Zu diesem Zweck besuchte er sie wiederholt und zeichnete längere Gespräche mit ihr auf. Wie schon zuvor bei Lothar Kahn versuchte sie die Darstellung zu beeinflussen und wurde leicht ungnädig, wenn sich der Biograph zu stark auf seine Gespräche mit Lola Sernau in Ascona bezog.

»Manchmal lugt die Altersweisheit mir über die Schulter«, hatte Marta 1979 in einem Brief an Albrecht Betz geschrieben. Im Februar 1986 wandte sich ein junger Mann aus Hamburg an Marta Feuchtwanger. Das geplante Filmprojekt für den NDR kam zwar nie zustande, aber Peter Buchholz traf Marta in einem günstigen Augenblick an, nachdem sie viele Monate fast nur im Krankenhaus verbracht hatte. Von dem Vorhaben blieb ein Fragebogen übrig, den Marta in kurzen Notizen und dann auch auf Band beantwortete, und das war dann wirklich Altersweisheit, ja ihr Vermächtnis.

Was habe sie selbst zu ihrem hohen Alter beigetragen? »Ich versuchte, gesund zu leben, viel Bewegung im Freien, viel Rohkost, doch hatte ich immer zu wenig Schlaf. […] Ich wollte nur gesund sein. Aber vor allem habe ich nie gehasst.« Welche Eigenschaften schätze sie bei Männern und Frauen am meisten? Dieselben – nämlich Anständigkeit und Intelligenz. Was sie unter anständiger Gesinnung verstehe? »Sich nichts vormachen. Innerliche Wahrhaftigkeit, was kleine Lügen wie etwa Ausreden nicht ausschließt. Über alles andere spricht man nicht. Das überlässt man den Schriftstellern.« Ob sie gerne eine Frau gewesen sei? »Als Kind wäre ich lieber ein Junge gewesen, später habe ich nicht mehr darüber nachgedacht.« Ihre Lieblingsbeschäftigungen? »Lesen, Sport, Reisen, solange es möglich war.« Das vollkommene irdische Glück? »Es mit jemandem zu teilen.« Ihr größter Fehler? »Positive Rechthaberei.« (Strindberg lässt grüßen.) Welche Tugend schätze sie am höchsten? »Keine, ich bin gegen Tugenden.« Würde sie heute, 1986, noch einmal auf die Welt kommen wollen? »Selbstverständlich, dazu bin ich viel zu neugierig.«

An ihrem 96. Geburtstag, dem 27. Januar 1987, suchte sie

der DPA-Fotograf Horst Ossinger in der Villa auf – für die letzte Fotoserie ihres Lebens. Nach längerer Zeit im Pflegeheim konnte sie erst seit kurzem wieder kleine Spaziergänge in der Sonne unternehmen. Einige der Bilder zeigen sie im Sitzen mit der Schildkröte auf dem Schoß – das Tier war angeblich zweihundert Jahre alt, erstaunlich groß mit dunkel glänzendem Panzer –, andere auf der Terrasse. Noch immer ist Marta chinesisch gekleidet, der Haarknoten ist etwas zerzaust, aber aufrecht wie immer steht sie da, nur ganz leicht gebeugt, das Gesicht ist rundlicher und faltiger geworden, wie ein verschrumpelter Apfel. Über die Terrasse wölben sich Palmenzweige, man ahnt, wie verwildert und überwuchert inzwischen der Garten war, den sie selbst einmal einen »Dschungel mit Obstbäumen« genannt hatte. Alle Pfade und selbst der Springbrunnen waren überwachsen. Auch im Haus herrschte zuletzt das blanke Chaos, als hätten Marta und Hilde vor der Aufgabe, die Papiere und Bücher in Ordnung zu halten, kapituliert. Lose Blätter lagen herum, bis unter die Schränke, und es war finster im Haus, weil viele Fenster mit Regalen verstellt waren. Nach ihrem Tod musste der Blick erst wieder freigemacht werden auf alles, was das Haus und seine Hüterin gewesen waren.

Eine seltene Art von Rheuma und vor allem Schlaflosigkeit hatten Marta schon seit Jahren geplagt. Mitte der achtziger Jahre litt sie an einer hartnäckigen Augenentzündung, die erst durch eine Operation und das Einsetzen einer künstlichen Linse behoben werden konnte. Verschiedene kleine Operationen musste sie durchstehen, vor allem am linken Fuß und am Knie, nach einem Sturz 1976, vielleicht auch als Folge der alten Verletzung in Sanary. Bis zu ihrem 93. Jahr blieb sie aktiv wie eh und je, Gymnastik auf der Terrasse, Spaziergänge in die Wildnis hinter dem Paseo Miramar, auf denen sich ihr ein Tier anschloss, halb Hund, halb Coyote, Konzerte und Dinnerpartys in der Stadt, Führungen durch die Bibliothek, auch wenn sie zuweilen klagte: »Wo blieb die unverwüstliche, ausgeglichene Sportlerin?« Sie war stolz, nach jeder Operation ihr »altes fatalistisches Selbst« wiedergefunden zu haben.

Unter Herzproblemen hatte sie nie gelitten, aber am 15. Mai 1984 erhielt sie eine Nachricht aus Deutschland, die sie schockierte. Ihr Herz setzte aus, und sie stürzte, brach sich Arm und Hüfte. Ihre »troubles in Germany« wurden mit Hilfe von Freunden schnell behoben, und sie konnte Lions Comeback in den USA wie in Deutschland wieder genießen, allerdings meist vom Krankenbett aus, denn fast anderthalb Jahre hatte sie mit den Folgen des Sturzes zu tun. Was diesen Schock ausgelöst hatte, verriet sie ihrer Freundin Jon Lappen aber nicht, der sie Monate später schrieb. Sie verbrachte viele Monate in einem Pflegeheim in Santa Monica. Im März 1985 erduldete sie eine weitere Augenoperation. Letzte Briefe stammen vom September 1986. Zu ihrem 96. Geburtstag im Januar 1987 hatte ihr Jon Lappen wie jedes Jahr ein Kilo Pflaumen aus ihrem Garten geschickt, doch dieses Mal blieb die übliche Rückmeldung aus. Als Jon besorgt anrief, sagte Marta nur verwirrt: »I got so many gifts, I don't even know what.« Fast schon letzte Worte nach einem so reichen Leben.

Wochenlang wusste niemand etwas über ihren Zustand. Hilde Waldo erledigte die Post, schrieb nur, Marta liege im Krankenhaus, sei operiert worden, müsse sich erholen. Im September 1987 hieß es dann, sie sei in einem Pflegeheim, dem Berkeley East Convalescent Home in Santa Monica. Sie war nun kaum noch bei Bewusstsein, erkannte niemanden, nur noch ihren Großneffen Adrian. Der hatte sie fünf Jahre zuvor besucht, war von Palos Verde die ganze Küste entlang bis nach Pacific Palisades geradelt, eine sportliche Leistung, die Marta bewunderte. Damals fand er sie seltsam allein in der viel zu großen, düsteren Bücherburg.

Wie Lion starb Marta an einem Sonntag, nämlich am 25. Oktober 1987, morgens um 11.20 Uhr. Die Sterbeurkunde nennt eine koronare Herzerkrankung als Ursache. Mit ihrem Tod endete die Epoche von »Deutsch-Kalifornien«. Im Beisein von Freunden und Vertretern der Universität, die ein paar respektvolle Worte sprachen, wurde ihre Urne auf dem Woodlawn Friedhof beigesetzt. In weißen Buchstaben stehen Lions und Martas Name auf demselben schwarzen Grabstein mit der unebenen Oberkante, und sie gehören unzweifelhaft zusammen. Die Universität veranstaltete Anfang Dezember eine große Gedenkfeier, aber welche Worte könnten ihr gerecht werden? Vielleicht ein Satz aus *Erfolg*: »Eine Münchnerin, auf die man stolz sein durfte.«

Vom Standpunkt des Glücks

>»Am glücklichsten war ich, wie wir ganz ohne Geld
durch Italien gezogen sind, zu Fuß, und nachts in den
Weinbergen geschlafen haben und nicht wussten, was
uns der nächste Tag bringt.«

M. F. (1978)

Eines Morgens spazierte Marta Feuchtwanger allein durch
die wilden Hügel hinter ihrem Haus. In einer scharfen
Kurve erblickte sie eine Gestalt, groß und mit breiten Schultern, die ihr auf dem schmalen Pfad zügig entgegenkam.
Marta trat beiseite, um Platz zu machen, aber ihr Gegenüber
tat dasselbe. Es wurde ihr unbehaglich, doch dann sagte sie
sich, es ist ja auch nur ein Bergwanderer, und blieb entspannt. Nach ein paar Schritten sah sie niemanden mehr. Es
war nur ihr eigener Schatten gewesen, den die aufgehende
Sonne auf das Gebüsch geworfen hatte. So viele Schreckmo-
mente hatte sie erlebt, aber immer war sie weitergegangen,
und die Schatten verschwanden. Auf alles zugehen, hin-
durchgehen, weitergehen – das war ihre Methode, ihre Form
der Freiheit. So überwand sie alles, den Verlust eines Kindes, zwei Kriege, Exil, Flucht und selbst Lions Affären. Sie
war mehr als eine glücklich Davongekommene oder Übrig-
gebliebene.

Kopfsprünge waren die Leidenschaft der jungen Marta gewesen: furchtlos aufs Sprungbrett hinauf und dann pfeilge-
rade ins Wasser. Sport treiben, seinem Körper etwas zumu-
ten, Risiken eingehen, dem Wasser vertrauen, so fand sie zu
sich selbst. Für Frauen war das zu Beginn des 20. Jahrhunderts etwas Neues, für jüdische Mädchen allemal. Marta
war beherzt genug, den Schritt nach draußen zu wagen, sich
den Erwartungen zu entziehen. Sie stand nicht unter dem
Druck eines Leistungsanspruchs, auf ihr lastete kein falscher

Ehrgeiz, weder eigener noch auferlegter. Sie hat nicht nach einer Form selbständigen Lebens gestrebt. Was im Vergleich zu anderen weiblichen Lebensläufen der Zeit als Manko ausgelegt werden könnte, erwies sich in diesem dramatischen Leben als Vorzug: Sie war auf den Augenblick orientiert, spontan, manchmal unüberlegt, aber immer darauf bedacht, den Moment zu gestalten, und das ist auch eine Begabung. Sie konnte improvisieren, wie die Italienreise bewies, sich auf widrige Umstände bis hin zum Internierungslager einstellen. Diese Fähigkeit beruhte auf einem Optimismus, einem Humor, einer Lebensbejahung, die ihre behütete Kindheit nicht ahnen ließ. Diese Augenblickszugewandtheit half ihr auch nach Lions Tod, nicht zu versinken, sondern aktiv zu bleiben.

Sie war ökonomisch und sozial immer von ihm abhängig gewesen. Aber sie hatte nicht nur genügend Freiräume, sondern vor allem eine innere Unabhängigkeit bewahrt, und er hatte sie ihr gelassen. Er war Egoist, vielleicht auch Egomane, aber kein Tyrann. Er hatte eine pragmatische, unverzärtelte Einstellung zum Ich, ganz anders als Thomas Mann. Aber anders als dieser hat er sein Triebleben nicht sublimiert und durch eine »Verfassung« domestiziert. Von seiner Liberalität, Ungeniertheit, aber auch Fürsorge hat Marta profitiert. Das Leben, das er ihr bot, war nicht nur außergewöhnlich und kam ihrer Neigung zum Experimentieren entgegen, es war auch ihre Rettung, weil sie neben ihrem Dasein für und mit Lion ein eigenes Leben führen konnte. Indem sie sein Erbe annahm und gestaltete und anderen öffnete, vollendete sie seine Geschichte.

Das Zauberwort hieß Glück, wenn man es recht versteht. Glück setzt das Wissen um Gut und Böse, um das Widerspiel von Unheil und Erfüllung voraus, es ist die Fähigkeit, trotz aller Zumutungen das Leben zu bejahen. Abgeleitet davon gibt es auch das Glück, einem gelingenden Leben nachzusinnen und davon zu erzählen.

Marta praktizierte auf ihre Weise Lions Devise »Auch das zum Guten«. Das eigene Ende hatte sie oft genug vor

Augen, sie hat schmerzliche Verluste und Enttäuschungen erlitten. Sie war unzweifelhaft seine Gefährtin, und das heißt Begleiterin auf langen, gewundenen Wegen, aber in der Beziehung zu ihm ging ihr Leben nicht auf. Auch das ist eine Bedingung von Glück, das immer jenseits von Schmerz und Verlust liegt, nicht im Verschontbleiben. Zum Paradies gehört die Ahnungslosigkeit, zum Glück aber die Erfahrung von Vertreibung, Fall, Zuflucht, also Erkenntnis.

Eine Bedingung ihres Glücks war, dass sie keine Illusionen hatte, über niemanden, auch nicht über sich selbst. Sie hat nichts unternommen, was nicht in ihren Kräften stand, wohl aber hatte sie den Mut, sich jeder Herausforderung zu stellen. In den Gefahrensituationen hat diese Frau, die einem manchmal verwöhnt vorkommen mag, viel praktischen Sinn und kühlen Kopf bewiesen. Auch demütigende Situationen hat sie gemeistert.

Im Vergleich mit anderen Symbolfiguren weiblicher Emanzipation nimmt Marta Feuchtwanger eine Sonderstellung ein. Vor 1914 war die emanzipierte Frau eine Außenseiterin; nach 1918 erschlossen sich ihr Studium, Berufe, gesellschaftliche Rollen. Die Männer waren Profiteure der Emanzipation – gelegentlich in finanzieller, vor allem aber in sexueller Hinsicht. Sie verstanden die neue Freiheit der Frauen auszunutzen, deshalb gehören Bett- und Abenteuergeschichten zu den Biographien des 20. Jahrhunderts. In dieser Hinsicht geriet Marta in eine Extremsituation. Auch damit wusste sie umzugehen. Die Nazizeit, aber auch das Exil brachen diese Entwicklung ab, bedeuteten für viele Frauen einen emanzipatorischen Rückfall. Die zu bewältigenden Nöte in der Emigration gingen meist zu ihren Lasten. Das galt auch für Marta Feuchtwanger in Sanary. Man kann sich die Unbeholfenheit der Männer, ihre Unfähigkeit und ihren Unwillen, Alltagssorgen zu teilen, nicht groß genug vorstellen.

Als ich Lion traf, fing mein Leben an, hat Marta wiederholt gesagt. Davon ist nichts zurückzunehmen. Er hat dieses Leben ermöglicht. Und sie hat die Partnerschaft mit ihm frei gewählt. Es war ihre Leistung und ihre Last, ihre Form der Emanzipation. Das Leben mit ihm (der ihr so viel zugemutet hat) bot ihr die Brücke über die Abgründe der Zeit. Er hat Möglichkeiten geschaffen, wo nur Verderben war. Er schuf sie allein mit seiner Phantasie, mit seiner Kühnheit, seiner überschäumenden Vitalität. Er war ein Verteidiger der uneingeschränkten Lebenslust. Und sie hat ihn gewähren lassen. Gerettet aber hat sie ihn. Immer wieder. 1914 in Tunis. 1940 in Frankreich. Und als er tot war, musste sie ihn abermals retten. Vor dem Verkennen, dem Verfälschen, dem Vergessen.

Das Symbol ihrer materiellen und sozialen Unabhängigkeit war die jeweilige Villa. Dabei benötigte Lion das Haus noch mehr als sie, als Zentrum seiner abgeschotteten Innenwelt. Ihre Domizile lagen stets am Rande, abseits, *à part*, als hätten sie das Exil schon vorweggenommen, was sie die doppelte Vertreibung leichter ertragen ließ. Diese Losgelöstheit erleichterte das Leben in einer Zeit, in der nicht mehr klar war, welche Gesetze galten, was anerkannt oder wirksam war, womit man Geld verdienen konnte, wofür man an Besitz und Leben bedroht wurde. Aus der Fähigkeit, Abstand zu halten, stammte Martas Gelassenheit, die Lion zwar beschrieben, aber selbst nie erreicht hat. Dafür ist das Schreiben zu sehr Nervensache. Sie hatte durchaus Temperament, konnte zürnen und streiten, hartnäckig, grob, ja besessen sein; Lion hat ihr Schimpfen, ihre berühmte »Strindbergelei« oft genug erwähnt, die aber auch Moment einer seelischen Arbeitsteilung war. Sie musste aus Verantwortung hart und energisch werden, wo er kindisch bleiben konnte; aber sie hatte nichts zu kompensieren, hatte bei allem Selbstbewusstsein kein eitles Geltungsbedürfnis, wusste Ehrungen wie Boshaftigkeiten mit verschmitztem Humor zu nehmen.

Zuletzt führte sie eine ironische Existenz, ein abgeleitetes Leben. Sie wusste genau, dass das Dasein als »Dichterwitwe« etwas Groteskes haben kann. Witwe ist kein Beruf, soll sie gesagt haben. Sie akzeptierte diese Rolle mit Selbstironie. Lions Leben und Werk, abgeschlossen und zum akademischen Forschungsgegenstand geworden, waren auch ein Teil ihres Lebens und wie ihr Haus zum Ausstellungsstück geworden. Sie äußerte ihre Sicht der Dinge, kannte sich blendend aus in seinem Werk, als wäre es das ihre. In gewissem Sinne war es das auch.

In ihrer Erscheinung wirkte sie immer strenger, im schwarzen chinesischen Umhang, mit dem akkurat geknoteten Haar. Gefragt, warum sie es so trage, antwortete sie: Es dient als Facelifting, es macht die Falten weniger sichtbar. In ihrer Haltung zeigte sich eine gewisse Verhärtung, die ihr die Umstände aufgenötigt hatten, und ihre Stimme klang oft hart, ja harsch. Sie konnte zuweilen recht autoritär sein, sogar rechthaberisch. Doch in der richtigen Gesellschaft zeigten sich ihr Humor und ihr pointensicheres Erzähltalent. Sie hatte immer Anekdoten parat, über Alma Mahler-Werfel, Thomas Mann, Charlie Chaplin. Sie lebte in der realen wie in der imaginären Welt, die Lion zugänglich gemacht hatte, aber ihre letzte Rolle mit ihrer auffälligen und wirksamen Präsenz in Los Angeles hat sie allein geschaffen.

Zu all dem, was sich bewundernd und staunend über Marta Feuchtwanger sagen lässt, kommt eine spezielle Note hinzu: nicht einfach ihre schwer definierbare Schönheit (mehrere Anekdoten erzählen davon, dass man sie für einen Mann hielt), sondern die Exotik, die ihr in vielfacher Weise nachgesagt wurde, von den frühen Tagen in München bis nach Kalifornien. Im Alter hat sie das noch kultiviert durch ihr chinesisches Outfit. Sie besaß eine Aura der Ferne wie eine Gestalt aus anderen Zeiten und Zusammenhängen, fast wie Königin Berenike in Lions Josephus-Trilogie. (Aber der wurde zwar Glanz, doch wenig Glück beschieden.) Es war Martas Glück, viel erlebt zu haben, das Selbstbewusstsein aus so vielen Quellen der Erinnerung speisen zu können. Nicht nur ihre Zeitgenossenschaft oder ihr Name oder ihre Rolle, vor allem das gelebte Beispiel trägt sie über die Zeiten.

Was am Ende zählt ist nicht nur ihr hoheitsvoller Habitus, sondern dass sie ein Stadium der Weisheit erreicht hat, die Weisheit von zweien, da Lion, der Autor der *Narrenweisheit*, sie nicht fand. Er war die Schildkröte und sie die Eidechse, er war der Chinese und sie die Ägypterin, er war der Schreiber und sie die Lektorin, er war der Bücherwurm und sie die Athletin, er war der Schüchterne und sie die Strahlende, er war der Schweifende und sie die Beständige, er war der Rückblickende und sie die Gegenwärtige, und als er nicht mehr da war, verkörperte sie das alles zusammen, und als sie nicht mehr da war, lebte dieser Geist weiter in ihrem Haus.

Denn diese Geschichten vergehen nicht. Sie rieseln herab von den Hügeln am Pazifikrand, sie wispern in den Buchten der Côte d'Azur, sie klingen hinaus ins Weite als das Lied des Exils, Geschichten von Menschen, die gezwungen waren, in der Fremde über sich hinauszuwachsen, ein unerschöpflicher Fabelschatz von Kämpfen und Illusionen, Kabalen und Liebeleien, Erinnerungen und Hoffnungen.

ANHANG

Chronik

1891   *21. Januar:* Marta Löffler wird als drittes Kind von Leopold und Johanna Löffler in München geboren.

1902–08   Besuch des Siegbert-Institus, einer Privatschule für Mädchen.

1910   Januar: Begegnung mit Lion Feuchtwanger (geb. 1884).

1912   Schwangerschaft; 10. Mai: Heirat mit Lion Feuchtwanger; November: Tod des Kindes.

1913/14   Wanderjahre in Italien und Tunesien.

1915   Lion Feuchtwanger reüssiert als Theaterautor; literarischer Salon in München;
Beginn der Mitarbeit am Werk von Lion Feuchtwanger.

1925   März: Umzug nach Berlin (Wilmersdorf).

1927   Reise nach New York und Kuba.

1931   Bau des Hauses in Berlin-Grunewald.

1933   Emigration über die Schweiz nach Sanary-sur-Mer (Villa Lazare).

1933   9. Oktober: Schwerer Autounfall.

1934   Die Villa Valmer in Sanary wird zum Treffpunkt der Emigranten.

1936/37   Dezember/Januar: Lion Feuchtwanger reist mit Eva Herrmann nach Moskau.

1940   Juni: Internierung im Frauenlager Gurs. Lion Feuchtwanger wird in den Lagern Les Milles und Saint Nicolas inhaftiert.

1940   September: Flucht über Spanien und Lissabon nach Amerika.

1940   Mitte November: Ankunft in New York.

1941   Februar: Offizielle Einreise in die USA über Nogales (Mexiko).

1941/42   Niederlassung in Los Angeles; zunächst wechselnde Adressen.

1943   Ankauf einer Villa in Pacific Palisades.

1958   21. Dezember: Tod Lion Feuchtwangers.

1959   Januar: Amerikanische Staatsbürgerschaft; die University of Southern California (USC) übernimmt Villa und

	Bibliothek; Marta Feuchtwanger erhält Wohnrecht auf Lebenszeit und wird als Kuratorin der Villa eingestellt.
ab 1960	Marta Feuchtwanger wird zum gesellschaftlichen Mittelpunkt in Los Angeles; politisches und kulturelles Engagement; Freundschaft mit Ernst und Lilly Toch.
1961	November: Das große Bel-Air-Fire bedroht die Villa.
1969	April/Mai: Reise nach Berlin, München, Murnau, Feuchtwangen und Zürich.
1971	Mai: Reise nach Mainz, Berlin, Prag und Moskau.
1975	Interviews mit Laurence Weschler (*Oral History*).
1978	Fernsehinterview für die ZDF-Reihe »Zeugen des Jahrhunderts«.
1980	Ehrendoktorwürde der USC.
1983	Die Memoiren erscheinen unter dem Titel *Nur eine Frau*.
1984	Feiern zu Lion Feuchtwangers 100. Geburtstag; schwerer Sturz und lange Krankheit.
1987	25. Oktober: Marta Feuchtwanger stirbt in Santa Monica.
1995	Beginn der Kulturarbeit der »Villa Aurora«.

Villa Aurora

Um die Villa Aurora nach Marta Feuchtwangers Tod zu retten und in ein lebendiges Kulturzentrum zu verwandeln, bedurfte es des Engagements vieler. Den Anstoß gab Harold von Hofe, Germanistik-Professor und Feuchtwanger-Spezialist an der University of Southern California (USC), der als junger Mann Gast in der Villa gewesen war und der schon 1959 bei der Vermittlung des Anwesens an die USC eine Rolle gespielt hatte. Über den Erhalt des Hauses sprach er im Juni 1987 in Frankfurt am Main mit dem Hamburger Journalisten und Feuchtwanger-Biographen Volker Skierka, der einen Plan entwarf, wie man vorgehen und wen man als Mitstreiter gewinnen solle.

Zu den Ersten, die dieses Projekt unterstützen, gehörten der damalige Feuilleton-Chef der *Zeit*, Fritz J. Raddatz, der Marta Feuchtwanger im Jahr 1978 ausführlich interviewt hatte (er brachte die Idee einer »Villa Massimo an der amerikanischen Westküste« auf) und Michael Naumann, damals Chef des Rowohlt-Verlages. Auch die damalige Korrespondentin der *Süddeutschen Zeitung*, Marianne Heuwagen, unterstützte die Initiative nachhaltig. Entscheidend war, dass man führende Politiker für die Idee begeistern konnte, wie Tom Bradley, Bürgermeister von Los Angeles, Richard Burt, Botschafter der USA in der Bundesrepublik, die Diplomaten Shephard Stone und David Anderson, beide am Aspen-Institut in Berlin, sowie in Deutschland Richard von Weizsäcker, Willy Brandt, Hans-Dietrich Genscher und Hans-Jochen Vogel. Auch Institutionen wie das P.E.N.-Zentrum Deutschland und die Pressestiftung des *Tagesspiegels* gehörten zu den Förderern. 1988 gründete sich der »Kreis der Freunde und Förderer der Villa Aurora e.V.« mit Sitz in Berlin; in Los Angeles entstand parallel die »Foundation for European-American Relations«.

Der Präsident der USC, James H. Zumberge, war entschlossen, die Villa zu verkaufen, wollte allerdings den gesamten Nachlass sowie die 30 000 Bücher Lion Feuchtwangers in die eigenen Bestände übernehmen. Das Testament, das von Marta Feuchtwanger bestätigt wurde, ließ diese Lösung zu, falls sie der einzige Weg wäre, Bibliothek und Nachlass zu retten. Um das Haus zu erhalten, waren öffentliche Gelder vonnöten, und so war es ein Glück, dass Politiker aller Parteien, im Bundestag wie im Berliner Senat, das Vorhaben unterstützten. Im Juni 1988 konnte der Regierende Bürgermeister von Berlin Verhandlungen mit der USC aufnehmen. Unter dem Vorsitz von Marianne Heuwagen konnte der Fördererverein 1990 mit Hilfe der Stiftung Deutsche Klassenlotterie Berlin und des Auswärtigen Amtes der University of Southern California die Villa Aurora abkaufen. Die Buchbestände wurden aufgeteilt: Die kostbarsten 8 000 Bände, Frühdrucke, Kunstbände, alte Lexika und andere Raritäten, die eine spezielle Unterbringung in klimatisierten Räumen benötigten, wurden in die Feuchtwanger-Bibliothek gebracht, die übrigen 20 000 Bände konnten in der Villa verbleiben – als Leihgabe der USC.

Damit die Villa ihre neue Funktion erfüllen konnte, musste sie zunächst einmal restauriert werden und ein neues Fundament erhalten. Bei Erdbeben oder starken Regenfällen drohen immer wieder die Erdmassen aus Schiefer und Sandstein abzurutschen. Die kostspieligen Arbeiten wurden durch Mittel der Lotteriestiftung und des Auswärtigen Amtes finanziert; Planung und Bauausführung lag bei Frank Dimster, der an der USC Architektur lehrte. Bei aller Treue zum Original musste doch ein Zustand hergestellt werden, in dem die Villa ein Heim für Stipendiaten und ein Ort für Vorträge, Diskussionen und Konzerte sein konnte. Bei der Renovierung wurden nicht nur bauliche Mängel beseitigt, das Haus selbst musste gesichert werden, das heißt, es wurde angehoben, mit einem neuen, ebenen Fundament versehen, das auf 23 Betonsäulen ruht, die 15 Meter in den Boden reichen. Alle Holzverzierungen im Haus wurden nummeriert, ausgebaut und nach Ende der Bohrarbeiten, die sich über ein Jahr hinzogen, wieder eingebaut. Asbest musste entfernt, Stromleitungen, sanitäre Anlagen und das Heizungssystem erneuert werden, eine neue Sicherheitsanlage wurde installiert. Auch an den vorderen Innenhöfen und in einzelnen Räumen waren Renovierungen vonnöten. Der Garten wurde wieder zu einem reinen Ziergarten. Am Ende war das Haus vielleicht schöner, als es zu Zeiten der Feuchtwangers je war.

1995 konnte die neue Kultureinrichtung ihre Arbeit aufnehmen. Ein Berliner Büro unter Leitung von Mechthild Borries-Knopp koordiniert seither die Programmarbeit, den Vorsitz des Fördererseins übernahm Freimut Duve. Erster Gast im Haus war der Dramatiker Heiner Müller. Seither läuft ein Stipendiatenprogramm für Künstler aller Sparten und Länder, dient das Haus mit der magischen Terrasse als Ort für Partys, wenn deutsche Filme für die Oscars nominiert werden, hat die deutsche Kultur eine unvergleichliche Repräsentation in Los Angeles, ganz in der Tradition des weltoffenen Geistes von Lion und Marta Feuchtwanger. Der Name *Villa Aurora*, der erst nach 1987 üblich wurde, ist passend, denn er steht für Kontinuität und Neuanfang, für Erinnerung und Verständigung, für Schöpfertum und Zuversicht.

Literatur- und Quellenverzeichnis

Quellen

Wesentliche Grundlage dieser Biographie sind unveröffentlichte Dokumente aus dem Archiv der Feuchtwanger Memorial Library an der University of Southern California, Los Angeles (USC); insbesondere die umfangreiche Korrespondenz von Marta und Lion Feuchtwanger, aber auch die FBI-Akte über Lion und Marta Feuchtwanger. Eine Übersicht über Briefe, Manuskripte, Dokumente und Fotos findet sich unter: www.usc.edu/libraries/archives/arc/findingaids/martafeuchtwanger/inventory.html.

Lion Feuchtwanger: *Tagebuch* 1906 – 1940 (ungedrucktes Manuskript mit Lücken).

Marta Feuchtwanger: *An Emigree Life* – Munich, Berlin, Sanary, Pacific Palisades. Interviewed by Lawrence M. Weschler, 4 Bde. Los Angeles 1976.

Marta Feuchtwanger: *Nur eine Frau*. Jahre, Tage, Stunden. München 1983.

– *Leben mit Lion*. Gespräch mit Reinhart Hoffmeister. Hg. v. Ingo Hermann. Göttingen 1991.

Weitere Literatur

Alexander Abusch: *Der Deckname*. Memoiren. Berlin 1981.

Aktives Museum Berlin: *Ohne zu zögern*. Varian Fry. Berlin – Marseille – New York. Berlin 2007.

Ehrhard Bahr: *Weimar on the Pacific*. German exile culture in Los Angeles and the crisis of modernism. Los Angeles 2007.

Reinhard Bauer / Ernst Piper: *München*. Die Geschichte einer Stadt. München 1993.

Johannes R. Becher: *Briefe 1909–1958*. Hg. v. Rolf Harder. Berlin 1993.

Georgi Dimitroff: *Tagebücher 1933–1943*. Hg. v. Bernhard H. Bayerlein. 2 Bde. Berlin 2000.

Lion Feuchtwanger / Arnold Zweig: *Briefwechsel 1933–1958*. 2 Bde. Berlin 1984 (mit Briefen von Marta Feuchtwanger).

Lion Feuchtwanger: *Gesammelte Werke in Einzelbänden*. 16 Bde. Berlin 1991 ff.

– *Der Teufel in Frankreich*. Tagebuch 1940. Briefe. Berlin 1992.

– *Moskau 1937*. Ein Reisebericht für meine Freunde. Hg. v. Joseph Pischel. Berlin 1993.

Martin Feuchtwanger: *Zukunft ist ein blindes Spiel*. Erinnerungen. Berlin 1999.

Lisa Fittko: *Mein Weg über die Pyrenäen*. Erinnerungen 1940/41. München 1985.

Sieglinde Fliedner-Lorenzen: *Marta Feuchtwanger, Nelly Mann, Salka Viertel*. Drei Schriftstellerehefrauen im Exil 1933–1945. Bonn 2003 (Phil. Diss.).

Manfred Flügge: *Heinrich Mann*. Eine Biographie. Reinbek 2006.

– *Ein flüchtiges Paradies*. Künstler an der Côte d'Azur. Berlin 2008.

– *Der Engel bin ich*. Begegnungen und Beobachtungen in Los Angeles. Berlin 1998

Varian Fry: *Auslieferung auf Verlangen*. Die Rettung deutscher Emigranten in Marseille 1940/41. München 1986.

John Fuegi: *The life and lies of Berthold Brecht*. London 1994.

Mary Jane Gold: *Marseille année 40*. Paris 2001.

Nortrud Gomringer (Hg.): *Lion Feuchtwanger. Briefe an Eva van Hoboken*. Wien 1996.

Jacques Grandjonc / Theresia Grundtner: *Zone d'ombres*. Exil et internement d'Allemands et d'Autrichiens dans le sud-est de la France. Aix-en-Provence 1990.

Julius Hay: *Geboren 1900*. Erinnerungen. Reinbek 1971.

Amelie Heinrichsdorff: *Nur eine Frau?* Kritische Untersuchung zur literaturwissenschaftlichen Vernachlässigung der Exilschriftstellerinnen in Los Angeles. Los Angeles 1998 (Phil. Diss.).

Dirk Heißerer: *Wo die Geister wandern*. Literarische Spaziergänge durch Schwabing. München 2008.

Eva Herrmann: *Von drüben*. Remagen 1976.

Oliver Hilmes: *Witwe im Wahn*. Das Leben der Alma Mahler-Werfel. München 2004.

Sabine Kebir: *Abstieg in den Ruhm*. Helene Weigel. Eine Biographie. Berlin 2000.

Wulf Köpke: »Die würdige Greisin«. Marta Feuchtwanger als Beispiel. In: *Exilforschung*, Band 7, 1989, S. 212–225.

Max Krell: *Das alles gab es einmal*. Frankfurt am Main 1961.

Karl Kröhnke: *Lion Feuchtwanger. Der Ästhet in der Sowjetunion*. Ein Buch nicht nur für seine Freunde. Stuttgart 1991.

Hans Lamm: *Von Juden in München*. Ein Gedenkbuch. München 1958.

Inge Lindemann: *Julius Hüther*. Ein Werksverzeichnis. Hamburg 1986.

Golo Mann: *Erinnerungen und Gedanken*. Eine Jugend in Deutschland. Frankfurt am Main 1986.

– *Erinnerungen und Gedanken*. Lehrjahre in Frankreich. Frankfurt am Main 1999.

Thomas Mann: *Tagebücher*. Frankfurt am Main 1997 ff.

Ludwig Marcuse: *Mein zwanzigstes Jahrhundert*. Zürich 1975.

Gabriele Mittag (Hg.): *Gurs*. Deutsche Emigrantinnen im französischen Exil. Berlin 1990.

Anita Overwien-Neuhaus (Hg): *Eva Herrmann. Zeugin des Exils*. Köln 1995.

Denis Peschanski: *La France des camps*. L'internement 1938–1946. Paris 2002.

Michail Ryklin: *Kommunismus als Religion*. Die Intellektuellen und die Oktoberrevolution. Frankfurt am Main 2008.

Hans Sahl: *Memoiren eines Moralisten*. München 2008.

Hanna Schramm / Barbara Vormeier: *Menschen in Gurs*. Erinnerungen an ein französisches Internierungslager (1940–1941). Worms 1977

Volker Skierka: *Lion Feuchtwanger*. Eine Biographie. Berlin 1984.

Heike Specht: *Die Feuchtwangers*. Familie, Tradition und jüdisches Selbstverständnis im deutsch-jüdischen Bürgertum des 19. und 20. Jahrhunderts. Göttingen 2006.

Kevin Starr: *Embattled Dreams*. California in War and Peace. Oxford University Press 2002.

Alexander Stephan: *Im Visier des FBI*. Deutsche Exilschriftsteller in den Akten amerikanischer Geheimdienste. Stuttgart 1995

– »Neues vom FBI zu Lion Feuchtwanger«. In: *Refuge and Reality*. Feuchtwanger and the European émigrés in California. Amsterdam 2005.

Wilhelm von Sternburg: *Lion Feuchtwanger*. Ein deutsches Schriftstellerleben. Berlin 1994.

Hilde Stieler, *Les confessions d'Annouchka* (ungedrucktes Manuskript o. J.). Archiv der Stadt Sanary-sur-Mer.

Salka Viertel: *Das unbelehrbare Herz*. Ein Leben in der Welt des Theaters, der Literatur und des Films. Hamburg und Düsseldorf 1970.

Hilde Waldo: »Lion Feuchtwanger. A Biography. In: *Lion Feuchtwanger* – The Man, the Ideas, the Work. Hg. v. John M. Spalek, Los Angeles 1972, S. 1–28.

– »Well, ich bin noch im Feuchtwangerhaus«. Fünf Jahrzehnte als Sekretärin in der Villa Aurora. Gespräch mit Christa Piotrowski. In: Der Tagesspiegel, 6. 10. 1991.

Hans-Albert Walter: *Deutsche Exilliteratur 1933–1950*. Band 1.1: Die Mentalität der Weimardeutschen / Die ›Politisierung‹ der Intellektuellen. Stuttgart und Weimar 2003.

Betty Lou Young / Randall Young: *Pacific Palisades*. Where the Mountains Meet the Sea. Pacific Palisades 2001.

Dank

»*Die Kunst der Lebensbeschreibung ist schwerer als
gemeinhin angenommen wird.*«

Thornton Wilder

Dieses Buch hätte nicht geschrieben werden können ohne
die wiederholte und ausführliche Benutzung des Feuchtwanger-Archivs an der University of Southern California,
Los Angeles. Für langjährige Unterstützung sei der Feucht-
wanger-Bibliothekarin Marje Schuetze-Coburn gedankt;
speziell für dieses Buch bin ich der unermüdlichen und effi-
zienten Michaela Ullmann zu großem Dank verpflichtet.

Ich bedanke mich auch bei Véronique Gillain und ihren
Kolleginnen von der Stadtbibliothek Toulon; den Mitar-
beiterinnen der Monacensia, München, und des Heinrich-
Mann-Archivs, Berlin. Peter-Paul Schneider vom Deutschen
Rundfunk-Archiv Babelsberg half mir auch dieses Mal bei
der Erschließung wichtiger Dokumente. Volker Skierka,
Hamburg, gewährte mir Einblick in sein umfangreiches Pri-
vatarchiv, darunter seine Korrespondenz mit Marta Feucht-
wanger. Auch Ingrid Zwerenz, Offenbach, ließ mich ihren
Briefwechsel mit Pacific Palisades einsehen.

Für anregende Gespräche und wertvolle Informationen
bedanke ich mich bei Edgar Feuchtwanger, Southampton;
Adrian Feuchtwanger, Los Angeles; Hans-Jochen Vogel,
München; Lawrence M. Weschler, New York; Randy Young,
Pacific Palisades.

In Sanary-sur-Mer gilt mein besonderer Dank Bürgermeister Ferdinand Bernhard, der Stadtverordneten Patricia Aubert,
der Kulturbeauftragten Annick Ayfre sowie Huguette Raoulx,
der Tochter von Léontine Busatta, Anatole Seifert, Colette
Haumont, Monique Flepp, Jean Leydet, Alice Pihan de la
Forest (geb. Schwob) und Camille Bondy, Toulon.

Bei der Klärung standesamtlicher Daten halfen die Stadtverwaltungen von Überlingen (D), Lausanne (CH) und Pietra Ligure (I) sowie das Archiv der Stadt München. Bei Nathalie Huet, Paris, bedanke ich mich für vielfache Anregungen, für Fotoarbeiten und für jahrelange Unterstützung bei der Dokumentation.

In Los Angeles bedanke ich mich bei meinen Freunden und Gastgebern Alejandro und Rohde Morales, ferner bei Jens Daehner, Harold van Hofe, Patricia Kellen, Barbara Korsch, Jon Lappen, Jerry Mayer und Michael Meyer.

Last not least bedanke ich mich bei: Albrecht Betz, Aachen; Mechthild Borries-Knopp, Berlin; Martin Dreyfus, Zürich; Ruth Feuchtwanger, München; Naomi Feuchtwanger-Sarig, New York; Carolin Fischer, Berlin; Viviane Flügge, Lissabon; Peter K. Eichler, Berlin; Gotthard Erler, Berlin; Almut Giesecke, Berlin; Marianne Heuwagen, Berlin; Friedrich Knilli, Berlin; Henriette Koblinsky, Marseille; Silvia Ryf, Zürich; Daniella Ohad Smith, New York, sowie bei meiner Lektorin Christina Salmen.

M. F.

Berlin – Sanary – Los Angeles, 1997 / 2008

Register

Bildnachweis

Bibliothèque Municipale de Toulon: 6
Sammlung Manfred Flügge: 12

Die übrigen Abbildungen mit freundlicher Genehmigung
der Feuchtwanger Memorial Library, Special Collections,
University of Southern California.

Manfred Flügge
Das flüchtige Paradies
Künstler an der Côte d'Azur
Mit 20 Abbildungen
256 Seiten
ISBN 978-3-7466-8160-3

Exil unter Palmen

Für deutsche Literaten und Maler war die Côte d'Azur seit Jahrhunderten ein Magnet der Sehnsucht. Bis 1933. Danach wurde die Küste mit der poetischen Patina zur Zuflucht vieler deutscher Künstler, bis sie anderswo Exil fanden oder in französische Internierung gerieten. Sanary-sur-Mer wurde zur literarischen Diaspora und zum geistigen Zentrum der Emigration. Thomas Mann lebte hier und Lion Feuchtwanger, Ludwig Marcuse, Franz Werfel, Bruno Frank, Franz Hessel, Friedrich Wolf. Viele heimatlos gewordene Künstler machten als Besucher Station: Brecht, Heinrich Mann, Arnold Zweig, Stefan Zweig, die Kinder Thomas Manns, Kisch oder Hasenclever. Sanary-sur-Mer war zum Wartesaal geworden, zum Sinnbild der Verlorenheit, zur »Hauptstadt der deutschen Literatur im Exil«.

Mehr Informationen erhalten Sie unter
www.aufbau-verlagsgruppe.de oder in Ihrer Buchhandlung

aufbau taschenbuch

AUFBAU VERLAGSGRUPPE

Lion Feuchtwanger:
»Macht süchtig!«

Erfolg
Drei Jahre Geschichte einer Provinz
Der Meineidprozess geht für den
Münchner Museumsdirektor Martin
Krüger nicht gut aus. Aber er hat
Freunde, die seine Unschuld zu
beweisen versuchen. Die vielfältigen
Bemühungen für und gegen Krüger
sind Drehpunkt eines grandiosen
Zeitromans über die politischen und
kulturellen Ereignisse in München,
als die Nationalsozialisten versuch-
ten, an die Macht zu gelangen.
Roman. 878 Seiten. AtV 5629

Die Geschwister Oppermann
Im zweiten Teil der »Wartesaal«-
Trilogie erzählt Feuchtwanger vom
Schicksal einer Berliner Familie in
den ersten Jahren der Nazidiktatur.
Die jüdischen Oppermanns müssen
ihre Heimat, ihre Häuser, ihre
Freunde verlassen, um ihr Leben zu
retten.
Roman. 381 Seiten. AtV 5630

Exil
Die Entführung des Journalisten
Friedrich Benjamin ist Teil einer
Kampagne der Nationalsozialisten
gegen die Emigrantenpresse. Private
Interessen mischen sich mit poli-
tischen, das Engagement für oder
gegen Benjamin hat Auswirkung auf
Lebensschicksale der Emigranten
und ihrer Gegenspieler.
Roman. 862 Seiten. AtV 5631

Die Brüder Lautensack
Dem Magier Oskar Lautensack
gelingt mit Hilfe der Nazis ein
schwindelhafter Aufstieg, bis er
von ihnen auf übliche Art – durch
Mord – beseitigt wird. Vorbild für
die Hauptfigur ist der Hellseher
Hanussen, der 1933 ermordet
wurde.
Roman. 364 Seiten. AtV 5610

Der tönerne Gott
Ein kleiner Kreis junger Künstler,
süchtig nach Luxus und Genuss,
und im Mittelpunkt Heinrich
Friedländer, vermögend, talen-
tiert, als Mäzen geschätzt. Er ist
ein »Festmensch«, orgiastisch und
exzessiv. Gefühle sind ihm lästig, es
sei denn, sie lassen sich zelebrie-
ren. So wird das Leben zum Spiel,
bis Heinrich durch leichtfertige
Investitionen sein Vermögen verliert.
Nur ein Betrugsmanöver kann ihn
vor dem Ruin retten. Die Frau,
die ihn liebt, nimmt vor Gericht
die Schuld auf sich. Heinrich
aber wird ihr niemals verzeihen,
dass er ihr moralisch verpflichtet
ist. Schwelgend im Pathos seiner
Schwäche, akzeptiert er ihr zweites
Opfer.
Roman. 187 Seiten. AtV 5036

*Mehr Informationen erhalten Sie unter
www.aufbau-verlagsgruppe.de oder
bei Ihrem Buchhändler*

aufbau taschenbuch

Lion Feuchtwanger:
»Seine Romane sind alle eine
Empfehlung wert.« <small>Münchner Merkur</small>

Die Jüdin von Toledo
La Fermosa, die Schöne, so wurde
im mittelalterlichen Spanien Raquel,
die Tochter des angesehenen Juden
Jehuda Ibn Esra genannt. Bei König
Alfonso erwacht bald eine tiefe
Leidenschaft für die gebildete,
tolerante junge Frau, und was für
Raquel als politisches Opfer im
Interesse der Vernunft und des
Friedens begann, wächst auch bei
ihr zu einer stürmischen Liebe für
den kühnen, lebensfrohen König.
Roman. 511 Seiten. Mit einer
Nachbemerkung von Gisela Lüttig
AtV 5638

Die häßliche Herzogin
Margarete, Herzogin von Tirol,
zwingt selbst ihren Gegnern
Achtung ab. Doch ihre groteske
Hässlichkeit, die ihr den Namen
»die Maultasch« einträgt, vergif-
tet ihr Leben und macht sie zum
Gespött der Leute. Im Kampf gegen
ihr abstoßendes Gesicht sucht
Margarete auf grausame Weise zu
erlangen, was der Schönheit von
selbst zufällt: Anerkennung, Macht,
Liebe.
Roman. 270 Seiten. Mit einer
Nachbemerkung von Gisela Lüttig
AtV 5627

Jud Süß
Der ehrgeizige, in die Intrigen am
württembergischen Fürstenhof
verstrickte Finanzmann Jud Süß
gehört zu den schillerndsten
Figuren aus Feuchtwangers histo-
rischen Romanen. Sein Schicksal
erscheint als Gleichnis für die
Sinnlosigkeit allen Machstrebens.
Das mehrfach verfilmte Buch wurde
ein Welterfolg.
Roman. 540 Seiten. Mit einer
Nachbemerkung von Gisela Lüttig
AtV 5622

Goya
oder **Der arge Weg der Erkenntnis**
Der spanischen Inquisition sind die
»Caprichos« des Malers Francisco
de Goya überbracht worden, ketze-
rische Zeichnungen, Impressionen
des Schreckens, visionäre Bilder der
Anklage. Es scheint eine Frage der
Zeit, bis das Heilige Tribunal den
Ketzer und sein Werk vernichten
wird. Aber die kühne, eigenwillige
Kunst Goyas triumphiert über den
Geist klerikaler Willkür.
Roman. 661 Seiten. Mit einer
Nachbemerkung von Gisela Lüttig
AtV 5636

Mehr Informationen erhalten Sie unter
www.aufbau-verlagsgruppe.de oder
bei Ihrem Buchhändler

Lion Feuchtwanger:
»Der Meister des historischen Romans«

SÜDDEUTSCHE ZEITUNG

Die Josephus-Trilogie
Der jüdische Krieg. Die Söhne.
Der Tag wird kommen
Mit den Freiheiten eines historischen Romans erzählt Feuchtwanger das Leben des jüdischen Geschichtsschreibers Flavius Josephus (37–100 u. Z.). Im Hintergrund die Verhältnisse im damaligen Palästina und am römischen Hofe. Im Zentrum Fragen der Gegenwart: Nationalismus oder Weltbürgertum.
1429 Seiten. 3 Bände in Kassette
AtV 5601

Narrenweisheit oder Tod und Verklärung des Jean-Jacques Rousseau
Der berühmte französische Philosoph Jean-Jacques Rousseau ist tot. Hartnäckig hält sich das Gerücht, der Geliebte von Rousseaus Frau sei der Mörder. Es beginnt ein Kampf um das Erbe des toten Philosophen, und auch um das Vermächtnis seiner Lehre tobt der Streit, der Freunde und Feinde Rousseaus in Befürworter und Gegner der Gewalt spaltet.
Roman. 463 Seiten. AtV 5029

Die Füchse im Weinberg
Mitten in der heiteren Untergangsstimmung am Hofe von Versailles treffen zwei Rivalen aufeinander, die gegensätzlicher nicht sein könnten.: der französische Komödiendichter und Lebemann Beaumarchais und Benjamin Franklin, der Abgesandte des amerikanischen Kongresses. In einem opulenten Szenario mit üppig besetzter Personage werden Intrigen ausgefochten, Ränke geschmiedet, Leidenschaften ausgelebt.
Roman. Mit einem Nachwort des Autors von 1952. 992 Seiten
AtV 5635

Jefta und seine Tochter
Jefta, der voll Zorn seine Familie verlassen hatte, wird von den Brüdern zurückgerufen, als Feinde das Land bedrohen. Er, nur er allein, will den Sieg erkämpfen, und so lässt er sich hinreißen zu dem unseligen Schwur, Jahwe denjenigen zu opfern, der ihm nach siegreichem Feldzug zu Hause als erster entgegenkommt. Das aber ist seine schöne, von ihm so sehr geliebte Tochter.
Roman. 300 Seiten. AtV 5616

Mehr Informationen erhalten Sie unter
www.aufbau-verlagsgruppe.de oder
bei Ihrem Buchhändler

aufbau taschenbuch
AUFBAU VERLAGSGRUPPE

Hedwig Pringsheim
Meine Manns
Briefe an Maximilian Harden 1900–1922
Herausgegeben von Helga Neumann
und Manfred Neumann
381 Seiten
ISBN 978-3-7466-2433-4

»Hedwig Pringsheim schrieb so wunderbare Briefe.«

DER SPIEGEL

141 Briefe schrieb Hedwig Pringsheim zwischen 1900 und 1922 an den streitbaren und berühmten Publizisten Maximilian Harden. Es sind 141 literarische Kabinettstücke, in denen auch die alltäglichste Beobachtung zum geistreichen Bonmot wird. Es sind 141 Lebensreflexionen der »schönsten und klügsten femme du monde« (Klaus Mann). Und es sind 141 temperamentvolle, kluge, herzliche Freundschaftsbekundungen. Die Themen der Briefe sind vielfältig: Hedwig Pringsheim berichtet von Theaterpremieren und Soireen, sie kritisiert das Kaiserreich und verurteilt den Ersten Weltkrieg. Sie erzählt vom Alltag im herrschaftlichen Haus in der Münchener Arcisstraße, von den Sorgen um die erwachsenen Kinder, berichtet aus dem Leben der Tochter Katia und deren Ehemann Thomas Mann. Reicher Lesestoff für Freunde der Familie Mann.

»Diese Frau hatte Humor und Esprit, scharfe Beobachtungsgabe und eine Neigung zum bissigen Witz.« F.A.Z.

Mehr Informationen erhalten Sie unter
www.aufbau-verlagsgruppe.de oder in Ihrer Buchhandlung

aufbau taschenbuch
AUFBAU VERLAGSGRUPPE

Anna Seghers
Briefe 1924–1952
Werkausgabe V / 1
Herausgegeben von Helen Fehervary
und Bernhard Spies
Bandherausgeberinnen: Christiane Zehl Romero
und Almut Giesecke
747 Seiten. Gebunden
ISBN 978-3-351-03473-3

Unbekannte Zeugnisse eines bewegten Lebens

Die erste umfassende Edition der Briefe von Anna Seghers an
H. H. Jahnn, H. Hesse, L. Feuchtwanger, I. Ehrenburg, B. Reimann
u. v. a. gibt unerwartete Einblicke in das Leben der Jahrhundert-
autorin. Sie sind zugleich berührende Dokumente der Zeitge-
schichte. Anna Seghers schrieb ihre Briefe spontan, ganz auf den
Moment und den Empfänger eingestellt. So unterschiedlich die
Adressaten sind, so unverkennbar und eigentümlich ist die Stimme
der Schreiberin. Nur durch diese Briefe aus Paris, Pamiers, Mexiko-
Stadt und dem Nachkriegsberlin wissen wir heute von ihrem persönlichen Befinden, ihren Existenzsorgen im Exil, den Differenzen
unter den Emigranten, der Sorge um die Familie und das Werk.

»Neue zum Teil überraschende Funde und Veröffentlichungen
aus ihrem Nachlass – Briefe und Tagebuchaufzeichnungen –
vertiefen die Kenntnisse über sie, die es vermieden hat, viel über
sich preiszugeben. Das Werk sollte wirken, nicht die Person.
Heute gelesen, offenbaren nun bestimmte Passagen bisher kaum
gesehene Zusammenhänge mit ihrer Biografie.« Christa Wolf

Mehr Informationen erhalten Sie unter
www.aufbau-verlagsgruppe.de oder in Ihrer Buchhandlung

aufbau
AUFBAU VERLAGSGRUPPE

Ich bin ein unheilbarer Europäer
Briefe aus dem Exil
Herausgegeben von Heike Klapdor
Mit einem Vorwort von Guy Stern
Mit 30 Abbildungen
510 Seiten. Gebunden
ISBN 978-3-351-02655-4

Sensationell: Unveröffentlichte Briefe aus dem Exil

Das Büro des berühmten Filmagenten Paul Kohner am Sunset Boulevard 9169 war nach 1938 eine der wichtigsten Drehscheiben der deutschsprachigen Emigration in Hollywood. Hier gaben sich Stars wie Vicki Baum, Max Reinhardt, Fritz Lang, Paul Dessau oder Kurt Weill die Klinke in die Hand. In jahrelanger akribischer Editionsarbeit wurde aus dem riesigen Nachlass Kohners die vorliegende Briefauswahl getroffen. Sie offenbart die Umstände des Exils auf ergreifende Weise: Es geht um Geld, Visa und Bürgschaften, Erfolg und Scheitern, Fremde und Heimat. Kohner tröstete über geplatzte Vertragsverhandlungen hinweg und rückte die Illusionen der europäischen Stars über Hollywood zurecht, denn nicht alle sahen es so realistisch wie Alfred Polgar, der sarkastisch schrieb: Begabung und Fleiß seien dort kein Übel, »Arschkriecherei zweckdienlich«.

Das dramatische Porträt einer Epoche: Erstmals veröffentlichte Briefe aus dem Exil von Thomas und Heinrich Mann, Alfred Polgar, Carl Zuckmayer, Max Ophüls u. v. a.

Mehr Informationen erhalten Sie unter
www.aufbau-verlagsgruppe.de oder in Ihrer Buchhandlung

aufbau
AUFBAU VERLAGSGRUPPE